中国高校新闻传播学书系　主编 袁勇麟 殷　俊

教育部高等学校优秀青年教师教学和科研奖励基金项目
霍英东教育基金会第九届高等院校青年教师基金项目

营造传播磁场

——如何讲好新闻故事

潘贤强　郭增榕⊙著

中国市场出版社
China Market Press

图书在版编目（CIP）数据

营造传播磁场——如何讲好新闻故事/潘贤强，郭增榕著.
—北京：中国市场出版社，2008.10
（中国高校新闻传播学书系）
ISBN 978－7－5092－0470－2

Ⅰ.营… Ⅱ.①潘…②郭… Ⅲ.新闻学－高等学校－教材 Ⅳ.G210

中国版本图书馆 CIP 数据核字（2008）第 133830 号

书　　名：营造传播磁场——如何讲好新闻故事
著　　者：潘贤强　郭增榕
责任编辑：胡　蓓
出版发行：中国市场出版社
地　　址：北京市西城区月坛北小街 2 号院 3 号楼（100837）
电　　话：编辑部（010）68033692　读者服务部（010）68022950
发行部（010）68021338　68020340　68053489
68024335　68033577　68033539
经　　销：新华书店
印　　刷：河北省高碑店市鑫宏源印刷包装有限责任公司
规　　格：880×1230 毫米　1/32　13.375 印张　360 千字
版　　本：2008 年 10 月第 1 版
印　　次：2008 年 10 月第 1 次印刷
书　　号：ISBN 978－7－5092－0470－2
定　　价：32.00 元

总序

愿望与期待：指导业务，服务教学

童　兵

自新世纪开始，中国新闻传播学教育的规模和办学层次进入了跨越式发展的新阶段。据教育部高教司统计，截至2005年，全国共有新闻学类本科专业点661个，其中新闻学209个，广告学232个，广播电视新闻学146个，编辑出版学50个，传播学24个。在2005年第十次博士、硕士学位授权评审中，全国新增新闻传播学一级学科博士点2个，新闻学博士点4个，传播学博士点4个；新增新闻学硕士点18个，传播学硕士点28个。至此，全国高校新闻传播学博士学位授权单位达到14个，连同中国社会科学院在内，共建有新闻传播学博士点19个，具有新闻传播学一级学科博士授予权的高校达到6所。

新闻传播学教育规模的扩大和办学层次的提升，对学术研究和教学实践提出了更高的要求。一方面，需要提供大量配套的教学资源，特别是高水平的教材和专著；另一方面，需要加强学科专业点的内涵发展，尤其是师资队伍的扩充和优化。

由袁勇麟教授和殷俊副教授组织和主编的《中国高校新闻传播学书系》，便是在这样的背景下问世的。该书系一方面可以为新兴的新闻传播学专业的师生提供优秀的教材，另一方面又可以使一批有才华的教师通过编写这套教材获得继续提高学术水准的机会。

据袁、殷两位主编介绍，他们牵头撰写和编辑这套教材，主要是出于以下三方面的考虑：

第一，努力满足改革不断深化中的新闻业界的需求。由传统媒介和新媒介所共同构建的中国新闻传播新格局日益成熟，但与之相适应的新闻传播学专著、教材却十分匮乏。在剧烈变革和多元竞争中的传媒应如何生存？各自应作哪些方面的相关改革？与新的生存方式和传媒格局相匹配的学理体系、知识体系应如何构建？这些都迫切要求在高校工作的新闻传播学者们拿出自己与时俱进的教材和专著。编写本书系的专家，就是在这种迫切的业界需求下迎难而上的。

第二，努力满足新闻传播学专业师生的需求。新的科技革命为当代传媒发展及人们的传播能力提升插上了强有力的翅膀。经济全球化和跨文化传播使新时代的信息传递呈现出日新月异的进步。日益深化的经济体制改革、政治体制改革和文化体制改革向传统的新闻传播学提出了一个又一个新问题。可是，原有的一些新闻传播学教材未能与时俱进，它们体系落后，观念陈旧，案例残缺，无法与当代的发展合拍。无论是教师还是学生，都迫切需要新的教材和新的教学法。这套新书系，是应历史使命而诞生，合时代潮流而问世的。

第三，努力回答新闻传播教学、科研以及业界所面对的热点、难点和焦点问题。教材和著作既要传道授业，向受教育者传承系统的新闻传播学基础知识和专业技能；又要紧密结合实际，直面矛盾，正确解惑破题，回答新的媒介生态所带来的新问题，回答改革深化中所出现的新矛盾，回答师生在知识及技能传授与学习的过程中所碰撞出来的新困惑与新的“思想火花”。原有的一些教材由于过分追求“安全生产系数”，导致对一些焦点或难题绕道走，不能解决师生在教学过程中的问题与疑惑。这套书系的作者决心带头去开拓，去奋进，闯出一条新路，努力使新书系有新特点，具有前瞻性和前沿性，真正实现“指导业务，服务教学”的双重目的。

从上述三个目的出发，这套书系自然有了新的特色，首先是选题有了新的拓展，如《城市新闻学》、《新媒介新闻学》、《台湾新闻传播概论》，等等。这只是第一批，相信随着新书的不断推出，这个特色会益发鲜明。其次是作者队伍有了新的面孔。在第一批书的撰稿人中，除了少数作者为人所熟识之外，有不少是新人，因此可以说这套书系是“新人新名新著作，新声新意新气象”。

总之，《中国高校新闻传播学书系》的出版是一件喜事，是新闻传播教育界在新年伊始的一件大事。我向作者们表示祝贺，也期待它能够在社会上产生可喜的反响。

2007年1月20日于上海

（作者系国务院新闻传播学学科评议组召集人，复旦大学新闻学院教授，博士生导师，新闻传播学博士后流动站站长）

序言

讲好新闻故事

黄芝晓

收到潘贤强和郭增榕寄来的书稿，让我作序，真是感慨良多。

郭增榕是我的复旦新闻系系友。1979 年我从陕西调到福建日报社，他从复旦毕业。或许是受业于复旦新闻系的缘故，他对事情“看法”甚多，也爱讲，激动时常与人争得面红耳赤。

潘贤强研究生毕业，后调到报社办公室当编委会秘书。每次看他写的材料，文笔甚好，我总觉得当秘书可惜了，应该到业务岗位工作。后来我离开了报社，而他真的到了记者岗位。我从报上发现，他写稿不是只求见报，而是有所思考，有所追索，力求突破。

这样的两个人碰在一起，喝茶聊天“聊”出这样一本书来，应该不是一时兴起的偶然产物。

福建人有品功夫茶的习惯，报社的处室几乎都备有茶具。我在报社工作时，常到处室与编辑、记者一起品茶、聊天，看似休闲，实则工作——在一种轻松、互动的氛围里交流信息、沟通思想、研讨问题，甚至布置任务。这样两位“搭挡”，在这样一种学术味的品茶中聊业务、聊理论、聊新闻实践的最新发展，自然有共鸣，也有碰撞。而且在一定程度上说，正是这样的构思环境，影响或者说决定了这本书的风格——既有实际案例，又有理论观点；行文看似轻松，实则充满了批判精神。它不是一本严格意义上的学术著作，但它是一本很实在、很有看头的业务著作。

在党的十一届三中全会精神指引下，我国新闻界以积聚数十年的能量，在业务改革这个突破口上打响了新闻改革第一炮，取得了显著成绩，一些精品成为我国新闻写作的经典。回顾这段并未远去的改革，我们可以发现，新闻改革的根本动力，是受众对信息的需求与传者提供的信息质量之间的矛盾运动。这样的矛盾运动永远不可能完结，因而新闻改革也永远不可能停步。

当中国社会进入由农业社会向工业社会转变、传统计划经济向社会主义市场经济转变的转型期，错综复杂的社会矛盾、社会主义市场经济基础上形成的多元诉求，使社会结构、社会组织形式、社会利益格局发生深刻变化，“人们思想活动的独立性、选择性、多变性、差异性明显增强”[1]，人们对信息的追求也必然出现新的变化。进入数字技术时代的社会，不但传媒形态更丰富了，而且传播手段发生了根本性的变化。受众对信息的要求不仅是“海量”，还要求新闻工作者在具体传递新闻事实的同时，为受众进一步深刻理解事实提供背景。报纸作为媒体中的“老大”，“老”固然无可动摇，但随着时日之推进，“大”恐怕难以持久，至少在提供信息的数量与时效上，已经不能再以“老大”自居了。面对受众需求的变化和新媒体的竞争，虽然报纸在“报什么”方面依然需要认真

---

[1] 胡锦涛. 高举中国特色社会主义伟大旗帜　为夺取全面建设小康社会新胜利而奋斗——在中国共产党第十七次全国代表大会上的报告. 北京：人民出版社，2007：13－14.

对待，但“如何报”的问题却是更迫不及待地被提到了报人的面前。来自同一信息源的内容，因报道手段的不同而产生大不相同的传递效果，这样的传播现象现在已不是个别。如何营造传播磁场，让新闻作品更有力地吸引受众？这是社会发展、传播事业发展向新闻工作者提出的一个重要课题。本书顺应了这一发展趋势，自然有着很强的现实意义。

研究“如何报”，有两个前提：丰富的实践，相应的理论。作者从丰富的实践中提出的研究课题，也是非常现实的：娱乐新闻的八卦、“问号新闻”的泛滥、虚假新闻的顽疾，以及新闻业务与新闻理论研究中的“永恒主题”——新闻真实性。党的十一届三中全会以来，大量业务一线的新闻工作者认真总结改革经验，努力从理论上加以提高，发展了新闻理论与新闻业务理论。改革开放带来新闻事业发展的另一个直接因素，就是我国新闻学术界引进了国际新闻界与学术界近几十年来在新闻传播学方面的研究成果，拓展了研究视野，丰富了基础理论，传播学理论、社会学研究方法以及精确新闻等采写方式与理论的引进与借鉴，使新闻业务研究的学术性上了一个台阶。这些在本书中都有较为充分的体现。因而当我们读这部新闻业务著作的时候，常常可以在生动的案例分析过程中得到理论的启发。

说来也巧，当我读完书稿，在电脑屏幕前写这篇序言时，同时正在参加一个关于提高北京奥运会新闻报道与报纸版面设计质量的国际论坛。会上，相关专家的发言不约而同地提到了一个关键词：故事。虽然这个词在汉语中与英语中的解释不完全相同，但有一点似乎是共同的：它是叙事性作品中一系列为表现主题服务的有因果联系的事件或情节，侧重于过程的描述，强调情节的生动性和连贯性，要求通俗易懂。在英语中，Story 本身就含有“新闻”、“报道”的概念。而我们的新闻作品尤其是消息作品，长期缺乏或者说很不重视的恰恰是这种故事性。面对矛盾错综复杂、变化万千的社会现象，面对读者深层探求新闻事件的需要，面对新媒体、新传播技术的强劲兴起，报纸的新闻写作如何进一步改革与提高？的确需要认真考虑了。

从这个意义上来说，潘贤强、郭增榕两位在这个时候提出“营造传播磁场”的问题，是很有意思的。如何“营造”这样一个“磁场”？我想，讲好新闻故事，可能是一条比较有效而简捷的途径。于是，以此为题，写了这篇序言，既完成了老朋友、老同事的嘱托，也借机表达了自己的想法。2008 年 7 月写于复旦。

（作者系复旦大学校务委员会委员、新闻学院教授、博士生导师）

目录

第四章　让解读更有力些

第五章　故事与解读互动

第六章　让报道更具深度

第七章　培养新闻人的素质

第八章　加强新闻报道策划

第九章　策划报道案例选析

绪论 CHAPTER 新闻不仅要吸引眼球

21 世纪的新闻传播已经不再是过去的样子。随着新技术的推进，网络成为新兴的第四媒体，博客、播客走进人们的生活，手机报、手机电视方兴未艾。面对这些新的挑战，传统的平面媒体在经历数量扩张和报刊业治散治滥之后，进入了厚报时代；广播电视在不断增加频道的同时，进入了分众传播时代。

的确，新闻媒介处于激烈的竞争之中，竞争的目的当然是争取受众。那么，新闻媒介靠什么来吸引受众？

其实，就如何吸引受众而言，早在 20 世纪 90 年代的中前期就初见端倪。当时的报纸纷纷从对开四版扩为八版甚至十二版、十六版，一些周末版也应运而生，广播电台、电视台也开始增设新的频道。这一轮的竞争表现为平面媒体与电子媒体的竞争。为了吸引受众，一些电视、广播的节目主持人常把“观众（或听众）就是上帝”这句话挂在嘴边，一些报纸、期刊也说“读者就是上帝”。

“受众就是上帝”源于“消费者就是上帝”，从单纯的语境看，无可厚非。然而，新闻宣传与商场里的作为物质存在的东西并不一样，它属于意识形态的范畴，有舆论导向功能。假如在这一信条的掩盖下，聚焦于猎奇、浅薄、媚俗甚至桃色新闻，以此来招徕受众，这，不能说没有问题。

20 世纪 90 年代的中后期，全国党报兴办都市类报纸的帷幕揭开，同城既有省级、市级党报，还有都市报、晚报以及从行业报转办过来的市民类报纸，一些地方报业大战热火朝天，硝烟弥漫。“吸引眼球”的理念，在这一时期出现了。

当我们把目光投向“吸引眼球”这一理念时，并不能把它简单地否定了。在日常生活中，常常听到这样的话：“看了半天，一条新闻也没有。”一份报纸在手中停留不了几分钟，一个遥控器在手中不停地换台，原因当然是这些“本报讯”、“本台报道”难以吸引受众的眼球。但问题是，新闻传播要坚持“内容为王”，要坚持报道的确定性，要坚持给人以审美情趣。因此，用现在的眼光来看，当时的报业竞争仍属低层次的无序竞争，这种特定时期出现的“吸引眼球”理念，却使新闻报道走进误区。

一、新闻实践的若干倾向性问题

“吸引眼球”作为新闻理念，是西方进入大众化报纸时代之后的产物。约斯特说：“一份有价值的报纸，必须拥有读者，且拥有继续不断的读者。要得到这些读者，它必须有吸引力，使读者乐于购阅，而且乐于继续不断地购阅。”“没有销路就没有读者，没有读者就没有效用，不管新闻事业的动机如何高尚，这个失败的公式是永远可以应用的。”[1]

在我国，大众化的市民类报纸发端于20世纪90年代中期，很自然地，“吸引眼球”成为一些报纸争取更多读者的手段。这些年来，确实有一些报道吸引了人们的眼球，增强了平面媒体的视觉效果，提高了声屏世界、视屏世界的关注度。但是，由于对“吸引眼球”的误读，甚至把媒体扭曲为“眼球经济”产业的创造者，新闻实践难免出现一些倾向性问题。

---

[1] 〔美〕斯伯·约斯特. 新闻学原理［M］. 北京：中国人民大学出版社，1960：142.

1. 娱乐新闻的八卦现象

20 世纪 90 年代以后，娱乐和娱乐新闻成为我国媒体和受众最为热衷和关心的主题之一，报纸的娱乐新闻版、广播电视的娱乐栏目花样翻新，风风火火，沸沸扬扬。然而，与之相伴的却是明星八卦非常走俏。有的报道某某恋爱了，某某怀孕了，某某三角恋了；有的报道接吻大赛、拥抱大赛，甚至转载国外举办的哭赛、笑赛；有的文娱版成了星们、腕们的天下，有的头版只展示明星的特大照片；有的把绯闻变成娱乐新闻的主打产品，国内明星写了不过瘾，把国外明星的绯闻也全文照搬。2004 年 1 月，某报刊登某著名女星出狱后重新拍戏的一组摄影报道，所选内容不是怎样拍戏，而是她的“内人”怎样为她倒便盆。

这给人的感觉绝非“愉悦”。2003 年 7 月 17 日，《文汇报》署名文章《绯闻不是娱乐新闻》说：“绯闻是什么？是一种不负责任的新闻。绯闻与事实势不两立，真实性无从谈起。把绯闻当作娱乐新闻，既是对新闻的践踏，更是对娱乐的亵渎。”2004 年 1 月 12 日，《北京日报》刊发《梁晓声为报纸副刊把脉》：“究竟是什么原因，使文化副刊的文字渐失文化版的庄重和美感？而越来越倾向于文字噱头，文字的油嘴滑舌，文字的轻佻挑逗……”同年 3 月 15 日，《人民日报》署名文章《娱乐的格调》说：“在许多貌似真实、毫发毕现的描述中，大多没有经过深入调研和实地采访，不是捕风捉影、以讹传讹，就是向壁虚构、胡编乱造。其用意无非是耸人听闻、哗众取宠，制造所谓的‘轰动效应’。”2007 年 6 月 14 日《参考消息》刊发英国广播公司的文章《中国虚假娱乐新闻泛滥》说：“车祸、结婚、生子、殴斗、吸食毒品，真是‘猛料’频频而恶炒不停，然而最后竟然都不是真的，受‘污染’的自然是读者和观众。”“或许可以说炒作是眼球经济时代的产物，但不能超越道德和真实的底线。”

《现代汉语词典》对“娱乐”的解释非常简单：使人快乐。今天，竞争日益激烈，压力与日俱增，人们的娱乐生活不断丰富，对轻松活泼的娱乐新闻的需求也不断增加，娱乐报道成了新闻界一个普遍而显著的“增长点”。这本应是一盘美味，但“娱乐”餐桌上只是无聊的“星、腥、性”，人们无法下咽。有人认为，新闻传播突出受众本位，并不意味着媒体被受众牵着鼻子走，绝不意味着媒介的庸俗化、低级化和商业化。这也许是一厢情愿。

2.“问号新闻”的泛滥现象

新闻，通过传播信息引领舆论，必须以真实的信息来消除受众对事物认识的不确定性。偶尔用一下“问号新闻”，或提醒受众的关注，当然可以。“问号新闻”有“抓人眼球”的作用，但应建立在新闻真实的基础上，建立在解疑释惑的目的上。故弄玄虚，不仅不能消除读者的“不确定性”，有时还会加剧读者的“不确定性”。

或许记者、编辑们觉得，加个“问号”抛出去，“卖点”就有了。2004 年 3 月 31 日，《工人日报》刊发署名文章《“问号新闻”问题多》之后，新闻界对这种滥用“问号”的现象有过不少批评。《工人日报》这篇文章指出：“现在报纸上标题里带问号的新闻越来越多了，什么‘地球人是火星人的后裔?’‘李连杰下月淡出影坛潜修佛法?’‘张爱玲遗作是自传体小说?’‘女友流产儿是布莱尔骨肉?’‘怪！火星上哪来的垃圾?’……这样的问号新闻不仅不能真正吸引读者，而且还会令读者读后有一种被戏弄的感觉。比如，‘怪！火星上哪来的垃圾?’乍一看的确夺人眼球，可是仔细读来，所谓‘垃圾’并不是火星人或是其他外星人，也不是其他捷足先登的人类留下的，而是火星着陆器登陆时留下的碎片。……其最大的特点是明知故问，借机炒作，乃至借用问号来‘制造’新闻、‘拼凑’新闻。”

当今，这种“问号新闻”在报纸的各个版面频频出现，不仅娱乐版大量存在，国际版、时政版也有蔓延之势，甚至有的版上带问号的大小标题多达 5 个。《新闻记者》2006 年第二期的一篇文章指出：“要把握适度性原则，使‘问号新闻’控制在一个适当的数量和频度内。‘问号新闻’太多太集中也是版面失语的表现，一些读者被标题的问号句式吸引，但读完报道，却得不到明确的答案，就会有一定的挫折感。像本·拉登是死是活的报道，的确很吸引人，但若是接二连三、长篇累牍地爬上版面，却又总是令人将信将疑的‘问号’，那再有耐心的读者也会厌烦。”

与“问号新闻”相关的，还有标题制作问题。做标题的确很有学问，但为夺人眼球而出现的文不对题、哗众取宠之风应该引以为戒。

3. 虚假新闻的顽症现象

虚假新闻的表现形式就是失实报道。近年来，假新闻层出不穷，中外皆然。

案例一：2006 年 1 月 4 日，《纽约时报》、《华盛顿邮报》、《洛杉矶时报》、《今日美国报》等绝大多数美国媒体阴沟翻船，它们头条报道美国 13 名西弗吉尼亚矿工在煤矿爆炸中被困地下 41 小时后，12 人奇迹般地还活着。消息犹如野火一样在美国迅速燃烧，遇难家属和美国公众奔走相告，欢欣鼓舞。可在次日，这些报纸来了一个 180°大转弯，报道说救援人员只救出 1 名严重受伤的矿工，其他 12 人全部遇难。美国公众被愚弄了，遇难者的家属愤怒了。在白宫举行的记者吹风会上，有美国记者问白宫发言人，布什总统是否要求美联社等主流媒体公开赔礼道歉。

媒体专家认为，美国主流媒体犯下令人羞愧的集体性错误，给美国公众和矿工家属的打击不亚于另一场矿难。一些媒体把这次失实报道同《芝加哥每日论坛报》1948 年大选期间的假报道相提并论。那次选举揭晓前，该报为抢新闻，竟把选举结果的赌注压在暂时在点票中领先的民主党总统候选人杜威身上，第二天闹出“杜威击败杜鲁门”的经典笑话。[1]

案例二：《兰州晨报》2006 年 4 月 4 日报道，兰州城关区阳洼沟垃圾场惊现“儿童残肢”。报道称，在一个白色塑料袋旁，放着两条小孩儿的胳膊，塑料袋里装有碎肉、骨头，以及生姜、朝天椒

[1]　矿难报道犯下令人羞愧的错误 美国媒体集体翻船［N］. 文汇报，2006 - 01 - 08.

等调料，现场没有发现小孩儿躯体的其他部位，办案人员从现场情况分析，这是一起杀人碎尸案，小孩儿被杀害后肢解煮熟，被害人年龄在5~8岁，性别难以确定。然而经核实，所谓“儿童残肢”是一家中医学院在医学解剖后没有规范处理的医学标本。

事后，兰州晨报社对该报道进行说明：“在审稿过程中，相关主任就报道中的一些细节详细询问记者，但记者当时隐瞒采访的部分细节，以致在修改稿件过程中没能及时发现稿件中与事实不相符的一些情节。如稿件中提到的所谓现场有‘生姜’、‘朝天椒’，还有对案件性质的分析，等等。”采写失实报道的两名记者被开除，相关责任人被处理。[1]

案例三：《信息时报》2006年7月19日报道，广州市面出现注水西瓜。报道称，记者近来接到不少投诉，所买西瓜瓜相不错，汁液“丰富”，但一吃却寡然无味，有股酸馊味。某医科大学杨女士取样化验，才知被注射了红药水。对此，市场方面回应，不排除有不良瓜贩给西瓜注水，甚至红药水。8月4日，国家质检总局辟谣：1~7月份共受理供港西瓜报检1 042批1.16万吨，均经检验检疫未发现西瓜被注水或注射红药水等异常情况。

耐人寻味的是，中央电视台《经济半小时》栏目记者曾就此事采访作者黄熙灯：“你什么时候想出要作这样一篇报道?”黄回答：“我买到一个西瓜，发现不那么好吃，就想做关于这方面的文章。”记者又问：“那你报道中的杨女士现在在哪里?”黄沉默一阵答：“事情过得太久，忘记怎么联系了。”记者再问：“那有电话吗？她电话号码多少?”黄再次沉默一阵回答：“忘记了。”[2]

不实的矿难报道，让矿工家属和亲友以及好心的人们沉浸在喜悦之中后，迎来了更大的精神打击；失实的儿童碎尸报道，除了给人以恐惧的心理外，再就是给西方一些诬蔑我国人权状况的人士以口实；造假的西瓜注水报道，除引起市民恐慌，再就是瓜农实实在

[1] [2]　2006年十大假新闻［J］. 新闻记者，2007（1）.

在地蒙受巨大损失。可怕的是，虚假新闻大多在传统媒体刊登后，借助网络“快车”广泛传播。

对虚假新闻，每次查找原因，大抵是记者没有进行深入调查，凭着道听途说，主观猜测。但这只是表面原因。一些媒体为争夺读者、抢占市场，鼓励记者、编辑抓“卖点”，认为只要“好看”、“抢眼”，假一点没有关系，这才是症结所在。网络媒体没有采访权，杜绝虚假新闻，对于传统媒体的新闻工作者真是一种职业道德的“拷问”。《中国新闻工作者职业道德准则》指出：“真实是新闻的生命。新闻工作者要坚持发扬实事求是的作风，深入基层、深入实际、深入群众，加强调查研究，报实情，讲真话，不得弄虚作假，不得为追求轰动效应而捏造、歪曲事实。”

不只这些。有的报道对丑恶案件的细节进行浓墨重彩的描写；有的对猎奇报道不仅工于描写，还加以链接；有的以批评之名，行“二次传播”之实，等等。2004 年，昆明一餐厅推出“美女人体盛宴”（在一美女身上放置寿司、生鱼等供食客享用），一些媒体进行炒作，有的表面上看是正面报道，但从反问角度或引出什么争议提出问题，发表观点；有的内容和标题看似揭露和批评，实际上是对这一不良事件作纯客观的、细致的暴露和渲染。把刺激当快乐、把肉麻当有趣的炒作，的确能“吸引眼球”，但与新闻报道的“内容为王”的要求相悖。

二、关于新闻规律与宣传规律

从舆论导向的角度看，这些报道的错误是明显的；从新闻队伍的角度看，可以说这些记者在坚守新闻从业者的社会职责方面出现了问题；从事业发展的角度看，这些报道将降低媒体的公信力和权威性。

在西方，这样的新闻或许可以称为“黄色新闻”。

“黄色新闻”这个说法诞生于 19 世纪 90 年代晚期，用以形容在两家纽约报纸的激烈竞争中达到白热化的“煽情主义”（耸人听闻，追求感观刺激，不顾事实，迎合低级趣闻，追求报纸销量。——译注)。

1895年，威廉·伦道夫·赫斯特在购买了《纽约日报》之后不久，就明显地想要将对手——约瑟夫·普利策所拥有的当时全国发行量最大的《纽约世界日报》淘汰出局。两张报纸互相争斗，都以耸人听闻的报道和讨伐政治腐败及社会不公来扩大发行量。

那时报纸第一次使用了通栏标题、彩色漫画和大量的插图。一个尝试使用色彩的连环画使“黄色新闻”最终得名。1896年，理查德·奥特考尔特画的顽童身着明黄色的睡裙被印在普利策的报纸上。这个男孩被命名为“黄小孩”。一些断断续续的信息被作为男孩的道白印在睡衣上，这个卡通极其受欢迎。

这一年晚些时候，赫斯特从普利策那里把奥特考尔特挖了过去。普利策又把奥特考尔特挖了回来，赫斯特又把他挖了回去。对奥特考尔特的争夺成为肆无忌惮且耸人听闻的新闻的比喻，这种新闻后来就叫做“黄色新闻”。

(大不列颠百科全书)[1]

“黄色新闻”不可为。

那么，在采编过程中，应当选择什么、采访谁、如何报道、怎样评论、怎样作选题策划？这些都是很实际的问题。毫无疑问，解决这些问题归根结底就是要坚持正确的舆论导向，即“政治家办报”，在此前提下不断提高报道质量。为方便理解，我们称之为：既要遵循宣传规律，也要遵循新闻规律，力争做到两个规律的有机结合。

1. 报道什么——遵循宣传规律

“新闻是新近发生事实的报道。”在我国新闻学中，陆定一的这一定义言简意赅，一语切中新闻的核心要旨。它强调新闻不只是

---

[1] 〔美〕谢丽尔·吉布斯，汤姆·瓦霍沃. 新闻采写教程：如何挖掘完整的故事［M］. 姚清江，刘肇熙，译. 北京：新华出版社，2004：8-9.

事实，而是对事实的报道或反映。在新闻实践中，不是任何事实都能得到报道，人们只能有选择地报道，或者说，任何报道在事实上都是选择性的报道。选择什么？如何报道？新闻报道的倾向性是一种客观必然，无需隐匿和躲避。

事实被报道出来就成为新闻。在科学社会主义思想形成时期，马克思敏锐地认识到新闻报道对社会舆论的重要影响，他认为，报刊不仅是“社会舆论的产物，同样地，它也制造这种舆论”。因而，人们把新闻界称为舆论界，把新闻媒介称为舆论工具。只要存在记者或媒体对报道事实的选择，就会对社会舆论的走势产生影响。

作为舆论工具，要讲导向，要讲宣传意识。因而，人们又把宣传和新闻视为一体，“新闻”、“宣传”两词常常并用。或许，有的人讳言甚至摒弃“宣传”说法，而以从西方传入的“传播”一词代之，但这样一个事实不能抹去，即新闻大多是以隐性的方式在实现宣传。

“人类一开始就聚众而居，必须宣传一种理念来凝聚内部，协调行动，教育下一代。”[1] 因此，宣传具有很强的目的性，它通过传播一定的“主义”或意识、观念，来影响人们的思想，引导人们的行动。

西方媒体提倡新闻自由，但同样讲导向，宣传意识同样很浓。“9·11”事件中，美国主流媒体自觉封杀极度恐慌的文字和画面，宣扬灾难时美国人的人道主义精神和爱国主义精神，而几乎没有对美国现行政策的反思，对美国民众心理产生巨大的倾向性影响。事件次日的《洛杉矶时报》评论说：“即使曼哈顿浓烟滚滚，华盛顿尘土飞扬，我们这个强国只是在大风中动摇了一下。”哥伦比亚广播公司新闻主播在节目中公开向总统表示：“如果他要让我去冲锋陷阵，就告诉我去哪里吧。”这说明，美国媒体始终坚持和强化其核心价值观“美国精神”的宣传，他们用适应大众接受习惯的传

[1]　李良荣. 新闻学导论 [M]. 北京：高等教育出版社，2006：35.

播手法编织了一条有张有弛的“价值防线”。

在我国，党的新闻事业与党休戚相关，是党的生命的一部分。通常所理解并为普遍接受的“宣传”指的是：宣传党的理论、党性原则，宣传党的路线、方针、政策、工作方法的生动实践，宣传构建社会主义和谐社会的新道德、新风尚。

如何理解宣传规律的涵义？胡锦涛同志指出：一方面，“新闻媒体是党和人民的喉舌，一定要坚持新闻工作的党性原则，坚持团结稳定鼓劲、正面宣传为主的方针，牢牢把握正确的舆论导向，努力营造昂扬向上、团结奋进、开拓创新的良好氛围”；另一方面，“要尊重舆论宣传的规律，讲究舆论宣传的艺术，不断提高舆论引导的水平和效果”，“与人民群众日常工作和生活的实践性统一起来，使宣传教育工作做到形式多样，生动活泼，为群众所乐于接受，能够回答群众中存在的思想认识问题”[1]。遵循宣传规律，有以下两点要把握：

一是报道本身要反映正确的立场，并让舆论形成正确方向。报道什么，实际上就是立场问题，就是方向问题。从政治层面说，要有利于党和政府工作的开展，有利于维护人民群众的根本利益，有利于促进改革发展、保持社会稳定。从文化层面说，要有利于社会主义核心价值体系的确立、培育和塑造，有利于中国先进文化的传播。

二是媒体和新闻工作者应具有较强的引导意识，不断提高引导水平。“诗言志”，“文以载道”，戏曲“不关风化体，纵好也枉然”，以及民间说唱文学“喻世”、“警世”、“醒世”，小说按照善与恶、忠与奸、正与邪的道德观念塑造人物等，这是中国古代文学的传统。绵延几千年中，追求真善美、引导积极向上的主流思想，始终是中国文学精品的主旋律。记者不是文学家，二者最大的区别在于记者笔下的新闻不是虚构的，也不是想象的。然而，“文以载

[1] 胡锦涛在全国宣传部长会议上的讲话. 2002－01－11.

道”在文学，在新闻，它们是相通的。

2. 如何报道——遵循新闻规律

新闻规律，在一般意义上指的是新闻传播过程中不以人的意志为转移的客观法则。陆定一说：“新闻的本源是事实，新闻是事实的报道，事实是第一性的，新闻是第二性的，事实在先，新闻（报道）在后，这是唯物论者的观点。”[1]因此，新闻规律最本质的东西就是新闻的真实性原则。

真实性之所以成为新闻规律中最本质的东西，还有一层意思。即新闻的影响力是建立在媒体公信力基础之上的，而新闻真实是公信力的前提。

遵循新闻规律，第一个关口就是记者如何真实地报道。中国传媒大学教授雷跃捷认为：“新闻的真实，包含了双重涵义，即新闻的‘具体真实’和‘总体真实’。新闻的‘具体真实’是指新闻报道对具体的客观事实所作的真实的反映；新闻的‘总体真实’则是指在‘具体真实’的基础上，新闻报道真实地反映客观事物的运动变化过程和客观事物的普遍联系，揭示客观事物相互联系和发展中存在的内部规律性。二者的关系是：‘具体真实’是基础，它对‘总体真实’起制约作用；‘总体真实’是在‘具体真实’基础上的升华，它对‘具体真实’起指导作用。”[2]

关于具体真实。就是说，新闻报道的五个 W，包括时间、地点、人物、事件、原因等，都要确凿可靠，不能无中生有，更不允许有一丝一毫的夸大或缩小；所有细节都要真实，不能靠所谓的合理想象来勾勒；所引用的数字、史实、引语，都要引之有据。尽管这一点理解起来容易，但做起来似乎不那么容易，如前面所举的失实报道案例。问题在于观念，在于职业道德。

---

［1］　我们对于新闻学的基本观点［G］//陆定一新闻文选. 北京：新华出版社，1987.

［2］　王永亮，等. 传媒精神——高层权威解读传媒［M］. 北京：中国传媒大学出版社，2005：482－486.

还有一种情况应引起注意，就是人物典型的拔高问题。吉林省吉林市初二女生李玉（化名）自幼开始拾荒助人，她的故事感动了很多人，被评为2004年吉林省十佳中学生，同时也成为获得“2004年感动吉林十大人物”荣誉称号的唯一在校生。但经过一篇接一篇的报道，李玉已承受不了“盛名”带来的压力，新学年，她向学校提出转班请求。[1]《新华每日电讯》副总编辑方立新配发题为《人为放大“感动”，必然走向反面》的评论：

“除了真实，没有什么能感动中国”——有媒体曾就“2004感动中国的十大人物”发表过这样的评论。

这位读初二的小姑娘，“感动吉林”却孤立于同学，那不是她的过错，正如她学习成绩不够好也不是什么过错一样。

她并非没有感动过自己的同学：小小年纪拾荒助人，赢得了大家的信赖，结交了很多好朋友；同学们开始也并没计较她学习怎样：尽管成绩一般，仍被一致推选为团支部书记。这些，原因只有一个：真实。真实的李玉，得到了真实的感动，自己也得到了真实的快乐。后来，她为什么感动不了同学呢？她为什么不快乐呢？原因同样只有一个：不真实。由于媒体报道的不真实，同学们认为媒体在撒谎，认为她也在撒谎。

一个美好的感动故事，就这样走向了反面。

媒体制造不真实，人为拔高，塑造虚假的“高大全”，编辑记者自然应该反省。……也许是由于普遍忧虑道德滑坡，急切希望社会风气好转，简单地以为将一个个美好的故事、一个个感人的“李玉”放大，在故事内容和传播层次、空间的放大中，去感动更多的人，带出更多的美好，就可以推动社会道德水准的上升。这个愿望可能不错，但是，人为“放大”，就会制造不真实，不真实就走向反面，这，几乎是一条铁律。

[1] 马扬，庞为．她感动了社会，却无法感动同学［N］．新华每日电讯，2005－04－26.

关于总体真实。雷跃捷认为，真实地反映客观事物的运动变化过程，这是新闻“总体真实”的第一个层次上的要求；真实地反映客观事物的普遍联系，揭示客观事物相互联系中所存在的内部规律，这是新闻“总体真实”第二个层次上的要求。总体真实把握得不好，同样会出现虚假新闻，虽然它对某个具体客观事实的反映是真实的，但它和整个生活实际不符，危害性更大，原因也复杂。其表现为：割裂客观事物内部因素的有机联系，用片面的观点看待和分析事物的原因，结果得出了错误的结论，给实际工作带来了危害；不是站在全局的角度观察问题，而是用孤立的眼光看待某些具体的事物，给人造成“一叶障目”、“以偏概全”的印象；不是用发展的眼光看待事物，而是用静止不动、形而上学的观点看待客观事物的发展变化，这样往往造成“一好百好”、“时过境迁”的虚假报道。[1]

记者不能人云亦云，这一点，在新闻解读中必须十分注意。比如，当前的就业、医疗、教育热点问题，你就得放在改革连续性的背景下进行思量。个别警察出了问题，你不能说警察出问题了。我国 GDP 增长速度很快，在世界排名进入前几名，你不能说已进入发达国家行列。温家宝总理曾多次谈到一个关于 13 亿人口的简单“乘除法”：13 亿是一个很大的数字，多么小的问题乘以 13 亿都会变得很大，多么大的经济总量除以 13 亿都会变得很小。

照看“总体真实”，报道角度的选择也很重要。2007 年 3 月 19 日、21 日，《福建日报》推出《杨扬的农民工生存调查》报道上下篇。对农民工的生存问题，国家很重视，媒体很关注。如果仅仅是反映问题，能吸引受众的眼球，但报道的基调是灰色的。主人公杨扬是位基层政协委员，该组报道把主题圈定在“政协委员的

[1]　王永亮，等. 传媒精神——高层权威解读传媒［M］. 北京：中国传媒大学出版社，2005：482－486.

责任意识”上，站位较高，立意也显然高起来了。

三、“营造传播磁场”的题中应有之义

当我们看到“吸引眼球”带来的倾向性问题，当我们感觉到遵循宣传规律与新闻规律才能达到有效引导的效果时，结合新闻采编实践，我们想到的是“营造传播磁场”。

“磁场”在《现代汉语词典》中的解释是：传递物体间磁力作用的场。在此语境下，对“场”的解释是：物质存在的一种基本形态，具有能量、动量和质量，实物之间的相互作用依靠有关的场来实现。在这里，“场”就是媒体，新闻与受众之间的相互作用依靠媒体这个“有关的场”来实现。代表媒体进行新闻实践的是媒体编辑部。因此，这个“场”营造得怎样，关键还是看编辑部提出的编辑思想，还要看编辑部如何指挥记者进行采编活动。此外，报纸刊发什么新闻、新闻在什么位置、每条占多大版面、各自的重点是什么，这些，也都是编辑部根据编辑思想进行一系列选择的产物。

编辑思想非常重要，这是影响力、公信力大小的决定因素。一方面，过于追求娱乐化和感官化刺激，能够吸引受众相对短暂的感官知觉，但不会带来良好的“磁场效应”。在英国，《泰晤士报》发行量比《太阳报》小多了，但影响力却大多了。另一方面，一些主流媒体虽然抓到了富有新闻价值的报道，但由于缺乏文字映象、视觉映象产生的感观冲击力、观察引导力，只是概念化、抽象化的陈述，味同嚼蜡，一样会让受众感到失望。

如何营造传播磁场？我们想表达的是，新闻不仅要“吸引眼球”，还要遵循新闻规律和宣传规律，在吸引受众继续往下看的时候，激发受众的情感，使其与所接受的内容产生共鸣，从而产生良好的“磁场效应”。我们认为，在遵循两个规律的前提下，“营造传播磁场”的题中应有之义主要有 3 个方面：

1. 讲故事

西方新闻理念中，常常把“story”用作“news”的代名词，把新闻采访叫作“to cover story”，把头条新闻称为“head line story”。西方新闻报道中有一种明显的故事化写作倾向，以至于很多名牌大报的总编辑都要求记者“像说故事一样说新闻”。如同大家所熟知的，美国哥伦比亚大学教授James W. Carey对新闻学的定义是：“新闻学是一门经过严格训练的叙事艺术，它要求描写！描写！再描写！”20世纪70年代在美国兴起的特稿，强调的就是为故事而写作。

近年来，我们的编辑部也开始强调在新闻写作中讲故事，有生动故事的新闻总是先赢得编辑的喜爱，这就是对新闻概念化、抽象化现象的批判。与此同时，许多高校的新闻采访与写作课程也更加重视“加强故事化”这一理念与实践的教授。最典型的应当是清华大学新闻学院。2002年，清华新闻学大篷车课程走进四川阿坝州的黑水县，让学生在高山峡谷中、在真实的世界里、在普通人身上找故事。该院教授李希光说：“故事在哪里？新闻在哪里？这是新闻学的核心问题。”他们为此编著了一本书，叫《找故事的艺术——在长征路上体验清华新闻学》（清华大学出版社2003年1月出版）。

当然，我们不能把新闻等同于故事，因为报纸毕竟不是《故事会》之类的杂志。但是，以讲故事的形式写新闻，更能吸引受众的注意力。“如果不能给读者提供机会使他对新闻所描述的斗争如临其境，新闻就不大可能吸引大量读者。读者必须通过个人的认同，像参与演剧一样参与新闻。就像每个观众在看到女主角身处险境时都会屏住呼吸，或者想要帮着巴伯·鲁斯打上一棒一样，读者就是以这种微妙的方式进入新闻的。”[1] 有报人认为，新闻就是

[1]　沃尔特·李普曼. 公共舆论［M］. 阎克文，江红，译. 上海：上海人民出版社，2006：253.

“匆忙的文学”，“记者不是小说家，但却像小说家一样重视场面的描述、人物性格的刻画、情节的纠葛，高潮迭起，而一切都在匆忙的截稿时间之前完成。”[1]

在《红楼梦》第一回中，曹雪芹老先生也用了“新闻”两字：“当下雨村见了士隐，忙施礼赔笑道：‘老先生倚门伫望，敢问街上有甚新闻么？’”假如贾雨村是读者，问的一定是街上发生了什么事，那么，你作为记者，讲述的肯定是街上发生的新鲜故事。我们的身边充满了故事，讲故事也是人类的本能之一，用讲故事的方式写新闻，更容易被受众理解和记忆。

2. 深解读

街上有甚新闻？街上可能有很多新闻。可是你为什么要讲这个故事而不讲那个故事？因为你认为这个故事更有趣。那么，当受众也认为有趣的时候，他们就可能不满足于只是讲述这个故事，他们还想知道，这件事为什么发生，甚至是这件事会产生什么影响、导致什么结果。新闻要解读这类问题，这就是西方新闻学所说的解释性报道。

解释性报道最早出现在第一次世界大战前后的美国，并于20世纪的30至40年代发展起来。麦克道格尔1938年出版了《解释性报道》一书，正式提出了这一概念。李普曼曾说，30年代开始的“这个时期，‘为什么’变得同‘什么’一样重要，如果一个华盛顿的记者只告诉人们发生了什么，而没有告诉原因并指出意义，那么他只干了他工作的一半”[2]。解析性报道使新闻写作更具灵活性和创造性，已经为世界上越来越多的媒体所采用。

在美国，20世纪70年代还诞生了一种报道形式，叫作调查性报道。在《华盛顿邮报》两位记者坚持对水门事件追踪报道的时

[1] 邱立本. 匆忙的文学［J］//初为记者. 青年记者，2002（12）.

[2] 马胜荣，薛群. 描述世界——国际新闻采访与写作［M］. 北京：新华出版社，2004：424.

候，这种用调查方法写作深度报道的形式被称为“调查性报道”。之后，有些报社设专门的“调查记者”职位，由资深记者担当，有些报社挑选一些跑口记者，让他们不再写作日常的小报道，而集中精力写作调查报道。

不论是解释性报道还是调查性报道，它们都带有很强的解读功能，因而，它们被统称为深度报道。当今社会已进入了“信息爆炸”时代，人们缺乏的不是信息，而是对这些信息的判断和梳理，新闻解读恰恰满足了这一要求。日本《读卖新闻》在决定增加深度报道的版面、栏目时，都是基于这样的想法：“即使在信息时代，受众需要的也不是信息的洪水，而是以正确的方式接收有用的信息，对泛滥的信息加以‘交通疏导’，将新闻背后、新闻事件深处的东西反映出来，便是报纸的任务。”因此，有人说，解读的因素对于媒体具有空前的重要性，今天的媒体进入了“解说的时代”[1]。

今天的新闻就是明天的历史，做好今天的新闻解读就是一个智者对明天历史的访问。我国社会正处于转型期，改革正处于攻坚阶段，舆论如何发挥解疑释惑功能，便是对每一个智者的考验。在我国，解读类的报道虽然来得比较迟，但媒体编辑部十分重视新闻解读，观察、调查、访谈、点击、时评等新的栏目不断开设，并以其深度和广度赢得了受众。当然，解读离不开故事。

3. 精策划

深度报道当然是最吸引人、最有影响的报道。完成这样的报道，一方面需要记者的各方面准备。“‘你不可能解释那些你自己还不理解的东西。’波恩特媒介研究学院会员、写作教练唐·弗莱先生说。有经验的记者说，对于社区和报道领域的理解，是对深度

---

[1]　马胜荣，薛群. 描述世界——国际新闻采访与写作［M］. 北京：新华出版社，2004：423－424.

报道记者的基本要求。"[1]另一方面需要采编联动策划。你提出的重大选题必须向编辑部报告，得到编辑部的认可，否则你可能在做无用功；向编辑部报选题时，你必须提出初步的策划案，以赢得编辑部的认可，他们或许还会把策划案做得更细一些，并将相关的关键点告诉你，请你注意把握，甚至帮你查找一些相关的背景资料。

对于新闻策划，业界并没有太多的理论探讨，其实也没有必要探讨。媒体每天面临的一个重要课题就是策划，这是头等重要的大事。首先，一个好的题材必须有一个好的报道策划。作为记者，你或许有很强的新闻敏感，但怎么把报道设计得更好、组织得更好，这里就有个策划能力的问题；作为编辑，你碰到一个好的题材，也一定爱不释手，并且可能产生一种感觉，心与前方的记者一起跳动，但是跳动归跳动，把报道策划好才是最根本的。其次，媒体要发挥引领社会主流的作用，设置社会议题，引导社会舆论，在典型、热点问题的面前不失语，这也需要策划。近年来，一些媒体经过周密策划和组织，推出具有积极意义的社会活动报道，如帮助失学儿童重返校园、帮助贫困大学生完成学业等，有的还发起了公益性的社会活动。这些策划，不仅较好地引导了社会舆论，也塑造了媒介的良好形象。

以报纸为例。在报纸只有四个版的"薄报时代"，新闻的传统法则是"短些、短些、再短些"。而当今，版面空间扩张了无数倍，报纸进入了"厚报时代"，对那些主题重大、新闻价值高、读者关注的新闻，则需要做得"足些、足些、再足些"。这更需要新颖的创意、大胆的构图、开阔的眼界、细腻的笔功，更需要采访与编辑前后方的策划联动。当然，策划要遵循新闻规律、遵循宣传规律，这是前提。

---

[1] 〔美〕谢丽尔·吉布斯、汤姆·瓦霍沃. 新闻采写教程：如何挖掘完整的故事［M］. 姚清江，刘肇熙，译. 北京：新华出版社，2004：335.

“策划是对某件事、某种项目、某种活动进行酝酿、统筹、实施，运用新闻、广告、营销、公关、谋略等手段，综合实施运行，使之达到较好的效果的过程。”[1]新闻策划体现的应该是智慧，而不是花样繁多的恶炒。成功的新闻策划，能够更好地配置和运用新闻资源，有效地将传播者的主动性、创造性与受众的需求结合起来，实现传播效果的最大化，从而使编辑部的编辑思想得到凸显。

四、本书的体例和范围

本书是为适应高等学校或新闻单位的新闻采访与写作课程需要而编写的，因而采取教材式的写法。但我们在体例上作了些改变，不再按照消息、通讯、评论等体裁的写作来组织。这类书籍多得很，读者自可参考。

为什么要从讲故事、深解读、精策划三个方面组织本书内容呢？从讲故事，到深解读，再到精策划，体现的是新闻实践水平不断提高的阶梯式进展。

同时，我们认为，消息只是告诉人们一条信息，除非它的意义非常重大，否则没有故事的纯粹的消息将被淹没，引不起人们的兴趣；通讯实际上可以视为一个个新闻故事的组合，只是这些故事的组合要服从主题的需要，从各个侧面反映，而不是像流水账似的排列，当然，通讯中还可以有解读的元素；评论提供观点，实际上也应被视为新闻解读的一种方式，或者说一种延伸。因此，我们在本书章节中没有把它们单列出来。

本书体例架构以故事、解读、策划为主线，同时，将针对新闻实践的需要，把事件、会议、经济、文化、体育、灾难以及人物等各类新闻报道的采写作为局部的横断面，在某些章节的阐述或案例中予以关照。

---

[1]　吴灿．策划学［M］．北京：中国人民大学出版社，2005：3．

我们还认为，培养新闻人的素质非常重要。把这一部分放在第七章，初看起来有些不太合适，但从内部逻辑上讲，这是合适的。因为，在对新闻故事与新闻解读以及深度报道有了更深的认识后，对如何提高新闻人自身素质这个问题，大家将会看得更加清晰。

当然，对这样的写作方式，我们还只是一种尝试。

我们慎提创新。社会上每日发生的事件可谓很多，但有的事件能成为新闻，有的却不能，这是因为新闻传播的内容必须具有新、重、亮以及变动性等特点。我们常说，创新是一个民族的灵魂，主要也是指人类在工作生活实践中的创新，包括科技创新、文化创新等。因此，新闻传播的内容必须有创新的内涵。缺乏创新内涵、没有变动性因素，就不能成为新闻，就是写了也难以刊播，除非关系稿、人情稿或其他的什么。但是，我们不能把什么东西都往“创新”这个筐里装，否则创新也就不具有新闻价值了。

我们认为，讲故事既是古老的传播形式，同时也是最有效的传播形式，而“解释性报道”这个名词被创造出来，也存在了近一个世纪，至于策划，那当然也不是新闻界的创新了。因此，我们强调，新闻实践要讲故事、深解读、精策划，它们称不上报道形式的创新，但符合新闻实践必须实现有效传播、营造磁场的追求。

当然，在一个新闻竞争日趋同质化的时代，每位新闻工作者要想活出自己的精彩，跳出这个雷同的采写窠臼，需要寻觅自身的新闻敏感性，需要寻觅自身的逻辑思维能力。这些感性的脉搏、理性的脉络，对于记者、编辑来说，分量是沉甸甸的。这些，我们将会尽量在本书的章节中结合案例予以阐述。

为了给大家以启发，我们将把新闻实践的理念与方法紧紧地结合在一起。在本书各个章节所谈及的新闻实践主要是指平面媒体的实践，这不仅是因为我们熟悉，还因为它是新闻的鼻祖，因为它面对多次的“狼来了”预警，仍以其公信力、影响力赢得受众。同时，本书所举的案例除了在全国具有影响力的报道以外，还包括我们及我们的同事在新近几年来新闻实践中所遇到的一些报道，目的都是为了使新闻实践的理念与方法更好地结合在一起。

历史在前进，科技创新改变了人们的生活，数字化、网络化给传统媒体带来了不小的冲击。比如，博客正在改变中国人的书写和阅读方式，2005 年就是一个标志性的时间，因此，也被称为平民话语、人人书写年代的元年。变化总是难免的，但总有一些东西仍然保持不变。比如说，报纸需经过层层把关，而网络是开放的，报纸的公信力将永远高于网络；再比如说讲故事这种形式，博客也得讲故事呀，否则谁有兴趣看呢。

因此，我们的这本书就从“让故事更有趣些”开始吧。

1 CHAPTER 第一章 让故事更有趣些

晚上8点起，报社夜班编辑部开始进入了一天中最忙碌的时候。这一天中，本报记者以及通讯员、社会撰稿人传来的稿件，有几百篇之多。编辑部会在这时候讨论什么稿件可上头题，什么稿件还需要修改，什么稿件还需要补充采访，当然，有相当多的稿件没法被选用。

稿件没被选用，对于记者来说确实非常糟糕，但更糟糕的是他不知道该如何从这样的困境中走出来。跟往常一样，记者将采访得来的各种材料、信息堆积成一篇稿子，传给编辑部。当然，有时候，耐心的编辑会因对稿件中提及的新闻点感兴趣而叫他进行修改，但大多时候编辑并不会理睬他。

从事新闻写作的人有谁没有过这样的遭遇呢？很多人都有过。但我们首先要明白，编辑们最难以接受的是，看了这些堆积成山的材料后，看不到有哪个故事能把报道支撑起来。

记者们必须寻找事实、真相或者能够发人深省的话语，用以说服他们的编辑某个故事值得发表。这是问题的关键。

正如《华尔街日报》头版资深撰稿人威廉·E. 布隆代尔所说的："我们中的有些人，就像我自己，在不同的国家和地区之间穿梭，写着不同的人和事。还有一些人，停留在一个地方，专注于某一类故事。但是我们所有人都承担着一种责任，一种常常被我们忽略了的责任，这就是我们既是事实的提供者，更是故事的讲述者。如果我们没有做好这两件事，就没有人理睬我们的作品。”[1]

新闻的支点是故事。对于新闻报道而言，能够吸引读者的首先是新闻故事。显然，我们第一步应当学会写作新闻故事，应当让新闻故事更有趣些。弗吉尼亚的资深报纸编辑罗纳德·L. 斯皮尔常常对在写报道的记者这样说：“让它歌唱。”“这里歌唱的‘它’可能是一个人、一个社区、一个城市、一个州或者一个国家的报道。它可能是蜷缩在报纸后面几版的‘生活方式’或‘人物’版的关于拼写比赛的小特写，或是今晚的新闻报道中的头条报道——牵动人心的飞机失事遇难者的救援行动。这些报道褒扬人类的生活状态，使我们身临其境，使我们或出离愤怒，或欢欣鼓舞，或深受启发，或忐忑不安。”[2]

凡此，我们可感受到，故事对于新闻是何等重要。就像小时候，家人给我们讲很久以前的故事，而我们总会听得津津有味。

第一节　新闻的支点是故事

先来看看两个关于“支点”的故事。

唐代李肇的《国史补》中记载了当年苏州重元寺的一件事。说的是，这个寺的一个角忽然坍斜，动工修建须耗巨资，为难之时，一游僧来寺，让人削了一些木楔，他每天持斧上楼在梁檩之间敲敲打打，不数日，梁柱扶正，建筑转危为安。

刘义庆的《世说新语》中记叙另一事例。说的是，魏明帝去游览名胜陵云台，陵云台的楼阁全是榫卯勾连的木结构，常因风而动却百年不倒。魏明帝想让楼阁更牢固些，便命人以重木抵撑，楼

[1]　〔美〕威廉·E. 布隆代尔. 华尔街日报是如何讲故事的［M］. 徐扬，译. 北京：华夏出版社，2006：3.

[2]　〔美〕谢丽尔·吉布斯，汤姆·瓦霍沃. 新闻采写教程如何挖掘完整的故事［M］. 姚清江，刘肇熙，译. 北京：新华出版社，2004：4.

阁却很快倒塌了。

两个故事说明一个道理，支点的运用得当与否关系着一个构架的安危，内部的种种承接转换，其关键也在这个点上，正确认识它，利用它，就可以获得整体的平衡和正常的运转，否则再大的建构也会失衡。

其实，不仅是建筑物，任何事物的内部关系中都有这种力的支点存在。新闻也如此。为什么现在一些新闻吸引不了受众？首要的问题就在于缺少这一个个“木楔”。而这一个个“木楔”，就是一个个故事里的细节。故事中的细节哪怕再小，终究它是见人见事的。

2004 年，为纪念邓小平同志诞辰 100 周年，国家博物馆举办了一次展览。多数记者在这样一个展览中只能发一些程序性的、很平常的消息，但有一篇消息却给读者留下了深刻的印象，它获得了第 15 届中国新闻奖。

伟人的俭朴震撼万名观众

小平夹克衫　感动三代人

本报讯（记者童曙泉）自《世纪伟人邓小平——纪念邓小平同志诞辰 100 周年展览》10 日在国家博物馆公开展出以来，已经有近万名首都各界群众前往参观、缅怀邓小平同志。人们从一件件展品中，再次感受到小平同志的伟大。

王老先生是在女儿和外孙的陪同下，来到国家博物馆的。参观中，王老先生的外孙惊奇地发现，小平同志生前穿的一件夹克衫好像有毛病：夹克衫纽扣间距都是十五厘米左右，但最下面一颗纽扣离衣服下摆只有四五厘米，显得非常不协调。找讲解员一问，王老先生和他女儿、外孙三代人不禁齐声感叹：邓小平如此朴素随和，真是可钦可佩！

原来，当年邓小平视察南方之前，女儿给他买了这件夹克衫。回家试穿发现下摆长了一截。邓小平舍不得把这件新衣服搁置浪费，就让裁缝剪掉一截下摆。在整个视察南方期间，这件灰蓝色夹克是邓小平的两件主要外套之一。他就是穿着这件纽扣不协调的夹克衫，站在罗湖口岸，深情地眺望香港的。

听到这个故事，几位围过来的观众不约而同地鼓起了掌。负责布展设计的国博工作人员龚青女士眼眶都湿润了，她说，虽然这件衣服纽扣间距不协调，但和邓小平这位老共产党员朴实无华的作风是和谐一致的。

在展厅后部，分别按0.7:1和0.5:1比例复制的房间格外引起观众注意。这是邓小平在景山后街家中的办公室和会议室。30来平方米的房间完全按真实情况布置，暖壶、沙发等物品都是由邓小平家人提供、邓小平当年用过的。

右侧房间内，只有9张老式的套布沙发，8个小茶几，一条两米多的条案和一个小书柜，再也没有其他装饰，这就是邓小平设在家中、用了二十多年的会议室。这里曾召开过许多重要会议。邓小平的办公室也很普通，办公桌上是一把十几元的暖壶、放大镜、毛笔和孙辈送的一个小毛绒玩具。惟一的电器是一台彩电，产于上个世纪80年代，一直陪伴到邓小平去世。

许多观众感慨道："小平同志真是太俭朴了！"

（北京日报，2004－08－12）

这篇消息把一个伟人诞辰100周年的展览写活了，写有趣了，因而也成了独家报道。记者有意识地从人性化的视角，抓住普通观众王老先生一家三代参观展览的细节，笔法细腻，立意高远，这就是一个有趣的故事。

1. 告知信息和讲述故事

- 新闻告知信息，但许多信息浩如烟海，专门讲故事或以故事取胜的新闻却给读者以艺术感、好奇心
- 编辑对故事润色删减，让脉络清晰；记者是故事的提供者

和讲述者，故事因此栩栩如生、活灵活现

“新闻”作为一个词，在我国唐代就出现了。唐初文人孙处玄说：“尝恨天下无书以广新闻。”诗人李咸用有诗句云：“新闻多说战争功。”宋朝赵升《朝野类要》中说：“朝报，日出事宜也。每日门下后省编定，给事判报，方行下都进奏院，报行天下。其有所谓内探、省探、衙探者，皆衷私小报，率有泄漏之禁，故隐而号之曰新闻。”这里的“新闻”，是指当时小报上登载的刺探来的发生在宫廷、官衙内的消息，那时的报纸也叫“邸报”。后来，“新闻”二字传入日本，今天日本的报纸大半以“新闻”命名，如《读卖新闻》、《朝日新闻》。

新闻，在西方叫 NEWS。据西方学者的著作记载，苏格兰的詹姆斯于 1423 年首次使用 NEWS 一词：“我把可喜的新闻带给你。”1622 年创刊的英国 *WEEKLY NEWS* 的解释更有意思，他们以北（NORTH）、东（EAST）、西（WEST）、南（SOUTH）四字的第一字字母拼成 NEWS（众多新鲜事），意思指四面八方的消息。之后，欧洲报刊大都以 NEWS 一词和其他词组组成报刊名称。今天，报纸的英文叫 NEWSPAPER，也就是“新闻纸”，又称“消息纸”。

当今，我们最熟悉的新闻莫过于：何时，何地，何人，发生了何事，事件怎么发生。新闻要告知信息，其最直接的报道方式就是消息。消息是简括的报道，消息最重要的是要有个“消息核”。它往往省去新闻事实中的细枝末节，不赘述新闻事件的发展过程。消息不受新闻题材的限制，只要有新闻价值，并且构成事实的要素清楚，就可以被写成消息。消息还具有发稿速度快、能够及时地滚动传播事件进展等特点。

但是，随着时代的进步和新闻事业的发展，对于一张日均十几个版甚至几十个版的报纸来说，许许多多的告知式信息浩如烟海，引不起读者的兴趣，这却是不争的事实。一方面，那些重大的突发事件（如战争冲突、大的自然灾害等）能够震撼世界，但这对一名普通记者来说，是可遇不可求的。另一方面，一些新闻事件虽然不那么大，但本身具有潜在的新闻价值，如果只是采取告知式的消息报道，一种可能是引不起读者的关注，另一种可能是读者关注到了，但他想知道更多的东西，报道里却无可奉告。

作为记者，当然必须学会写消息，及时把一些重要事件告知读者，但是并不是什么消息都能吸引读者，我们还必须懂得运用细节描写，让消息注入故事的元素，使它与众不同，如《小平夹克衫　感动三代人》；我们还必须学会揭示主题，讲述消息背后的故事，让新闻更加具有深度和广度，从而营造磁场效应，比如下面这个案例。

2007 年 1 月下旬，福建日报南平记者站记者黄建林被《中国新闻周刊》一组照片吸引住：福建省政和县政协委员杨扬到上海“卧底”打工，体验农民工生活。对于这条信息，记者认识到，仅仅用照片来表达是不够的，而如果仅把它写成一条消息，可能比图片更为枯燥。要挖掘主题，讲述故事，使它更有深度和广度。

杨扬的农民工生存调查（上）

——一个基层政协委员的打工体验

杨扬，政和县政协委员，政和一中语文教师。自 2006 年初开始到今年春节，她利用假期，辗转上海、浙江和福建沿海，自费对政和县外出务工人员进行调查，进农舍、下田地、钻车间、逛宿舍，了解他们的酸甜苦辣，分享他们的喜怒哀乐，对他们的生存境遇进行了全景式扫描……

在调查的过程中，杨扬渐渐意识到这背后沉甸甸的责任。今年政和县“两会”期间，杨扬提出了一个与农民工有关的颇具分量的提案。实际上，杨扬的举动早已超越了一份提案的意义：以一名政协委员的立场，呼唤全社会的温情和平等意识。

政和一中2月11日正式放寒假，来不及休息，杨扬就匆匆赶到她比较熟悉的两个村：政和县铁山镇的东干村和石屯镇的际下村，了解农民工返乡的情况。杨扬在农历新年到来之前开始了对农民工生存的新一轮调查，而在这之前，她的调查已经持续了一年。

最初调查——感动而又困惑

2006年农历大年初五，对杨扬来说，是一个不容易忘记的日子。不为别的，就为小月的一席话。“那天，我以前的学生小月从上海回来看我，我们闲聊了半天。她在上海一个电子厂上班，我就问她，上海有什么好玩的地方，没想到她摇摇头，‘老师，我们整天都在流水线上做工，哪有空去逛街啊’。”小月还告诉杨扬，她所在的那条流水线上有400多名女工，几乎都是十八九岁的年轻姑娘，来自全国各地的农村，大多只有初中文化。她们最怕冬天，因为双手冻得麻木不灵活，经常被烫得满手是伤。

性情耿直、爱好文学的杨扬心里装下了小月和她的伙伴们。“小月的话和经历让我震动，促使我下决心作农村调查，去老乡们‘漂’着的城市作一段打工体验。当然，一开始只是想写写东西，反映一下农民工的真实生活。”杨扬实话实说。

风风火火的杨扬说干就干，到2006年8月，她已经利用节假日走访了政和8个乡镇的20多个村庄，较完整地了解了本县农民的生活现状。

政和县地处闽北山区，自然条件恶劣，经济基础较差，历来比较贫困。近些年来，尽管县域经济不断进步，但农民返贫现象仍然时有出现。“灾害、读书、看病是农民返贫的三大原因。为摆脱贫困，农民离乡背井，进城打工，历尽艰辛。越是生活条件差与经济基础薄弱的地方，外出的就越多。高山区许多村子十户九空。那些地方山高水冷，土地贫瘠，交通闭塞。人均1亩多的田多是山垅田、望天田，一棵白菜长3个月。以前村里还有妇女、儿童、老人，现在有的村就只有老人了，妇女跟着丈夫外出，小孩儿也转学出去了。”初步了解的情况让杨扬心里委实一震。

一个更极端的例子让杨扬记忆尤为深刻：一个户口上还有900人的村子，目前仅剩下80人。村里的老人，最大的98岁，50多岁在村里算是年轻的。有两位更年轻的，30多岁，没有出去，一个是林业协管员，有固定工资，一个是残疾人，走不出去……“农民千方百计进入城市，他们改变身份、改善生活的要求是如此的合情合理。然而，当他们抛下妻儿老小、当他们旷日持久地一次次地遭遇挫折却依然坚定不渝向城市走去的时候，他们的坚持让我感动，带有困惑的感动。”就是在这种“感动而困惑”的心态下，2006年暑假，杨扬去了上海，接着又追随家乡的兄弟姐妹到了浙江嘉善，厦门、石狮和晋江。

她最关注的是“吾土吾民”——政和县农民工。

打工调查——刻骨铭心的23天

23天能做什么？杨扬的答案是：做“卧底”。2006年暑假期间，她以农村“打工妹”的身份进入上海、浙江、福建的多家工厂和手工作坊。且看杨扬的打工日志：

7月13日晚，自武夷山登上开往上海的火车。

7月15日，在上海徐汇区一家印刷厂打工。待遇是包吃包住，底薪600元。工厂设施简陋，住宿条件低劣，每天厂方负责中晚两顿，均为一小碗青菜、白饭、清汤。

7月18日，在上海郊区某人造板材厂打工。厂房明亮、宽敞、气派，工人宿舍是崭新的三层楼，星级宾馆的样子，还给夫妇同时在工厂打工的提供夫妻房；食堂整洁规范，免费提供较丰盛的三餐。但工作时间长，工作繁重，生产过程中会接触到可能损害健康的废气。若被板材车间的固化水溅到，皮肤奇痒，一挠抓就会溃烂。一位政和澄源籍工人许某，腿部溃烂严重，多方求医问药未能解决问题。

7月19日，在上海郊区某纤维板厂。这个到处都是粉尘的小厂工人在二十人左右，其中十多个年轻的小伙子都是政和人，有两个十六七岁的工人是政和某中学学生，他们是逃学来的，因为他们认为上海比家里好多了。

7月20日—21日，在浙江嘉善库浜村。住在此地的政和县锦屏村农民有100多户。他们在周边工厂打工，并且买下当地人闲置的旧平房（附带口粮田），亦工亦农。农民许某利用当地气候和土地资源优势，种植大棚蔬菜，成了当地的种植大户。不少政和人已经在这儿住了10年之久，有的人开始小规模经营，少数人开起了超市。但背井离乡的他们没有归宿感，比如，子女上学要交双倍的学费，一学期的教育费几乎要用去一个人的工资。

8月2日，在石狮某服装厂当学徒工。厂里的政和农民工叶某因为一匹布的粉尘，造成皮肤过敏，满脸通红，起了疙瘩，还发烧。在流水线上当车工要全神贯注，工时长，强度大，宿舍狭窄、昏暗、潮湿，两个洗澡间前有400人在排队洗澡。

8月4日，石狮某服装塑料袋印花厂。政和农民工连某初来的时候找了一些工厂，因为不太适应，有的做几天，有的做几个月，辞工拿不到工钱反而被老板骂。连某告诉说，无论在一家厂里多么受不了，都要坚持到年终才可以拿到钱。

8月7日，“一身疲惫”地回到政和。“不是我怕累惜力，机械、枯燥、长达十几个小时的工时实在让人难以坚持。”杨扬做的最长一份工只有两夜一天，这让原本打算多做几天的她深感愧疚。

这23天，对杨扬而言，是刻骨铭心的。“这23天，我晚上基本没办法睡觉，一闭眼，脑子里全都是白天打工的情景。在体验的过程中，我真正体会到了农民工的那种艰辛与辛酸，也真正感受到中国农民身上特有的坚韧、吃苦耐劳的品格。”“9月1日，学校开学了，又有一位女学生哭着告诉我‘妈妈走了，去上海打工了’，我不知道怎么安慰她。只要生活继续，父老乡亲肯定还会不断涌向城市，虽然县里十分关心外出的农民工，但怎么改善奔走在四方的他们的工作环境、关心他们的身心健康？很多情况下是鞭长莫及。还有，那些留守老人、留守妇女和孩子，他们的生活需要怎样的帮助？每一个问题都值得我们深思。”经历过最初的震惊，杨扬开始冷静思考。

调查成果——浸透汗水的提案

2007年2月1日，政协政和县八届一次会议开幕。杨扬单独向会议提交了一份《关于为农民创业营造良好环境与正确引导外出务工的提案》，她说她所在的群团界对这份提案比较赞同。

这是一份有分量的提案。为了这份提案，东奔西走的杨扬得到了一系列准确数据。“我县21.85万人口中约有83%为农业人口，在外经商、办厂和务工人员在七八万左右。其中上海三万、嘉兴一万左右、闽南沿海城市一万人左右。另外在江浙一带如宁波、温州、义乌等地，广东省东莞、深圳、汕头各地，北京、河南等地均有政和农民在创业和务工。调查中，我发现，越是条件差的村庄外出的人员越多，高山区的建制村外出人口通常占总人口的1/3或者1/2。”“农民外出务工把老人和孩子留在家中，出现了‘留守儿童’问题，这些儿童的教育成为一大难题，身心健康得不到保障；农民工外出务工，造成家庭的不稳定，2005年，政和县400多件离婚案中，农民工的离婚占到一半以上；农民大量外出务工，形成民工潮，致使大量在校接受九年义务教育的学生放弃学业，跟随民工潮外出，形成新的‘读书无用论’，影响九年义务教育的实施。”

调查之后，杨扬提出的意见和建议显然经过了深思熟虑：

通过政府引导和宣传，鼓励有文化有魄力的青年农民留在家乡建设新农村，有意识地把一些青年农民培养成村主干，做到农村有能人做事，有能人管事。

作为劳务输出大县，政和可以通过技术培训和有效的宣传帮助外出务工的农民工找工作和正确维护自己的权益。县政府2006年在全县范围或依托乡镇办就业培训班，效果较好，但还有更多期待就业的农民无法接受就业培训。

扶持政和职业学校。由于条件限制，政和每年至少有1500～2000名初中毕业生流入社会，其中多数为农村学生。除了加强宣传，鼓励这些学生到职业学校、技校学习专业技能外，还应鼓励他们留村建设。

鼓励外出多年有一定资金积累的农民工回乡创业，为农民工回乡兴办企业提供优惠政策和服务。

积极引进外地客商到政和兴办企业，方便劳动力就近就地转移。

县驻外办事处应当积极为农民工提供法律咨询和就业指导，指导权益受损的农民工为自己讨回公道。

加强农民工外出的登记和管理，尽可能为农民工提供信息和帮助。在了解情况的基础上，主动关心农民的家庭，特别是他们子女的教育问题。

这份提案被编为30号。

“这份提案引起了较大的反响，它凝聚着杨扬的辛劳、智慧和热情，是一份关注民生和弱势群体的提案，其针对性强，我们正交给有关部门办理。杨扬以高度的责任感撰写提案，这种尽心尽力履职、吃苦求实的精神是十分难能可贵的，值得我们学习。”政和县政协提案法制办主任许马（鑑）这样评价。

“我曾就这份提案的内容和一些企业家、政府官员、乡镇干部进行了探讨，他们都表示非常认可我的意见和建议。”杨扬的笑容很灿烂，自己的付出得到认可，那无疑是最幸福的了。

（福建日报，2007－03－19）

这份浸透汗水的提案之所以让人觉得沉甸甸，首先是因为它建立在实打实的调查基础上。假如没有杨扬的亲身调查故事，那么这份提案必然是苍白的，对提案的报道必然是引不起读者关注的。

近年来，农民工的生存状况早已被各大媒体反复报道过，但给人留下很深印象的报道并不多。这篇报道之所以给人留下印象，是因为，从文章中，读者获得的材料不再是平面的信息，而是一系列丰富的感性的报道；从文章中，读者分享到了主人公的经历，获得的不仅仅是艺术上的感受，更有心灵上的震撼。

站在高山上也许能让我们拥有更广阔的视野，但在那里我们看不到活生生的人物面孔。在很多时候，记者在告知读者某个信息时，更重要的是，必须让读者读到生动的故事，看到人物的面孔，听到人物的声音。

因此，记者不能满足于告知信息。记者必须在获得信息的时候，判断出信息本身的新闻价值。当然，如何体现新闻价值，讲故事不是唯一的。但新闻故事不只是说明和转述，还侧重于描述和再现，复制出一个完整的过程，有背景，有场景，有人物，有细节，还有时间的动感，因而它能让信息闪闪发光。

在编发这条稿件时，编辑部的同志说，这条线索马上拨动了几位编辑的兴奋神经，杨扬的农民工调查正处于一对经纬线的交织点上，经线是农民工的生存问题，纬线是民意代表如何关注民意、反映民意，两条线都是当前的热点，其交点绝对是一个有价值的、具有影响力的稀缺的新闻题材。

的确，碰到这么好的题材，需要一线记者的眼光，也需要后方编辑的眼光，更需要前后方的互动。在这组报道中，记者是故事的提供者和讲述者，编辑“心随前方记者一起跳”；记者跟着主人公进行了大量的采访，让故事栩栩如生、活灵活现，编辑则对故事进行润色删减，提升故事的立意，让脉络更加清晰。

2. 故事就在信息、话题的背后

- 故事就在各种各样的信息和话题背后，“脚板底下出新闻”，挖掘其背后的事件性故事，不要放弃
- 读者对事件的关注度永远大于对话题的关注度，记者追踪事件，贴近采访，不要泛泛而谈，东拉西扯

新闻故事在哪里？

还是先了解一下关于新闻的定义。在我国，李大钊《在北大记者同志会上的演说词》中提出：“新闻是现在新的、活的、社会状况的写真。”邵飘萍在《新闻学总论》中提出：“新闻者，最近时间内所发生的，认识一切关系社会人生的兴味实益之事物现象也。”潘公展在《新闻概说》中提出：“最近发生的事实，能引起多数读者兴味，能给予读者以实益，方是新闻。”徐宝璜在《新闻学》中提出：“新闻者，乃多数阅者所注意之最近事实也。”范长江在《记者工作随想》中提出：“新闻，就是广大群众欲知、应知而未知的重要事实。”

在西方，美国学者约斯特在《新闻学原理》中强调：“新闻是已经发生或正在发生的事情的报道。”美国学者 D. 勃列德莱在《你的报纸》中表述：“新闻就是大众注意和大众有关之事的老实、公正、完整的报道。”德国学者道比法特的定义是：“新闻就是把最新的现实的现象在最短的时间内介绍给最广泛的公众。”日本学者小野秀雄在《新闻学原理》中给出的定义是：“新闻是根据自己的使命对具有现实性的事实的报道和评论，用最短时间、有规律地

连续进行广泛传播的经济范畴内的东西。”

新闻故事就在生活当中，就在活生生的社会当中。因此，新闻界的前辈说，“脚板底下出新闻”。《西行漫记》就是走出来的。

当然，现在的我们不能为了一个未知的故事而东奔西跑。那么，故事从哪里来？

20 世纪 80 年代，信息概念引入我国新闻界，新闻告知信息这种说法已为新闻学界和业界所认同。复旦大学李良荣教授据此归纳出新闻的两种定义：新闻是新近发生事实的报道，新闻是新近事实变动的信息。新闻是报道，表达出新闻的形式；新闻是信息，表达出新闻的实质。[1]

对记者来说，信息源肯定是很重要的。可以这样理解，新闻事实是客观存在的，但它一经传递，就具有信息的属性。从传播信息到讲述新闻故事，报道的内容得到了延展，我们的日常报道也获得了“产品增值”。特别是，当作为要告知的信息已经报道过了，而读者需要了解新闻中更多的东西、更详尽的细节，以至于需要重现整个事件时；当新闻事实本身不以信息取胜，题材不一定大，但故事生动、以人情味取胜时；当在新闻时效的竞争中，漏了重要消息，但又必须做得更深些、更吸引人些以求弥补的时候……讲新闻故事就显得更加适合、更加必要了。

新闻故事就在信息的背后，需要你去还原它，挖掘它。

方法一：广泛阅读，从其他人的报道中发掘出你的第二视角。比如，杨扬的农民工生存调查，在记者采访前已经存在了，而且这条信息是从一本杂志的图片报道中得来的。然而，记者没有放弃，而是抓住“第二落点”来回放杨扬的调查故事，这种深度报道的做法使记者采写活动获得了成功。

这种方法的难点在于，假如其他人的报道已经很成功，那么再创作的机会就比较小，也难以写出与之相媲美的报道。然而，假如

[1]　李良荣．新闻学导论［M］．2 版．北京：高等教育出版社，2006：13．

其他人对这一故事的报道还不完整，或者在报道方式上还有突破空间，或者这一故事仍在发展并且有新的动态式的进展，或者还可以通过新闻解读等报道手段深化报道内容，那就不要再等什么了，马上列入选题，进行深入采访。

方法二：记录灵感，从国家和当地政府发布的一些政策措施相关信息中寻找点上的故事。比如，当今我们整个国家经济与社会发展的指导思想是“科学发展、构建和谐”，在这方面，各级政府出台了一些政策措施，也有很多有创意的实践，循着这个方向，我们一定会了解到很鲜活的题材。而这也是新闻记者做到坚持正确舆论导向、弘扬主旋律的最佳途径。

这种方法的重点在于，坚持跑“口”，保持与“口”上的权威人士密切联系，因为他们对政策性的信息十分了解，也参加过不少调研活动，虽然不在基层，但对下面发生的情况很清楚。通过他们，可以了解到面上的情况，也能知道故事在哪里——即我们该去采访的某个地方。

方法三：多交朋友，从日常话题中寻找新闻线索。对新闻报道而言，有价值的话题就是对记者有用的报道信息。来自高层的信息源当然很有用，但来自普通人的一些话题也可能是我们报道的有用信息。可以肯定的是，很多信息来自于闲聊中。还有更重要的一点是，这些普通人往往能够提供更多的细节，引导我们去把故事写得更加生动，更加扎实。

了解了这些方法之后，我们必须记住：读者对事件的关注度永远大于对话题的关注度，记者追踪事件，贴近采访，而不应泛泛而谈，东拉西扯。近些年来，话题新闻方兴未艾。有的记者捕捉到一个话题，首先想到的是约请专家访谈，或找相关的政府部门要材料，并以此显示权威。这些是需要的，但是，离开了事件的承载，话题又从何而来呢？没有事件，就无所谓话题。话题不可能是无本之木，无水之源。至于如何报道，考验的是记者的选择。关于有所为有所不为，记者应有四点基本认识：

其一，读者首先需要的是感性的新闻故事，缺乏对故事的感知、对事件的挖掘，而找一连串专家来评论，引不起读者的兴趣；

其二，让抽象的材料在连续的报道段落中密密麻麻地排在一起，特别是其中含有大量数字的材料，被一些学者认为是“杀死读者兴趣的剧毒氢化物”；

其三，报纸是新闻纸而不是学术杂志，版面也是有限的，如果总是动不动找专家谈论，就意味着牺牲更多的新闻；

其四，记者是社会的记录者和调查者，而不是社会学家。

3. 非事件性新闻的报道也要“落地”

- 《华尔街日报》强调用故事的形式报道抽象的财经事件，拉近报道与读者的距离，走上兴旺之路
- “非事件性新闻”要转化为事件新闻，必须从“人物”、“故事”这两个核心环节入手进行采写

今天，《华尔街日报》头版的定位与风格是在 20 世纪 40 年代确立的。之前的 30 年代，美国经济大萧条，作为财经类报纸的《华尔街日报》也备受打击，发行量剧减。报纸内容平淡死板，充斥着枯涩的数字和单调的财经评点。1943 年，《华尔街日报》进行了一次划时代的改革。该报总编辑着手解决了两个问题，一是读者定位，二是写作定位。他们看到：人人都喜欢看故事，这就是马克·吐温的作品能历久弥新的道理。于是，《华尔街日报》进行了历史上最重要的一次编辑方针改革：把抽象的财经事件用故事的形式报道。他们的成功就在于用简单有趣的故事，传达复杂抽象的概念。

华尔街日报式的新闻写作技巧至今仍影响着整个世界的新闻报道。许多学者对这一写作方法进行了归纳，即在报道非事件性新闻时，开头往往先讲一个与新闻主题有关的人物故事，通过这个人引出所要报道的新闻，进而一步步展开、深化新闻主题，使本来抽象、枯燥的非事件性新闻，因人物的介入变得容易赢得读者的注

意，以人情味增强可读性，提高传播效果。[1]

以刊登于《华尔街日报》的《山林大火，祸兮，福兮?》[2]为例。文章是这样开头的：

> 去年冬天就有消息说，春天会给白鱼山脉附近的地方带来滚滚财源。这个消息把全国各地的探索者引到了美国蒙大拿州北部的厄马。到了5月份，在城外茫茫荒野上，一夜之间兴起了一座帐篷都市。
>
> 这些探索者到这里来是为了采摘羊肚菌——一种极受餐馆和美食家欢迎的蘑菇。大批采蘑菇的人之所以聚集到这里，是因为去年夏天厄马周围的山火毁了24万多英亩的山林。而采蘑菇的人都知道，前一年的森林大火意味着下一年蘑菇的丰收。

文章开头篇幅不长，但介绍采摘羊肚菌能带来滚滚财源成了山林大火的“引信”。对山林大火，城里人实际上很少会去关心，因为与自己的生活不那么贴近，但是，大火居然和自己的餐桌扯上了关系，而且和某些人“发财”有关，人们自然就会产生想知道的兴趣。

接着，文章讲的是一个人物故事。以采摘野生蘑菇十分在行的哈森·瓦尔为主线，全方位介绍了他边采摘边收购、从早到晚全家齐上阵、与其他同行为争抢地盘及保护自己劳动所得而发生的各类冲突，以及由非法采摘蘑菇而引发的人口激增等场景。

到了第三部分，文章说：“然而，今年的好收成却意味着羊肚菌采摘者不能像过去那样高价出售蘑菇。”——把话题转向野生蘑菇经济，将采摘人到批发商、经销商、餐馆厨师的喜好及最后售价等一一列出。美味佳肴的背后，原来有如此曲折艰辛的一幕幕，山

---

[1] 华尔街日报式新闻的写作技巧［J］. 中国记者，2003（3）.

[2] 黄惠. 快餐文化不拒经典，新闻可以是美文——华尔街日报作品赏析［J］. 新闻记者，2004（9）.

林大火就是这样和这么多人的生计联系在一起！阅读至此，读者从微观看到了宏观，开拓了视野，增长了见识。

文章的结尾只有两句话，简洁又耐人回味：

> 尽管价格低了，但瓦尔并不就此放弃。为了继续过采蘑菇的自由生活，他情愿冒收入不稳定的风险，“没有人可以控制我，”他说，“没有人是我的老板。”

两句话就反映了瓦尔（或者是他的“圈内人”）的观点，突出了他鲜明的个性，也升华了报道的主题——山林大火究竟对谁有好处？这种结尾颇有美国电影的痕迹：主人公摆出一个习惯动作或者甩出一句俏皮话之后，结束曲随即奏起，留下观众愣在那里慢慢品味。

新闻理论界通常又把日常新闻报道分为事件性新闻和非事件性新闻（或称动态性新闻和非动态性新闻）两大类。前者由于有具体的事实，有发生、发展、结束的动态情节，因而容易引人注目；后者则因涉及的大多是问题观点、政策法规、机构行业等相对抽象的东西，往往令人感到枯燥乏味。华尔街日报式新闻报道的好处在于，将非事件新闻已经或可能影响到的普通人引入新闻中，通过讲述此人生活发生变化的故事，制造出一个悬念，吊起读者的胃口，使读者的关注点落在与自己一样的普通人身上，不知不觉地被带入新闻主题，从而增加了新闻的人情味和贴近性。这种写法使本来面向社会中上层人士、一般以严肃的政治或经济话题为头条新闻的《华尔街日报》引起了更多读者的共鸣，拥有了更多的普通读者。

为什么在本书的开头就特别讲到“非事件性新闻”？实际上，我们经常遇到一些难题，比如，重大的突发性事件、政治性事件可遇不可求，小的社会事件又没有太多的亮点，而对非事件性新闻的写作常常投入了很多精力，读者却不喜欢。

在我国，业界通常把非事件性新闻理解为，以生产、经营、科研、学习和其他各项工作等方面取得的成就经验和做法等为内容的报道。此类新闻题材本身带有成就宣传和经验报道的性质，它不是最新发生的，而是已经存在一段时间；它没有完备的主体内容，事情的发生、发展过程也没有具体的时限。这些年来，业界借鉴华尔街日报体的写作技巧，对非事件性新闻的采写进行了许多探索，强调对非事件性新闻进行“事件化报道”，主要有下面几种做法：

（1）抓住合适的新闻由头，满足新闻变动性要求。新闻事实要求有比较明显的变动特征和时间概念，而非事件性新闻的时效性不明显，没有明显的新闻由头。但渐进变化和动态发展是非事件性新闻的特征，因此可以根据主题和立意的要求去发现新闻，寻找新闻由头。在一些非事件新闻中，目前的通病主要是不注意抓新闻由头，笼统地说“近年来”，甚至连时间要素都不提，这就是人们所说的“总结语言＋成绩罗列”的报道模式。严格地说，这不是新闻。如果从中谋取一个较具典型意义的事件，在渐进性的变动中，发掘出最新的变动，以新的变动作为由头，就可以突破这一报道模式，增强新闻的可读性。

（2）寻找典型环境，发挥声画结合优势，突破时空限制。非事件性新闻时效性较弱，它所报道的内容跨度较大，许多新闻事实已经是“过去时”，无法再现，也不便采用“补拍”、“摆布”一类有悖真实的做法。因此，报道中必须寻找最具代表性的一幕——典型环境，即典型的、很可能重现的、有代表性的场景。

（3）进行“亲历”式采访，使“非事件”显现“事件”特色。在“亲历”式采访中，有一种被称为隐性采访，记者一般不暴露真实身份，而是要充当另一种特殊的身份。根据现实生活中的大量存在的非事件性新闻素材，依照一例事实的样子，模拟某一事件的整个过程，从而拥有了具体的起始时间、地点和生动的过程，让本来难以具备完整始末的事随着采访者的“亲历”而显现新闻。这种采访常见于舆论监督。但这种采访如果把握不好，就会违背新闻真实性原则。因此，近年来，隐性采访的方式被质疑。

孙正一、柳婷婷在《2007：中国新闻业回望》“关于‘茶水发炎’报道的反思”[1]中写道：2007 年 3 月，中新社浙江分社和浙江电视台《新闻 007》栏目的记者乔装患者，以龙井茶水冒充尿液送到 10 家医院化验，公开报道 6 家医院从茶水中检测出红、白细胞，引起舆论关注。卫生部新闻发言人认为，该报道有悖于媒体记者的职业道德和规范要求。同年 6 月，《中国新闻出版报》上陈力丹及第 8 期《现代视听》中陈力丹、高学巍撰文认为，在“茶水发炎”事件的形成和进展中，记者扮演着事件推动者角色，是“陷阱新闻”。这种介入式暗访，即使为了公众利益，也要慎用。他们认为“这件事情明显是记者违规采访”，并提出“厦门记者雨中拍摄骑车人跌倒，到记者假报情况试验 110 警察灵不灵，以及电视台的人员街头测验人的道德水平的偷拍‘准’新闻节目，都违反了新闻职业规范”。中央电视台新闻调查节目内部规定：“无论如何，秘密调查都是一种欺骗，新闻不是欺骗的通行证，我们不能以目的的正当为由而不择手段。秘密调查不能用作一种常规的做法，也不能仅是为了增添报道的戏剧性而使用。”

“亲历”式采访中，另一种叫体验式报道，记者是暴露身份的。它是记者的一种“亲历”体验报道，强调把读者带动现场，给人以真实的感受。我们将在后面章节中讨论。

（4）抓取相关联的事件，深入挖掘故事情节。非事件性新闻常常具有显著的思想特征，因而又具有新闻学、宣传学的双重身份，具有更加直接的舆论引导功能。做到引导有力，必须深入挖掘事实材料，突出非事件性新闻的意义，体现社会主流价值观。具体地说，就是要从大量非事件性素材中，通过背景对比以及因果联系的分析，“抓取”一件能够集中反映新闻主题、有头有尾的情节化事实，深化主题，巧出角度，小中见大，窥一斑而见全豹。

我们认为，做法可以有很多种，但把握非事件性新闻基本的写作报道模式和规律，在本质上有两个要素：情节和情感。注重情节

---

[1]　新闻与传播，2008（4）：6.

就是要注重细节充实、结构井然的故事，注重情感就是要把人置于真正的新闻中。

简而言之，非事件性新闻也必须见人见事。非事件新闻这个“非”字，在这里并没有表达“不是”这层意思，它的含义是“没有结束，正在发展和不断变动”。从哲学意义上讲，起点和终点是可以重合的，在这个层面上看，“非事件”与“事件”也同样可以重合。“非事件性新闻”是比“事件性新闻”更为包容的概念，“非事件性”是由一个个不显著（或挖掘不深入）的事件性新闻构成的。所以，必须从“人物”、“故事”这两个核心环节入手进行写作。[1]

以《人民日报》（海外版）一则非事件性新闻《375 万中国农户的新生活》（2005 年 10 月 21 日）为例，该文导语交代背景：

> 自 2000 年以来，农业部投入 34 亿元资金，组织实施“家园富民计划”，受益农户达 375 万户。

为了突出这一农村改革成果，罗列一堆数据显然不能引起读者共鸣，于是，记者选了一个人物来说话。这个人物就是常国献，河北省临漳县西五岔口村的农民，也是该村第一批生态家园示范户，因而具有典型意义。文章共三部分，都围绕着常国献修建沼气池的故事来展开。第一部分为“生态家园给农民带来实惠”。1999 年，常国献家修建起沼气池，还改造了厨房、厕所和猪圈。当地农民称之为“一池三改”。“进行一户‘一池三改’一般需花费 2 500 元，但由于国家给了补助，需要自己掏的钱并不多。”常国献告诉记者。“节省的、多赚的加起来，一年就将近 5 000 块呢。”常国献对他那个 8 平方米的沼气池十分满意。第二部分“农民的生活和城里人一样了”，记者以主人公老伴之口与以往情况作了对比：“以前一说农村脏乱差，说的就是咱农民家里熏得漆黑的锅台，还有臭气熏天的厕所和猪圈。可自打建了沼气池，就再也见不到那种景象了。”说起这些，常国献的老伴特别高兴。现在，她家厨房的锅台

[1] 殷俊，潘贤强. 非事件新闻写作中的几种关系 [J]. 今传媒，2006 (3).

都贴上了白瓷砖。每天，她都要把锅台和沼气灶擦得锃光瓦亮。再用主人公的话点题——“农闲的时候，我就去锻炼锻炼身体。”常国献说。除此之外，村里的“科技书屋”也是他常去的地方。“读书看报，学习科学技术，咱生活和城里人越来越一样了。”具体、真实、细致地刻画具有典型意义的人物，使读者切实感受社会主义“新农村”的发展变化，很有说服力。

这个例子告诉我们，写好非事件性新闻——

（1）把人物“拎”出来，把故事“拎”出来。非事件性新闻里有人物，其人物往往是一个群体，甚至是一个不确定的广泛群体，但我们可以将其中的特定人物“拎”出来，从特定人物的活动入手，通过这个人物的事件来反映文章所要表达的立意。

（2）在点上发现故事，挖掘故事。“点”上有故事，非事件性新闻的“面”是由许多“点”构成的，“点”往往容易成为“事件”的由头和载体，从故事入手，可以先声夺人，引导读者往下读。

（3）选择适宜的切入点。“人物”和“故事”实际上有一体化倾向，选择谁做切入点，关键在于回答人物个体和人物群体谁更典型这个问题，如果个体显著，则由人物切入；如果群体显著，则适宜由故事切入。

第二节　让故事有趣的元素

《华尔街日报》头版资深撰稿人威廉·E. 布隆代尔说：“人们永远在思考哪些元素让一个故事从本质上变得有趣；如何在瞬间吸引观众的注意力；如何安排故事情节，让故事具有持续的吸引力；以及如何让故事深深刻在人们的记忆中。”[1] 他认为，让故事吸引

[1] 〔美〕威廉·E. 布隆代尔. 华尔街日报是如何讲故事的［M］. 徐扬，译. 北京：华夏出版社，2006：3.

人的元素有[1]：

时间——如果我们能够抓住过去和未来，故事就得到了延展，就会有更多的读者喜欢，因为我们在故事里为读者搭建了一条时间隧道，身处其中的他们不仅可以回头追溯故事的根源，也可以向前展望明天的可能影响。

范围——虽然特写的关注对象可能仅仅是一个人、一个地方或者一个机构，而我们的报道也只会涉及众多的相关层面中的几个突出层面，但我们还是要为这样的报道划定范围，还是要在报道中让每个层面都得到最充分的展现。

变化——好故事的这种品质可以通过两个途径来实现：提供不同类型的信息源，提供不同类型的论据。

动感——读者们喜欢动作，包括任何形式的动作。那种毫无动感的故事，那种不论是人们在进行抨击、解释、描述或者吸吮手指时，都保持静止状态的故事，往往被编辑们称为“MEGO”（My Eyes Glaze Over，“这事太没劲了”，美国新闻媒体口语）。最理想的动感，是让故事的情节按照“发生、影响、反作用”的结构顺序自然发展，但如果这样的发展顺序现实中并不存在，最常见的一种就是对立元素轮番出现，形成交锋的动感。

布雷恩·S. 布鲁克斯则说：“相关性、有用性和趣味性是判断任何事件、问题或人物是否具有新闻价值的总的原则。在这些总的标准之内，新闻工作者们在每个潜在的新闻报道中寻求更为明确的元素。”他认为，这些明确的元素有[2]：

影响力——这是衡量相关性和有用性的另一种方式。有多少人会受一件事或一种观点影响？这种影响对他们有多大？

冲突性——这是所有报道中一个反复出现的主题。新闻报道、

[1] 〔美〕威廉·E. 布隆代尔. 华尔街日报是如何讲故事的［M］. 徐扬，译. 北京：华夏出版社，2006：50－79.

[2] 〔美〕布雷恩·S. 布鲁克斯，等. 新闻报道与写作［M］. 范红主，译. 北京：新华出版社，2007：5.

文学或者戏剧都如此。人们之间、国家之间的冲突，或者是和自然力量的冲突，提供了吸引人的材料。冲突是生活中非常基础的元素，新闻工作者必须抵抗将冲突过分夸大或过分简单化的诱惑。

新奇性——这是对新闻和其他种类的故事普遍适用的元素。仅仅因为人物或事件的不寻常或离奇，就能引发受众的兴趣，因此而具有新闻价值。

显赫性——名声制造新闻。名声越大，新闻就越大。富人和名人的行为常常能够引起普通人的兴趣。

接近性——总的来说，人们更感兴趣和关注的是在家附近发生了什么。当他们阅读或收听国内或国际新闻时，他们常常想知道这些新闻如何与他们自己的社区相关。

时效性——新闻应该是新的。如果新闻具有相关性和有用性，那么它还必须及时。例如，在一个问题被市议会决定之前写篇报道就比在决定之后写更为有用。及时的报道可能使大众成为公共事务的参与者，而不仅仅是旁观者。

很显然，在很多有关新闻理论和业务的书籍里，谈到新闻价值，都会见到以上这些观点的影子。理解这些元素，对写好新闻故事的帮助很大。我们还可以依靠一些其他的元素，使故事变得趣味十足。现在，就让我们按下面的思路进行梳理。

1. 新闻的发现力：平常与不平常

- 哥伦比亚广播公司《60 分钟》的理念：有趣不是好玩搞笑，有趣的意思是趣味生动的引人注目
- 发现力实际上是对记者逆向思维的考验，不为猎奇和搞笑，而在正常态势下发现平常中的不平常

在今天高度商业化的媒体社会里，从 19 世纪美国大众报刊兴起以来的一些新闻理念仍在影响着新闻实践。《纽约太阳报》的主编约翰·博加特别出心裁地提出了至今在各国新闻界无人不知的新闻定义："狗咬人不是新闻，人咬狗才是新闻。"《纽约先驱论坛报》城市版主编斯坦利·沃尔克说，新闻有赖于 3 个"W"：

“woman（女人）、wampum（钱财）、wrong-doing（坏事）。”[1]

人咬狗是新闻，狗咬人不是新闻；反常的是新闻，正常的不是新闻。对此，各种教科书里都给予批判。如果媒体每天热衷于报道杀人、放火、抢劫、恐怖袭击，或者色情、丑闻、搞笑等，不核实、不准确、不公正、随意猜测、片面报道、煽动仇恨、低级庸俗等大量反常新闻故事就会影响受众的审美情趣。

甚而有之的是，如果在日常采访中找不到反常的新闻，就设法策划反常的新闻。2007 年 6 月，北京电视台《透明度》栏目临时人员訾某，在没有发现有人制作、出售肉馅内掺纸包子的情况下，冒充建筑工地负责人，到北京市朝阳区太阳宫乡十字口村 13 号院内，对制作早餐的卫某谎称需定购大量包子，要求为其加工。后訾某携带秘拍设备、纸箱和自己购买的面粉、肉馅等再次到 13 号院，以喂狗为由，要求卫某将浸泡后的纸箱板剁碎掺入肉馅，制作 20 余个“纸箱子馅包子”，訾某秘拍了制作过程。之后，訾某剪辑画面，虚假配音，编辑制作《纸做的包子》播出带，对北京电视台隐瞒事实真相，致使片子得以播出。同年 8 月 12 日，北京市第二中级人民法院公开审理“纸箱馅包子”虚假新闻炮制者訾某涉嫌损害商品声誉案，訾某被判处有期徒刑 1 年，并处罚金 1 000 元。

有趣不是好玩，不是搞笑。美国哥伦比亚广播公司的《60 分钟》是美国历史上最悠久、收视率最高的节目之一。它的成功秘诀何在？“用好的方法讲一个好的故事。”在他们看来，生活中真正吸引人的就是故事。丹·休伊特指出：“好故事的标准是：晚上播出的节目是第二天早上人们的话题。”这样的故事的核心就是必须“有趣”：“有趣是我们选择人物的至高理念，有趣不是好玩不是搞笑，有趣的意思是趣味生动的引人注目的，引人注目的但了无生趣的不一定会成为我们的选择对象。”（史蒂夫语）这就是《60

[1] 张威．比较新闻学：方法与考证［M］．广州：南方日报出版社，2003：173.

分钟》信奉的理念。[1]

回过头来说，当我们在批判“人咬狗是新闻，狗咬人不是新闻；反常的是新闻，正常的不是新闻”的时候，却也可以从中体会到一种逆向思考的魅力。也就是说，应在正常的态势下，发现平常中的不平常。

2003年3月20日，一个令全世界难以忘记的日子。北京时间上午10时30分左右，伊拉克首都巴格达响起了警报声。世界上几乎所有媒体的编辑和记者都意识到，一场准备已久的战争开始了。新华社在10时33分50秒发出第一条消息，在世界各大媒体中“以10秒领先全球”的优势，在这场争夺战中赢得先机。

能够有机会采访这样重要新闻事件的，目前也只有新华社、中央电视台等中央主要媒体记者，即使是他们中的一员也几乎是可遇而不可求的。此类重大的、不平常的消息报道，作为普通记者，我们难遇到，但只要留心生活，我们会在平常中遇到不平常的题材。

前面所提到的《杨扬的农民工生存调查》刊登后，新华网、人民网等当即予以转载，《工人日报》、《新京报》马上跟进，中央电视台《经济半小时》、上海电视台、福建电视台的记者也马上与主人公杨扬和记者黄建林联系，对杨扬的故事非常感兴趣，要进行专题报道，许多政协委员也与记者黄建林谈了对该调查的看法。之所以取得这样的反响，主要在于报道从平常中发现了不平常。这一报道把主题圈定在政协委员的“责任意识”、“关怀意识”，这就在平常中烙上了不平常的印迹，使得杨扬的所作所为具有非常的典范意义。杨扬作为一个民意代表去了解民意，这是很平常的；杨扬跨越自己的行业去作农民工调查，提出了相关提案，促成了相关问题的解决，这在当今部分民意代表还没有真正地起到应有作用的背景下，又是不平常的。正如记者在采访心得中所说：毋庸置疑的是，

[1]　潘知常，孔德明．讲“好故事”与“讲好”故事：从电视叙事看电视节目的策划［M］．北京：中国广播电视出版社，2007：9．

在目前的民主政治中，由于体制的不完善，部分民意代表还没有真正地起到应有的作用，部分民意代表对民意代言还是比较陌生与被动的——从这一点上说，杨扬的所作所为确实能给人一种震撼作用，这就是我们作这一报道的直接背景。

下面看一条来自基层的消息：

植根乡土带动增收　武平出现农民发明创新群体

本报讯（记者 黄如飞　通讯员 钟茂富）带着发明专利节能电焊机样品、连续参加两届“6·18”的武平县农民肖远宗，在今年“6·18”上为自己的发明找到了“婆家”。自从6月29日带上发明专利来到武平龙华胶合板厂，开始正式合作后，他这一周几乎天天都到龙华厂报到。在这个山区小县，拥有发明专利或创新成果的农民不止肖远宗一位，今年“6·18”期间，武平县有31个技术项目向外推介，其中70%项目的拥有人是农民。

53岁的肖远宗，是十方镇黎明村农民，在城里开一家机电维修店。他天天和电焊机打交道，觉得传统电焊机耗电量太大，一心琢磨着如何改进。只有高中文化的他，凭着多年经验，渐渐摸清了症结——电能不能有效转化成热能。经历许多次失败之后，他终于攻克了传统电焊机耗能大的技术难题。去年2月10日，他的单相节能直流焊接机通过了国家知识产权局专利初审鉴定。专家测算，使用他的技术，1台12千伏安的电焊机每天可省电15千瓦时以上。凭这项专利，肖远宗在去年的“6·18”上捧回海峡两岸创新成果展览会银奖。

在这一农民创新群体中，有相当一部分人钻研的是本行——植物栽培技术。观果花卉新宠“富贵籽”，就是由东留乡大联村的罗盛金驯化种植的。“富贵籽”原本是山坡上的野生花卉，现在实现了工厂化栽培，产业化经营，并且连续4届捧回海峡两岸花博会金奖。“一人好不算好，大家好才算好。”罗盛金还牵头成立了花卉协会，帮扶 14 户贫困户种植花卉，把村里一些年轻人培养成种花致富能手。在他的带动下，到今年 6 月，全乡有 60 多户种植“富贵籽”等野生花卉 300 多亩，全县这项种植面积达 750 亩，花农们增收了数百万元。

罗盛金的创新效应，在武平县引发了研究和驯化野生花卉的热潮。今年 66 岁的万安乡下镇村农民朱振邦，从山上移栽回金豆，经细心摸索，总结出一套人工培育金豆的技术。今年，他栽培的 800 多盆金豆全部挂果，可修剪培育成树桩盆景，观赏期长达半年。

武平县对农民的发明创新之举给予大力支持。去年，县里得知肖远宗的发明之后，主动把他的发明专利选送参加“6·18”；对罗盛金，县里也给予热情扶持，成立了武平县梁野花卉协会，派科技人员指导农民对野生花卉资源进行保护性开发。如今，全县花卉种植面积已达 2 000 多亩，扩大种植的势头很好。

（福建日报，2007－07－05）

“6·18”是福建省一年一度项目交易会的简称，创新是其关键词之一。提起发明创新，许多人认为那是专家、院士的事。而在武平，出现了一群来自乡间的创新群体，他们的成果，有的实现节能降耗，有的实现产业化经营。这件事，透现出来的就是平常中的不平常。农民结合自身的实践，进行局部的创新，这是平常的；但得到了专利，捧回了金奖，这可就不平常了，况且，一个县里有 31 个技术项目向外推介，而 70% 项目的拥有人是农民，这就更不平常了。

该篇报道的出发点并不是为了猎奇，文中反映出的是“崇尚创新、追求创新，应该成为全社会的价值取向”这样一种立意。记者在采访心得中说，这篇消息就是从“细微处”找出来的新闻。这个“细微处”考验的就是记者的发现力——能不能从平常中发现不平常。当然，把这种不平常写具体了，写活了，使它更具有张力了，它也可能成为一篇很好的特写。

2. 新闻的聚焦力：当事人与观察者

- 聚焦人物，展开去写，报道就会更生动，更有吸引力，人们就会想去读这篇报道，并把它读完
- 在人物的聚焦中，首先要聚焦事件的当事人，其次是观察者，但同时记者也是让故事生动的元素

掌握了在平常中发现不平常的基本能力之后，我们应当考虑的是如何让新闻故事具有更强的可读性。必须记住，我们的采访对象是一个个鲜活的“人”，我们的报道也要讲述大写的“人”。新闻是事学，有人无事不成新闻，但新闻讲述故事一定是关于人物在事件中的故事，故事之所以吸引读者，那是因为它写人，影响人。

英国《星期天金融报》主编白金汉认为：“为了增加新闻的可读性，我们努力以人物为核心来报道新闻。我想如果聚焦于人物，再展开去写，向其他问题延伸，你的报道就会更生动，更有吸引力，人们就会想去读这篇报道，并把它读完。”[1]

固原羊只上“夜班”

6月1日晚，记者接到读者的电话，称有人在固原市原州区七营镇一带的山上放羊，记者立即驱车前往采访。

山城夜幕低垂，田野里的冬小麦随风摇曳。突然间，司机一脚刹车，记者抬眼看去，公路边30多只羊正撒欢儿向山上跑去。夜色中，绿草间，一群白色的羊格外扎眼。记者将照相机藏在怀中，悄悄向羊群迂回。不料，牧羊人十分警觉，一声呼哨，撵着羊群就跑了。

---

[1] 唐亚明. 走进英国大报［M］. 广州：南方日报出版社，2004：284.

6月5日，赴西吉县采访。一大早，一个穿着红衫的女孩赶着10多只羊从山上下来，女孩满脸的疲惫告诉我：这是一群刚“下夜班”的羊。记者停下车来正欲采访，女孩撵上羊就跑，记者只好用长镜头拍了几张照片。监视器里，青青的山、白白的羊、女孩红红的衣衫组成一幅“优美”的画面，可记者心里却泛起阵阵酸楚。

6月7日，记者途经隆德县返回原州区，天色已晚，公路旁不时有农民赶着羊往山上走。记者让司机放慢车速，留意观察，不到一小时，有5群羊从我们的车边走过，数量近百只。记者下车了解情况，遭到牧羊人破口大骂，大意是，谁愿意半夜三更往山上跑，羊如果有吃的我们也知道躺在家里舒服。

6月9日，海原县南华山。傍晚时分，一个老汉赶着10多只羊在山上蹒跚。记者紧赶几步撵上了老汉，掏出特意准备的香烟，和老汉攀谈起来。“这么晚了还出来放羊？”“没办法，羊没吃的，都快饿死了！”“怎么白天不出来放？”“哎，白天干部查得紧，不敢放。”老汉吸了口烟说，“这季节正是羊长膘的时候，因为没有草吃，羊全乏了，过几天就都卖掉了。”记者本想给老汉宣讲一下有关禁牧封育政策，可饱经世事的老汉似乎猜出了记者的身份，吆着羊向山下走去。

5月1日，全区禁牧封育以来，固原市各级领导和有关部门做了大量工作，成绩也是有目共睹的。目前，固原市要禁牧封育的面积是703.56万亩，饲养的牲畜为533万个绵羊单位，禁牧封育后，全市的饲草缺口是2.73亿公斤，畜牧业又是固原市农民主要的增收来源，单靠减少羊只数量来适应饲草的缺口，显然不符合农民的利益。如何不再让羊群“上夜班”，有关部门应尽快拿出对策。

（宁夏日报，2003-06-28）

这是一篇带有批评性质的报道，该报道获得第14届中国新闻奖。记者王健说，6 月 1 日是禁牧封育整整一个月的日子，他原打算写综述性报道，介绍禁牧封育取得的成果，但几天采访下来，发现农牧民遇到了前所未有的困难：禁牧封育对世代以农牧业为生的西海固人民来说，无疑是场重大的历史变革，他们在心理上和物质上都没有准备好；同时，有关部门前期的工作做得不够细，致使一些新情况、新问题、新矛盾出现了。[1]

如何展现这些新情况？文中着墨更多的是放羊者，穿红衫的女孩儿给读者留下较深的印象，记者与老汉的对话对揭示主题意味深长。正如美国密苏里新闻学院的《新闻写作教程》中说："报道联合基金会募捐运动时，你可以将重点放在从募捐中获益或没有获益的人身上，而不是着重写当地联合基金会又募捐到几千美元或募捐的组织机构。如果你住的城市街道路面条件恶劣，你就可以从一个司机的角度从发，写一篇街道存在的报道。或者荷兰榆树病正在当地发生，致使许多树木死亡，你可以将报道重点放在某个已有好几棵树死亡的家庭主人身上。这种写法使记者能够将机构、统计数字和泛泛不着边际的问题减少，使读者能够接受和欣赏。"[2]

在这篇文章中，放羊人是宁夏采取禁牧封育措施下的当事者，他们的命运引起了读者的关注。记者把读者带到现场去，他同时也是观察者，生动地记录着周围发生的一切，并有意识地捕捉最有价值的细节，增强了故事的可感、真实和可信度。

当然，有一种看法是，记者必须站在公众的角度上，坚持公平报道的原则，通过隐去写作者人称、身份的方式来讲故事，自己的个性则尽可能深藏不露。的确，记者在更多的时候，是公众的代言人，是一个超脱的观察者，甚至就是一只相机的眼睛。但是，"公平报道，绝不是让读者找不到我们，让记者远离故事。这样的记者

---

[1] "作品评析"之"自评"［J］. 中国记者，2005（1）.

[2] 〔美〕密苏里新闻学院写作组. 新闻写作教程［M］. 北京：新华出版社，1986：260.

写出的故事平淡无味，因为他丢弃了故事写作中的一个最重要的元素——他自己”[1]。

记者亲眼所见写成的新闻，通常被称为现场新闻。因为记者在现场，所以能使读者身临其境，因而也就更具有“征服性的力量”。这篇文章中写道：“监视器里，青青的山、白白的羊、女孩红红的衣衫组成一幅‘优美’的画面，可记者心里却泛起阵阵酸楚。”通过记者感受这一元素，体现的就是这种“征服性的力量”。

然而，在许多新闻事件中，记者并不在场，为增强故事的可感度，高明的记者常常在讲故事的时候更多地采用故事中人物身临其境的观察，通过他们的耳闻目睹、震撼人心的强烈印象来讲故事。美国新闻名篇《坠落的客机》就是此类型的报道。一架波音 727 飞机在飞行时突然失控，眼看就要坠毁的前几秒，飞机又奇迹般地被控制住了，在这惊心动魄的 44 秒里，飞机上的人们经历了平生最可怕的事情，记者在叙述的过程中，分别把时间凝固在某一秒，通过不同人物的眼睛，像放电影一样，复原当时的情景，从而组成了一个完整的故事。

我们一开始就说，记者既是事实的提供者，更是故事的讲述者。讲述故事的技巧有很多，比如，很多老师会告诉你，视角怎么选择，怎么调整。但无论是固定视角，还是移动视角，或是同一事件的多个视角，我们都必须把焦点对准人。这个“人”，首先是事件的当事者，然后是事件的观察者。这两者在很多时候也是重合交叉的。《坠落的客机》里面的乘客，既是事件的当事者，也是事件的观察者。

记者呢？他有时候是事件的直接观察者，有时候不是，但他肯定是故事中那个聪明的向导。如何当好向导？威廉·E. 布隆代尔的一些观点值得我们深思。他说，为什么在这个生产故事的行业

---

[1]〔美〕威廉·E. 布隆代尔. 华尔街日报是如何讲故事的［M］. 徐扬，译. 北京：华夏出版社，2006：76.

里，尽管编辑们常年呼唤着好作品，尽管他们花费了大量的时间来培养记者，尽管好的作品会立刻得到赞许，但真正会讲故事的人还是屈指可数呢？答案只有一个，就是太多的记者没有把他们看作是讲故事的人，而把自己当成了其他人。第一种类型认为自己实际上是律师，自己的工作就是让人们相信他们对是与非的判断，所以报道中充满了说教和强硬的口吻，试图用数据、研究结果以及专家和权威的表态来征服读者的思想，很少像一个讲故事的人那样，与读者交谈；第二种类型的记者是学者型，总是要在了解到写作对象所有信息之后才肯动笔，他们成了自己故事的囚犯；第三类是实际主义者，能够按时交上具有相当分量的作品，结构完整合理，但他们仅仅把自己看作事实的传声筒，不会打破沙锅问到底，努力让自己成为故事的绝对权威，这样的作品也很少能给人们留下深刻记忆。[1]

实际上，让故事有趣些的元素非常多，比如，事件的作用力与反作用力、矛盾与冲突，等等。只要在实践中注意研究读者的需求，注意研究报道的表现方式，每一位记者都会有意外的发现。

第三节　从文学中得到启示

学法律的同学毕业后可以到法律部门去工作，他不担心别的专业的毕业生会取代他；学医的同学毕业后可以到医院工作，他也不担心别的专业的毕业生会取代他……但有意思的是，许多媒体招的大学毕业生却不局限于学新闻传播的，历史的、哲学的、经济学的、社会学的，甚至是理工科门类的，都可以取代新闻传播学的毕业生，而这其中，文学类的特别多。

---

[1] 〔美〕威廉·E. 布隆代尔. 华尔街日报是如何讲故事的［M］. 徐扬，译. 北京：华夏出版社，2006：75－76.

这种现象说明什么？新闻报道通常意味着讲故事。叙事、人性化、事情的戏剧性，这些都是讲故事的艺术。有学者说，当今新闻学是一种文化自身的对话。为了收集用于新闻报道的事实，我们采取了同社会学家、政治学家、经济学家和历史学家一样的方法；为了使新闻报道中的事实更易于让受众理解，我们采用善于讲故事的人（如小说家和编剧家）所使用的技巧。学会讲故事，确实是学新闻传播的学生所必须具备的看家本领。

学会讲故事，你确实要向文学学些东西。什么是文学？文学是用语言文字表达或记录人的感情世界和大千世界的一切。文学是社会的一面镜子，是人类心灵的画卷，是人类感情世界的万花筒。文学题材丰富多彩，可以调动人的一切主观能动性和表达方式。文学是人学，故事性强的小说总是拥有最广泛的读者。

新闻系的毕业生与中文系的毕业生会有差别吗？有媒体老总认为，学新闻的较多的是逻辑思维，抓新闻的敏感性强，善于用简洁的语言把复杂的事情表达清楚，写完拉倒，上手很快；学中文的较多的是形象思维，喜欢写通讯，注重情节，讲究起承转合，动不动来一段细腻的描写，把简单的问题复杂化，生怕自己的才能得不到发挥。

新闻是基于事实的，与文学的想象有着本质的不同。搞新闻的人需要冷静，需要客观报道，搞文学的人需要想象力，需要主观情感；新闻写作在进入写作之前，必须完成细致深入的采访，采访过程非常重要，而文学虽然也需要从生活中、实践中汲取素材，但它更看重的是写作过程，而且不是一般意义上的文字写作，准确的表述应该是文学创作。文学的创作状态是无限度的、无边界的，它是对生活和理想进行形象的艺术“再现”，新闻的写作状态则是有限度、有边界的，它是对新闻事实进行具体的可感的“再现”。

但是，从发生学角度讲，文学的本质是“人学”；而基于事实的新闻也是以“人学”为本，所以，从某种意义讲，新闻与文学的最大共同点就是“人学”。因此，威廉·E. 布隆代尔说：“这样，我们的关注点就和有史以来所有故事讲述者的关注点交织在了一起。虽然我们是现代人，我们接受过良好的教育，我们用电脑来写作——但是我们和古希腊那些从一个村庄云游到另一个村庄，用奥德修斯海上探险的故事吸引大量村民的说书人并没有什么不同。”[1] 他认为，不论是在古希腊时代，还是我们这个时代，这个行业的要求从来没有改变过，我们可以从虚构的文学作品中学到很多东西，而新闻系的学生在这方面的学习太少，他们更重于学习采访技巧和编辑技巧，一旦他们走上工作岗位，他们也能从自己的工作中学到一些知识，但是这往往需要多年的点滴积累。

1. 报道的视角——矛盾与冲突

- 用小说家的思维，寻找故事中潜在的喜剧、悲剧、讽刺或冲突元素，并在采写过程中予以强调
- 矛盾与冲突的双方不一定都是人，有时候，一个画面、一个特写镜头也可以制造出这样的氛围

小说家非常明白这个简单的真理：矛盾与冲突乃是生活中最富于戏剧性的成分之一。小说家常常通过变化莫测的情节，使读者不断生疑，一再起急，从而获得一种审美情趣。但记者却常常不把它当回事，许多报道确实只是一种纯粹的客观报道，缺乏矛盾，缺乏冲突，缺乏悬念，读起来干巴巴的。

有了矛盾与冲突，就能给人们留下印象，就能引起人们想进一步了解的兴趣。在《杨扬的农民工生存调查》开头中有一段话可为佐证：

2006年农历大年初五，对杨扬来说，是一个不容易忘记的日子。不为别的，就为小月的一席话。“那天，我以前的学生小月从上海回来看我，我们闲聊了半天。她在上海一个电子厂上班，我就问她，上海有什么好玩的地方，没想到她摇摇

[1] 〔美〕威廉·E. 布隆代尔. 华尔街日报是如何讲故事的［M］. 徐扬，译. 北京：华夏出版社，2006：引言3.

头，‘老师，我们整天都在流水线上做工，哪有空去逛街啊’。”

去上海这么久了，不知什么地方好玩，没有时间逛街。这个矛盾震动了杨扬，让她“感动而又困惑”，促使她下决心作农村调查，去老乡们“漂”着的城市作一段打工体验。

如何寻找矛盾与冲突？我们认为，有三方面可以考虑：

(1) 人是社会的主体，生活中总是有许多矛盾存在着，离开人，离开人与人之间的关系，新闻就出不来。《杨扬的农民工生存调查》一文，尽管主题圈定在“政协委员的责任意识”上，但通过杨扬的体验，一些矛盾与冲突得到强调。比如，虽然文中没有出现具体的工厂老板身影，没有刻意渲染农民工与老板的矛盾，但是农民工与老板的关系引起了读者的关注，农民工的生存状态通过一个个矛盾的镜头得到活生生的表现。没有农民工与老板的矛盾关系，这篇报道就不会有生动的故事，也将是干巴巴的。

就是对一个人的报道，也必须注意矛盾与冲突的设置，注意矛盾与冲突的揭示。人有悲欢离合，工作、生活中都会遇到不少的矛盾，不注意在采访中抓住一些合理的、必然的矛盾，新闻故事就不会生动，读者也不会感兴趣。

《大一男生，背起母亲上大学》（刊发于《今日早报》2005 年 11 月 14 日）是一篇获得第 16 届中国新闻奖的文章，主要讲述了这样一个故事：湖州男孩儿刘霆，六年前妈妈得了尿毒症，爸爸因此离家出走；从此刘霆一边学习，一边承担照顾妈妈的重担。后来刘霆考上了浙江林学院，因为妈妈无人照顾，于是决定背起妈妈一起上学。该通讯设置了一些矛盾与冲突，如童年刘霆音乐家的梦想与今天为生活忙碌、爸爸不负责任的行为与刘霆的懂事和坚强、现实的艰辛与刘霆对未来的憧憬和希望等，写作中注意展现细节，因而文章生动感人，读来没有材料堆砌、臃肿不堪之感。

但是，这篇文章也有不足，即在设置矛盾的同时，也让人产生了怀疑。“既然刘霆的父亲是因为‘耗尽积蓄’无力支撑而出走的，那么19岁的刘霆是如何解决他母亲的医疗费的？这是远比如何节省日常生活开支重大得多的问题。打针的药和吃的药都是要花大笔钱的，软卧火车票也不会便宜，而节省的日常生活的开支是很有限的。学校帮助他获得的助学贷款应该与他母亲的医疗费用无关。文中提到150元租房问题，也恐怕只是一个月的，以后呢？文章交代，他每月才50元的收入。也许作者太关注刘霆的献身精神了，对这些必要的细节没有交代，这件事实的基本问题没有清晰地交代，很容易让人对通讯的真实性产生怀疑。"[1]

对这个问题，记者在一些人物报道中经常不太注意，可能也是受到过去那种"高、大、全"式写法的影响。现在，我们在采访写作中确实应当注意这些问题，采访做得更扎实些，同时应有质疑的意识，把方方面面的逻辑关系理得顺畅些，把故事写得真实些，不要让读者在感动之余对主人公一些事件的真实性产生怀疑。

（2）人类在改造社会、创造历史的过程中，产生了许许多多值得我们去写的新闻，涉及政治、经济、文化、社会等各个领域。既然是改造，是改革，是创新，就会出现很多的矛盾。新闻报道不可能避开这些矛盾与冲突，我们既要发现这些矛盾，把这些矛盾与冲突的因素考虑清楚，并体现在我们的新闻故事中，同时也要把握好这些矛盾，既要"个体真实"，也要"总体真实"。

对这一点，我们在绪论中有过阐述。意思是说，我们要把新闻故事放在社会的大背景下来构思，来写作。

（3）在自然界中，人是万物之灵，人不仅在改造社会过程中产生新闻，同时也在战胜自然、征服自然的过程中产生新闻。自然界的变化必然与人发生剪不断、理还乱的关系，它们影响着人的利益和情绪。不论是降灾于人类，还是赐福于人类，都会引起人们的关注，成为人们感兴趣的新闻故事。因而，有时候，矛盾与冲突的

---

[1] 陈力丹，戴莉莉. 用场景说话：让文章充满画面感 [J]. 新闻与写作，2007 (1).

双方不一定都是人，人与自然的矛盾与冲突也可以是我们让故事生动的着眼点。

2006年8月，“桑美”台风登陆时，风力达17级，世界上最好的避风港之一的福建沙埕港受到从未有过的袭击，渔船覆没，人员死伤严重。此类抗灾报道体现的就是人与自然界的矛盾与冲突。抗灾的人是故事的主角，但他的对手不是某个人，而是狂啸的台风和台风带来的暴雨。这两种力量斗争的结果就是戏剧性的。如果没有把台风放到对立面上去描写的话，故事的戏剧性、感人性就会大大减弱。

再者，有时候，一个自然界的画面、一个特写镜头也可以制造出这样的氛围。比如，前面所举的《固原羊只上“夜班”》中的一些场景描写。

2. 故事的叙述——主题与文本

- 必须为采访的题材确定一个主题，否则即使采访本上有堆积成山的材料，理不出脉络，故事也不可读
- 新闻的文本是非虚构记叙，跳跃行文可以让故事更具可读性，回溯过去或预测未来则可以让故事延伸

关于主题的集中与提炼，实际上我们从小到大的语文学习中都接受过经常性的训练。但不知为什么，在编辑部里，许多编辑对一篇报道评点时常常会说，主题不集中，把什么材料都堆在一块，写得很杂很散。文学作品对所要表达的主题，要求是很明确的。新闻作品不像文学作品那样，它有时效性的要求，有截稿时间的要求，记者对作品的打磨时间不可能那么充足，但是对主题提炼的要求依然严格。而且不同于文学作品，新闻作品的主题必须更加明了，更加容易理解，有时甚至是开门见山。如果所采访的材料不能说明我们的主题，这些材料还是不用为好，否则就是画蛇添足。

再者，对文学作品而言，作者的情感因素始终贯穿于主题之中；而对新闻作品来说，我们不能把记者的情感强加于客观报道之中。但是，为什么要报道这个而不报道那个，其实就说明了我们的报道是有选择的、有立场的，所以，当我们选择报道“这个”的

时候，关键还是要拎出一个主题。

怎么拎主题？一位擅长综合梳理、擅长逻辑思维的记者，能够在几件看似不相关的事情中找到联系点，并围绕所进行的报道拎出一个所要体现的主题。比如，我们在采访中得知，某校的特色教育举办得很好，某校的德育教育做得很好，某校的假期活动搞得很有生机，等等，而这些学校都在某一个区域里，主人公又都是小学生，那么，这些故事就有了联结点，可以综合起来考虑，以某地未成年人思想道德建设的主题写一篇新闻稿子，题目或许就叫“为了孩子成长，一路播撒阳光”之类的。

还有些事情，它们可能并不发生在同一个地方，但它们包括了一些有共性的人、有共性的事件，或许背后还有相同的背景，这也就有了共同的主题，我们同样可以把这些事情联系在一起，努力去挖掘这些可以产生故事的联系。

还有些事情，它们可能是在两个不同的地方做同样一件事情，但一个地方做得好，另一个地方却做得不好，这是为什么呢？我们同样可以去挖掘。

俗话说，“没有新的故事，只有新的记者”。原创的机会是有限的，别让采访的素材堆成了山却还不知头绪在哪里。拎出主题，整合素材，把分散的事件联系在一起，这也是记者在竞争中取得先机的法宝。

关于新闻的文本，它与文学的文本最大的区别就是，新闻是一种非虚构记叙。除了报告文学（实际上在西方，报告文学是深度报道的一种，被称为创造性纪实作品），文学的写作是自由的，尽管它可能写真人真事，但那只是作品的一个原型，作家可以充分发挥想象，写出自己的主观感受，不必拘泥于事实的每一个细节，甚至可以张冠李戴，虚构出一个细节。经过不断的发展，新闻文本早已跨越了最初的消息文本，发展为通讯、特写、专访、调查、访谈，以及组合报道、系列报道、深度报道等诸多方式，但涉及的每一个细节、每一个数字、每一个被采访者的话语，都不得有误。

不过，在把握真实性原则的基础上，我们依然可以向文学的文本学习些东西，让故事的叙述得到延伸。比如：

（1）跳跃行文。清代刘熙载在《艺概》中有句话说："文之神妙，莫过于能飞。"新闻故事的叙述如果只是按照事件的发生、发展、变化亦步亦趋地平铺直叙，那么读者肯定会看得很累。让故事"飞"起来，打破时空的限制，腾挪跳跃，阅读效果就会好多了。所谓倒金字塔结构的写法，把最重要的放在开头，亦如此。一些报道中，在适当的地方放入主题陈述的段落、增加背景介绍、穿插专家说法、插入带有全局性的数字，都是跳跃行文的方式。

"新闻写作艺术在某种意义上说是'舞蹈的艺术'。它是讲求跳的，跳得好，就成了高超的写作技巧。"[1]掌握这种内在的行文结构说难也难，但只要你具有一定的文学功底，而且采访到位，对素材、背景熟悉，就能运用自如，使新闻的表达更加富有成效。

（2）回溯过去。我们小时候听故事，第一句经常听到的是"在很久很久以前……"文学写作在时间空间上的跨度可以很大，上下五千年。尽管新闻报道重视的是现在进行时态，但是在大多的报道中，现在时态只是我们报道的一个切入口，或者说是一个横断面。而过去发生的一些事情可以让我们作出判断：读者对这些事情的态度如何，我们是否要报道这些事情，怎么报道这些事情，这些事情是否会引起读者的兴趣。从另一个角度来说，对一个事件报道也好，对一个人物报道也好，我们也可以通过采访，让当事人或知情人复述，或者通过一些资料背景的介绍，在故事中为读者搭建一条时间隧道，回溯过去某个相当重要的时间节点上的故事，让故事得到延伸，让报道更加厚实。

（3）预测未来。在文学里，作家可以借助想象的翅膀，让过去的故事照亮未来，让未来的故事映照现在。尽管新闻报道的是已经发生过的事情，但是有些事件还是可以进行预测。新闻事件也可

[1]　艾丰．新闻写作方法论［M］．北京：人民日报出版社，1996：217．

以借鉴这种写法，当然它不能是合理的想象，不能是一种虚构或假设，而必须是建立在事实基础上的一种预测，并应由当事人或观察人口中说出。

最简单的方法是，问问故事的当事人和观察者，他们认为将会发生些什么，我们就有可能为读者勾画出一幅有关今后将怎样的画面。因为当事人最清楚事件将会怎样发展，他是最有发言权的预测家。比如，当前国家出台了许多惠农政策，农民家庭发生了许多变化，今后还会有什么新的变化，农民肯定会有很多期望，这就是他们的未来。

还有一种方法是，可以从智囊团、政府机构或其他研究专家那里获得一个预测，来使报道更加充实。比如，对惠农政策问题，可以从普通农民那里了解他们的未来，也可以从农业部门的权威人士或专家那里咨询了解未来的发展情况。

在故事中加入对未来的预测，还能够给记者带来另一个好处，即与其他材料相比，有关未来发展的报道往往是故事结尾的最佳选择。实际上，确实有不少报道都很关注这一点。

3. 感觉的表达——笔法与气韵

- 调动读者的感观，给予心理强烈冲击，少用抽象表述，多用形象表述，以特写的手法再现情境
- 故事的灵魂是文化，报道写得再好，它也应当具有文化味，体现出民族的文化精神和审美情操

这里先讲讲获得普利策奖的一些作品。普利策新闻奖是美国新闻界一致公认的最高奖项，它使新闻记者赢得传奇般的作为，人人都以能获得此项殊荣为自己终生的职业追求。自 1917 年以来，普利策奖对美国政治、社会生活产生了深远而巨大的影响。翻开它的一些名篇，可以感受到，不少篇章在行文中注重形象的表述，报道作品呈现文学魅力，文章的可读性大大增加。

《森特勒利亚煤矿 5 号矿井爆炸惨剧》是 1948 年获奖的作品。写的是 1947 年美国的一次矿难，111 名煤矿工人被夺去了生命，

这场悲剧本来是可以避免的，但人们忽视了关于矿井安全的许多警告。该文真实地再现了矿井爆炸后的真实场景，但这篇文章的目的不是仅限于对事实的反映，更重要的是通过叙述来唤起当局对煤矿安全设施的重视。作者为悲惨氛围进行了环境描写："那天，天气湿冷，冰冷的风卷起阵阵煤尘在空中飘舞，脸上、衣服上都沾满了煤尘。"与之相应的是家属那种绝望和痛苦的心境："但妻子们、儿女们依旧站在那里一动不动，时间在一小时一小时地流逝。"同时，作者还特别采写了"认衣服"等细节，来表现人物的心理。

这篇文章刊登之后，在读者中引起了巨大反响，促成州和联邦政府在煤矿开采问题上采取改革措施。

《军号呜咽以安勇士忠魂》发表于1921年11月11日美联社的报纸上，它为纪念一位在第一次世界大战中牺牲的无名美国战士而写。文章开头写："今晚，一位从法国归来的美国无名阵亡战士在他祖国的浩瀚星空下安息了。他曾经鏖战疆场，如今马革裹里，回归了故里。"文中写："低缓而缥缈，军乐队奏起的一支乐曲开始悄悄在纪念堂的白色大厅中回响。渐渐地，它沉重的节拍、悼怀的曲调在阵阵呜咽的鼓声中趋于明朗。"结尾又引用被人忘却的战士诗人的一首诗。整篇报道情感浓烈、厚重，感人至深。有评论说，如果不是刊登在报纸上，很多人都不相信这是一篇新闻。

作者以庄重、抒情的散文笔调恰到好处地记述了这次丧礼，同时也谱写了一曲美国阵亡将士的深切颂歌。文中说："他独自静卧在护卫他身躯的窄窄石穴中，而他的灵魂却已融入了美利坚精神。只要人们心中还珍爱自由，这位无名英雄得到的赞誉、光荣以及在他面前的庄严就会在美国人民中间千古传颂。"

故事的灵魂是文化。报道写得再好，它也应当有文化底蕴。美联社这篇报道的字里行间就透露出美利坚的精神，这就是文章的气韵所在，从而增强了感染力、吸引力。

《"她只能活七小时"》是第二次世界大战期间的报道。1943年8月，《纽约美国人日报》"本市新闻"主编保罗·舍恩斯坦为了挽救一名仅能存活 7 个小时的两岁女孩儿的生命，发起并组织了一次寻求当时稀缺的青霉素的活动。经过大家的努力，青霉素找到了，并因此暂时保住了小姑娘的性命。该报道于 12 日在该报头版上刊登。文章主题充满爱心，极具人文关怀色彩。人物的个性鲜明，特别是对话描写，尽管每个人都只有短短几句话，但性格特点表露无遗。

这篇报道获得 1944 年普利策报道奖，这在当时以战争新闻压倒一切的年代是颇不寻常的。这是因为，虽然这件事情不是重大的社会历史事件，但是它包含着深刻的内涵，表现了美国最普通的人与人之间的那种友好和互助，正是凭借这样的精神，任何困难都可以克服。由此还可以引申出，在第二次世界大战时期，只要有这样一种精神，美国人终将赢得战争的胜利。这就是文章所体现出来的精神的力量、文化的力量。所以，有评论说，尽管作者没有像当时许多记者那样正面报道战况，却给战争的最后结果做了一个最好的注脚。

的确，普利策新闻奖已成为美国新闻文化和社会文化中一道散射出异彩的特殊景观。普利策新闻奖的评奖标准，永远也离不开宣扬美国人文化传统与生活方式、维护美国利益的内外政治路线这种价值取向。但是，通过对这些获奖作品的深层剖析，可以发现，它们的精神力量、文化力量并不是仅仅靠简单的说教与演绎，靠一味的吹捧与宣传味道很浓的“帮忙”，而是将客观的报道与充满文学叙述色彩的表达结合在一起。1978 年，普利策奖评委会增设特稿写作奖，评奖的条件是，一篇杰出的特稿首先要关注的应该是高度的文学性和创造性。这正是我们应当借鉴的。

少用抽象表述，多用形象表述。近年来，我们的许多记者已注重用现场特写的手法展开细节描写，用近乎白描的写法来叙述故事，用散文的笔法来写新闻，许多新闻作品获得了好评。这是对长期以来新闻语言存在着死板、老套、程式化、枯燥乏味，乃至充斥着连作者也弄不明白的政治经济术语等现象的革新。在信息爆炸的时代，连篇累牍的新闻作品令人应接不暇以致转瞬即忘，而那些富含视觉、听觉映象从而能够给人带来感官和心理强烈冲击的新闻作品，却会给受众留下永恒的记忆。

少些空洞说教，多些文化内涵。在我国新闻界，《县委书记的榜样焦裕禄》不仅是一篇新闻作品，也可以说是一部文学作品。尽管作品上万字，但读过的人至今仍记得它，从而使焦裕禄的形象整整影响了一代人。这不仅缘于作品中一个又一个片断的表述生动形象，更缘于作品充满着时代的精神脉搏，这种精神就是民族文化的力量所在。

下面不妨来重温一下这篇人物通讯扛鼎之作里的一个场面：

严冬，一个风雪交加的夜晚，新上任的县委书记焦裕禄召集在家的县委委员开会。人们到齐后，他并没有宣布议事日程，只说了一句“走，跟我出去一趟”，就领着大家到火车站去了。

当时，兰考车站上，北风怒号，大雪纷飞，车站的屋檐下，挂着尺把长的冰柱。国家运送兰考一些灾民前往丰收地区的专车，正从这里开过。也还有一些灾民，穿着国家救济的棉衣，蜷曲在货车上，拥挤在候车室里……

焦裕禄指着他们，沉重地说：“同志们，你们看，他们绝大多数人，都是我们的阶级兄弟，是灾荒逼迫他们背井离乡的，不能责怪他们，我们有责任。党把这个县36万群众交给我们，我们不能领导他们战胜灾荒，应该感到羞耻和痛心……”

他没有再讲下去，所有的县委委员都沉默着低下了头。

这个具有很强的文学语言描写特征的、感人至深的场面，实际上也是一个生动的细节，一个吸引人的小故事。通过回溯这一个个故事细节，焦裕禄的故事得到延伸，从而也使故事主题更加鲜明，使故事本身的厚重感更足，给读者留下了镌刻难灭的印象。

说到这里，我们还要防止走入“合理想象”的误区。用散文的笔法，并不是说可以把新闻作品写成散文。在一些人物通讯写作中，有的记者为了彰显人物的英雄和伟大，增强感染力，不由自觉地把自己当成了主人公，帮着他们进行心理活动。

1953 年新华社发出了一篇战地通讯《英雄黄继光》，在叙述黄继光持爆破筒冲向敌人碉堡时，有这样一段话：

> 一阵阵冷雨落在黄继光的脖子上，敌人的机枪仍然嘶叫。他从极度疼痛中醒来了。他每一次呼吸都会引起胸膛的剧烈的疼痛……黄继光又醒过来了，这不是敌人的机枪把他吵醒的，而是为了胜利而战斗的强烈意志让他醒了……后面坑道里参谋长在望着他，战友们在望着他，祖国人民在望着他，他的母亲也在望着他……

这一段心理与感情的描写读起来无疑是动人的，但记者怎么会知道黄继光当时的心理活动呢？黄继光的故事在当时就引起了讨论，认为新闻不是文学，不能虚构描述。

在 1984 年全国好新闻复评中，一篇报道大客车司机为救乘客而牺牲的通讯《九米拼搏》，经过几轮筛选，最后被拿下来了。通讯中有一段写道：

> 当特别快车从地坡和茂林背后风驰电掣般窜出来时，他惊呆了……他绝没有想到，开车 10 年，铁轨不知越过万千次的他，竟会面对面与一列车遭遇……焦灼、紧张、懊丧似无数钢针刺着他的心，要是有一米的宽余，或者再有一秒的延拓就好了，他可以避开撞击，可以将客车倒出来。可是，环境对他是那么苛刻和险恶。他一跃而起，大把大把地朝左猛打方向盘……他知道，只有将车头顺着火车前进的方向偏转过去，避免垂直方向相撞，才能将撞击烈度减到最少……

新闻求的是客观地真实。假如英雄未牺牲，由他讲述当时的心理活动，把读者带到现场，是可信的，但由记者替已逝去的人物进行“合理想象”，则违反了新闻真实性原则。

同样是对英雄的纪念，《军号呜咽以安勇士忠魂》虽然处处充满着文学色彩，但不同的是它把读者带到葬礼的现场，记者是以观察人的角色来抒情的，因此它具有了真实的感染力。

2 CHAPTER 第二章 有效地采集故事

我们已对故事在新闻中的支点作用等有了一定的认识，紧接着，就应结合一些实践，来谈谈如何有效地采集新闻故事。采集新闻故事，实际上就是新闻报道的计划与执行环节。我们知道，一个新闻工作者不论他的文字能力有多强，如果没有接触到事实，不拥有足够的事实，没有进行成功的采访，他就不可能进行新闻写作。

现在的问题是，有的记者刚刚有了一点想法，就想去采访，甚至很快就想动笔，但其实，这些想法中很少有能够单独支撑起报道的材料。当然，如果是突发事件，如果是对时效性要求很高的报道，我们可以不顾一切，首先必须抓紧时间赶到现场。

聪明的记者在发现一个题材后，总会形成一些对于故事的想法。但这个想法能否成形？一般来说，他会制订一个计划，不管计划是粗略的还是详细的。制订这个计划，一则可以较好地向编辑部报题，也可以聆听编辑的指点，从而得到编辑部的认可；二则它尽管还构不成故事的框架，但由于有了计划腹稿，故事就有了向导，记者就知道该采访什么，该采访谁，并且知道在采访前该作哪些准备，乃至该向采访对象提什么问题，等等。

每个人每时每刻都在做着这样那样的事情。大事情有大计划，小事情有小计划。凡事预则立，不预则废，这是一个浅显的道理。计划制订得周全，成功概率就会更高些。当然，计划也不是绝对的灵丹妙药，任何事情都不可能完全按照我们设定的模子去发展。新闻采写更是如此。因此，朝着成功的方向，发挥我们的主动性和创造性，我们的计划将不断地调整，不断地完善。

还有一点，现在已经进入了网络时代，我们可以借助网络制订计划。可以到网上查找有关采访故事的相关信息，了解背景资料，以便更好地确定故事主题；有时还可以从中了解到故事的发展进程，以便决定故事的报道范围。

也许很幸运，有些题目是编辑部交给我们的，但是，我们一样要制订一个计划，否则当我们匆忙跑出去采访时，却还不明白采写的目的是什么，到头来发觉采回来的一大堆材料根本用不上，那就只能在电脑屏幕前发呆了。

当然，也没那么绝对。或许有的记者并不需要刻意计划什么。但通常我们都会事先制订计划，许多采访活动也因此很顺利。在我们组织记者进行采访的活动中，也一样告诉自己，加强采编联动，应尽量侧重于对采写计划的探讨。

对新闻而言，采访到一个好题材，稿件就成功了一半。但是，在采访之前，应当为自己设置一个好的计划，来确保采访不走或少走弯路。当然，在采访中，也就是执行环节，计划将会不断调整或修正，那是采访思路不断得到完善、采访主题不断得到提炼、新闻故事更加出色的过程。

第一节　制订好的计划

好的计划离不开构思，离不开全面思考。构思的决策影响到报道到底有没有读者会看，读者是否会对那些报道作出好的反应。

有人认为，新闻必须在深入细致的采访基础上进行精心构思，也就是说，要在对采访的事实全面深刻认识、深切感受、细致体验的基础上，根据自己的写作目的，确立主题，选择材料，采取合适的结构方式和表达技巧。在我们看来，精心构思必须先行一步。

2007 年 6 月，我们的一位年轻记者在接受采写一篇漳州 110 成为全国典型之后第十个年头的报道任务时，就曾遇到了类似的问题。看看记者的第一稿（题为《110 的两个难题》）：

上了辆巡逻车，我在后，两个民警在前，一个叫林 A，一个叫林 C。车里打量一番，无甚特别。这时，我看到了枪。与它同在一根腰带上的还有手铐、强光手电、对讲机和警棍。“总共八斤重。”林 C 伸出两根手指比划了下。枪，点燃了我关于孤独英雄的所有幻想。终于，对讲机响了，有人报警——人民新村一大妈家的门锁坏了。

4 分钟后，我们赶到。访问了几个住户，确认大妈确为此屋主人，民警找来开锁师傅开了门，并入屋再次核对身份证。当然，事先告知，大妈要付给师傅 20 块钱。

这天晚上，6 点至 12 点，带着枪的林 A 和林 C 马不停蹄地处理了 8 起报警，记录如下：一是有人手机被抢，二是有人骑摩托车故意遮挡车牌，三是银行自动报警系统报警（后查无异常，怀疑老鼠所为），四是有人与交警发生口角，五是一个流浪汉躺在一家网吧门口，六是小学生打的没带钱，七和八都是有人出门忘带钥匙。无一例外，统统拨打 110，报警。我的万丈豪情像一根火红的胡萝卜，剁成八块。

工作难题

据统计，110 每月接到报警 2 000 多起，“开锁”之类的琐事占了过半。但无论如何警都是要出的，并且必须在 5 分钟内赶到。110 自设立之日，就定下了“四必”原则：即有警必出，有险必救，有难必帮，有求必应。这“四必”成了 110 雷打不动的铁纪律。

总体而言，出警还是一件愉快的事。比如送一个迷路的老人回家、帮人找到了走丢了的孩子，或者抓着一个偷车贼，

110 民警也觉得自己的劳动挺有价值。但有的时候，“有求必应”也成了 110 不能承受之重。

以上述为例。林 A 和林 C 正在帮大妈开锁，这时，收到其警区范围内发生另一起手机被抢的报警。但他们必须等开锁师傅把门打开，进屋核对屋主身份后，才能离开处理下一起报警。期间，由中队长进行调度协助。

所以，一些鸡毛蒜皮的小事牵扯了大量的警力，使日常接、出警质量受到一定程度的影响，成了 110 目前面临的最大难题。……

个人难题

另外，110 民警还有一大难题。

我跟着 110 连轴转了两天，才知道 110 的“大名”原来叫巡警。1990 年，漳州巡警支队设立“110 报警服务台”，是为全国首创。老百姓叫惯了，就直呼成了 110。每天 24 小时，漳州几个片区内，都会有 110 民警开着面包车或摩托车在巡逻，365 天，天天如此。

110 共有 5 个中队，每天轮番上阵。以一中队为例，周一到周四，上班时间依次是上半夜、下午、上午、上半夜。周五，白天业务和体能训练，晚上着便衣在闹市巡逻，不能溜号。

……。我在漳州五中的巡警岗亭遇到了暴晒一下午的摩托巡警林 D 和陈 E，两人的脑门已经红得发紫。对于我提出的“没事在岗亭吹风，有事再出去”的建议，他们哇哇笑出两行老泪。他们说，没有不间断的巡逻哪能及时发现案情，比如最近一段，深夜偷路边停靠车辆汽油的就当场抓到了几个。更何况，把警力放在街面上，本身对犯罪行为就起到震慑作用。

因为每五天一次的通宵，林 D 和陈 E 都有一双深邃的“熊猫眼”和各自的职业病，但对此他们毫不介意。这几天，两人还讨论110的一个“老大难”——365天上班，私人时间少，平均年龄27岁的队伍拥有诸多个人难题。

这只是采访活动的一些粗浅记录，只是新闻素材，缺乏生动的故事；“两个难题”确有些趣味，但不是读者关注的主题，读者更想知道当初的110精神今天是否依然。不过，也别笑，许多年轻的新闻工作者常常会遇到这种困惑。完成任务之后，记者说，5天的跟班采访中，凭直觉对110民警的这两个难题印象最深，“当时，我认为，前者可以反映出以往关于漳州110报道所不曾涉及的问题，后者则从侧面反映了110民警舍小家顾大家的精神。于是动笔，但问题也随即显现。一篇要求3 000字的稿子仅靠关于以上两个问题的陈述、分析，并且还不可能像论文那样引经据典。大约写了一千多字，我就无话可说了，采访中所积累的诸多素材也很难用在这两个主题上。久未成篇，加之编辑催得紧，就胡乱凑了字数交差。结果也在意料之中：退稿，重写。编辑评价：干巴巴”。

很显然，在采写这篇稿子之前，记者没有制订一个好的计划，没有进行精心的构思，走了不少弯路。于是，该记者不得不重新制订计划，重新采写组织稿件。从难产到诞生，这篇稿件前后历时三周。

1. 关于报道主题的思考

- 作好采访前的充分准备，是保证采访成功的第一步，但你要明白，准备不是无目的的、随意的
- 首先是确立报道主题，抓住事件的深层次，赋予内涵和意义，使报道凸显于庸庸碌碌的事件中

令人欣慰的是，110的见报稿写出了十年后的110依然坚守的那种精神，主题得到提炼，细节得到充实。尽管不是精品，但编辑部的同志感慨地说：前后对照，是一种脱胎换骨的变化。见报稿《漳州110在成名之后的第十年》首先有一段背景介绍。

采访对象简介：漳州110自1990年建立“110报警服务台”至今，足足18个年头。1996年8月，公安部在漳州召开

“全国城市110报警服务台建设工作现场会”，在全国推广其将维护治安与服务群众有机结合的经验。次年，漳州110被国务院授予“人民的110”荣誉称号，自此声名远播。如今，这支光荣的队伍共有81人，其中共产党员58人。

有事找110，时下，大家都对110这个特殊的符号耳熟能详。但110的发源地在福建漳州，可能不少人并不知道，或者原先知道，现在忘记了。毕竟十多年了，简要的背景介绍是必要的。接着，导语写道：

如今的漳州110，是否依然像最初承诺的那样，“5分钟内到达现场”并提供优质服务？漳州人是否依然会竖起大拇指说“远亲不如近邻、近邻不如110”？记者历时数日，耳闻目睹了这个平均年龄26岁的“老典型”的喜乐哀愁，并以日记体的形式作了记录。

好多了吧，两个问号直接点明主题。这种设问式结构的导语，提出的是人们所关心的、有针对性的问题，容易引人注意。尽管我们不赞同问号新闻，但这篇报道不一样，这些问号并不是考读者，接下去的主体报道都在解答这些问题，不是故弄玄虚，而是实实在在的。这个导语也是文章的主题陈述。主题陈述可以是板块结构，分别叙述几件事，但这些事情是相关联的；也可以是流线结构，通篇以一件事情或一个人物为主，其他事情或人物穿插其中。

主体报道采用了板块结构，分为四大块，每一块有具体的采访时间和主打事件的描述。这些主打事件是调解、查车、开锁、巡逻，用记者跟班采访的日常遇到的事件报道回答了导语所提出的问题。这些事件是记者的亲历，是记者的目击。细节充实，行文自然。

这些细节，记者原先大多已采访到了，而且可以说，采访是很深入的，但由于缺乏计划的制订，很遗憾，用不上。正如记者在事后的体会中说：“110的报道应当十分容易完成。他们每天处理的报警一个不漏登记在案，漳州110的网页上还开辟栏目，专门把一些比较重要的案例作了详细描述，好人好事、趣闻趣事唾手可得，已经具备了表现一个血肉丰满的个体的重要因素。”而且，“为了对这个老典型有一个切近的认知，跟班是首选的采访方式。扣除睡觉，我在110车上的时间大约是三天两夜，接触了二十多个110民警，对其整个工作运作已经熟捻于心，也耳闻目睹了他们日常工作中的种种喜乐。三天的采访，闭上眼，历历在目。因为穿短裤，造型淳朴，民警也没把我当外人，有啥说啥。两个通宵，自认为还算尽职，为什么还是干巴巴？这让我很苦恼。既然不愁血肉，问题应当是出在骨架上”。

问题确实是在骨架上。而骨架能否搭好，关键在于计划的制订。记者征求了同事的意见，重新制订了计划，再次联系漳州110去找感觉。这次，除了又跟一天班，还采访了巡警支队长、110大队教导员、副大队长、110事迹展馆讲解员，故事更加丰满了。记者还拿到了当年1至5月份的一组数据，又把前后几天跟班所遇到的报警作了统计，发现帮群众开锁、抓有抢夺嫌疑车辆、调解纠纷三项发生频率最高，与110前半年的出警处警前三甲相符。记者说：“如果把这三样事写好，再加上每天24小时的路面巡逻，四大块撑起一篇3 000字的文章绝无问题，而且还能比较集中、准确地反映110的风采。为了便于叙述，我决定采用第一人称视角的日记体，每天描写一个主打事件。至此，文章一气呵成。”

结尾呼应全文：

> 傍晚，天渐渐暗了，终于到了收工时间。在110的一份工作总结上，我看到，今年1至5月，全队共接、出、处警8 167起，其中群众求助4 143起，即平均每天27起，包括大量开锁、送老人回家这样的琐碎之事。“110从设立报警服务台到现在，天天如此。”1990年就加入110队伍，如今已是大队教导员的康来勇回首110的18年说，“可能现在条件会比以前好一点，但凭良心讲，他们做的事情不比我们当年少。”

这既有面上的交代，让读者对110整体情况有了新的了解，又特别让1990年就加入110队伍的康来勇进行客串，把18年来的变与不变联系在一起，使报道更加紧凑，主题更加鲜明。

我们知道，作好访谈前的充分准备，是保证采访成功的第一步。曾有人将未作适当准备就进行采访的记者比喻为没有领航员的飞行员在开飞机，他们也可能到达目的地，但盲目飞行毕竟不是到达目的地的最佳路线。

当然，准备不是无目的的、随意的。假如缺乏对主题的思考，或者构思是随意的，那就会有问题。比如，对采访对象的提问就可能是零散的，有时问了半天，采访对象也不明白要采访什么，更糟的是，有时可能难以很好地引导采访对象配合采访，以致采访因此中断。

过去，人们认为采访是从记者到达目的地、找到采访对象、打开采访本开始的，现在，更多的人认为采访从记者获得线索之后的一系列思考就已经开始了。

来看一篇报道，想想我们记者的采访是怎么开始的。

见证沧桑巨变　共话美好未来

漳州两位同名党代表喜相逢

本报讯（记者 段金柱 邹南清　通讯员 黄阿彬）昨日，在华安县，一场期待已久的相会终于到来，两位名为“爱珠”的新老党代表的手紧紧地握在一起。一位是即将赴京参加盛会的十七大代表、华安县计生服务站站长杨爱珠，一位是十四大代表、诏安县人大常委会副主任林爱珠。

“党的十七大就要召开了，听说党代表中也有一个叫爱珠，早就想来认识一下。”林爱珠边展示三米多长的十四大代表集体合影边说。她仔细指着照片给杨爱珠看：“这是小平同志，这是江泽民同志，这是胡锦涛同志……这个是我，在最后一排。”

从十四大到十七大，15 年沧桑巨变，两位党代表回味起来，感慨万千。

“党的十四大是在小平同志南方谈话之后召开的，确立了建立社会主义市场经济体制的改革目标，开创了改革开放和现代化建设事业的新局面。”林爱珠说，“经过十多年的努力，我们国家发生了巨大的变化，经济和社会发展都取得了伟大的成就，令世界瞩目。”

“其实，我们每个人都感受和见证了这个巨变。”林爱珠说，1992 年，她是县实验小学校长，每个月工资只有 100 多元，全家 6 口人挤在 40 平方米的房子里，连电视都没有，现在不仅工资涨了 20 多倍，还住上了宽敞的房子，家用电器几乎一应俱全。

“是呀，15 年前我月工资还不到 100 元，现在已经有 1 900多元了。”杨爱珠也感同身受。

祖国变化日新月异，福建的发展也蒸蒸日上，两位党代表又聊起了眼前的变迁。

“就说交通吧。1992 年参加十四大，我从诏安到福州要 12 个多小时，而现在走高速，只要 5 个小时。”林爱珠说。

“我们华安这个山区小县，以前交通非常不便，到漳州要走 4 个多小时，现在隧道打通了，不到一个小时就到了。”杨爱珠说。

“现在，海西建设正如火如荼，我们以后的日子也会越来越好。”两位爱珠都对未来充满期待。

为了这次难得的聚会，她们都精心作了准备。老代表特意作了一幅书法《含弘光大、玉润珠圆》、一幅国画《莲花》赠给新代表，新代表也准备了当地特产华安玉印章回赠老代表。

不知不觉，一个下午过去了。华灯渐起，两位像姐妹一样的党代表，话好像还说不够。她们都表达了这样的意愿——作为基层普通党员，能当选党代表，是党和人民的信任，是无上的光荣，今后，要在平凡的岗位上共勉，更好地做好表率，更好地为人民服务。

（福建日报，2007－10－10）

在这篇报道中，漳州两位十七大党代表相逢是新闻事件，而写从十四大到十七大这15年的变迁则是主题。记者邹南清在党的十四大召开前采访过林爱珠，2007年获知华安县杨爱珠当选十七大党代表，第一感觉是两位党代表同名，同在漳州辖区，挺有意思。他就分别打电话给两个爱珠，两个爱珠有了在十七大召开前相见的愿望。于是，有了这场双珠会。

为了报道这次双珠会，邹南清与段金柱又想着一个问题：如果仅仅写这两位党代表相会，那其实没有什么特别的意义，但通过她们相逢的故事，来折射15年来的变迁，故事就有了内涵，主旋律得到高扬。这就是采访前的主题思考。在采访中，记者抓住她们在对话中所涉及的十多年来工资收入增加、道路交通快捷等细节，既生动又形象。同事说，相会是个“酒瓶”，变迁才是“瓶中的酒”，而“酒”才能飘出香味。

2. 关于报道要点的思考

- 在这个步骤里，我们思考分析的是主题框架下的报道要点，以便让我们的报道更加全面有效
- 西方记者着重于故事的历史、范围、原因、影响、反作用、未来六个方面的思考，可资借鉴

确立主题之后，我们该做什么呢？应当还有一个更详细的计划。在这个步骤里，我们思考的是主题框架下的报道要点，以便让报道更加全面有效，知道完成这个报道大概需要哪些材料，并且在得到这些材料时，可以知道它们是否符合故事的需要。

1980年，意大利著名女记者法拉奇在《华盛顿邮报》上发表了对邓小平的访谈，访谈第二部分被世界舆论誉为“这是邓小平历史性的、出色的答记者问”，“中国架起了与世界沟通的新桥”。

法拉奇萌发采访的想法后，就开始大量收集有关中国的历史资料，研究中国国情。这才是记者的有意识准备。我们理解，这些准备切实帮助拉法利制订出了采访计划，事先圈定出了采访主题，进而形成采访中提问的重点问题，从而使访谈产生了世界影响力。

2007年3月，我们曾带着一个题目到某县采访。这是一个沿海发达城市的山区县，与内陆地区比经济状况不错，与沿海地区比经济又欠发达，况且又位于河流的上游，在强调经济又好又快的今天，如何突破工业发展瓶颈？县里利用当地资源，推广中草药种植，开展科技攻关，发展生物医药工程。题目不错，但是到实地了解后，当地同志说目前效益还没有很好释放出来。我们决定，把这个题目先养起来，过一段时间再做。

无意中，发现另一条线索。这个县从2005年下半年开始，着力做两件事：一件是发展生物医药工程，突破工业产业；另一件是加强村级财源建设，夯实基层基础。而后一件事效果不错。我们决定把这个题目好好分析分析，如果可行就立即做。

通过对这个县的一些具体做法的分析和初步探讨，一个题目从我们的大脑中冒出来。"让'小河'淌水"，加强村级财源建设有如让"小河"淌水，水淌出越多，基层财力越多，村级集体也就有了经费，各项工作开展得更好了，老百姓得了实惠，基层干部充满了活力。这就是我们采写的主题。但我们并不匆匆忙忙就展开采访，围绕这一主题，我们利用晚上的时间对相关的报道要点进行较细的思考。

（1）故事的背景。其一，当前不少农村基层组织财源相对减少，有的甚至成为"空壳"村、债务村，正常运转受到影响，基层组织失去活力；其二，中央提出农村基层组织建设要同发展农村经济、推进扶贫攻坚紧密结合起来，积极探索集体经济的多种实现形式，通过建立和完善农村社会化服务体系、发掘本地优势、组织开发性生产来壮大集体经济实力。

（2）故事的历史。2004年，这个县236个建制村平均常年性收入近7万元，但1万元以下的55个，占1/4，5万元以下的156个，占近七成，10万元以上的40个，占近二成。据了解，村级组织常年正常运转支出，人口千人以下的村就需要6万元。那么，这个县以前和现在的情况有什么变化？村里前后发生了什么变化？还有，农村干部、村民在这前后精神风貌又有什么变化？这些需要深入采访。

（3）故事的价值。这个县在破解困局之路时有哪些有价值的做法？实际上，县里投入10万元的启动资金并不多，但把加强村级财源建设摆上了日程，却给有限的扶持资金找到了一个支点。这是故事的亮点。

有了这些思考，我们着手草拟采访提纲。一是要采写3个较有代表性的故事，二是要对这一现象进行解读，三是要写一篇采访手记以进一步揭示主题。关于解读，我们在后面的章节中会讲到，这里我们先讲一下故事的采写。为了选取3个故事，我们又找了农业部门的同志，请他们介绍情况，了解到故事的基本性质、影响以及未来的发展预测。农业部门的同志在这方面是专家，既是这一事件的核心组织者，又十分了解下面的情况。听完他们介绍情况，我们对故事发展的了解已八九不离十了，也从中知道实地采访要问些什么了。

之后，我们到3个村采访都很顺利。一个是老区基点村，他们通过村集体建设菇房，再租赁给菇农、果商经营，既解决了菇农、果商发展生产前期资金困难，又实实在在地增加了村财收入；一个是位于高山的债务村，各级帮他们找项目，调动了干部积极性，过去村干部没人当，当地形容村干部叫“三个支委五颗牙”，老班子严重老化，新班子年轻有为，一系列村财建设计划正在实施；一个是县城边的“空壳”村，利用各级财源建设款建设标准厂房招租，三年之内每年将有15万元的收入，村干部表示：“今天，是别人帮了我们；明天，我们一定要去帮别人。”

关于报道要点，西方学者作过一些归纳，我们摘录其要点，供大家参考[1]：

(1) 非人物类特写报道要点。

①历史。A. 这个故事的主线是否牵扯到过去？如果是的话，牵扯到哪些东西？B. 这个故事是否与过去不同？不同在哪里？C. 这个故事是否是过去的继续，怎样继续？D. 如果历史在故事中是潜在的相关部分，有没有让读者觉得真实有趣的历史细节供记者使用？记者能否简洁地使用？

②范围——故事里的中心事件影响有多大，程度有多强，变数有多少？A. 定量因素：能否用数字或者其他定量的表达方式来为中心事件规划范围？如果可以的话，哪些数字是最具有意义的？是否可以用评论和观察来定义中心事件？B. 地理因素：中心事件的地理范围是什么？国际的，国内的，区域性的，还是地方性的？哪些地方会是故事的热点？C. 多样性、强度因素：中心事件大概有多少种不同的表现方式？故事中的人物、地点和机构对事件的参与程度有多深？中心事件的发展趋势是怎样的，增强还是减弱，扩散还是集中？D. 全面因素：其他事件对中心事件产生影响吗？它们是突出了中心事件的重要性，还是淡化了中心事件的重要性？

③原因——导致某事现在发生的因素。A. 经济因素：是不是有金钱的关系在里面？金钱的作用从哪里开始，到哪里结束？B. 社会因素：文化、习俗、道德或者家庭生活的变化，是否影响到了这个故事？怎样影响？C. 政治、法律因素：法律、规则或者税收上的变化，是否影响了这个故事？怎样影响？D. 心理因素：自我意识、复仇意识和愿望满足是否是推动整故事发展的主要动力？故事的主角是否受到很大的影响？

④影响——事件导致的结果。A. 发生的事情会对何人何物带来好处，会带来什么样的好处？这种好处的范围有多大？B. 何人

---

[1] 〔美〕威廉·E. 布隆代尔. 华尔街日报是如何讲故事的［M］. 徐扬，译. 北京：华夏出版社，2006：82－89.

何物会受到伤害，什么样的伤害？伤害范围有多大？C. 那些获益者和受害者在情感上会有些什么反应？

⑤作用——反作用力的形成及其行动。A. 谁会对发生的一切抱怨最多？B. 有哪些实际的努力在弥补、抗击、改变或者减弱事件的影响？这种努力的范围有多大？C. 这种努力的结果如何？

⑥未来——如果中心事件不受干涉，继续发展下去，会发生什么？A. 对于中心事件，能否有关于其未来发展的正式研究和预测？这些研究和预测是怎么说的？B. 事件当事人和观察者对于这个事件有哪些非正式的看法？当事人对于他们的未来如何看待？C. 记者能展现未来的可能情况吗？

（2）人物类特写的报道要点。

①历史。记者的写作对象的过去对于他或她的今天的现状有什么样的影响？

②性质（取代前面的“范围”部分）。A. 写作对象具有哪些与众不同的性质值得报道，个性、职业，还是其他方面？写作对象有哪些行为举动反映着这些性质？这些性质如何影响了写作对象的命运和生活？B. 写作对象具有哪些典型性？他或她与同类人有多少类似性？他们是否具有共同特征，有哪些共同特征？他们是否有同样的经历，有哪些同样的经历？

③价值和标准（取代前的“原因”部分）。A. 写作对象最相信什么？他的这种信念在他实现目标的努力中有何影响？B. 这些信念与同类人的信念是否相同？在哪些方面相同或不同？程度如何？C. 这些价值观、标准和目标是从哪里产生的？

④影响。A. 写作对象对于周围人或同类人有何影响？这些影响是什么，是正面的还是负面的？B. 写作对象如何受到环境、周围人或同类人的影响？同样，这些影响哪些是正面的，哪些是负面的？

⑤反作用。A. 其他人对于写作对象的行为和态度有什么样的反应？可能的话，用他们的行动来说明。B. 写作对象又是如何回

应环境、周围人和同类人对他或她的影响的？同样，用行动说明。

⑥未来。写作对象认为他或她的未来会怎样？其他人对于这一点又怎样看？

在通常情况下，这些思考只有一两个方面需要在采访写作中展开，还有一两个方面可适当关注。实际上，我们也不可能在一篇报道中关照到所有这六个方面，因为每一篇报道都应各有侧重点，但是，因为有这些思考，我们就可以抓住最关键的一两个或两三个方面进行采访。另外，这些思考，可能由于东西方思维习惯的差异，以及报纸定位之不同，也难以照搬，但了解它们，的确能对我们的采写提供借鉴，或者帮助我们扩大思路。

3. 关于采访对象的思考

- 采访对象一般应考虑三类人，他们有的能为你提供完成故事的构思，有的能成为你的故事的主角
- 三类人当中，着墨最多的应是离事件最近的人，他们的直接经历或言语让读者产生兴趣，让故事可信

接着，我们该考虑采访谁的问题了。选择采访谁会对我们的报道产生巨大影响，因此在计划部分就应当考虑。如果我们就一个公众的问题只采访政府官员，那么很可能得到一个与只采访普通市民完全不同的报道。通常来说，采访对象有三类：一类是当事人，即事件的参与者；另一类是观察者，他们与这个事件所发生的一切没有太直接的关系，比如专家、评论员或者旁观者等；第三类是介于两者之间，比如正在推行某件事的政府官员，他们可以说是这个事件的参与者，也可以说是这个事件的观察者，但他们有别于当事人。在我们制订采访计划时，这三类人都应当成为我们的采访对象。

2007 年“五一”前，报社的一位同仁在一家店里试衣服。3 个又黑又脏的乞丐突然闯了进来。老板娘不等他们把手伸出来，一边赶紧到钱匣里找零钱，一边说：“又来了，又来了，还是你们几个，天天来，烦不烦啊，不缺胳膊不缺腿的，你们不会换个方式挣

钱吗？给给，走吧走吧，唉，乞丐都成职业了，还有什么值得同情的！”

精彩！乞丐已远不是过去急难时的无奈之举，乞讨已成为一些人的职业了！接着，该记者脑子像过电影一样，书里看的、故事里听的、亲身经历的，关于乞丐的种种，一股脑涌现出来。金庸笔下的丐帮是古代的乞丐，那时的乞丐，只能讨食不能讨钱，讨食时不能上桌，不能骗不能抢，关键时还行侠仗义。如今的乞丐怎么了？本是让人同情的弱势群体，为何倒令人厌恶甚至恐惧呢？

“我想写丐帮。”在部门报道策划例会上，这位记者话音刚落，大家就笑了。记者说，笑声证明这个题目有趣。采访前，记者设计了相关主题和报道要点，同时拟定了 3 条采访线路：市民，乞丐，相关部门。在这三类采访对象中，乞丐是事件的当事者，市民是观察者，相关部门应介于两者之间。前两类容易理解，那么相关部门指的是公安、城管部门和收容管理站。这样的采访人物设计就能够比较全面地反映“职业乞讨”这一问题。

后来，一篇名为《当乞丐成为一种职业》的报道刊发当日，国内各大网站纷纷转摘，一周后，广州各媒体也纷纷刊载了广州大学的一项调查报告，显示广州流浪乞讨者超过 95% 属于“职业乞讨”，建议对行乞者发放“行乞证”，以进行分类管理，促使文明行乞。一时间，“职业乞讨”引发媒体热议。

这三类人，记者都应当采访，才能使报道不受偏见的影响。但在后面的谋篇布局中，不能平衡用力，而要考虑谁是重点。很显然，市民这一条线最容易采访，记者以逛街购物的形式走访了同一条路的二十多家店，几乎所有的店家都被乞丐强讨行为弄得不胜其烦，他们述说，虽说给的不算多，但架不住天天上门，家家造访，也不好得罪。但这是重点吗？不是，因为这是普遍的表面的社会现象，而且市民们说法雷同，读者也大都知道。相关部门是重点吗？也不是，他们与管理相关，但不是主角，然而他们可以帮助记者更深入地了解乞丐问题，必须深入细致地采访。按照一般思路，记者一定会在这里花很大篇幅来写，实际上，如果在这方面着墨太多，一方面可能使文章的结构失衡，另一方面恐怕会成为部门的工作性报道，比较干巴，引不起读者太多的关注。

真正吸引读者的应当是当事者，即乞丐这个群体。走近他们，了解他们的内幕，了解他们的心理，特别是一些很有特点的母子乞丐，揭示里边的奥秘，肯定会引起读者的共鸣与思考。但这确实较为困难。记者后来也说到，乞丐的确是整个社会的问题，有很多深层的原因，短时间的调查采访只可以说是走近了“丐帮”，只是捕捉到了一个社会热点、难点问题，掀开了“丐患”的冰山一角，根本没有窥到“丐患”的“全豹”，《当乞丐成为一种职业》旨在抛砖引玉，引发关注。

再说说我们在采写上面所讲到的那个县破解村财之困的故事时，有关采访对象的思考。毫无疑问，对这类报道，我们最想接触的对象是那些“口”子上的人，比如说专家、政府部门的有关人员、一些政策的操作者，等等。这些人，能够帮助我们完成故事的构思。在许多情况下，他们不仅能够引导我们把采访报道深化，而且能为报道的主题提供真知灼见，并且常常影响着新闻故事的发展方向。

县农办主任就是我们首先接触的人。他对我们所采写的故事主题有着广泛的了解，而且研究也很深入。他进行有理有据的分析和预测，告诉我们这个事件是怎样的，这件事意味着什么，可能产生什么影响，并且为我们提供了文件资料、调研报告、相关数据。

一般地说，记者采写的故事里一定会有这个人物出现，记者会写道：县农办某某说什么什么。也可以把调研报告和一些权威数据剪贴到报道中去。如果真这样做，那就成了办公室里喋喋不休的话语，这太可怕了。有些时候，这个人物只是记者在构思阶段出现的关键人物，但他不一定要出现在故事中。在我们的故事里，这个人物就没有出现。为什么？

一方面，我们认为，真正的故事不在这位农办主任身上，而在广大的农村干部身上。我们想到的是，这个县里10万元的项目启动资金能否起到四两拨千斤的作用，关键还在于村干部的积极性、创造性会不会在项目的启动、村级集体经济的复兴中得到保护和发挥。换句话说，县农办主任离我们采写的这个事件距离很近，而且是这一事件的引导者、观察者，但他不是故事的中心，只有他们的服务对象——农村里的干部群众的直接经历和言语，才是故事中最有分量的信息。

另一方面，我们认为，如果让这位农办主任在报道中过于频繁地出现，他可能会为我们的报道建立起一个权威的论点，他的解释说明对于完成这篇报道也非常有用，但是，这样做无疑使我们的这篇报道成了部门的工作性报道，那么，读者对这篇报道的态度将是很冷淡的。在实际工作中，编辑部遇到太多这样的稿件。一些稿件把对部门负责人的采访放在很重要的位置上，可读性很差。一些稿件甚至把部门的文件材料拿来整理后，随意安上一两个人物就交给编辑部，更让编辑感到好笑。

当然，并不是说这位农办主任不能出现。实际上，在故事之外，我们又写了新闻解读，这篇解读里，他出现了。我们想说的是，他可以出现，但只能在需要为论点建立权威说法的时候出现。故事应着墨于更重要的人物，离事件更近、更直接的人才是故事更重要的人物。假如没有农村干部群众的直接经历或言语，这个故事就会缺乏可信度。我们的读者可以从记者笔下的这个农办主任口中获得一些信息，但不会真正投入到农办主任的故事中去。

从这个角度上说，当我们确定了主题和报道要点之后，我们应当到新闻的第一线去。这不仅是为了获得能够让读者信服的细节和直接感受，为了让他们理解我们所报道的主题，同时也是为了说服我们自己，为了让我们相信所报道的是真实的。这些重要人物就是我们前面所说的当事人，他们不是事件的旁观者，也不是分析家、评论家，而是事件的实践者。他们要么促成了事件的发生与发展，要么受到事件的直接影响。他们的所作所为、所言所思肯定是与事件紧紧联系在一起的，也将令读者所能感知。

但是，我们的许多报道并不是这样。有的记者能够拎出主题，甚至知道报道要点在什么地方，却没有到新闻第一线去，或者去了却没有深入采访，因而使报道成为纯粹的地方或部门的工作性报道。

第二节　挖出好的故事

完成了这些计划方式，我们进入到采访计划的执行环节。在这个环节里，我们要拉开采访的序幕，深入到故事的最底层，收集到所有能够给故事带来活力的细节、插曲和人物。接着前面的话题，来看一篇 2007 年 5 月底见报的、有人物没故事的、基本上是照抄当地文件规定的报道。

上杭 9 558 位城镇居民有医保了

本报讯　“感谢党和政府让我们这些没有退休金的人享有了医保。”上周，上杭县临江镇镇西社区的钟兰英高兴地在县医保中心报销了 1 789. 06 元的医疗费。此前，她因胆结石住院治疗，共花费 6 704. 14 元，由于参加了县里办的医保，她很快得到了相应的补偿。

今年 4 月 1 日起，在上杭县，像钟兰英一样原先无医疗保障，而今参加了医保，并因病得到补偿的城镇居民还有 56 位，实际补偿 28 517. 25 元。

当前，城镇中有一些超过退休年龄且无城镇职工医疗保障的老年居民、在就业年龄段丧失劳动能力且无城镇职工基本医疗保障的人员、在就业年龄段无医疗保障的非从业人员和广大未成年人等。这些人群一旦遭遇大病，往往无力支付医疗费而成为新的困难群体，家庭经济负担较重。

为此，上杭县于去年12月出台政策，建立城镇居民医疗保障制度，将当地无医疗保障的城镇居民全部纳入社会医疗保障体系，今年4月1日起实施。

根据规定，凡愿意参加医疗保险的无医疗保障城镇居民，都可以家庭为单位参加每人每年50元的医保，县财政补助10元，居民每人每年只需缴费40元；而革命“五老”人员、在乡重点优抚人员、重度残疾人员及“五保”人员、享受城市最低生活保障人员等，其个人应缴部分由相关部门按有关政策代为缴纳。

同时，上杭县建立以县医疗管理中心为龙头，涵盖全县非营利性定点医疗机构报账中心的网络式快速补偿机制，参保人员在乡镇医疗机构治疗的可报销55%，在县级医疗机构治疗可报40%，在外地医疗机构治疗的可报30%，在县内治疗的可马上在定点医院结算。据统计，截至目前，该县共有9 558位城镇居民参加了这项医疗保险。

在城市，公务员医疗有保障，企事业职工有医保；在农村，农民有新型农村合作医疗。然而，城镇中却有一批居民没有医疗保障，生场大病就可能成为新的困难群体。上杭县将这些无医疗保障的居民纳入社会医疗保障体系，并给予财政补贴，补齐社会保障体系的一大缺口，这种着力改善民生的做法值得称道。因而，报道主题是有价值的。

但这篇报道也存在着问题，唯一出现的人物钟兰英只是一个符号，换成别的什么名字也不会有区别，就是她说的那句话也只是一个标签而已。一些相关的做法、规定、数字却充斥着整篇报道，可以说，它与文件报告没有差别。这种报道在一些报纸上成了普遍现象，通常的惯例是开头硬拉一个没血没肉的人，然后写上“这只是……的一个缩影”之类的话，接下去就是具体的做法、数字，这是文件宣传而不是新闻报道。说是新闻，只因形式上有个本报讯，内容上有一定的新闻价值，但实在不具有可读性。

这种写法应当尽量避免。我们可以讲一两个生动的故事，让这些好的政策措施通过受益群众的言语和经历体现出来；我们还可以写出其中的艰难、困惑，等等，让故事有一定的冲突。这些政策措施应当只是故事的背景，只是在文中适当地穿插交代。

关键还是要深入下去，挖掘出好的故事，别让有意义的题材浪费了。

1. 重点关注人物与场景

- 成为一名出色的记者，我们要喜欢这份工作，觉得有趣。什么乐趣？充分挖掘人物，再现场景
- 从发现一条信息，到构思主题、分析要点，再到把读者带到现场，就是一个完整的采写环节

为什么要采用故事的形式？为什么要强调挖出好的故事？我们虽然说了不少，但这种意识确实必须强化。在西方，这种方式被说成是一种很特别的报道形式。美联社特写新闻部主任布鲁斯·德希尔瓦说："研究显示，以说故事的方式向人们提供的信息更容易被理解和记忆。因为这种方式让人放松，让人觉得有趣。以这种方式整合过的新闻素材将更加有效地吸引读者。因为读者看到的不再是干巴巴的事实罗列，而是真实的生活。"[1]

我们目前存在的问题包括：对各地一些好的做法，把报道变成政策的图解，或者只是简单找个人物，甚至可以说是随意安上一个人物，然后就大篇幅介绍做法，有人物没故事，很乏味；对一些事件报道只是平面地叙述，讲完了也就完了，缺少对人物反应的揭示，也可以说是有事件没故事，不生动；对一些人物典型报道不注意揭示其平凡的一面，人物性格缺乏个性，这就是人们常说的

[1] 〔美〕杰里·施瓦茨. 如何成为顶级记者——美联社新闻报道手册［M］. 曹俊，王蕊，译. 北京：中央编译出版社，2003：157.

“高大全”的写法。

讲故事，首先必须在采访中关注人物。要成为一名出色的记者，你一定要喜欢这份工作，要觉得有趣。什么乐趣？出色的记者告诉我们：“挖掘人物”，总有下一个问题在等着问。但是，更多的记者是问了一个问题，得到一个答案，随后就没有了下文，不能探究得深入一点儿，这就成不了一名出色记者了。

下面就是一篇很生动的报道。

冰糖葫芦酸又甜

活到42岁，郭林祥尝到了第一口冰糖葫芦，那是他在河北清源县施工的时候。张嘴一咬，酸、甜、脆、香。

他对另外5个工友说，才5毛钱一串，咱河南油田有吗？

大伙儿张口来了句，等你卖呢。

郭林祥乐了，咱堂堂的石油地质勘探尖兵，去摆摊卖这玩意儿？做梦吧。

说话不及，才过去三年多，郭林祥真卖起了糖葫芦，真在油田摆起了小摊。

真是，人生如梦。

郭林祥，经历了如梦的3年。

说来话长，新千年的第一个夏天，他和全国几十万石油工人一道，在与国企“断奶”的“协解”书上签了字。眨眼间，公家人成了社会人。

签字那天早上，他没吃一口饭。

失眠。夫妻俩唠了一夜，唠还没成家的大儿子，唠刚上大学一年级的小儿子，唠一直没活干的妻子，唠自己20多年石油工人的自豪历史。去签字的路上，他的脚步，沉得像拴了铁疙瘩一样。中午，妻子做了香喷喷的西红柿鸡蛋捞面，喊一遍，他在床上起不来，喊两遍，没应声，又叫儿子去喊第三遍，他说，不饿。妻子急了，上前拉，他这才起来，挑来挑去，咽下半碗饭。

女人说，活人不能叫尿憋死，亏你还当过侦察兵。郭林祥脖子一梗，道，操闲心，人刚从正开的车上跳下来，有个惯性，懂么？

他又说，笑话，45 岁男人，会挺在家里等你端饭？

说一不二，花 9 500 多元钱，他开回一辆“时风”牌农用机动车，跑起了社会运输。

首战失利，半年后，5 000 元，他卖掉了自己的第一辆车。

又去试卖豆浆，不成。

再去山东贩山药。他一下子买了 2 000 多元的货，用麻袋装满一大卡车，运回南阳，到家往地上一卸，山药没一根完整的，全断成几截了。他四处求人，才卖了 500 多元钱。

熟人打来电话说，商丘山东交界处，土豆俏。郭林祥不敢怠慢，花 3 500 多元，收了上万斤土豆，雇车赶往山东。等卸车时一看，收时黄黄的土豆，在袋子里捂成了黑青色，加上泥巴糊，看了就不顺眼。

货到地头上死，又赔了 2 000 多元。

琢磨烤面包有市场，他赶到郑州，交上 1 500 元学费，用一星期时间，掌握了技术。回油田后，他一下子雇了 5 个人，交上每月 2 200 元的房租，红红火火干起来，3 个月下来，累得人走路飘云彩团一般。郭林祥说，小命要紧，收兵吧。

听说，有种台湾的小西红柿，学名圣女果，在大城市很俏。郭林祥从山东贩回油田，再推上三轮车，去自由市场叫卖。

一天中午，一不小心，秤被收了，他气，嚷，俺税也交了，证也办了，又没占道，为啥不让卖？人家想想也是，只好把秤还给他，说，行行，你还回去卖吧。按说，这事也就过去了，偏巧赶上正中午，大地阳气正足，一个中年男性的血液流通也在高峰期，这就让郭林祥越想越来气。仿佛更年期女同胞一样，他朝自个发起了无名火，不卖了，不卖了，当即叫上妻子，非要把家里的圣女果全扔掉。

妻子心疼，叽咕道，600 多斤哪，1 500 多元钱哪。男人火了，扔，全扔，金山银山，也扔。

从没见男人发过这种火，妻子只好说，求求你，别在家门口扔，熟人看见了笑话。

好说歹说，两人骑两辆三轮车，大中午，奔到工程院门前一溜垃圾桶旁，一个劲闷头儿倒腾。

路过的人们都惊呆了，喊，好好的，扔了干啥？有人就要去抢一点儿。

郭林祥瞪着红眼嚷：坏了，吃不成了。一边用棍子来回猛戳。

鲜红的汁液，在正中午阳光下，闪着奇彩，溅了他满脸满身。

就在他心情的天空一片雾茫茫之际，忽如一道闪电照亮夜空，咔嚓一声，记忆的底片中，3 年前在河北嚼糖葫芦的场景，定格在他眼前。

像久旱的庄稼苗得场雨一样，他又踏上了去天津的列车。

投资 3 000 多元，他学会了冰糖葫芦的制作工艺。

他的聪明才智，就像拧开的水龙头，哗哗流个不停。他在天津学的冰糖葫芦，主要是以山楂为原料。卖一段后，他琢磨，水果里糖有多种，瓜子有多样，冰糖葫芦也不该单一。他就慢慢改进起来：草莓、核桃、杏仁、葡萄、水蜜桃、话梅、巧克力、椰蓉、腰果，凤梨、哈密瓜、豆沙……

凡人自有凡人的活法。

郭林祥家的冰糖葫芦，个大，味美，质优，一来二去，比得其他同行眼热，惹得回头客不断。熟悉的工友们，路过他家小摊，不喊老郭，喊老板。

郭林祥那圆脸上，就慢慢堆了笑。

树叶般稠密的日子一天天过去了，郭林祥的生活也像天气预报一样常有变化。

今年“五一”节那天，在采油二厂古城油矿一班的大儿子，把身穿婚纱的俊俏新娘抱进了家门。晚上，彩灯把满屋贴的大红喜字、飘曳的彩带照得炫目，全家人坐在圆圆的小餐桌旁，新娘端起一小杯葡萄酒，喊声爸，双手献给一家之主郭林祥。望着仙女般的新娘，瞧瞧坐旁边马上要大学毕业的老二和他的靓丽女友，郭林祥笑眯眯接过杯子，正要一口喝干，手一颤，两行泪珠，噗噗嗒嗒溅进酒杯。

他的手，抖得像放在振荡器上，小孩一样号啕大哭起来，边哭边说，恁爸，不容易呀，恁爸，有你们，幸福呀。知道不，我3岁，死了爹，9岁，没了娘，吃百家饭，穿百家衣，你们，好好过日子，当好人，让恁爸，放心。

2004年“五一”节晚上，儿子大喜日子，郭林祥全家人，哭得泣不成声。

这时候，楼上不知谁家，正传出那熟悉的歌声：都说冰糖葫芦甜，甜里边它带着酸……

（河南石油报，2004－12－16）

这篇报道读起来真有点像西方的小特稿，还有点像一篇小报告文学。它荣获了第15届中国新闻奖二等奖，这说明中国新闻奖对讲故事的新闻也是相当关注和倍加推崇的。

从写人物的角度看，郭林祥的人物形象有着很明显的文学色彩，典型环境突出，典型性格栩栩如生，矛盾冲突设置合情合理，细节描写充满戏剧性，叙述语言平实。读这篇报道，我们不自觉地就被带到故事的现场中去，不自觉地就受到那种情境的影响。主人公是当代国企改革中作出无私奉献的“协解”人员，尽管他的再就业过程充满酸甜苦辣，但他的心路历程不带悲情，多重压力下的生命力显得特别顽强和积极向上，这就是作品的磁场所在。

从这个故事的影响看，文章对油田决策层关注“协解”群体起了一定的积极作用。经过多方共同努力，河南油田很快就安排了“协解”人员公益性岗位 2 000 多个。在这里，我们借用德希尔瓦的一句话和一个例子。他说：“故事也可以用来解释一件事情。当人对某些事情感到困惑的时候，你用故事来帮助他们解开疑惑。就像这样，‘你不理解，是吗？那好，让我给你讲个故事吧……’实际上，讲故事就是通过举例帮助人们进行理解。”“20 世纪 90 年代，新英格兰地区的报纸报道了当地房地产和银行市场不景气。但是，由于很多相关的文章的专业性较强，没有能够吸引读者的注意力，但在看了一个热狗经销商的真实故事后，他们很快明白了事件的全部内容：这个商人由于接受了银行的建议，购置了大量房地产，结果遭遇了不景气，背上了 3 亿元的债务。”[1]

郭林祥故事的最后一个时间点是“五一”节，发稿时间在 12 月。在这一段时间里，记者获得了这个信息，对这个故事的主题和报道要点应当有过细致分析和构思。从发现一条普通信息，到构思主题、分析要点，再到把读者带到现场去，这就是一个完整的采写环节。假若没有挖出一个好的故事，只是简单地从面上反映郭林祥的再就业过程，缺乏人物性格等各方面的描述，甚至于像常见的一些报道，加上一些有关部门如何如何的权威说法、做法，等等，报道是苍白的，影响力不可能达到这样的水准。

2. 掌握引导采访对象的技巧

- 尽量拉近与采访对象的感情距离，打开他的话匣子，记者才能高效率地提问题，达到采访目的
- 准确地提问，仔细地倾听，不断地追问，并且善于观察，这些技巧可帮我们更有效地收集素材

---

[1] 〔美〕杰里·施瓦茨. 如何成为顶级记者——美联社新闻报道手册［M］. 曹俊，王蕊，译. 北京：中央编译出版社，2003：157.

郭林祥故事的作者在引导采访对象方面肯定掌握了不少好的技巧。至少你得打开郭林祥的话匣子，让他充分展现酸甜苦辣，让他说出自己的心路历程。用当今新闻报道的术语说，叫“三贴近”；用前几年流行的话说，叫“零距离”。

我们的记者为了采访110民警，扣除睡觉，在110车上的时间是三天两夜，接触二十多个110民警，耳闻目睹了他们日常工作中的种种喜乐，以至于三天的采访，闭上眼，历历在目。而且，因为穿短裤，造型淳朴，民警也没把记者当外人，有啥说啥。这是“零距离”。

意大利著名女记者法拉奇采访邓小平时，连邓小平自己“从来不知道”的生日都了解得一清二楚，并以此作为采访的开场白，顺利进入轻松的交谈氛围中。这种采访技巧也可称为“零距离”。

美联社记者切尔西在采访一个被营救的只有4岁的小莱恩时，感到那是她在这次报道中难度最大的一次采访，因为孩子总是习惯于作一些简单的回答，诸如“是”、“不是”、“不知道”，而且孩子总是不爱和陌生人多说话。最后，摄像机帮了忙，它引起了小莱恩的兴趣，摆弄这台机器半小时后，小莱恩终于开口了。他告诉记者当时是如何大喊“外婆”的，甚至还模仿了当时是如何用力抓住坐椅靠背的。摄像机帮助记者实现了与小莱恩的“零距离”采访。这篇报道让记者成名，我们将在下一节里继续讨论。

到农村小镇里采访时，许多朋友刚开始都会感到非常拘谨。比如，当我们看到采访对象的双手不停地在桌面上搓着，嘴边欲言又止，甚至于脸上现出局促的红晕时，怎么才能让采访顺利进行呢？经验告诉我们，得到采访对象的信任，融入到他们的生活并与他们交谈，此为上策。当然，诸如衣着之类的小事也可能决定着我们的采访能否成功。如果穿着西装、卷着头发去采访农民朋友，我们与他们就产生了距离。经验又告诉我们，采访时的着装和举止要恰当，记者有权决定自己钟爱的衣着和发型，采访对象也有权利拒绝与记者交谈。

所谓的采访“零距离”，说的就是尽量拉近与采访对象的感情距离。这是很重要的引导采访对象的技巧。

报社摄影部的一位同仁讲了这样一件事。有一天，一位消防部队的摄影通讯员拿了一叠消防官兵在森林火灾中救火的图片，希望报社给用一用，但是图片并没有拍好。我们的同仁对他说：“你看你，把这么好的题材给浪费了，你的图片在拍摄中离消防官兵的距离太远，镜头对准的是他们的屁股，而脸上的表情、动作的细节等都看不到，这肯定不能用。”通讯员说：“你不知道走近拍多危险吗?”同仁说：“当然知道，但是消防官兵是专业人员，在扑火时所站的位置是相对安全的位置，靠近他来拍，你站的也是相对安全的位置。好的图片一定要近距离拍摄，在近距离的前提下再讲究角度、光线等。近距离体现了拍摄难度，因为有难度它才珍贵。”这位通讯员恍然大悟。

强调“零距离”，就是强调一种“靠前”意识。那么，掌握“零距离”的采访技巧，是为了什么？我们前一节里说过，报道主题的构思、报道要点的计划等，“零距离”就是为了让它们付诸实施，以便更有效地收集到更详尽的素材。最好的采访当然应当是面对面完成的，那么，我们要做到：

（1）提出准确的问题。记者要提前预约采访对象，以显示其对采访对象的重视。事先当然也要了解采访对象的有关信息，比如，采访一个不熟悉的自然科学领域的问题，那就得花一些时间从对该领域有一定知识的人那里获得一些背景。记者还要设计好要问的问题，有时还要对所要谈的话题列一张表以便采访过程中作参考，当然，记者不能在采访过程中面对采访对象照着单子念问题，那太呆滞了。

在采访中，要尽量高效率地问事先设计好的问题，这决定了记者所获得信息的丰富程度。如何提准确的问题，也是一门学问。事实上，在作计划的时候，记者就会思考提什么问题。同时，要记住，记者是代替读者向被采访对象提问的，而且所提的问题要具体、明确，不能漫无边际，让被采访者无从答起。有的记者准备不充分，到了现场不知提问什么，采访对象讲了别的东西，记者却没有意识去引导，那就糟糕了。

在具体的提问中，有时由于问题提得不好，记者也可能会堵住问题的回答。比如，记者问“外面天气暖和吗?”和“外面天气怎样?”，前面的回答，可能得到的信息只是“好”或者“不好”，后面的回答，得到的信息会更详细些，或许还会有一些描绘性的语言。按一些新闻教科书的说法，前一个提问法叫封闭式问题，后一个提问法叫开放式问题。就我们前面说的采访村级财源建设这件事，如果问“县里加强村级财源建设好不好?”回答可能只是“很好”，如果问“加强村级财源建设对你家里产生什么影响?”回答就很详细，被采访者给记者讲了一个生动的故事，包括以前怎样，现在怎样，有什么变化。打开他们的话匣子之后，记者还可以问很多问题。这样，细节就出来了。

我们的记者设定了一些问题提问方式，可资借鉴。如，你如何被……（问题或事件）所影响？你听到人们对……（问题或事件）说了些什么？你认为这是什么引起或导致的？你认为如果事情不发生改变，你们会得到什么或者失去什么？会受到什么影响？你能否对我描述一下……（某某事件）是什么样子？你认为事情将会朝着什么方向发展？为什么？你能告诉我，谁对这件事情有更好的看法，或者谁更了解这件事情吗？等等。

（2）仔细地倾听回答。提出问题后，记者必须坐下来认真地倾听、记录被采访者的话语。有时候，打断被采访者的话，再追问另一个问题，是合适的，但最好还是等他说完后再提出另一个问题。有时候，采访对象为回答记者的问题，会停下来思考一番，记者也应当允许其有短暂的沉默。重要的是多听。有人说，采访就是一门倾听的艺术，这话很有道理。假如过多打岔，记者可能会打断被采访者的思维，因而可能会失去有价值的信息。

经验告诉我们，有些时候，还得用一种赞同、简洁的口气，或者用一个肯定的眼神呼应采访对象的话语，让他知道记者在认真地倾听，鼓励他继续说出更多的细节。记者可以点头，也可以插入类似“真有意思”之类的点评，这会让被采访者引起情感上的共鸣，会引导他更加愿意、更加主动地提供生动的故事或看法。

在一些情况下，有的记者可能自以为自己知道这个故事会怎样，人们会怎么评判，而打断了采访对象的话语，这是不明智的。即使我们知道会怎样，报道都应从采访对象口中得到证实，而不是记者想当然。

(3) 学会不断地追问。如果记者已经了解采访对象正在说的话，便可以就一些有意义的问题进行追问。有时即使记者准备了很多问题，但在倾听其中一个问题时，觉得很有价值，那就应当继续追问下去。为什么一些报道让人觉得写得很扎实，这大多是因为记者掌握了不断追问的技巧。当一篇比较成熟的稿子传回编辑部时，编辑给记者打电话，除了核对一些事实之外，可能还会要求记者就某个细节作些补充，这些细节大多是要经过追问才能得到的。

在一些追问中，记者不妨直接问：“你愿意和我详细谈谈这件事吗?”如果愿意最好，如果表示拒绝，记者就问：“那么，为什么不愿意呢?”在有些情况下，可能并不是被采访者不想说，而是因为没有人追问过他们。总之，要不断地提问，直到记者能像电影场景那样生动地描绘出所发生的事，能用客观生动的话重复采访对象所说的内容，并且确认是正确的。记者还可以把采访对象的话与其他不同的观点作对比或比较，并询问他们这种对比或比较是否合适。

有的时候，记者会在采访或要求采访时，遇到一些极不乐意合作、生气或难以琢磨的人。有的时候，这样的立场在我们一开始提问时，他们就表明了，他们说：“此事无可奉告。”此时记者不能放弃，要学会追问，越是无可奉告，越有可能带来更多的信息，要有坚持不懈的精神。在某些情况下，采访对象也许对记者想知道的内容有误解，或者为了回避与报道紧密相关的尴尬话题，或者是在暗示记者提问别的事，这些要具体情况具体分析。

采访结束时，记者还要自问一句是否还有一些应该问而没问的问题，并且再问一问采访对象是否有任何补充。告诉他，回去后可能还需要打电话以获得补充信息或核实事实。也可以提出，如果他们想到与记者报道有关的其他事情，请随时打电话联系。这可以为今后可能需要的进一步采访留一扇门。

记者还要掌握向“常态”追问的能力。在采访中，我们可能会发现一些现象是司空见怪的，但假如追问一句：这是为什么？也许由此会得到意想不到的收获。我们的一位记者采写过一篇《群众不愿转移，怎么办?》的报道，视角独特，文章就是在追问中得来的。他说，抗台风期间，经常会遇到这样的场景，危险即将来临，但渔排上的渔民、低洼地带一些群众却不愿意转移。对此，他追问的问题是：群众为什么不愿意转移？仅仅是恋及财产吗？为什么总会发生这种情况？有没有其他方面的原因？这样一追问，报道视野不就打开了吗？不就与众不同了吗？

（4）要非常善于观察。观察是记者的一项基本技能，许多教科书都很强调这一点。比如，记者到一个采访对象那里，可以观察一下周围的环境，不只是为了了解生活中采访对象的信息，也是为了寻找共同感兴趣的话题，使采访能够更加顺利。有位西方记者说，他采用观察鸟的方法以锻炼自己成为一个善于观察的人，只知道一只鸟是红翅膀远远不够，还要了解更多东西以便可以将它与其他鸟进行区别。

我们还想强调的是，在采访中，发挥好的观察能力，就可能会发现采访对象的语言背后的故事。有些记者对事物视而不见，那么，忽视的细节可能会使得本来相当引人入胜的故事成为一篇一般化的报道。经验告诉我们，要对采访的事件有更深层的解读，还应关注采访对象的肢体语言，因为有时人们的交流并不直接使用语言。有个形象的说法是，用鼻子闻，用手去摸，然后记录下自己的感受和观察。当看到采访对象有人转动眼珠或做手势，聪明的记者会记录下这一瞬间。记者的笔记本不仅要记录事实和对话，还应记录由各种感官发现的结果，因为这些都是非常有趣的素材。

通过观察，记者可以了解被采访者对一个事件的态度，他的看法是真的还是假的，因为撒谎经常会让人感到不自然；可以了解到被采访者是不是对一些问题很紧张，哪些问题问到了要害之处，以决定是否还需要更进一步的采访；可以了解到采访对象的种种神态、衣着、显著特征和其他个性特征，这可以让记者在勾勒人物肖像时多些传神的细笔。

当然，引导采访对象的技巧还有很多，也需要记者临场发挥。比如，采访约定在什么地方进行，不同的环境采访的氛围是不一样的。在公开场合和私下见面，人们的表现也不相同。采访中，采访者与被采访者之间的位置关系也很重要，有人认为，因为还不太熟悉，面对面地坐着采访可能会让被采访者感到拘束，因此，选择的位置最好不要正对面，但最好又能够进行眼神交流，以增加信任感。有的人对使用录音方式进行采访会感到紧张，怎么办？也得想出一个万全之策。

做到这些，我们的故事就会有细节，就会有趣，就会引起读者的关注。一名记者，需要的就是细节、细节和细节。

第三节　抓住好的细节

文学需要细节，大家容易理解。历史需要细节，大家可能也会理解。旅美作家林达先生说："读历史的时候，没有细节就难免会产生疑问。我们年轻的时候学校里上历史课，都有一套标准说法，考试都有标准答案。我既然不是以治史为饭碗，也就谈不上问一个为什么。可是标准历史故事里缺失的细节，有时还会跳出来：为什么有些事情会那样发生？百思不得其解。想是想不出原因的，原因在历史的细节里。”

林达先生说了一些例子。“有一个疑问，从当年上课到现在，存之久矣。那就是第一次鸦片战争以后，在中国土地上发生华洋冲突，为什么我们中国人就那么不经打？每打必败，为什么不学一招，练好了再打？为什么要屡打屡败，屡败屡打？败得特别惨的是1900年的庚子之变，我们读书的时候叫作义和团起义。那是发生在第一次鸦片战争以后整整60年，洋枪洋炮已经花了不少银子买了不少，洋务运动也搞了几年，自己的铁工厂也有了。这八国联军没有倾国力而出全面宣战，只不过是一支临时凑起来的派遣军。为什么中国义军连一场像样的仗也没有打呢？”“当年历史课上的标准答案是，慈禧太后为首的清廷，又突然卖国求荣了，和八国联军洋人勾结起来，镇压义和团起义。义和团受内外夹击，武器不如洋人精良，人数不如官府和洋人众多，最后壮烈失败。可是，这种标准叙述里面，没有细节。”

林达先生说：“张鸣先生写的历史文章，经常为我们抠挖出一些细节来。他的《历史的底稿》一书中，有一篇文章的标题就是《瞄准射击》。”“张鸣先生的文章告诉我们，我们中国人在引进洋枪洋炮以后，‘接受了洋枪队的全部装备，也接受了洋操的训练，连英语的口令都听得惯熟，唯独对于瞄准射击，不甚了了’。他挖出一个历史细节，说19世纪60年代，一个英国军官来访问，后来记下来说，‘淮军士兵放枪的姿势有些奇怪，他们朝前放枪，可眼睛却看着另一边’。”[1]

这个细节让我们明白了好几个为什么，真是神来之笔。

今天的新闻，就是明天的历史。缺乏细节，就缺乏证明。说得再多，再精确，也不如来个细节传神，容易理解。新闻更是如此。难怪人们说，细节是金，细节是魔鬼。好的新闻作品有赖于对细节内容的运用，而不是抽象的描述，当然，前提是记者的记录本里必

---

[1]　林达．早期学西方的一点教训［J］．随笔，2007（1）．

须记录下这些内容。

1. 参与体验中获得细节

- 现场新闻是记者亲眼所见写成的新闻，所以能使受众身临其境，因而也就更具“征服性的力量”
- 记者在现场，就能通过观察抓住一些生动的细节，还能将自己的经历、感受、见闻展示给读者

最好的细节，当然是能够把读者带到现场的细节。“现场新闻是记者亲眼所见写成的新闻，所以能使受众身临其境，因而也就更具‘征服性的力量’。在重大突发性事件的报道中，现场新闻的影响是不言而喻的。目前，世界各大通讯社都十分重视现场报道，把这类报道作为同各新闻媒介竞争的有力手段。现场报道有场景，有细节，有时还有对重要或权威人物的采访，因此现场感极强。现场报道的形式基本上是特写性消息和现场通讯或特写。”[1]

尽管我们没有办法去采访那些能吸引全世界眼球的诸如战争等突发事件，但我们身边也常常会遇到一些区域性的突发性事件。比如说，在福建，每年都有几次强台风，记者怎么参与到这一突发事件报道中呢？是选择在防汛办了解汛情，还是到一线上去“追风”？在防汛办，官员可以列举大量的数据，说这是一次“很严重的灾害”。对这些情况，专业人士能理解，但读者看起来会怎么样？“很严重”意味着什么？他们也无法给出形象的表述。看来这里找不到“故事”，最好还是到台风登陆的地方亲历一下。

2007 年 8 月，福建沿海遭受“圣帕”强台风的正面袭击，我们组织一组记者在一线追逐台风的报道，后来编辑部把来自各地的一线记者报道整合成一篇现场报道。引题为“‘圣帕’步步逼近，本报记者分赴台风可能登陆的地点，记录下所见所闻——”，标题为《“圣帕”来袭，我们在路上》，稿件以“本报记者某某发自某

[1] 马胜荣，薛群．描述世界——国际新闻采访与写作［M］．北京：新华出版社，2004：35.

某地”的形式，让记者出现在报道的“镜头”中，引导读者了解台风袭来时各个点上的情况，反映台风可能正面袭击的沿海5个城市全力防抗的感人场景。这一报道不仅见到风和雨，见到风灾的危害，还见到风雨中的人，也见到奔赴一线的、把观察和感受告诉给读者的另一个人——记者。

这组报道刊发后效果很好。我们在总结中认为，报道很好地体现了记者在突发事件面前的“我在现场”意识。这也印证了，新闻的奇妙之处在于它用真实、客观的细节描述，快速传递重大事件的信息，并将一个个瞬间变为永恒。

体育新闻也能很好地表现记者的现场意识。人们对体育比赛十分关注，是因为竞赛总是激烈的，而且很多比赛的结果很难预料。越是激烈，吸引观众的力量就越强。体育记者撰写稿件的目标是要使受众身临其境，描述出那种难以描述的气氛。有的记者不仅写现场新闻，还写特写，写侧记，写花絮，寻求“有趣的事”。这方面的杰出作品很多，特别是在世界重大赛事报道中，各大通讯社都有很多精品。

记者在现场，就能通过观察和自身体验抓住一些生动的细节。但是，我们仍然要记住，在这些报道中，记者只是一个参观者，并不是报道的主角，你报道中的主角是风雨中的抗灾者、受害者，是体育场中的运动员和观看者，记者在现场中充当的角色仍然是故事向导的角色，把记者的感受告诉给读者，更多的是为了让读者更好地理解事件的发展程度。

即使不是突发性事件，不是体育竞赛事件，在一些日常报道中，记者也可以采取体验式报道的方式，把读者带到现场，以获取细节。

1995年2月10日，《人民日报》头版头条刊发《节日追踪问菜价》和评论。当时蔬菜价格猛涨，这是老百姓最关心的问题。记者张国材设计好报道计划后，用了4天时间，搭乘送菜的拖拉机、卡车到大兴县、固安县，深入市场和菜农家庭进行调查采访，又在北京跑了5个市场，还跟着送菜三轮车去观察交易情况，弄清了当时蔬菜价格猛涨的一个重要问题，即中间环节攫取暴利，从而提出要管好中间环节的解决办法，不仅回答了群众的疑问，也对政府工作起到了促进作用。

对这样一条稿件，当日，《人民日报》总编范敬宜点评说："像菜价这样的问题，如果纯从政府工作的角度来报道，也未尝不可。如写一篇工商局长、物价局长访谈录，看来'档次'高了，但效果肯定远不如这种记者的实地跟踪采访。还有另一种写法，就是'聊'、'侃'式的报道，凭自己的经验、知识和灵感，海阔天空，古今中外，洋洋洒洒，高谈阔论，看起来也很唬人，但回答不了实际问题。"[1]

近年来，许多报社都积极推动体验式报道，把记者赶到基层去，也确实有相当多的生鲜报道，让读者大开眼界。比如，一些记者当起清洁工、装修工、矿工、交巡警、售货员、服务员、气象员、居委会主任助理，等等。体验式报道使记者亲身参与到报道中去，因而在新闻采写中，记者不仅可以获得更多的现场细节，把所见所闻融进新闻稿件中，还能将自己的经历、感受、见闻展示在读者面前，使报道更加生动，让读者有身临其境之感。

这种体验式采访方式能够近距离地获得采访对象的第一手资料，因而有很独特一面。但要记住，体验中的记者不是故事的主角，不能过分地参与到事件中以至于影响或改变事件的进程，也不能把自己观察到的感觉强加给事件中的人，况且这种短期参与中所获得的感性认识与长期在这些岗位上工作的人的体验也是不同的。因此，要告诉读者一个真实的故事，还是需要让真正的当事人自己来说话。

2. 在不断追问中还原细节

● 更多的报道，有赖于记者在不断追问中还原故事细节，这

[1] 范敬宜. 总编辑手记［M］. 北京：人民日报出版社，1998：195.

同样能够达到把读者带到现场的效果

- 把事情再说一遍，每一遍都有新的细节，而当人们绘声绘色地说开来时，事情才显得惊心动魄

事实上，记者不可能总有机会亲历所要报道的事件，也不可能总是采取体验式的报道来采写新闻。更多的报道，依赖于记者在不断的追问中还原故事的细节，这同样能够达到把读者带到现场的效果。前面所举的《冰糖葫芦酸又甜》就是一个很典型的例子。为了说明这个问题，再来看看美联社发布的同一个故事的前后两次报道的案例[1]。

蒂夫顿，佐治来州（美联社）当车从蒂夫顿购物中心后的斜坡滑入池塘时，卡多娜听到她那只有4岁外孙的尖叫声。

9个人参与了这次成功的营救，但其中的两人自己却险些淹死在冰冷的水里。当天夜里，佐治亚州南部地区的气温降到了华氏30度左右。

52岁的卡多娜是一名理发师。由于上班迟到，匆匆忙忙的她在停车时忘了拉上手刹。

卡多娜说："我想把车停下来，但没有成功。当时在购物中心后面没有别的人，于是我赶紧跑去叫人。如果我也在车上，那么就没有人会知道要来救我们了。"

德文·巴登、查琳·范和大卫·范是最先听到呼救声的。随后赶到的是克林特·范登和丹尼尔·塔克。

范登跳下水后，试图打破汽车的后挡风玻璃。不大会游泳的塔克随后也跳进水里。一家百货商店的经理迪克·麦克兰听到呼救声后也赶到了池塘边，他看到了范登、奄奄一息的查琳和正在奋力挣扎的塔克。

麦克兰说，当时在池塘边上有人递给他一把锤子，于是他

---

[1] 〔美〕杰里·施瓦茨. 如何成为顶级记者——美联社新闻报道手册［M］. 曹俊，王蕊，译. 北京：中央编译出版社，2003：159－172.

立即跳下了水，把锤子交给了范登。

查琳当时正试图游回岸边，但是由于水太冷，筋疲力尽的她在水里失去了知觉。

正好驾车路过的查理·莫克看到了这一切，他马上跳下水把查琳救了上来。正在他抱着查琳往回游的时候，他的脚碰到了水里一个正在下沉的东西。他伸手抓去，结果抓住了一把头发，他就把塔克拉上了水面。

莫克说："当时真是凑巧。如果距离再多六英寸，我根本就碰不到他了。"

就在莫克把塔克拉上来的时候，州巡警温德尔·曼宁赶到了现场，他及时跳下了水，助了莫克一臂之力。

曼宁抓住已经休克了的塔克，莫克抱住失去知觉的查琳，两人一起游到了岸边。

麦克兰游到了位于池塘中央的汽车边上，把锤子交给了范登，后者接过锤子，砸碎了玻璃，把小莱恩从车里拉了出来。

由于在冰冷的水里坚持了太长时间，范登已经没有力气把莱恩送到岸边了。于是他把孩子交给了麦克兰。快要到岸边的时候，警官巴蒂·道迪把他们拽上了岸。

莱恩、查琳和塔克很快被送到了蒂夫顿综合医院接受治疗。莱恩接受了检查后，很快出院了。查琳在当天晚上也恢复了知觉。塔克的情况则比较严重。范登则只是手臂被划伤，包扎之后就没事了。

卡多娜说，为了感谢范登救了她的外孙，她决定为他免费理一辈子头发。

她说："他们是蒂夫顿的英雄。"

这篇电稿是蒂夫顿一家报纸提供给美联社亚特兰大分社的，而且编辑也已把它发表了，但是分社的新闻总编认为这篇电稿不够有力，还有许多值得发掘的东西，必须要深入地了解并展开细节描写才行。当时仍然只是美联社临时工的切尔西·J. 卡特接受了这一任务。她因为出色地完成这一任务而改变了一生。此前，她在美联社的经历没有什么值得一提，她对能否成为正式雇员也没有信心，就在她决定到另一家报纸求职的时候，发生了小莱恩事件。

17 分钟：一次成功的营救

蒂夫顿，佐治亚州（美联社） 在一个池塘里，一辆车正在缓缓下沉，车里困着 4 岁的莱恩。在冰冷的水中，一名男子游到了车后窗，用力地想要砸碎玻璃……

和莱恩一样，那些想要救他的人自己也遇到了麻烦：一名女子脸朝下浮在水面上；另一名男子已经沉到了水里，毫无知觉；一名警察正在努力地拨水，想要浮出水面……

莱恩紧紧地抓住了座椅的靠背。他的手指早就被冻得毫无血色。

这时，水已经快淹到他的脖子了。

* * *

如果你是在电视上看到这一幕，那么它一定是用慢镜头播放的，而且会配上激扬的交响乐，感觉就像看一场芭蕾舞剧。

但是，当这一幕发生在现实生活中时，一切就会变得混乱不堪。对于莱恩·艾什勒曼来说，那有可能成为他生命中最危险的十几分钟。当时在场的一共有 17 人，每个人心里都是一团乱麻。

关键时刻，六名男子和一名女子置个人的安危于不顾，竭尽全力去营救这个孩子。你可以说他们是英雄。但在那个危急时刻，他们根本没有想这么多。人总是能在不自觉中发挥出极大的勇气。生活就是这样奇妙。

故事发生在佐治亚州南部一个人口大约 16 000 人的小城——蒂夫顿。那是 2 月 11 日，星期二的中午，天气晴朗，气温在华氏40度左右。

莱恩的外婆，佩姬·卡多娜，是“完美外表”发廊的美发师。那天早晨，因为快要迟到了，所以她急急忙忙地把车开进了蒂夫顿购物中心后面的停车场。

卡多娜的车是一辆1990款的尼桑车。这辆车的自动变速箱出了一点问题，每次当挡位放在停车挡上时，齿轮就会卡死。所以，卡多娜习惯于在停车的时候不挂停车挡，而是直接拉上手刹。然而，偏偏就在这一次，她忘了拉手刹。

就在卡多娜想打开后车门把莱恩抱出来时，车突然向前滑动，冲下了斜坡，一头扎进了蓄水池。

“外婆！外婆！外婆！”莱恩在车里害怕得大叫，他伸长了脖子想要再看一眼他的外婆，但他已经看不到了。

* * *

德文·巴登，23岁，一名身材瘦长的黑发青年，当时正坐在发廊的椅子上，等卡多娜来给他理发。从14岁起，他就一直到这里来理发。

在发廊的隔壁，是一家指甲吧，30岁的大卫·范正在给顾客上指甲油。

他们几乎同时听到了呼救声：“来人哪！来人哪！车掉进水里了，我的孙子在里头呢！”

大卫·范是一名越南移民，几乎不会说英语，但凄惨的呼救声还是让他明白发生了危急的事情。他和巴登赶紧从屋里跑了出来，正好遇到了刚来上班的范的妹妹，28岁的查琳。

他们三人跑到了蓄水池边，毫不犹豫地跳了下去。

紧随他们而来的是23岁的克林特·范登和22岁的丹尼尔·塔克。他们都是附近温迪克西超市的售货员。当时，他们在超市外休息。克林特拿出一支香烟正要点上，突然听到了呼救声，他扔下烟，和塔克立即跑了过来。

范登没有顾上脱掉外套和笨重的靴子，就一下子跳进了水里。水太冷了，他觉得就好像有一把大钳子紧紧夹住了胸部，让他无法呼吸。在他从水里浮出来的时候，他的头甚至感到剧烈的疼痛。

塔克在水池边停了一会儿。他对卡多娜说："我不大会游泳。但总得有人救孩子。"

于是，他慢慢走进了水池，然后开始向车子游去。在这个时候，范和巴登已经冻得撑不住了，他们开始掉头往岸上游。

"喂！把车门打开！听见了没有？快把车门打开！"范登朝莱恩大喊。这时，莱恩正在用力拉拽着幼儿保险锁，而水已经淹到了他的腹部。

范登急得用拳头使劲砸车窗。

* * *

迪克·麦克兰，32岁，贝尔克百货商店的经理，听到呼救声后，也立即向池塘跑去。

在水池边，他看见一个穿着白衣服的女子拿着一把锤子正要往车子扔去。在水里的范登急得大叫："不！不要扔！喂！你（麦克兰），你把锤子拿给我。"麦克兰此时已经脱掉了运动外套，但他来不及脱掉他的皮鞋、领带、衬衫和裤子。

他一头扎进了水里，冰冷的水让他感到全身麻痹。

游到一半的时候，麦克兰想："天哪！也许来不及了。"

范登朝着他大喊："快点！快点！"

那辆尼桑的车头此时已经完全没进了水里。水已经淹到了小莱恩的胸部，并且还在不断上升。

眼看就要到了，麦克兰用尽全力把锤子向范登递出去，范登一个侧身，把锤子高高举起，用尽全部的力气重重地砸在了车窗上。玻璃破了。

* * *

佐治亚州巡警温德尔·曼宁在收到了911报警后，以最快的速度赶到了现场。他从车里冲了出来，一边跑，一边把自己的武装带解下扔在了地上。

在水池边，他看见范登已经打碎了玻璃，同时也看见范登的同伴，塔克，正在一旁挣扎。

他赶紧跳进水里。冰冷的水让他感到呼吸极为困难。由于他忘了解下脚踝绑着的那支手枪，他在水里几乎寸步难行。

由于不大会游泳，极度恐慌中的塔克拽住了曼宁，弄得两个人都开始下沉。不得已，曼宁只好先把塔克推开。

就在这个时候，正好经过这里的查理·莫克看见了“这混乱的一幕”。他看见查琳·范脸朝下浮在水面上，于是立即跳进水里，向她游去。

他把查琳翻过身来，用一只手搂着她的脖子，向岸边游去。离岸边还有大约15英尺左右的时候，他的脚碰到了一个软绵绵的东西。他用另一只手向下抓去，结果抓住了一把头发，把塔克从水里拉了上来。

就在这时，曼宁也已经缓过劲来。他抓住了塔克，和查理一起向岸边游去。快要到的时候，岸上的人七手八脚地把他们拽了上来。

* * *

打碎玻璃后，范登和麦克兰——一个超市售货员和一个百货商店经理迅速地把莱恩从后座上拽了出来，并让他骑在了范登的背上。

范登作了三次深呼吸，然后开始向岸边游去。麦克兰游在他的身边。就在他们游开了不到2英尺，那辆车就整个地沉了下去。

“嘿！哥们！你来背他吧！我已经没劲儿了。”范登对麦克兰说。

* * *

此时，他们身上的每一块肌肉都感到剧烈的刺痛。在这样冰冷的水里，每一个动作对他们来说都是一种折磨。快要到岸的时候，岸上的人及时把他们拉了上去。

急救人员及时给丹尼尔·塔克作了人工呼吸。大约一分钟后，塔克吐出了几口水，缓缓地醒了过来。他跳进蓄水池后，很快就失去了知觉。后来，他在医院接受了六天的治疗才完全康复。

查琳·范也被送上了救护车，除了救小莱恩外，她什么都不记得了。在她身边躺着的是她的哥哥。

现场到处是急救人员、救火员和围在那里驻足观看的人，范登和麦克兰穿过了人群，他们在贝尔克百货商店里换上了干净衣服，握了握手，然后就各自返回了工作岗位。

曼宁开车回到了警察局，换了身衣服。还没有剃头的巴登则回到家里。

“外婆！外婆！”莱恩哭着向卡多娜跑去，紧紧地抱住了她。

“我的漫画书。呜！”

万幸的是，那个池塘吞没的只是那辆车和他的漫画书。

两天后，大部分参与营救小莱恩的人聚到了一起。这次是拍照。他们彼此握手，回味着当时的一幕幕情景，不时爆发出阵阵大笑。原来平凡的生活里也能出现英雄。

“根本没有时间去想，当时需要的是行动。”范登是这么想的。

前后两篇稿件的差别是很明显的。从一开始卡多娜呼救到塔克被送往医院，一共只有 17 分钟。卡特的报道给读者一个真正的故事，报道主题、报道要点都在作品中得到了很好的表达，同时，它有点像电影片断，有点像文学作品，但它是真实的再现，它把读者带到了现场，因而它是新闻作品。而这一切的成功在于，它有着丰富的细节描写。因为这篇报道，切尔西·J. 卡特还获得美联社年度最佳年轻记者的称号。

如何挖掘这些细节？新闻总编把这个任务交给卡特时，还交给卡特一部美联社最佳特写新闻集，提醒卡特要读一读其中一篇精于细节描写、故事性很强的关于三个问题少年的报道。就在卡特走出大门的时候，新闻总编还在背后大喊："记住！要用讲故事的形式。我要故事！"

卡特说："我把同样的问题问了一遍又一遍。他们甚至都觉得我有点烦人了。我让他们每个人把事情再说一遍。每一遍，我都发现一些新的细节。""所有参与营救莱恩的人在购物中心的一层大厅里又聚到了一起。他们补充了许多单独采访时漏掉的细节。""当每个人绘声绘色地说起自己的表现时，整个事情才真正显得惊心动魄。他们还彼此打断对方的叙述，补充了许多很有价值的细节。""直到整个事件被重复了三四遍之后，他们终于说出了我一直在期盼的细节：颜色、触觉、味道，等等。"

卡特还提到，那段时间她正好在读一本叫《让你眼熟的尸体》的小说，在这本小说里，作者强调了细节的重要性。听着人们的陈述，她的脑海里浮现出书中再三强调的一句话：千万记住翻一翻死人的口袋，不要放过任何细微之处。

有一本畅销书叫《细节决定成败》，其中有一句话叫"展瞬间风采，铸不朽精神"。新闻是易碎品，但有如经典文学作品一样，充满细节的报道会成为精品而流传下来。当然，经典文学作品的创作可以"十年磨一剑"，新闻报道却有着明确的截稿时间，你不可能得到太多的细节和故事，你也不能在报道中使用太多这样的内容，因此，在写作阶段使用多少细节要靠自己控制，但是在收集这些材料时不要限制自己，要充分地挖掘。"很显然地，你不可能收集到每一个细节，但你一旦注意到某件事，就要把它记录下来；只因为它引起了你的注意，就说明其本身具有重要性，否则的话你也不会注意到它，倒不见得它对你有多重要。在任何场合、任何你正在做的事情中，都会有成百上千的细节会被注意到；你已经对其中之一产生注意这一事实就说明这件事已经脱颖而出，本身就有潜在的利用价值。”[1]

好的作品依赖于对细节内容的运用，而不是抽象的。只有记者才能提供这些细节，而编辑是无法办到的。通过积累事实和细节的内容，可以使报道写起来容易些，同时，这些细节的东西会使新闻作品的内涵更加丰厚、审美情趣更加富足。

[1]〔美〕杰里·施瓦茨. 如何成为顶级记者——美联社新闻报道手册［M］. 曹俊，王蕊，译. 北京：中央编译出版社，2003：33.

3 CHAPTER 第三章 精练地组织故事

记者的工作通常分为两个阶段，一个是故事的采集阶段，另一个是故事的组织阶段。这两个环节是紧紧相依的。好的故事组织开始于好的故事采集。没有合适的原料，哪怕厨师技艺再高也做不出美味佳肴。同样的，没有恰当的故事观察、故事细节，写稿人写作能力再高超也只能写出乏味的报道。

这里出现了一个“写稿人”的概念，这是因为，在一些报社组织的重大报道中，记者有时扮演着故事素材的采集人角色，报社同时还设有写稿人，对素材进行整合写作，包括背景材料的增加等，由写稿人来完成，当然最后的署名还是记者。

关于新闻报道的组织，有两种方式。一种是记者从头到尾自己独立来组织，完稿后再交给编辑部修改、编辑；另一种是对于一些大型的报道，一个记者的力量无法独立完成，那么编辑部会指定一个人，他既是报道战役的直接指挥者，又是一个稿件的写稿人，记者只管把所采到的材料传回，写稿人对材料进行整合、写作。无论哪一种方式，组织故事的规律大抵相同，而且每一位记者都应掌握其基本技能。

也是由于截稿时间的限制，我们不可能永远停留于采访阶段，也不可能拥有绝对完美的材料，只要有一个相对完整、能说明主题的材料后，我们基本上就可以进入写作阶段。现在的关键是，怎么处理桌上这些材料？

关于新闻写作，通常会犯什么毛病？编辑部拿到一篇写得不好的稿件，可能会说："糟糕的组织结构。"但再深入探究，其实这只是一种表面的症状，并不是真正的病灶。导致这种现象的根本原因，首先在于报道边界混乱，其次是组织架构不合理，最后才是遣词造句问题。这些问题，应当在写作中予以妥善解决。

《人民日报》原副总编梁衡说："作为记者，如果你想拥有让人注目的光辉，那就先托起太阳，因为记者的工作注定是月亮的性质，只能靠笔下的人物来折射自身的光辉。同时，要拥有光辉，必须与你笔下的人物同命运，才能验证你作品的真实性，才能在历史和事实面前经受住考验。"[1]

一篇报道能否成功，七分在采，三分在写。尽管写作仅占三分，但是，我们一样要十分重视，要通过我们的生动写作来与读者分享故事。而这，首要的环节就是为我们的报道设定一个边界。

第一节 报道的边界

采访告一段落了。一些记者可能想的最多的是，给故事一个好的开头，以致在这方面花了很多时间。实际上大可不必。好的开头，说的就是故事的导语。如果暂时想不到合适的导语，建议先放一放，浏览一下所有的采访资料和相关信息，可能更为重要。

这么多的采访素材，哪些重要，可以留下？哪些不相干或者重复，可以放到一边去？先回到我们的主题设置，再想想让故事有趣的元素，想想读者对这篇报道有什么期待，或许会有助于设定报道边界，写出一篇主题突出、故事有趣、读者喜欢的作品。这样做，也是为了让我们对整个采访素材有一个总体的理性把握。新闻采写，

[1] 董岩，丁洪亮. 跟梁衡学新闻［M］. 北京：同心出版社，2007：17.

走的是一条从理性思维（采集前的构思）到感性思维（采集中），再从理性思维（写作前的准备）到感性思维（写作中）的过程。

2008 年 1 月，福建日报社组织了一场海峡西岸党报协作网联合采访活动，我们承担项目的具体组织工作。协作网于 2007 年 12 月 8 日由福建日报社牵头成立，除了福建日报，还有同处于台湾海峡西岸的 4 省 19 个设区市的党委机关报参加。这是协作网的首次联动，福建日报派出 11 名记者，分成五路，与各党报联合采访。

“支持海峡西岸”经济发展写入了党的十七大报告，海峡西岸经济区的定位不断明晰。主要有两个方面的特点，一是科学发展、区域合作先行，二是区位优势、与台湾人民交流合作先行。报道的主题当然是这两方面。采访活动最后形成一篇通讯《2008，海西春早看“先行”——来自海峡西岸经济区 19 城市的报道》，两个关于科学发展、对台交流合作的主题版以及一些单发的系列产品。

这次采访，我们在运作机制上设置了前方采访、后方成稿的紧密配合流程，记者只需把采访中的所见所闻以及采访对象的所言发回编辑部即可，至于报道的成稿工作由我们完成。我们事先拟定了详细的采访提纲，涵盖了区域内交通先行、旅游互动、产业对接、观念认同、平台共建、文化融合等方面的采访内容，然后把它交给记者。这些提纲，本身就是根据主题陈述进行理性思维的结果，记者采访必须按照这一主题设置深入现场，发回现场新闻，这是感性的素材。采访期间，前后方同时保持密切联系，记者不断反馈采访情况，并陆续发回了采访素材。之后，写稿人在写作准备时，根据主题陈述等要求，对发回来的现场新闻进行了取舍，取舍的过程又是理性的。

这篇通讯成为《福建日报》2008 年 1 月 18 日头条，主题是“海峡西岸 19 城市同唱科学发展、对台交流合作的‘先行’曲”。在这样的主题下，一些党政领导的访谈和记者发自现场的报道成为写作的主要素材。而在分陈述中，也做到了有所取舍。比如科学发展先行，重点放在区域生态保护先行、区域品牌建设先行、区域要素流动先行、区域协作机制先行四个方面，这四个方面使科学发展先行的素材有了围栏，而不至于太散太乱。在写作中，我们又根据谋篇布局，要求记者对一些细节进行补充，使报道更加扎实。

在主题版的编排中，我们也十分注意围绕主题来组织材料。以《福建日报》2008 年 1 月 21 日第四版的对台交流合作主题版为例，素材整合确实花了工夫。主体报道之一：

> （引题，即主题陈述）建设两岸人民交流合作先行区，着眼点是两岸，主体是人民。福建与台湾距离最近，与台胞亲情最深，做对台工作的合力最大。同处海峡西岸经济区的粤东、赣南、浙南，融入海西，共建海西，也与福建人民有着一样的愿望——
>
> **共搭两岸人民交流的先行桥梁（标题）**
>
> （正文）……

主体报道之二：

> （引题，即主题陈述）建设两岸人民交流合作先行区，途径是交流与合作，以交流促合作，以合作促发展。福建在推进闽台交流合作方面保持了合作的热度，形成了合作的声势，取得了合作的成效。同处海峡西岸经济区的粤东、赣南、浙南，借力海西先行，借鉴福建“先行先试”的经验，一些领域取得成效，一些领域期待共享——
>
> **共筑两岸经济合作的先行平台（标题）**
>
> （正文）……

正文部分，我们采取了本报记者和兄弟报联合采访记者发自汕头、潮州、赣州、温州等地的形式，把记者的所见所闻报道出来。

总的来说，把主题陈述设置好，记者采访的素材就能得到有效的组织，素材的取舍就有了向导。因此，我们说，采集前确立主题，将引导你进行有效的采访；写作前耐心地打造你的主题陈述，将引导你设定报道边界，留下有价值的材料，并进行有效的材料组织工作。

1. 注重主题陈述

- 主题陈述就是报道的骨架，这个骨架将帮助我们留下有价值的材料，以确保报道不失去焦点
- 搭好主题陈述后，我们就可以进入具体的写作，就可以运筹帷幄，有的放矢地运用采访素材

主题陈述，实际上有如报道的核心骨架。浏览完所采访的素材之后，需要对故事的主题陈述进行最后的修改、耐心的打造，并让它成为报道中的一个重要部分。

有个典故，叫“庖丁解牛”。庖丁对梁惠王说：“臣之好者道也，进乎技矣。始臣之解牛之时，所见无非牛者；三年之后，未尝见全牛也。方今之时，臣以神遇而不以目视，官知止而神欲行。”三年后，面对一只全牛，庖丁解牛时眼中所见的首先是牛骨架，那么，他解起牛来就非常利落。

有经验的记者在浏览采访素材后，首先对材料进行分析，以见到报道的骨架。然后，他会根据采访到的内容，把原先拟定的采访提纲进一步修正，使之成为一个比较好的写作提纲，并在写作提纲中明确报道的主题陈述。

缺乏“庖丁解牛”这样的经验，面对一头全牛，一个屠者可能就不知如何下手，就是下了手也不可能干净利落。同样，缺乏经验的记者哪怕采到许多鲜活的素材，写作时也可能不知从何入手，他可能觉得什么都很重要，什么都很有用，更不用说出神入化的表达了。

2008 年 2 月，我们的一位年轻记者到周宁采访。他报题时说，随着农村劳动力转移的进程加快，负面效应也逐渐凸现，留守的多

为“3.8，6.1，9.9”（即妇女、少、老）部队，新农村建设如何破解缺钱少人的局面，已成为各级党委政府亟待破解的难题。周宁县20万人口中有7万多人外出经商打工，2007年他们实现销售总额1 000亿元，是当地国民生产总值的50多倍。根据这一县情，周宁县实施“回归工程”，促进了人才、资金、项目的三大回归，实现了劳务经济对家乡发展的反哺，也为当地的新农村建设提供了一个新思路、新模式。

记者打算写一篇“周宁‘回归潮’现象透视”的文章。他设计的报道框架是，“以人才的回归为核心，以资金和项目的回归为两翼”，依次展开“三大回归”。

第一部分，人才回归。采访中，乡镇干部认为，有一定文化程度、有一定能力、有一定公心的农村人口大量外流，村干部只能“矮中选高”，不能更好地带领全村致富。周宁县以“情”字打动乡贤，促使一部分能人回归，他们既带回了在外积累的财富，支持公益事业发展，又带回了崭新的观念，为建设提供智力支持。

故事一：某村老支书魏某某，1975—1993年当村支书，随后跑到上海与两个儿子共同创业，年收入上千万元。2007年镇里的领导想请他回来，说服他后，又说服了他的两个儿子。儿子由反对变为支持，让老爹带回20万元作为发展资金。变化是，新建村委楼，解决了无址办公问题；村民喝上自来水；带领村民发展茶叶、毛竹等符合市场需求的作物。

故事二：张某某在厦门经营房地产，2007年回乡竞选，满票当选某村村民主任。在他的带动下，村里请来省农大教授进行高标准、高起点的新农村规划。如今，农民文化广场已初具规模，记者在现场感受良好，或可将现场见闻作为本部分开头。接下来，该村还将建设一个含老年文化中心的综合大楼。

第二部分，资金回归。先讲周宁县外出乡贤近年来对家乡事业的大力支持，周宁县通村公路硬化，缺口部分几乎全部由在外乡贤捐助。采访县工商联，了解面上的数据。同时安排两个故事：一是到“慈善总会”了解情况，让受益对象谈感受；二是采访一些“名誉校长”，让乡贤谈对教育的投资。

第三部分，项目回归。主要讲两个故事：一是乡贤投资旅游项目，2007 年厦门“9·8”旅游博览会上，上海的乡贤周先生与县里签订闽东北亲水旅游路线之一的著名风景区鲤鱼溪改造项目，这是周宁建县以来最大的项目；二是乡贤回归投资茶业项目，对当地茶叶发展起到了带动作用。

此外，准备写一篇文章，作为阅读延伸。说的是在“回归工程”中，周宁县探索出了新农村建设一项创新举措——自发组建新农村建设经济发展促进会，吸引了 166 位乡贤捐资 1 000 万元建立基金，本金不动，钱生利息，通过每年的利息增值投入家乡建设，既解决村财零收入对发展的束缚，又解决发展生产的资金缺口，实现资金的永续使用。

假如你发现了这条线索，也明确了写“回归工程”这样的主题，并且已基本完成了详尽的采访，现在进入准备写作阶段，你会遇到什么难题？的确，你会很兴奋，因为掌握了相当多的材料，也有很宏大的写作计划，包括把阅读延伸都想到了。但是，在真正进入写作时，你只能用几千字去写这个“回归工程”，你肯定会觉得怎么也不能把这个题目讨论完。

我们无法用几千字去讨论这么广泛的主题。那么，这个时候，我们必须弄明白一个问题：“我们的重点在哪里？”弄清楚这个问题，就要求我们把主题陈述重新梳理，这样才能清楚哪些材料是需要的，哪些材料要舍弃，往往我们舍弃的东西会多于需要的东西。

就这篇文章来说，可以把主题陈述放在回归工程如何反哺新农村建设上，但只能突出其中的一个部分，比如人才回归，那么资金回归与项目回归的素材只能服从于人才回归故事写作的需要，这样重点才能突出，文章写作才能更紧凑。

另外，记者在阅读延伸板块所提出的主题陈述，即该县探索出了新农村建设一项创新举措——自发组建新农村建设经济发展促进会，吸引了166位乡贤捐资1 000万元建立基金，这个主题也有独到之处。如果把这个主题做好，而“三大回归”的素材视文章组织的需要来使用，那么，写作这篇文章的意义会更大。

主题陈述就这么重要，道理也就这么简单。它在故事中起到提纲挈领的作用，确保我们的故事不失去焦点，不偏离主题。有了这个核心骨架，它不仅能帮助我们筛选出所需要的素材，还会让我们在谋篇布局中能够运筹帷幄。

对于主题陈述，得多费点工夫。多问一问“这个报道是关于什么的?”以及“我的报道要说的是什么?”，等等，这对我们的主题陈述会有帮助。同时，因为是核心骨架，主题陈述应尽量简单、明了、清晰、突出。它不同于文学之处，在于必须让读者容易理解，容易接受，而不能太隐蔽。文学欣赏，人们说“一千个读者就有一千个哈姆雷特”，新闻作品则不应让读者靠相关联想、靠自己阅读来理解，通常来说，直截了当比隐蔽好多了。

人们通常把它称为“中心段落”。比如，前面提到的《杨扬的农民工生存调查》，主题陈述就出现在第二自然段：“在调查的过程中，杨扬渐渐意识到这背后沉甸甸的责任。今年政和县‘两会’期间，杨扬提出了一个与农民工有关的颇具分量的提案。实际上，杨扬的举动，早已超越了一份提案的意义：以一名政协委员的立场，呼唤全社会的温情和平等意识。”

当然，主题陈述并非只属于“中心段落”，它还有其他的表现形式。有的主题陈述可能就一句话，有的则需要好几个段落才能容纳得下内容。

在一些消息中，主题陈述可能就一句话，但却相当有力，相当精彩。比如，前面提到的《固原羊只上“夜班”》，主题陈述出现在最后一句：“如何不再让羊群‘上夜班’，有关部门应尽快拿出对策。”这篇报道中前面所写的每一个片断都是为了论证这一主题陈述。

在一些通讯中，可能会有一个总体的主题陈述，还会有一个主题下的分述。2004 年 6 月 4 日《解放日报》刊发的《“西海固”告诉我们》（作者高慎盈、黄玮、吕林荫）被评为第 15 届中国新闻奖二等奖。这篇报道，通过上海报纸记者第一次走近西海固的见闻、震撼和思索，引发读者对这块土地上贫瘠和贫瘠着的人们的关注，并警醒于另一种贫穷——精神的匮乏，捕捉那里生长着的希望。主题陈述在开头就出现：

首届全球扶贫大会刚刚落幕申城，一个“向贫困宣战”的世界性课题引起广泛关注。

在中国，为贫所困的人还有 2 900 万。当城市的生活一天天蓬勃起来的时候，他们却还在为温饱而努力。

几天前的西海固之行，我们触摸到的是西部农村的贫瘠，更有生长着的希望。

这个主题陈述实际上也就是故事的导语。它还交代了为什么要到西海固去报道。这个交代很重要。上海作为一个发达的都市，西海固作为一个很贫瘠的地区，反差很大，西海固的故事为什么会引起上海读者的关注？因为全球性扶贫大会刚刚在上海落幕，这一下子拉近了西海固与上海读者的距离，而读者的目光也就容易被吸引住了。

显然，对于一篇长篇通讯，这样的主题陈述是不容易涵盖所讲述的故事的。因而通常长篇通讯会分为几个部分，每个部分再拟出小标题，这也是为了方便读者阅读的需要。有时，主题的分陈述就是这些小标题；有时，分陈述会在段落中出现。《“西海固”告诉我们》全文分为三个部分，每个部分有一个小标题，分别是：

西海固，像只干渴的大碗。干旱的热风能把人骨头的水分吹散；凛冽的寒风能把人的血液冻结。

这里的孩子从来不会猜晚饭会有什么新鲜的东西可吃，家里“除了土豆加馍馍，就是馍馍加土豆”。

在贫穷与闭塞的恶性循环中，另一种贫穷——精神的匮乏，更催人警醒。

第一部分的小标题用的是比喻的说法，第二部分的小标题用的是形象的说法，第三部分的小标题则带有记者的观察与思考。这些陈述都很明了，很有力度。

打个比方。假如我们把主题陈述——告知读者“西部农村的贫瘠，但更有生长着的希望”比做一棵树木的主干，分陈述则是主干的分支，而正文中的故事叙述、场景描写、引语与记者的观察，则成为那些密密麻麻的树枝和郁郁葱葱的树叶，受众看到这棵很有生机的树，自然会以积极的态度去欣赏它。让这棵树得以支撑的就是树干，它有如牛的骨架。

作好主题陈述，是对采访前构思计划的进一步落实，因此，它需要的是抽象的头脑、理性的眼睛，考验的是记者的逻辑思维能力以及对故事本身的理解能力。把主题陈述搭好了，文章的骨架基本上就起来了，我们的故事也就有了围栏，也就不会让人看了杂乱无章。

2. 把握选材原则

- 选择的素材要支持故事的主题，任何不支持主题的材料都可以被略去，或放入资料库，兴许今后用得上
- 把握好新闻的五要素，通常还有一个“如何”，并关注一些轶事，使报道更有深度，更有趣味

我们还可以把主题陈述比拟为一幅油画的最初素描中的几笔关键线条，它为整幅图定下了框架和基调。当然，对于主题陈述的字斟句酌问题，后面还有机会修改，现在该把采访所得的素材进行梳理。这次的梳理，是为了让有价值的素材得到合适的位置。为此，我们还得提醒大家注意一些选材原则。

首先，选择的素材一定要支持故事的主题，任何不支持主题的材料都可以被略去，或者放入资料库，成为以后相关报道的参考。来看获得第 17 届中国新闻奖一等奖的一篇通讯。

风雪中，伫立着四位“厚道”的农民工

打工数月却没拿到一分钱工资，每人每顿饭只吃两个馍，但望着欠薪老板留下的物资，他们却说：这里的任何东西我们都不会损坏，也不会卖掉，这是做人的原则！

打了两三个月的工，却没拿到一分钱工资。没有油了，蜂窝煤也快烧完了，四位农民工每人每顿饭只能吃两个馍。

更要命的是，王营村那家馍店向他们赊了25元钱的馍后，告诉他们：不清账，就不能再赊馍吃了。现在，掏遍4人所有的口袋，摆到桌子上一数，只有6元零1分钱。看着案板上仅剩的一棵大白菜，望着窗外纷纷扬扬的鹅毛大雪，接下来的日子他们不知道还能撑多久？

老板欠工资不见踪影

1月17日，来自湖南岳阳的刘先仿到河南省南阳市卧龙区劳动保障监察大队投诉，称他们4人在一家铸造厂打工，但老板拖欠他们共计5 780元工资后不见了踪影。1月18日上午，执法人员来到这家工厂。厂内停着几辆自卸车，4名衣着单薄的工人伫立在风雪中，瑟瑟发抖。

据介绍，刘先仿等4人分别于去年的10月5日、11月8日和11月25日到该厂打工，可自去年12月5日起，老板就未发过工资。“要了不知多少次了，一分钱也没要到。”这位老板1月16日中午曾信誓旦旦地对工人承诺第二天发工资，可自那以后就再也找不到人了，连电话也不接。

因找不到该老板，劳动监察大队执法人员无法送达法律文书，执法手段无从施展。目前，执法人员正在积极寻求有关部门帮助，以期尽快解决此事。

农民工坚守做人原则

“这个老板，太不地道!”刘先仿说。刘先仿本来在卧龙乡十二里河街的一家钢厂烧“中瓶炉”（把铁屑熔化成铁水），一个月能拿2 700元工资。有一天，这位老板找到刘先仿，求他帮助渡过难关。原来这位老板在车站南路办了一家铸造厂，当时厂内的烧炉工回家收麦子了，又请不到其他的炉工，工厂因此停了产。讲义气的刘先仿听说老板有难，二话没说就投奔了过来。

“我放弃那么高的工资去帮他，结果却被搞得走投无路!”刘先仿气愤地说。

其实，只要刘先仿他们“动一动脑筋”，也不是无路可走——原来，厂区仍有一些化铁水用的铁屑，大概能卖两三千元；半成品的汽车压盘整齐地码在那儿，若当废品可卖9 000元，若当半成品可卖20 000元。另外还有8辆“解放”牌自卸车存放在院内。

但刘先仿说，虽然未拿到一分钱工资，也要照看好这些物资。

今年47岁的刘先仿是湖南岳阳人，家里生活很困难，因此，他的儿子刘敏也在这里打工。刘先仿的妻子早几年得了白血病，总共花了6万元，花掉家中所有积蓄还欠了3 000多元债。

4人中最年轻的是30岁的张海龙，河南南阳邓县元庄乡张井村人。张海龙患中风的父亲76岁，无劳动能力，有一个小女儿11个月大了，一家人靠他打工挣钱糊口。可从去年10月5日到这儿打工，至今一分钱也没拿到，张海龙因此不敢给家里打电话。“也不知道他们过得咋样。”张海龙低着头说。

50岁的李三海，是看门的，湖北襄阳黄集镇人，从去年11月25日来厂里干到现在，不但未拿到一分钱工资，一次老板招待客人时还向他借了200元。

尽管身无分文，但这4位农民工却认真看管着厂区存放的物资。他们说："这里的任何东西我们都不会损坏，做人要厚道，这是原则！"

（工人日报，2006-01-24）

这篇通讯的作者付海厚是河南省南阳市卧龙区劳动监察大队宣传干事。2006年1月17日，卧龙区监察大队接到张海龙、刘先仿和李三海3位主人公的投诉，大队长王奇赶到了南阳友邦机械铸造厂，进行拍照和取证，并安排宣传员付海厚再去看看。付海厚把所见所闻整理成一篇文章，监察大队为主人公们捐款535元，以让他们回家过年。

假如不是获得中国新闻奖，刘先仿、张海龙、李三海的故事可能永远不会再被提起，但因为获得中国新闻奖一等奖，这个已经远去的往事又给人以更多的回味，"史上最厚道农民工"的称呼不胫而走，作者也成为媒体的采访对象，据报道，他已被借调到区委宣传部新闻科任宣传干事。的确，这个故事从主题到选材都有独特之处，因而引起了人们的关注。

第一自然段写道："打工数月却没拿到一分钱工资，每人每顿饭只吃两个馍，但望着欠薪老板留下的物资，他们却说：这里的任何东西我们都不会损坏，也不会卖掉，这是做人的原则！"这就是主题陈述，也是文章的导语。第二自然段写道："打了两三个月的工，却没拿到一分钱工资。没有油了，蜂窝煤也快烧完了，四位农民工每人每顿饭只能吃两个馍。"这是背景段落，是对主题陈述的补充说明。

在许多报道中，记者会把目光投向农民工如何得到社会的救助上，但这一篇则不同，作者付海厚说，那次采访让他终身难忘，农民工常常被社会救助，但这次他们救助了这个社会。因而这篇文章的主题设置体现了作者的新闻发现力——在正常的态势下，发现了平常中的不平常，正如我们在第一章第二节所说的。

围绕着这一主题陈述，文章舍弃了监察大队如何接受投诉、如何捐款等细节。况且，给前来求助的农民工捐款，这在卧龙区劳动监察大队还是头一次。尽管这些细节也很令人感动，但对于这个主题而言，这些细节没有必要，可以放弃，也必须放弃，否则就可能离题。

那么，留下什么？关于风雪、每顿饭只吃两个馍、只剩6元零1分钱、家中亲人病弱急需用钱……这些细节与他们当下的所作所为充满着矛盾与冲突，选择这些细节才能更生动地体现主题。另外，主体报道分成两个部分，一为欠薪老板，一为农民工，形成了鲜明的对比。有评论说，坚守原则的被欠薪农民工与不见踪影的欠薪老板，犹如一幅对比鲜明的漫画，值得人们品味、深思。

报道中说，只要他们“动一动脑筋”，也不是无路可走，厂区仍有一些化铁水用的铁屑，大概能卖两三千元，半成品的汽车压盘整齐地码在那儿，若当废品可卖9 000元，若当半成品可卖20 000元，另外，还有8辆“解放”牌自卸车存放在院内，但他们“虽然未拿到一分钱工资，也要照看好这些物资”。这些笔墨的运用，对揭示主题也是必需的。

当我们回顾了采访素材之后，最好花一点时间想想什么对我们的故事最为重要。毫无疑问，支持主题的素材最为重要，而如何理解素材对主题的支持力度，那还要看其对事件的影响深度和广度。上面所说的这些素材对事件影响的深度和广度就比较大。因此，这个农民工的故事篇幅虽然不长，但采访的素材安排紧凑，写作中对留下什么、舍弃什么，也很明确。

其次，要注意新闻五要素的原则。几十年来，记者们一直在用一个简单的记忆法帮助自己完成一个完整的故事。这个记忆法就是，无论是采访还是写作，都要关注到新闻的五要素。五要素即“谁、什么、何时、何地、为什么”，这个单子通常还有一个“如何”。当我们在考虑留下什么的时候，同样必须考虑这些要素。

在我们对素材的梳理中，最好把新闻的五要素进一步明确一下。新闻必须是真实的、准确的、透彻的，必须能回应读者的疑问，因而这五要素是最基本的原则。如果我们把这五要素细化分解，则是：谁被卷入了？谁是主角？谁对事件作了回应？发生了什么？有哪些细节？在什么地方？在什么时候？为什么会发生这件事？事件是如何发生的？事件会有什么影响？等等。

（1）谁。报道中的主要人物是谁？每个人物的角色是什么？如果对人物之间的关系感到迷惑，或者报道涉及很多人，一时无法进行筛选，最好拟出一个清单。这个清单应注明有关人物的关键事实，考虑一下这个人物与主题的关系如何，离主题远还是近，是否具有代表性。通常，记者在采访中要接触到很多人，但并不是每个被采访者都能进入报道当中，但是，离主题近或者在事件中代表性强的人物肯定是优先选择的人物。

（2）什么。发生了什么，或者将要发生什么？报道的主题是什么，或者是否有不止一个主题？前一个问号是为了满足读者获知信息的需要。这部分的内容很重要，最好写下来自采访笔记的关键词或短语，目的是提醒自己这是报道的主要部分。然后，记者要对这一事件的发生、发展顺序进行适当的排列。后一个问号前面已多次阐述，这是为了确保记者在报道中保持明晰的关注点。对于能够支持报道主题的事实或引语，应当做一些标志，让它更加凸显。

（3）何时。事情是什么时候发生的？任何时候，只要可能，必须确保获得精确的时间。有的记者，一篇文章写完了，却还让人摸不着头脑，没有时间，或者时间很模糊，许多报道用“近日”、“日前”等词语，都是不精确的。

在时间的点上，还应有两点考虑。一是事件发生发展的顺序，不论采用什么样的故事结构，不论故事写作如何跳跃，如果一个事件包括了成序列的有因果逻辑关联的一些事件，我们应当尽量获得每一进程中的信息，并且明确每一个时间点。二是事件的历史和背景信息的使用，这些信息有时候对报道也很重要，如果读者了解了新闻的最新进展前所发生事件的相关背景，能够有助于他们对整个报道的理解，所以应当梳理一下，无论时间的远近，需要时就用上。

（4）何地。事情在哪里发生？你在哪儿获得了信息？如同时间点一样，也应有很精确的信息。记者必须到现场去，给读者一个精确的地点概念。

（5）为什么。事情为什么会发生？这件事为什么在这个时候发生？为什么在这个地方发生，而不是别的地方？再有，人们为什么要关心这件事？等等。记者在采访中获得的这些信息对报道很重要，能够很好地支持主题陈述，当然不能漏掉。

（6）如何。事情是如何发生的？这如何改变人们的生活？现在的新闻报道不只是告知人们一条条信息，在新闻行业中，报道的重要性还被定义为事件影响的广度和深度。我们在上一章的报道要点思考中谈到过，要考虑事件的影响、作用与反作用。那么，在报道中应当留下相关的内容：发生的事情会对何人何物带来好处或坏处，这种好处或坏处有多大范围，那些受益者和受害者会有什么反应，等等。这些，将使报道更有深度，更有力度。

除了这六个方面，记者还要时刻想到新闻的可读性要求。比如，特别关注现场小故事，多捕捉些细节，包括采访对象的生动语言等，这将使报道更加具有可读性、可信性。

经验告诉我们，除非记忆力很好，能够有条不紊地记住采访中得到的素材，或者故事本身不太复杂，记者才可以不必花太多的工夫做这些梳理准备工作，但对一篇大稿子来说，要很好地驾驭好不容易采来的素材，这些准备是相当重要的，这样才能让有价值的素材被放到合适的位置。

随着经验的增加，记者可能会不断加强对新闻的敏感性，缩短浏览采访素材的时间，形成自己独特的写作风格，也可能会坐下来一气呵成地写就一篇很好的报道。

第二节　写作的技巧

报道体裁主要有3种，即消息、通讯、深度报道。关于深度报道，我们将在后面的章节中专题说明。关于消息与通讯，梁衡认为，“消息和通讯最大的区别是：消息是信息的直接报道，而通讯是在信息基础上的延伸。根据其延伸的目的不同，通讯有人物通讯、事件通讯、工作通讯等。但无论通讯如何延伸，不管其文字有多长，形式有多少花样，经过剥壳取核，最后它还是一条消息。如果说通讯是一颗鲜桃，那么，消息就是不可或缺的桃核”。

“通讯也是传播信息的一种形式，因此，它必须含有必要的信息，就是说它要有一定浓度的信息含量。既然消息是高浓度的信息，通讯就是在这条信息基础上的延伸和开掘。所以，通讯成立的先决条件，就是必得有一个消息核。不管一篇通讯文字有多长，形式有多繁杂，像剥壳取核一样，剥到最后总有一个核心：这就是一条消息，而这条消息里又裹着一颗信息之核。或者可以说，通讯总是用一条消息来做骨架的。”[1]

此外，在报纸的新闻写作中，消息与通讯的标题草拟是有区别的。另外，消息的文本开头应当冠以“本报讯”。在中国新闻奖的评比中，消息必须在1 000字以内，通讯必须在3 000字以内，这些都是硬性的规定。

对一个重大事件的报道，要在第一时间告知读者，通常可以先发一条消息。但当一条消息不能让读者解渴时，可以继续深入采访，写一篇通讯。还有一种情况，当通讯还不足以满足读者需求时，可以继续挖掘细节，给予读者更多解读，则它又可成为深度报道。

---

[1]　董岩，丁洪亮．跟梁衡学新闻［M］．北京：同心出版社，2007：63．

当然，不论采用哪种报道体裁，都必须掌握必要的新闻写作技巧，比如故事架构、故事叙述、故事表现，等等。

1. 故事架构

- 大多数新闻报道以被称为“倒金字塔”的形式写成，重要性是倒金字塔结构的首要组织原则
- 此外还有其他写作形式，选择什么样的组织方式，取决于故事自身，而不是记者的喜好

从新闻故事的架构来说，目前，绝大多数的新闻报道以被称为“倒金字塔”的形式写成。每个即将进入新闻行业的人都必须掌握倒金字塔型的写作技巧。在这样的报道中，文章的第一句话、第一段或第一个部分包括了最近、最重要或最有趣的信息。

倒金字塔的开头被称为总结型的导语。一种是开门见山，描述了所发生的事实，以及有什么不同寻常之处，这叫直接导语；另一种是叙述与主题关联度很高的一个人或一些人的故事，这叫轶事导语。导语之后，往往跟着一个背景段落，解释这个报道现在为什么重要。接下去会有一些最直接的引语以及支持导语的事实、其他信息、对话、情境描写，等等，这些通常被称为按重要性从高到低排列的支持项。

米切尔·斯蒂芬斯在《新闻的历史》一书中写道：“倒金字塔报道对报道的组织不是按观点或时间顺序，而是按照事实。它衡量并清理各条信息，只以惊人的简单思维方式关注它们的相对新闻价值。”[1]

倒金字塔——

早在互联网改变现代传播之前，电报就对跨越时间和空间传递信息的方法产生了革命性的影响。人们可以不再把一张纸交给邮递员，送到几百英里以外的地方，而是到西部联盟

---

[1] 〔美〕谢丽尔·吉布斯，汤姆·瓦霍沃. 新闻采写教程　如何挖掘完整的故事［M］. 姚清江，刘肇熙，译. 北京：新华出版社，2004：135.

(美国一家电报公司——译注)的一个办事处，写一个简短的信息，并付钱让操作员按摩斯电码将信息敲击出去。然后，这一信息会被另一个镇上的操作员转译出来。

在美国南北战争期间，电报对于负责从前方战场传回报道的记者们来说，成了极有价值的工具。唯一的问题是，电报线路常常出问题而不能使用。记者们开始将最重要的信息放在前面，从而即使线路被切断，他们的报纸还是可以获得报道的精髓。

当报纸压着截稿时间排版时，倒金字塔也被证明为很有用。当一个很晚才突发的新闻无法被放到之前被一个不太重要的报道占据的版面空间内时，排版的人就可以从报道的末尾开始删节，因为他们知道他们牺牲的是最不重要的信息。[1]

倒金字塔也是特殊年代新闻报道的一种产物。重要性是倒金字塔报道结构的首要组织原则，如果想成为一名记者，必须先学会写倒金字塔的报道。

第二种写作架构采用的是金字塔结构，这种结构通常是按照时间或事件发展的先后顺序来写作。前面提到的《漳州两位同名党代表喜相逢》就是按照两位党代表相逢时的对话顺序来组织的。

前面提到的《固原羊只上“夜班”》报道篇幅简短，但表现有力。导语在第一段说“6月1日晚，记者接到读者的电话，称有人在固原市原州区一带的山上放羊，记者立即驱车前往采访”。写法直截了当，时间、地点和事件都有了交代。接下去就按时间顺序，把记者在6月1日晚、5日、7日、9日的所见所闻叙述出来，最后一段再总的写5月1日禁牧封育以来的情况，作了总概，提出主题陈述。

当然，在很多种情况下，倒金塔结构与金字塔结构在报道中经

[1] 〔美〕谢丽尔·吉布斯，汤姆·瓦霍沃. 新闻采写教程 如何挖掘完整的故事［M］. 姚清江，刘肇熙，译. 北京：新华出版社，2004：136.

常会交错使用。一些倒金字塔结构的报道中也包括了金字塔结构的报道方式，同时一种以倒金字塔结构的导语为开端并且很快地过渡到按时间或事件发生的顺序进行叙事的金字塔结构的综合形式也十分常见。

第三种写作架构是问答体的报道方式。这种报道架构适用于一些人物专访、权威人士答记者问。开头也可称为导语，介绍一些情况，告诉读者一些基本的信息，然后是记者提问与采访对象作答，其中的新闻故事由采访对象自己来讲述，最后是一个结束性的引语或信息段落作为报道的终结。

第四种写作架构是日记体的报道方式。比如，前面提到的《杨扬的农民工生存调查（上）》中间就有一部分是杨扬的打工日志，从 7 月 13 日晚到 8 月 7 日 23 天中精选了几天的日记来反映；《漳州 110 在成名之后的第十年》也采用记者采访的日记体报道方式。2003 年 4 月 15 日《人民日报》刊发《对抗“非典” 难忘那 46 个日日夜夜》，记者李士燕、通讯员粟莉协助整理、删节，编辑加标题并编者按，以第一称方式将广州市第一人民医院护士长张积慧日记中的 17 篇刊发出来，反映了张积慧护士长在 46 个日日夜夜里和她的同事们一起尽职尽责，精心护理“非典”患者的一个个侧面。这是一篇经典之作。报道前面加了一个编者按：

> 没有华丽的词藻、跌宕的情节，只有真实的情感、平实的语言、无私的奉献。就是这些普普通通的文字，把我们感动了。
>
> 在与同事们朝夕相处、并肩作战的日日夜夜，张积慧不仅尽心尽职完成本职工作，还在短暂的休息时间里用自己的笔记录下每天的所见所闻所感，记录下临时病区的医务人员走过的心路历程。
>
> 透过作者真实的记录，我们看到，在对抗非典型肺炎的斗争中，广州市第一人民医院这个团结一致、乐于奉献的集体。透过作者细腻的观察，我们更看到，广东省全体医务人员忘我

的牺牲精神和勇敢探索的崇高品质……

如今，广东地区病人正陆续康复，病情日渐被控制，医务工作者的功绩有目共睹。不仅如此，当对抗非典型肺炎已成为更多人共同的战役时，广东医务工作者所作的贡献得到了公认：他们提供的翔实的各类数据为最终制服病魔打下坚实基础，他们探索出的有效的治疗方案对世界各国是十分有价值的参考，他们面对病魔前仆后继的勇敢精神得到世界卫生组织的高度赞扬。历史不会忘记，2003 年春天，勇敢、无私的医务工作者们！

这个编者按，实际上就是本篇报道的主题陈述段落，同时交代了相关的人物、背景以及事件发展的基本情况。这种写作方式，全文由当事人来说话，更加真实、感人，可读性很强。节选一些章节如下：

2 月 18 日　星期二

早上，上班不久，从传染病院转来了一个昏迷的病人。这是一名护士，她不幸病倒后，深爱她的丈夫每天给她送汤、送饭、送花，不顾医护人员的强烈劝阻。她的丈夫不幸染病也倒下了，而且走得十分匆忙，没能给爱妻留下半句遗嘱。得知这一情况后，在场的医护人员心情无不万分悲痛，这是我们的姐妹啊，我们一定要全力救治她。

赵子文主任一声令下：送 ICU 室、插支纤镜、上呼吸机、心电监护、抽血……我看到赵子文主任在为患者插管时，与病人脸对脸距离只有 20 厘米！之后护士们又为患者吸出带毒性痰液约 50 毫升，更换因大小便失禁的裤子……经过一番紧急救治后，患者的各项生命指标慢慢平稳下来。

事后，我和赵主任及参加抢救的护士聊天，问他们怕不怕？赵主任说："当时只想快点插好气管插管，上呼吸机，时间就是生命。"护士说："当时只觉得手不够用，恨不得再长出两只手来赶快把所有的事做好。"

一位护士的爱人得知自己的妻子将被抽调到临时病区时，提出让她辞职，但这位护士没有这样做。她瞒着家里人，毅然来到了临时病区，还交代原来病区的同事，如果家里人打电话来找她，就说她刚刚走开或是做治疗去了。真是用心良苦！

这一切使我明白了，为什么我们医疗战线从发病至今，前仆后继地倒下了100多名医护人员，答案就在这里：为医学科学献身，救死扶伤，我们责无旁贷！

今天女儿打来电话说："妈妈，我好想你……"

2月19日　星期三

我已经几天没有回家了。今天女儿米米打来电话说："妈妈，我好想你，你回来吧，以后我再也不惹你生气啦，我唱支歌给你听，好吗？"听到女儿那稚嫩恳求的话语，我的眼泪情不自禁地流下来，好久说不出话。孩子在电话里喊道："妈妈，你说话呀，你说话呀。"她爸接过电话安慰我说："你安心工作吧，一定要注意身体，注意休息，女儿我会照顾好的，你就放心吧，等会儿我跟她讲讲道理就没事了，抓紧时间睡觉吧。"我自认为是一个坚强的人，但这些天发生的事情却使我思绪万千，终生难忘。

投入战斗两天，病区的所有护士们都感到累，全身心的累！医生们每天不停地巡视病人，根据病情变化调整治疗方案。而护士姑娘们手脚不停地执行着医生们下达的医嘱，加上她们都穿着工作衣、隔离衣等几层的衣服，戴着厚厚的口罩，在病房来回地穿梭，一个班下来衣服全都被汗水浸透了；还有精神上的压力和负担：怕稍有疏忽，护理的病人出现意外，以致病情加重。患者都是我们同一战壕的战友，是我们的兄弟姐妹，所以尽管累，护士们在治疗护理中没有一丝一毫的松懈。

护士长李淑霞正在读中山医科大学的护理研究生，接到医院成立临时病区的通知后，还在休寒假的她二话没说立即投入了"战斗"，还要冲在最前线，每天都要巡视重病房的病人。一天，丈夫出差在外，晚上近10点她才拖着疲倦的身体回到家里，当看到儿子穿着脏校服啃着快餐面时，她的眼泪夺眶而出，说："妈妈对不起你呀，我的乖儿子……"

护士黎海阳年纪还小，和妈妈住在一起，为了使自己下班有更多时间休息，也为了怕自己带着病原体回家，传染给母亲，她硬是把母亲"赶"到了姐姐家住。想女儿心切的母亲昨晚偷偷跑到医院，海阳不高兴地说："妈妈，叫您不要回来，您怎么又回来了呢?"妈妈小心翼翼地说："我煲了汤给你送来，我马上就走，马上就走。"当带着爱意和不舍的妈妈下楼后，海阳伤心地哭了。

护士黄琳和谢美娟说："不下，既然来了，就干下去，除非倒下。"

报道在全国各地引起巨大反响。不少同志认为，《护士日记》就是"三贴近"的好稿子，《人民日报》用一个整版刊出，有冲击力、感染力，是在全国抗击"非典"的关键时刻给广大医护人员鼓劲加油的好报道；《护士日记》是广东医护人员救死扶伤精神的缩影，它用大量鲜活、生动的事实让人们更具体地了解"非典"，有助于消除恐慌心理，增强战胜"非典"的信心。《甘肃日报》在《护士日记》发表的第二天即刊发长篇评论，说"很久没有读过这么感人的文章了"，日记里没有夸张的口号，没有华丽的辞藻，没有虚浮的张扬，只有朴素平实的情感、勇于牺牲的精神、无私奉献的爱心，面对这组日记，读着读着不由使人对战斗在对抗"非典"第一线的医护人员肃然起敬，从心底向他们道声好：你们辛苦了。

这个事例也告诉我们，对于新闻报道，选择什么样的组织方式取决于故事自身，而不是记者的喜好。

2. 故事叙述

- 每个故事都是一条流动的河，读者在河流中泛舟，他们的船就是我们为故事选择的叙述主线

- 选择什么样的叙述主线，要因题材而定，在报道中，有时会同时使用两条甚至三条叙述主线

接着谈《护士日记》。我们认为，这篇报道有两个特点：一是在故事叙述上，以时间为主线，把事件的发展以一个板块一个板块的形式充分地展示出来，脉络清晰；二是在故事表现上，大量采用对话，描写场景，刻画细节，使读者同作者一同体验新闻事件，有镜头感，有亲切感，报道的可读性、可视性、可感性都很强。

这两个特点揭示出来的是故事如何被人讲出来的问题。先谈谈故事叙述问题，故事的表现放在下一节里说。西方学者有个形象的说明："每个故事都是一条流动的河，从上游到下游建有多个控制水量的水坝。每个水坝后面都有一个大水库，在这里河水仿佛停止了流动，感觉就像在静止的湖面上。但事实上河水是流动的，尽管你从表面意识到他们是身处于流动的河流中，而不是平静的湖面上。故事是发展的、流动的、递进的。读者在故事的河流中泛舟，他们的船就是我们为故事选择的叙述主线。"[1]

一篇报道从开头到结尾，犹如一条河从起点到终点，它按照一定方向顺序而流。在流动过程中，它筑一些控制水量的水坝，让游人驻足，这又犹如故事中的一些细节描写、情节展示。

那么，我们应该选择什么样的叙述主线呢？按照威廉·E. 布隆代尔的介绍，他采用3种叙述主线，有时候，它们会同时出现在一篇故事之中，但是总会有一种是控制故事结构的主线。我们结合一些实际情况，对这3种叙述主线进行分析。

（1）板块递进主线。"真正适用于板块递进主线的故事，是那些没有明显主角，需要强调多个元素（行动、影响、反击）的故事。在这样的故事中运用板块递进的主线，能够确保信息表达清晰有力，避免矛盾和混淆，让故事在有序中前进。而在人物特写报道

---

[1]〔美〕威廉·E. 布隆代尔. 华尔街日报是如何讲故事的［M］. 徐扬，译. 北京：华夏出版社，2006：114.

中，主角的出现很自然地把故事素材连接在了一起，但作者可能还是希望把相关素材按不同性质进行板块划分。”[1]这些板块主要有6个方面：历史、范围、原因、影响、反作用、未来（第二章第二节提到过），作者把相应的材料组建成对应的板块，然后把这些板块有序地排列。

这种主线模式按6个方面进行写作，估计较难以模仿。但实际上，我们在新闻写作中，确实要有板块的意识。在材料梳理阶段，必须尽量把同一信息源的材料放在一起；在写作阶段，对那些没有明显主角的故事，采用这种板块递进写作，往往更容易些。举一篇2008年2月14日刊发于《福建日报》的稿件，此稿是通讯员詹国兵等完成的。

村里有了合作社　生态农业路宽广

这两天，久违的阳光照在身上暖呼呼的。南平市延平区南山镇明洋村农民邱光寿和妻子牵着小孩子去自家毛竹山上挖冬笋。瞧着开心的妻儿，邱光寿心情格外舒畅。去年的这个时候，他还在城里一家纺织厂打工。

“要不是合作社把我从城里召唤回来，我现在还在城里过着‘工人不像工人，农民不像农民’的生活。”邱光寿说。2004年，为了生计，他别离妻儿老小到城里一家民营纺织厂打工，虽说每个月能挣1 000多元工资，可扣除吃住用等开销，一年到头所剩无几，更让他牵挂的是家庭照顾不到。“如果不是在村里挣不着钱，谁会舍得离开妻儿和年迈的父母亲去打工？去年，我们村外出打工的人返回了十几个，都加入合作社。我种一茬3亩反季节白菜两个多月挣了1万多元，今年准

[1]〔美〕威廉·E. 布隆代尔. 华尔街日报是如何讲故事的［M］. 徐扬，译. 北京：华夏出版社，2006：129.

备种4亩。”

邱光寿说的“合作社”，是指我国《农民专业合作社法》正式实施后的我省第一家具有法人资格的农民专业合作社——南平市明洋菌菜花专业合作社。

背景：“得天独厚”不受厚爱

站在明洋村水泥路面村街上，环顾四周郁郁葱葱的山上密密匝匝的树木，层层叠叠的田野里一畦畦绿油油的蔬菜，此村得天独厚的生态环境不言而喻。

“可是，以前，我们却守着聚宝盆挣不到钱，很多人跑到外面打工。”

村党支书黄圣亮介绍说，明洋村是个老区基点村，海拔960米，有4个自然村，268户，1 208人。1948年，闽浙赣省委曾在这里召开过“扩党练干”会议，是当时省委的一个重要驻地。改革开放以来，该村不断探寻富路。1995年起，该村借助气候和地理条件的优势，与其他周边村一起发展反季节蔬菜种植业，种植规模一度达到500亩，种出的蔬菜品质优、口感好，在市场上有一定的知名度。

但好景不长，由于农户分散、小规模经营，在生产、销售过程中出现“看不清市场乱转，找不到销路蛮干”现象，产业发展严重受挫。村民邱金绪对此记忆犹新：“一天五六车反季节大白菜运往南平，堵塞在同一个市场上，一公斤卖两三分钱，有时50多公斤一大袋卖5元钱，饭钱都不够，车费更拿不回来。”

至2006年初，全村蔬菜种植面积降到不足30亩，许多村民外出打工。

如何发挥自身优势把特色农业做大，让分散经营的农民进入市场，提高规避市场风险能力，这些成为摆在明洋村两委干部面前的紧迫课题。2007年初，明洋村新一届两委干部获悉我国《农民专业合作社法》即将实施，决定借此机遇引导、帮助村民依法成立专业合作社，提高村民的组织化程度，解决种植业发展难题。在市、区工商、供销、农业等部门的指导下，7月20日该村菌菜花专业合作社成立，8月27日正式通过区工商局的评审，取得营业执照。

运作：改变个体弱势地位

“合作社刚成立的时候，只有6个人入社，注册资金10万元，很多村民并不认可，认为这是村干部教我们在玩花招。直到合作社跟南平、三明、漳州以及浙江省金华等地的大公司签到了订单后，大家才明白我们这个合作社跟以往的组织不一样了，可以与龙头企业开展平等主体之间的合作，改变农户弱势群体的地位。”明洋菌菜花专业合作社理事长董火木介绍说。

据了解，合作社成立之初，先后与漳州绿时蔬菜公司签订了100亩槟榔芋订单，每公斤保价2.1元，与南平享通生态农业有限公司签订100亩菠菜、艾菜订单，每公斤收购价2.2元，产品全部供应福州市场；与南平金龙菇业有限公司签订杏鲍菇、金针菇销售合同，产品全部外销日本……先后获得区农业局土肥站帮助社员测土配方，植保站指导社员安装物理杀虫设施，农技站传授社员高新技术；有关部门还给予资金扶持，并定期免费提供农产品信息资料，帮助合作社加入中国农贸网，建立合作社网站；区工商局水东所全程指导签订规范化合作，帮助申请商标，等等，形成数驾“马车”给合作社助跑局面。

“看到合作社能接‘保险业务’，还可获得上级技术指导、资金扶持，村民们心里踏实了，短短两个月入社人数发展到54人，入股资金达100多万元。”董火木说这话时，一脸的激动，“在此基础上，我们设立了食用菌、花卉、蔬菜3个生产组，信息、技术、流通、资金4个服务组，让整个合作社系统化运作起来。”

据了解，明洋村农户入社后，结成紧密型或半紧密型的生产组织，组织化生产程度提高了。如食用菌生产组结成紧密型的。组长游瑞华说，共有9户社员入股15万元，采取合作经营办法，统一管理，利益共享，风险共担。品种有杏鲍菇、金针菇等，均为新引进品种，去年种植15万袋，已取得成功，去年成本收回，今年净挣。

而花卉生产组却是结成半紧密型的。组长李成奴说，共有10户社员，采取统一销售、分户种植的办法，种植“索邦”百合花50亩，年产百合花60万多株，产品销往广州、上海、杭州、福州等地。

成效：连接市场增产增收

“现在我们村合作社已建立600亩无公害蔬菜基地，注册了‘明洋’反季节蔬菜商标，打造特色品牌，注重原产地保护，越来越多的龙头企业愿意与我们村合作社合作，越来越多的农户认可我们村的合作社，入社的农户已达156户，新增的100多户，很多是打工回来的。”董火木说。

“有了依法签订的合同，我们产品销路价格就有了双保险，只管把东西种出来种好了就行。有了合作社，就把市场接到家门口了。”明洋村董水宝深有感触地说，前几年，他跟人种植反季节大白菜，开头价钱还行，后来不行了，就不种了，外出打工，听到村里办合作社，去年7月抱着试试看的态度加入合作社，在社里请来的专家指导下，种了2亩芦笋、3亩西红柿，纯收入3万多元。产品出产时节，不用自己卖，社里把信息一发布，就被城里的几家大超市订购一空。由于高山气候土壤的优越，产品价格看好，仅西红柿就比外地进来的一公斤多卖了两三元。

村民李新凤说，他种了10年的大白菜，以前只能挣点小钱，除了卖难，还有就是种出的菜质量差。去年8月加入合作社，种了8亩“夏阳白”，在专家全程技术辅导下，按标准化种，质量上去了，最高价一公斤2.8元，净挣2万多元，今年准备种20亩，增加收入。

“众人浇水花开艳”，明洋菌菜花专业合作社让老区村的生态资源重焕光彩，现在该村的反季节蔬菜种植面积达1 250亩，其中本村有600亩，不但恢复并超出该村往年高峰期的种植面积，还辐射延伸到周边的洋后镇、迪口镇5个村650亩，开展跨区域合作。

这篇报道开头写了一个与主题相关的人物故事，有些类似于《华尔街日报》的写法，之后，文章按照背景、运作、成效3个板块来写作，文章的叙述脉络清晰。当然，我们不必拘泥于板块中所需要的6个方面，实际上，在一些报道中，有时候两三个板块的内容就决定了整个故事的性质、特点，那么我们只要围绕这两三个板块进行叙述就可以了。

（2）时间主线。顾名思义，就是故事的主体或者故事的大部分段落，都遵循简单的时间发展顺序。“时间线给予这篇故事一个自然的顺序，但它也有自己的弊端。首先，这条主线在带来顺序的同时，也很可能限制了作者。如果某个元素比其他元素更重要，如果这个元素是新闻的核心内容，作者很可能想把这个元素提前，对其进行强调。但是如果作者受到时间线的束缚，他可能无法自如地做到这一点，尤其是在这个元素的时间比较靠后的情况下。另外，如果一篇故事需要重点强调主题的两三个方面，也不适合采用时间线为主的叙事顺序。”[1]来看《福建日报》年轻记者王凤山与通讯员王立强、陈宗兴合作的一篇报道。

---

[1] 〔美〕威廉·E. 布隆代尔. 华尔街日报是如何讲故事的［M］. 徐扬，译. 北京：华夏出版社，2006：140.

跨年搜救

——闽侯县16小时救助8名登山迷路小孩

2008年1月1日早上8时许，闽侯县白沙镇唐举村采石场。

“要不是政府部门与当地群众齐心救助，我真不敢想象会有什么结果……”抱着7岁的女儿，陈祥胜欷歔不已。

8名小孩登山迷路

2007年12月31日下午4点多，大家正欢欢喜喜地迎新年，8名小孩失踪的消息，打破了闽侯县竹岐乡源格村喜庆祥和的气氛。

陈祥胜家住福州，元旦假期，他带着老婆孩子回源格村看望丈母娘。31日下午4点多，准备开饭时，陈祥胜发现7岁的女儿还没回来，就出门找，一打听，说是跟着几个小伙伴去爬山了。

“我骑着摩托车上山兜了一圈，没看到人，当时就感觉不对劲。”陈祥胜忙打电话给村支书陈开光，请他帮忙联系其他孩子的家长。几个家长急匆匆地往山上赶，到小孩平时最有可能去的地方找了一遍，还是不见踪影。

北山上一个养猪户告诉他们，下午看见一群小孩上山，但没见下来。孩子们去哪了？是登山迷路，还是被人拐走？不祥的念头在家长们脑中闪过。8名小孩中，最大的15岁，最小的是两个只有7岁的小女孩。眼看天渐渐地黑了，心急如焚的家长一边叫亲戚联系福州火车站、客运站等处，一边向源格村村委会求助。

300多人齐心搜救

31日下午5时许，源格村村书记陈开光接到求救电话后，马上打开村里广播，动员村民上山帮找失踪的孩子。于是，村民们翻箱倒柜找出手电、砍柴刀和铜锣，张罗着上山。

一位张姓村民一晚没睡，眼充血丝，全身湿透。他声音沙哑地告诉记者："一听到孩子失踪的消息，我们顾不得吃饭，马上带着手电上山，几个六七十岁的老人家也来帮忙。"

当晚8点，村民搜寻未果，觉得力量有限，便通过村委会向竹岐乡派出所报案。

"接到报案后，我马上带3个民警赶到源格村，又把休息在家的3个民警调过来，组织村民分成两个上山搜救队。"竹岐乡派出所教导员池兆光告诉记者。

8个孩子失踪的消息也牵动了整个闽侯人民的心。接到汇报后，县委书记杜源生、县长高明当即带领有关人员于当夜11时许赶到源格村，成立临时搜救指挥部。十几人、三百多人……自发赶来的乡亲和迅速赶来的公安、消防、林业、卫生、教育等部门搜救人员源源不断地向山上涌去……

零点过后，当2008年到来时，山上的温度越来越低，刺骨的寒风呼啦啦地刮。"那时心里就想赶紧找到孩子，多耽误一点时间，又饿又冷的孩子就多一分危险。"池兆光说，出警时他们来不及穿大衣，脸都冻麻了，下山后都感冒了。

路边的几个零食袋和矿泉水瓶引起大家的注意——"都是新的，一定是孩子们丢下的！"大家分析后，决定以此为中心扩大搜索范围。

黑夜里，沿着险峻的山路，搜救队员借着手电的微光寻觅，敲着铜锣大声呼喊，有的还爬上马尾松，拿着扩音器高呼，盼望能得到孩子的回应……

"喂！我们在这！"新年第一天的8点12分，在白沙镇唐举村一个山坡上，一声微弱的回应使搜救队员精神为之一振。

看见搜救队，8名小孩失声痛哭。一个小时后，8名小孩被大人抱下山，山下等候的医生马上给他们作了身体状况检查，所幸并无大碍。

16 个小时的大搜救，换来 8 名小孩的平安归来。

惊魂 16 个小时

1 日下午，记者见到了在家已美美睡上一觉的小辉（文中小孩为化名）。

回想起夜里的经历，小辉心有余悸。他说，31 日下午，在村里食杂店买了矿泉水和零食后，他和另外 7 个小伙伴就去爬北山。

将近两个小时的跋涉，他们到了山顶，发现时间还早，又往前走，直到发现芦苇密布，无路可走。

太阳渐渐下山，山上越来越冷，意识到已经迷路，孩子们开始害怕，两个小女孩哭着喊起妈妈……

在山的另一边（白沙镇唐举村），他们听到沙石场上的传送带正在作业，大家高呼起来，可惜距离太远，孩子们的声音很快被山林的呼啸淹没。

天已黑，他们只好在地势稍平的橄榄林中休憩。只穿着拖鞋的小祥，脚已经冻得麻木。孩子们柔弱的身躯在寒风中瑟瑟发抖，大的孩子便找来一些干草铺地，提议抱在一起取暖。

“我被冻醒了好几次，山风恐怖极了，当时只有一个念头，就是盼着有人早点发现我们。”1 日早上 8 点多，孩子们终于听到了搜寻队的呼唤声，一回到父母温暖的怀抱，他们一下子哭开了。

（福建日报，2008 - 01 - 03）

时间线在这篇搜救故事中发挥了很好的效果，这是因为故事的中心事件——搜救，使所有人物在不同时间采取的行动或到达的地方可以很好地串起整个故事。当然，我们还应注意，每个时间点的事件进展描述就如“每个水坝后面都有一个大水库”，应当描写得更生动些，给文章增加些动感，这就是细节。类似的，前面所提到的《17 分钟：一次成功的营救》就写得很生动。

（3）主题线。“这种形式的叙事顺序关注的是具体信息。作者不再围绕着时钟安排材料，而是集中精力打造他从故事中挑选出来的重要信息。他的主题陈述讲诉了哪些内容是重要的。他可以把最具戏剧性的元素放在最前面，不管发生时间的早晚。如果几个重要元素之间相互关联，他可以把它们交织在一起，也可以把它们分别对待。”[1]一般来说，故事的发展是具有自然的时间顺序的，但讲故事又是话语的再造，它不一定严格按照自然时序来安排，在很多报道中，新闻话语更多体现的是逻辑顺序。《“西海固”告诉我们》就是按照主题线的顺序递进展开的。很多非事件性的主题报道采用这种报道方式。《2008，海西春早看“先行”》一文就属于主题报道，比如在“区域生态保护‘先行’”段落里，我们这样组织素材：

——区域生态保护“先行”

建设高速路网，沿线炸山占田毁景似乎是常事，但海西 19 城不约而同地秉承了环保理念。温福铁路、福厦铁路鼓山隧道群，是亚洲最大的铁路隧道群，开挖渣土量巨大，施工单位实行 3 级沉淀过滤排放技术，保证鼓山水资源不流失，同时，渣土采用围挡封闭运输方式，场地实施边坡种草植树覆盖，保持了鼓山风景区山美水清的原生态。

在建的衢（州）南（平）高速，设计、施工环节都纳入周边相关环保项目，全程同时进行，闽浙两边共同打造名副其实的“生态高速”。江山市安基村支书王国明说，村里因建衢南高速路被征地 80 亩，施工单位却给村里造了 108

[1] 〔美〕威廉·E. 布隆代尔. 华尔街日报是如何讲故事的［M］. 徐扬，译. 北京：华夏出版社，2006：140.

亩新田。

做好节能减排，保护海西生态，成为海西19城的共同行动。三钢集团动能公司TRT发电项目，利用高炉炉顶余压透平发电，回收原来浪费在减压阀组上的压力能和热能，年节约标煤4 000多吨；汀江（广东境内称韩江）流经龙岩、梅州、潮州、汕头4个城市，为了共同的母亲河，一起开展排污治理，严格规范水源保护地的开发，整治排污企业及畜禽养殖业，有序开发矿产资源。而今，在闽西、粤东大地，一路青山逶迤，碧水滔滔，闽粤汀江流域水资源的保护，共同见证了沿江人民坚持科学发展的历程。

在这里，时间空间的限制被打破，但所有素材都按照主题的需要进行组织，所采访的素材按照一定的逻辑顺序进行安排。在实际工作中，我们经常会遇到这样的报道，它们也是配合宣传的需要，但又不同于宣传，因为它不是简单地要求要怎样怎样，而是以事件告诉读者这事怎样了的信息。在这种报道中，选择写作对象的依据在于典型性，而不是特殊性，这种典型性也是它与其他事物所共有的一种类似性。我们选择这样的事件作为表达故事的载体，也就是让其充当其他同类事物的代表。

分析这三种叙述模式，并不意味着每一篇报道都必须按照其中的一种模式来写作，在许多报道中，会同时使用到两条甚至三条主线。在《跨年搜救》这篇报道里，它采用时间线，但同时设定了3个板块。在《2008年，海西春早看“先行”》报道里，它采用主题线，但同样要分解成相互联系的若干板块。在许多长篇报道中，记者采取板块递进或主题报道主线的同时，在一些局部段落，可能还会采用时间主线，具体来描述一个事件的发展过程，等等。这样，故事的主题还在继续，但是叙述方式出现了变化。因此，记者不必拘泥于什么样的叙述主线，形式总是服从于内容的需要的。

第三节　故事的表现

故事的表现也是一种写作技巧。为了更好地说明这一技巧，我们专用一节进行阐述。

前面我们说过，《对抗“非典”难忘那46个日日夜夜》一文在故事表现上，大量采用对话、描写场景、刻画细节的报道方式，使读者同作者一同体验新闻事件，有镜头感，有亲切感，报道的可读性、可视性、可感性都很强。的确，很多好的报道都是这样，我们尽可以在阅读中感受到这种技巧。

尽管许多新闻都是易碎品，但还要掌握一个法则。许多“大处着眼，小处着手”的故事总会给人以启迪，给人留下深刻的印象。所谓大处着眼，就是主题要有厚实感，提炼主题眼界要放远；所谓小处着手，就是故事要有扩张力，材料雕琢要细腻。每个故事都是记者的工艺品，记者要像细心的工匠那样，把笔下的故事打造成理想中的故事。

也就是说，不论你采用了哪种叙述方式，你都应当讲一个好的故事。好的故事应当有张力，有张力的故事，必须要有事有人。在文学作品中，人们强调“情节”，让读者不断追问“后来呢”；在新闻报道中，人们强调“细节”，让读者不断追问“如何呢”。好的故事应当让字词句抓住眼球，文学作品可以用很多华丽的文字表达，让读者获得美的享受，至于它告诉人们什么，可能要读了很长时间后才体会到，但读者并不在意这些；新闻报道中，完美的文字会让新闻故事更上层楼，但新闻故事要告诉人们什么，如果不能一下子就抓住读者的眼球，读者就会有意见，就会把我们的故事抛弃，那么再华丽的文字表达也可能是一个美丽的失败。

1. 让故事更有张力

- 通过捕捉瞬间获得细节，更多地使用白描的写法来增强张

力，而不是暗示记者个人判断的用词

- 引言使报道获得生命力和可信度，但不是万能的，同时要努力做到转述与直接引用之间的平衡

我们都知道，写报道不是写学术论文。我们不能按照学术写作中通用的“简介—论文主体—结论”的模式来写作，而应当在一个合适的故事围栏里把采访到的素材组织好。在这个报道里，通常要有导语、主题陈述、背景、引语、故事和情境等段落。

关于主题陈述，前面讲过。关于导语，后面还将说到。这里先说说背景、引语、故事和情境段落，这些段落是文章的主要部分，描述得好，故事就有了扩张力。看看《西海固告诉我们》这篇文章第一部分的一些段落：

> 雨，下大了。我们惊异地发现，没有一个人躲雨。孩子撒欢儿似地在雨中奔跑，妇女端着脸盆出来接水，行人放慢了脚步……人们像朝圣般走出了屋檐，仰脸望向灰蒙蒙的天空。
>
> 为我们开车的银川司机黄师傅告诉我们：“在西海固，有雨的日子就是节日。”
>
> 不到5分钟，骤雨戛然而止，来去一样匆匆。又过了5分钟，地上已几乎找不到雨的痕迹，久盼才至的甘露在10分钟的时间里，只剩下空气里还隐约着些许雨的记忆。
>
> 位于宁夏黄土丘陵上的西海固，是西吉、海原、固原、彭阳等几个国家级贫困县的统称。年降水量只有300毫米左右，蒸发量却是降水量的11倍至12倍。有人说，西海固像是一只干渴的大碗。夏季，干旱的热风能把人骨头的水分吹散；冬天，凛冽的寒风能把人的血液冻结。原以为这是夸大之词，但亲历了这场雨之后，我们领教了这只“大碗”吞噬水分的能力。

第一自然段描写这场及时雨，以及人们在这场雨中的行为。纯属白描，用词简练，但人们对这场雨的渴望已表现无疑。第二自然段，司机的一句话很简单，但很有力度，对前面人们的行为作了一

个注释。第三自然段对这场来去匆匆的雨作了描写，一样很简练。第四个自然段是文章中穿插的背景段落，把西海固的地理位置和气候条件都作了介绍，这些对主题陈述又很有价值。

但是，生息在西海固的人们，从未停止过求生存的抗争：板结的黄土塬上有新开垦的梯田，没有水，却仍有土豆在梯田里欣欣向荣；路旁是新种下的树苗，细得只有一根手指那么粗，尽管很难成活，但承包到县里各个单位的植树、养树任务在西吉已经坚持了10年；一色的黄土地上，妇女和孩子们身上色彩艳丽的衣服，让无垠的苍茫有了喘息的机会。

然而，更大的震惊来自历史对我们的诉说：西海固曾经是一片森林。后来，人口不断增加，森林资源遭到不合理开发，水土严重流失，给西海固带来了深重的灾难，并使之最终成为不适宜人类生存的地区。

前一段说的是记者采访中所见到的场景和所获得的信息，很有散文化的味道，却又体现了西海固人的精神。后一段又是背景的穿插，把时空拉得更加久远，有助于深化主题，引发了人们更多的思考。

在路上，我们曾顺路捎带过一位步行回家的回族老人，老人的嘴唇就像黄土塬一样干裂着。我们递给他一瓶矿泉水，老人不喝，如获至宝地藏进自己的背囊。我们再三劝他润润嘴，他却只笑着说“谢谢”，把袋口捂得更紧了。

我们采访西吉县一位女学生：“去过的最远的地方是哪里？”她说：“乡政府。”再问：“最想去的地方是哪里？”她说：“想去县城，还想去银川。”女孩儿说话的声音羞涩而细弱，要凑到跟前才能听清楚。而她的眼睛里闪烁的希望却很坚定——渴望走出被黄土围困的家乡，渴望到都市去看看。

前一个段落，记者关注到了采访对象的肢体语言，写就了一个很好的细节。后一个段落，记者引用了与采访对象的对话，现场感很强。同时，这些细节把读者带到了现场，使报道更加具有动感。

动感在新闻报道中很重要，缺乏动感的新闻报道就显得非常硬，而有了人的动感，新闻报道就能写得软些、软些、再软些。

这个例子告诉我们，新闻报道要更多地捕捉瞬间，努力获得具体的细节，包括肢体语言；同时，要更多地使用白描的写法而非反映个人观点的词汇，避免使用暗示记者个人判断人或事物好与坏、迟钝与聪明、有吸引力与丑陋的形容词和动词。的确，在这篇报道中，很少见到形容词的使用，一切用词都是这么自然，但记者所要表达的信息却在这种白描式的自然描写中传递给了读者。

缺乏经验的记者为使文字更生动，经常会对一个已经或即将发生的事件报道使用充满热情的表达。诸如："她勇敢地从河里把孩子拉了上来"、"他在做一个关于什么的有趣讲座"，等等，"勇敢"或"有趣"这类用词反映了记者对人或事的个人判断，而这种判断可能与别人的判断大相径庭。与其这样表达，不如写人物的具体动作，不仅可以避免记者的意见在文章中体现，还可以增强人物的动作感，增强文章的现场感。使用这种形容词，只能说明这位记者不会捕捉细节，或者用词很贫乏。我们依然可以从《17 分钟：一次成功的营救》中体会到一些用词的魅力。

类似的，如果记者对一个人的情感和内心世界进行推测，这种推测也会被视为是值得怀疑的。在一些报道中，记者使用"他高兴地说"或者"他悲伤地说"等词语，这是不适宜的。新闻报道最好只用"他说"，同时为了反映其内心的情感，可以补一句描述这个人的行为或身体方面的细节。前面所举的例子中，与西海固那个女孩儿的对话，记者用词都只用"她说"，但推测其内心世界，记者又补上一句："说话的声音羞涩而细弱，要凑到跟前才能听清楚。而她的眼睛里闪烁的希望却很坚定——渴望走出被黄土围困的家乡，渴望到都市去看看。"既有说话时的情境，又观察了女孩儿的眼睛，因为眼睛是心灵的窗户。

我们还要尽量避免在报道中对事物表示自己的允许或赞同。除非写的是社论或本报评论员文章，但那要有个靶子，我们要针对这个靶子发表见解。在通常的新闻报道中，不宜直接表示记者的态度。当然，我们说过，写这个，不写那个，已经表明了我们的态度。如果我们真的必须在报道中表明允许或赞同等态度，最好的办法是在报道中使用别人的引语。比如，对一个决定的赞同与否，不宜直接写“这个决定是不公正的”，但可用“听证会上有几个听众说，他们认为这个决定是不公正的”来代替。

接下来说引语。美国著名记者唐·怀特黑特在《简明扼要并非易事》中说：“一篇好的报道并不是写出来的，而是讲出来的。我这样说的意思，是指写作要具有对话特征——仿佛记者正和读者交谈，记者采用这种方法，可避免使用呆板的句式和令人费解的措词。许多初学者往往想方设法按新闻腔的风格写作，其实简单陈述句本来是可以使他们的报道交代得轻松一些，作品更容易为人阅读的。他们的这种做法束缚了自己的手脚。如果一篇报道朗朗上口，那么它读起来就会流畅、自然。你要是不相信这一点，那么你就试着大声朗读写得好的新闻报道。你会感到这篇报道在经过你的舌头和眼睛时是如何的流畅。”[1]

新闻报道离不开引语，我们要学会将引言编织进报道。使用引言能增添观点或者生动的评论，从而使报道更能引发人们的思考，同时，也能更好地显示出我们已经采访到了与报道的话题利害攸关的人，从而使报道获得更强的生命力和可信度。

对于引语，新闻写作有着严格的规范。美联社的引言凡例中强调，在任何可能的情况下，避免零碎的引言，避免转述累赘的话；要在语境中使用引言，包括润色和斟酌段落，描述姿势或面部表情之类的事实，以显示一句评论是为了表示幽默或推测，等等。

人们认为，新闻的语言跟言谈不同，但它比其他任何写作形式都更接近言谈。为了这个接近，当报道中使用引语时，也有一些注

[1] 美国名记者谈采访工作经验［M］. 北京：新华出版社. 转引自：刘保全. 将新闻“讲”出来［J］. 新闻战线，2003（11）.

意事项。从报道的精确性看，引用采访对象的话语，要使用确切的言词，如果觉得对采访对象的话意不很确定，应打个电话确认，我们不能在采访对象实际上没说的内容上使用引号；从文章的通畅角度看，要尽量使用完整引语，报道中太多的局部引言，会让人感到是断章取义，同时，使用整句的引语也应有一定的艺术，引言应力求简练；从篇章的结构看，新闻报道是叙述作品，采访对象的言语一般以转述为主，报道中太多的某某人说，读者看了也乏味，因而记者必须在直接引用和转述中寻找平衡，力戒长段长段地引用，同时，引言不要扎堆；从篇章的感染力来看，一些不着边际、模棱两可或乏味的引言引不起读者的兴趣，在关键的地方引用那些最重要或最有意思的引言，才能起到强调或增加报道生命力的作用。

好的引言肯定不是用滥了的说法，不是文字游戏，不是空话大话，不是陈词滥调。

有学者把引言与报道的关系比成巧克力与小甜饼，这很形象。小甜饼是给予报道躯体的信息和转述，而引言则是采访对象的观点、深入看法、幽默或伤感所形成的美味的巧克力粒儿，星星点点散布在各处。

之前举的几篇获得中国新闻奖的报道，它们对引言的处理都比较好。而上一节里举的《村里有了合作社　生态农业路宽广》一文，对引言的处理则不理想。比如，对于董火木的采访，作者大段大段地用引语：

> “合作社刚成立的时候，只有6个人入社，注册资金10万元，很多村民并不认可，认为这是村干部教我们在玩花招。直到合作社跟南平、三明、漳州以及浙江省金华等地的大公司签到了订单后，大家才明白我们这个合作社跟以往的组织不一样了，可以与龙头企业开展平等主体之间的合作，改变农户弱势群体的地位。”明洋菌菜花专业合作社理事长董火木介绍说。
>
> “看到合作社能接‘保险业务’，还可获得上级技术指导、资金扶持，村民们心里踏实了，短短两个月入社人数发展到

54人，入股资金达100多万元。”董火木说这话时，一脸的激动，“在此基础上，我们设立了食用菌、花卉、蔬菜3个生产组，信息、技术、流通、资金4个服务组，让整个合作社系统化运作起来。”

这篇文章类似的引言很多，这完全可以用转述。它既没有透露出重要的信息，也没有有力的观点或评论，同时又引用得很长，当然是不好吃的巧克力，如改为简短的转述，文字更干净，只要能说明情况就可以了。“一脸的激动”这个形容词也不好，作者没有捕捉到采访对象的动作、神情，光用一个形容词给他贴上标签，没有说服力。此外，这篇报道除了引言，还有大量的“据介绍”、“据了解”，深入现场的东西太少，也是一种遗憾。

2. 让字词句抓住眼球

- 故事的载体是文字，遣词造句的目的是保持语言简单明了，长句长段会对读者阅读造成视觉障碍
- 标题是报道的眼睛，太长太宽泛的毛病应避免；导语的任务是吸引读者往下看，应简洁明了

故事是讲出来的，但故事的载体则是文字。文字的魅力是绝对存在的，怎样才能让报道的字词句抓住读者的眼球，引导他们继续往下看呢？首先，记者要能够很好地遣词造句，运用文字的力量让故事产生特定的效果。遣词造句，目的是保持语言的简单明了。从视觉上说，要做到句子和段落简短。

不少报道喜欢用长句长段，这对读者的阅读会造成视觉障碍。因为报纸的新闻栏通常是狭窄的，太长的句子或段落会让人产生黑压压一片的感觉。前面所举的《冰糖葫芦酸又甜》，句子很短，有的一句话就是一个段落，不少好的报道都有这样的特点。

一些研究显示，频繁的空格可以作为视觉引导，帮助读者在阅读狭窄的新闻栏时更好地顺着往下读。当空格不那么频繁时，人的眼睛从一行跟踪到另一行往往会比较困难；当空格频繁时，文章看起来不那么灰暗而更易读。

不少报道喜欢运用大量的描写来增加文章的感染力，这也得注意。写好故事，当然需要大量的描写、深入细致的刻画，通过这些描写和刻画，给读者勾画出一幅高清晰度的画面。但如果是为了满足自己的文学冲动，使报道过于雍容华丽，或者在某些段落里用了太多的词藻，却无法用自己敏锐的眼睛、灵敏的耳朵以及自己对事物的敏感，为读者描绘出一幅形象的画面，那么这样的描写就会失衡，就会把文章弄得很糟糕。

这就是说，我们在遣词造句时，一方面，因为版面有限，必须惜墨如金，不要让读者从文章中找出太多的废话；另一方面，对于能够很好表现主题、推动故事发展，或者有助于读者理解的，不应过于拘束，甚至可以打破新闻与文学的界限，让描写变得更加精彩。

当然，这种描写必须是具体的、形象的、明确的，而不是概括的、抽象的、模糊的。许多记者在自己写作完成之后，会认真修改字词句，注意选择那些具体有力的词语代替那些模糊夸张的词语，目的就是让词语的准确含义与描写的真实情况相一致，以免让读者产生歧义。

让句子短些，让词语的表达直接些。“我是怎么删减的？我寻找那些细小而多余的结构，比如‘根据这样的事实’（直接改为‘因为’）；我把占用空间的被动结构变成节省空间又增加力度的主动结构（‘他感到他被赋予了一种责任’直接改就是‘他感到有责任’）；我尽量使用货运火车式的句型和‘挂钩’；我把潜伏的冗余信息剔除出去；把两句相连的话变成一句话，等等。我还会给导语‘瘦身’，去掉所有多余元素。”[1]

遣词造句，是对整篇报道的要求。如何让字词句抓住读者的眼球，还有很重要的工作要做，这就是标题的制作和导语的处理。

---

[1]　〔美〕威廉·E. 布隆代尔. 华尔街日报是如何讲故事的［M］. 徐扬，译. 北京：华夏出版社，2006：251.

读者总是懒惰地、不耐烦地扫视报纸版面，希望立刻找到能够吸引住他的内容。记者必须吸引他，抓住他的好奇心，给他一些必须阅读下去的理由。如果新闻报道的标题以及导语没有完成这些功能，读者会扭头就走，下面的故事再好，也无法吸引到他的目光。

关于标题，有一句话叫“读报看题”，可见标题的重要地位。好的标题总是很简洁，别看它只有几个字，但能点亮读者的眼睛，有力量，有内涵，不仅仅是字面上的概括，也是精神上的概括。标题可以成就一篇报道，也可以毁掉一篇报道。标题为吸引注意力而呐喊，有力的呐喊必须精练简洁。

书店里有专门的标题学书籍，一些教科书里也有专门的章节。我们还是来看看徐铸成先生对标题的一些看法：

“我们讲题目，这‘目’就是眼睛，这眼睛要亮，要炯炯有神。中国的方块字人们比较常见、喜欢用的是 8 个字或 6 个字做题目，而且最好能使人念起来朗朗上口，这些都要注意。

“标题是新闻评论和新闻内容的结合点，它也表示报纸的立场观点。要讲究倾向性和客观性，要把两者有机结合起来。一个好的标题可以代表一篇好的评论。

“中国有句古语叫‘信手拈来’。过去有些报纸上用的标题看来很漂亮，实际上是从大家读过的诗句中引一句出来，加在一则新闻上，这种方法不大好。信手拈来，要在广泛接触、熟悉中国古典小说、诗词的基础上，针对新闻的内容，再用自己的理解的几个字来加以概括和说明这一情况。

“还有，一个好的标题会化腐朽为神奇。有一些明明是反面的新闻，但标得好，会起到正面的作用。”[1]

徐铸成先生在书中举了几个例子。前几年给马寅初先生平反的时候，《光明日报》有个报道，标题是《错批一人，误增三亿》，也就是说当初错批了马寅初提出的新人口论，使本来能控

[1] 徐铸成. 新闻丛谈［M］. 杭州：浙江人民出版社，1983：160－163.

制在7亿的人口现在增加了3亿多。如果现在是7亿人的话，那么我们许多事情就会好办得多了。这一标题，就把报道的立意高度概括出来了。

翻开现在的一些报纸，有的标题往往用了两行字，然后还有肩题、副题，更有一些时政报道，副题里连参加的人名也要写进去；有的标题太宽泛，放之四海而皆准，不仅没有概括力，没有针对性，而且让人看了也不知道重点要说什么；有的标题生搬硬套一些流行词汇或文学名著等，期望以此引起受众的关注，实际却已糊里糊涂，前言不搭后语。

梁衡也举过两个例子[1]。1994年中国新闻奖参评稿中有一篇《卡拉未必OK》，稿子内容还可以。但评奖就是评头品足，就是反复推敲咀嚼，这一嚼在标题上就嚼出个毛病。“卡拉OK”是一个完整外文词汇，原意是不要伴奏的自娱自乐，现在拆开来，“卡拉”已不成意思，全篇却以此立论。另一篇是1993年《家庭教育》上的通讯《幸福的孩子是相似的，不幸的孩子有爱能成材》，说的是几个离异家庭中的孩子怎样得到温暖，但这个标题套用托尔斯泰的名著《安娜·卡列尼娜》中的首句“幸福的家庭总是相似的，不幸的家庭各有各的不幸”。托翁的话前后关联，有强烈的对比效果，集中在不幸上，这样套用让人不知作者的目光所在。

标题太长、太宽泛，这也是常见问题。大多数记者或编辑并不缺少使标题生动的能力，问题是能不能沉下来精心地制作，能不能做到准确生动、简洁概括。

关于导语，它是新闻的生命所在，它以简洁笔墨揭示新闻事实的要点，引出新闻主体或主旨，当然，它的首要任务是吸引读者，几乎所有的新闻学教材都这么强调。

任何导语，尤其是第一段，不仅要抓住读者的注意力，还要让读者产生往下读的愿望。只要是与故事有关的内容，并且能够激发

---

[1]　董岩，丁洪亮．跟梁衡学新闻［M］．北京：同心出版社，2007：84.

读者的好奇心，任何形式的导语都可以。导语可以是一条引人注意的信息，可以是一段文笔优美的描写，也可以是一句主题陈述，还可以是一句引语。导语有时也有些神秘性，这就是为什么有些报道会以问号开头。

该如何选择合适的导语呢？西方学者认为：要有内在趣味性，只有精彩的生活片断才能让导语光彩照人，如果导语中的人物本身很无趣，或者事件根本没有意思的话，只能是画蛇添足，效果还不如一条普通的导语；要有焦点，并与主题表达的方向一致，被导语中所描述的焦点所吸引的读者，往往期望导语中的内容与故事的主体有密切关系，因此，导语中所选择的事例应反映出故事主题的某个方面，如果毫无关系，或者关系不大，就是故弄玄虚。

在西方，一些资深记者往往把轶事作为导语，这种写法被称为“轶事导语”。“在你回顾你的笔记前，问问你自己是否记得有人告诉了你诙谐的、动人的或有趣的故事。是否有一个故事看起来包括了所有这些？如果是，就考虑将其用作导语。不过，要仔细。人很容易醉心于一个有趣的轶事或话语，而去引用一些并不适宜于整个报道基调或显得牵强的轶事。如果一个轶事并不能阐发整个故事的大结构，仅仅使用它就是不够的。”[1]这种轶事导语经常出现于一些特写中。

不论我们采用哪一种形式的导语，都必须做到简洁明了，能够在吸引读者的同时，被读者立即理解。如果故事中含有硬实的新闻价值，记者应该让这种价值开门见山地表达出来。

在西方一些记者看来，最理想的导语还是一个简单故事或一个举例，他们把它比喻成一个个吸引鱼儿上钩的鱼饵。但即便如此，简洁明了也是最基本的要求。他们认为，如果描写的场景需要加以解释才能说明它与主题的关系，哪怕是最简洁的解释，也会让故事

---

[1] 〔美〕谢丽尔·吉布斯，汤姆·瓦霍沃. 新闻采写教程　如何挖掘完整的故事［M］. 姚清江，刘肇熙，译. 北京：新华出版社，2004：131.

陷入困境；如果鱼饵不能做到优美简洁，最好放弃，改用其他形式的导语，用更简单的信息代替复杂的例子，把复杂的例子留到后面再用，那时候读者已经投入到故事之中，会比刚开始更有耐心听记者讲例子。

至于导语的案例，不少教科书都会有，我们也可以在大量的读报中予以充分体会。想提醒的是，导语与一般文章不同，它必须有新闻性，最好要直奔新闻事实；导语要简洁明了，不能将整个新闻事实完整地加以叙述，如果没了悬念，就激发不了读者的阅读兴奋。对于导语的写作，我们可以采取浓缩式的写法，也可以采取聚焦式的写法，还可以采取透视式的写法，这因消息、因故事而定。

4 CHAPTER 第四章 让解读更有力些

理查德·索尔·沃尔曼写了一本让西方记者反复阅读的书，书名叫《信息焦虑》。沃尔曼提到了一个正在被新闻工作者们接受的观点："纯粹的信息不是最有价值的产品。理解是有效传播的重要途径。新闻工作者在集中报道相关和有用的新闻时，他们更多的是在传递一种理解。没有这种理解，受众就会在信息海洋上漂流，甚至可能会在更深的地方淹死。"[1]

我们每天都在传递着各种各样的有新闻价值的信息，我们还以讲故事的形式传递着这些信息，让这些故事更加有趣，让这些故事更加有吸引力，力求让这些故事能深深刻在人们的记忆之中。然而，在这个信息爆炸的时代，纯粹的信息不是最有价值的产品，光会讲故事也是不够的，读者还有更广泛、更深层次的需求，这就是对这些信息的"理解"。

没有这种"理解"，读者会在信息海洋上漂流，甚至可能会在更深的地方"淹死"，也可能选择离我们而去，因为没有什么比放弃阅读更容易了。对他们来说，电脑可以关机，电视可以换台，报纸可以不买。

[1] 〔美〕布雷恩·S. 布鲁克斯，等. 新闻报道与写作［M］. 范红主译. 北京：新华出版社，2007：10.

这是一个简单的道理。随着我国改革开放的进一步深入，广播、电视、网络以及手机新闻的冲击，天地之大，包罗万象，新鲜事物层出不穷，每时每刻都有无数的信息通过各种媒介到达受众。在传播手段多元化、信息爆炸的年代，受众看到、读到、听到的新闻事件越来越多，他们在获悉新闻事件后，也希望能明白隐藏在新闻事件背后的原因和影响，希望能知其然，也知其所以然。

这是一个“迟来的爱”。新闻是为受众服务的，媒体是因为读者而存在的。现在，我们的媒体比以往任何时候都重视新闻解读了。通过对新闻的解读，不仅让读者知道新闻“是什么”，而且让读者理解新闻“为什么”，让读者对发生的新闻事件有更深切的了解。这不是哪个报人头脑里异想天开的产物，也不是哪家报社、通讯社的什么“创意”之举，而是受众的需要，是媒体竞争的需要。

我们采写新闻事件，要让故事更有趣些；我们剖析新闻事件，要让解读更有力些。解读得好，思想性就强，就能抓住事物的本质，就能使之具有丰富的事实含量和思想含量。有句话说，“透过现象看本质”，我们是否也可以说，新闻的落点在于解读，解读好了，事物的本质就得到彰显，读者不仅知其然，而且知其所以然，对信息的“理解”也将更深一层。

第一节　新闻的落点在解读

对新闻的解读，发端于20世纪30年代的西方新闻界，这也是因应读者的需要而推出的一个新闻产品。第一次世界大战之前，新闻界有一种观点是，报纸上消息就是消息，只能讲事实，记者不能发表议论，如果在消息中加入记者的观点，就有失新闻的客观性原则。

第一次世界大战爆发前，社会上虽然有许多事件苗头出现，然而那时的报纸和通讯社，却未能就局势及事态发展方向刊发背景性或解释性文章，他们只要求记者采写那些已经发生了的事情，并不鼓励记者去挖掘酿成这些事件的原因。虽然那时的西方报纸、通讯社的队伍中拥有不少外交、经济问题的专家，但这些专家因受当时的约定俗成，很少在报纸上对重大事态的发展趋势进行公开分析或预测，以致在战争突然爆发时，世人毫无思想准备。

第一次世界大战发生后，社会出现许多人们关注的现象，但人们在报纸的新闻中却找不到答案，感到茫然。为什么会发生大战？战后又为什么出现经济危机？能不能摆脱经济危机？社会将走向何方？……大众议论纷纷而不知其答案。

纷繁复杂的政治、经济形势，多变的现实生活，要求报纸来回答诸多问题，并对此进行一番解释。美国西北大学新闻学教授克蒂斯·麦克杜格尔曾说，新闻必须进行解释的问题是第一次世界大战时提出来的，当那次战争爆发时，世人多数感到震惊——事实上是目瞪口呆，他们对战争的根源感到茫然。

新闻解读，其报道的重点不在于事件，而在于揭示和说明事件的原因和结果。可以这么说，消息告诉读者一条有价值的信息，新闻报道讲故事告诉读者的主要仍是一件事情的来龙去脉，解读则着眼于“新闻背后的新闻”。读者知道这条信息，却不深知，那么，解读便承担起了这样的功能，不仅向读者解读事件的来龙去脉，而且更侧重于解读事件的因果关系与社会影响，也包括了对事件发展趋势的分析。

1. 别让受众逃走

- 读者还有更深层次的需求，如果深层的需求得不到满足，那就意味着没有什么比放弃阅读更容易了
- 许多看来不相关的事，其实背后都有一定的关联，我们要做的不是让读者自己去费力地寻找那些联系

当然，真正促使新闻解读迅速发展的另一个原因，是第二次世界大战后电台广播和电视新闻的崛起，广播新闻和电视新闻由于速

度快、现场感强、画面冲击力度大，对传统的平面媒体——报纸，形成了强有力的冲击波。

面对广播、电视的攻城掠地，为了自身的生存和发展，报纸在市场严峻的挑战面前，经过调查，终于发现，上帝在关上一扇门后，也打开了一个窗户。电台广播播报速度快，电视可以滚动播出而且有图像，但是报纸仍有其优势，体现在采写解读性质的新闻，或在新闻中提供足够的背景材料，进行必要的解释等方面，而且报纸易于读者自行保存，随时翻阅。

报纸在市场竞争的夹缝中找到了生路。市场的竞争、社会的变动、受众的需要，使解读性的新闻开始大量地在版面上出现了。这种状况至今在西方的平面媒体中仍然在延续。

拥有118年历史的美国三大报之一、发行量近210万份、拥有31项普利策新闻奖的《华尔街日报》（其他两家大报为《纽约时报》、《华盛顿邮报》）于2007年1月进行全面改版。其执行主编介绍，改版动机之一是要追求更加“与众不同”，改版后的《华尔街日报》将减少报道“昨天发生了什么”，更加侧重报道“意义何在”，即对新闻的解读，后者将占到内容比例的80%。他说：“我们将一如既往地向读者提供所需要的消息、透视和分析，但同时会增加更多的有附加值的报道。”“我们新的目标是将这一比例提高到80%，仅仅保留20%用以保证读者能够获悉昨天的主要事件。”[1]

要求对新闻事件进行解读的不是境外读者的“专利”，国内的读者同样希望媒体能提供这方面的信息与服务。“引进”新闻解读，重视新闻解读，是为了不让读者逃走，是平面媒体参与市场竞争的必然选择。

下面，我们就以一条纯新闻和一条新闻解读来看看对同一个新闻事件的处理。

---

[1]　北京商报，2006-12-06.

渤海湾发现储量10亿吨的大油田

新华社北京5月3日电 中国石油天然气集团公司（简称“中石油”）3日宣布，在渤海湾滩海地区发现储量规模达10亿吨的大油田——冀东南堡油田。

新发现的冀东南堡油田位于河北省唐山市境内（曹妃甸港区），属中石油冀东油田公司勘探开发范围。冀东油田公司有效勘探面积1 570平方千米，其中陆上570平方千米，滩海1 000平方千米。经过长达40年的艰苦探索，到2004年中石油在冀东陆上共发现5个油田，这5个油田累计探明石油地质储量1亿吨，原油产量达到100万吨。

中石油方面表示，这对于落实国家关于石油工业“稳定东部、发展西部”战略方针，实现我国原油生产稳定增长和可持续发展，增强我国能源安全供应的保障能力具有重要意义。同时，也将有力地促进京津唐乃至环渤海湾地区经济社会的发展。

中国科学院院士、石油地质与构造地质学家贾承造认为，冀东南堡油田发现后，随着勘探工作的深入，还会有新的发现，在未来一段时间必将带来中石油冀东油田公司原油产量的快速上升。

这条新闻基本上是一条纯新闻，新闻的基本要素很全面。何人：中国石油天然气集团公司；何时：3日宣布；何地：在渤海湾滩海地区；何事：发现储量规模达10亿吨的大油田——冀东南堡油田。

但对于新闻中所写的“这对于落实国家关于石油工业‘稳定东部、发展西部’战略方针，实现我国原油生产稳定增长和可持续发展，增强我国能源安全供应的保障能力具有重要意义”，可以理解为新闻解读，但这样的解读，对没有亲身参与那次新闻发布会的人可能很难从中得到什么理解。

比如：储量10亿吨是什么概念？能用多久？

2006年，我国自产原油1.8亿吨，进口1.45亿吨，对外依存度达到44%。西方把这几年油价大幅增长归罪于中国的大量进口。南堡油田的发现，对增强我国能源安全供应的保障能力的重要意义在哪里？南堡油田的发现为什么会有力地促进京津唐乃至环渤海湾地区经济社会的发展？……

还有，凭什么说"冀东南堡油田发现后，随着勘探工作的深入，还会有新的发现，在未来一段时间必将带来中石油冀东油田公司原油产量的快速上升"？

这些都是读者想要了解的。一条消息，容量有限，我们不能苛求它承担那么多的"何因"和"为什么"。作为通讯社，它不受版面的限制，第一步抢先把消息报道出来，这是必须的。但是，对一张报纸而言，既然通讯社已报道了，电视广播也已滚动播报了，它已成为第二落点，那么，它的优势就应是在第二落点上作好解读。

如果报纸的版面长期只有这样的消息，而缺乏一些深度的报道，久而久之，就会被人遗弃。同样，一位记者只热衷于发"豆腐块"的消息，而不掌握新闻解读的写作手法，他托不起太阳，也成不了月亮。这样的任务可以由新闻的另一个品种"新闻解读"来完成。2007年5月10日，《第一财经日报》刊发了中石油天然气股份有限公司副总裁胡文瑞解读冀东南堡油田的报道（作者宋蕾）。

冀东南堡油田价值：令总理兴奋的不仅仅是10.2亿

中石油5月3日对外宣布，在渤海湾滩海地区发现储量规模达10亿吨的大油田，在当前我国经济面临能源资源瓶颈、战略石油储备拉开序幕，以及环渤海区域经济趋热的背景下，冀东南堡油田开发一时成为社会瞩目的焦点。

5月1日，温家宝总理来到中石油冀东南堡油田，与石油工人和技术人员一起度过“劳动节”。此举引发了业内外对于该油田发现意义的阐释，并对中国能源战略调整方向进行猜测与评论。

中石油方面称，这是40年来我国石油勘探又一激动人心的发现。事实上，10.2亿吨规模并非近年来首次勘得。2005年，塔里木盆地也发现过12亿吨以上储备规模的大油田。冀东南堡垒油田真正令人“激动”的，并非其单纯的巨额储量，而是其地理位置、开发时效以及油田质量等综合因素形成的经济价值和战略意义。

中石油在前天举行的新闻通气会上表示，在石油工业的转型期，在东部发现的冀东南堡油田将扮演“稳定东部、发展西部”的战略落实角色，并使中国原油产量进入另一个稳定增长期。在区域经济发展方面，冀东南堡大油田的发现，也将配合曹妃甸工业区的开发，在地理位置上比邻新搬迁的首钢以及天津滨海新区。有评论认为，这对于促进环渤海中国经济“第三增长极”和我国北方地区的发展，将产生重大影响。

昨天，中石油天然气股份有限公司副总裁胡文瑞接受了《第一财经日报》的专访，深度解读了冀东南堡油田发现及开采的战略价值。

总理兴奋得睡不着觉

“听到这个消息，我兴奋得睡不着觉。”温总理来到南堡后说的这句话耐人寻味。胡文瑞告诉《第一财经日报》，使总理兴奋的首先是冀东南堡油田不单是个大油田，而是一个好油田。

“找到的数量再大，采不出来也是白费。”胡文瑞开门见山。

目前，冀东南堡油田共发现4个含油构造，基本落实三级油气地质储量（当量）10.2 亿吨。其中：探明储量40 507 万吨，控制储量29 834 万吨，预测储量20 217 万吨，天然气（溶解气）地质储量1 401 亿立方米（折算油当量11 163 万吨）。但并非这10.2 亿吨都能最终得以利用。

冀东南堡油田目前估计的一次井网采收率达40%，通俗一些讲，这是个容易出油、开采效率极高的好油田，其意义更多在于中国可以掌握采油的主动权，因此就多了一份能源保障的战略意义。“国际原油价格高涨时，我们就有选择开采自己原油的权利，国际上就不能用原油涨价来限制国家发展。”胡文瑞说。

在近期的诸多报道中，有计算认为10.2 亿吨可供全国3 年使用，另有报道认为，按照每年1 000 万吨的开采量，可以使用100 年。事实上，这是理想化的空谈，胡文瑞认为，勘探的三级储备规模和最终被开采出的实际量是两码事。

能开采的石油总量占储量的百分比称为采收率，目前我国各个油田的采收率各不相同，大庆、辽河油田的采收率高达60%，但其他油田平均的采收率仅为25%。作为在中国油气开发界资深的专家，胡文瑞十分自信地表示，根据目前中国掌握的技术，此次，南堡油田一次井网采收率即可达40%，比传统开采技术提高10%。因此，南堡油田估计能开采出4 亿~5 亿吨原油，并且在理论上，他认为如果全线开发，7~8 年就可以达到开采极限，但胡文瑞同时表示，南堡油田不能一次性开发过度，要保持可持续开采。

在开采上的技术突破，使这个滩海油田中的“石油”看似唾手可得。此外，此地的勘探也仍将继续进行。胡文瑞还透露，另一个让总理“兴奋得睡不着觉”的原因是，大油田的储量规模可能还远不止10 亿吨。资料显示，1962 年发现的大庆油田，当时说储量不过22 亿吨，但是，到现在已经探明年储量超过了50 亿吨。

领衔此次勘探的中国科学院院士、石油地质与构造地质学家贾承造认为，冀东南堡油田发现后，随着勘探工作的深入，还会有新的发现，在未来一段时间必将带来原油产量的快速上升。胡文瑞也表示，储备规模今后会有进一步的发现，其总量将远不止10.2亿吨。

滩海油田开发带来技术革新

40%，甚至还将更高的采收率取决于开采技术的革新。

南堡油田开发采用的新技术主要包括三维地震勘探、人工岛集中开发、水平井整体开发等技术。“在这样大的油田整体采用这些新技术，在全国还是第一次。”胡文瑞说。

在解释这些业内先进的技术时，胡文瑞用了形象的比喻，石油勘探发现如同B超的确诊，而开采则是随后的外科手术。这两方面技术在冀东南堡正在同时发展，“发现新油层将越来越准确，开采的效率也在提高”。

因为是浅海油田，当前南堡正在建造海上人工岛，是典型的“海油陆采”。据介绍，目前南堡油田的一号人工岛长704米、宽416米、面积413亩、高8.2米，按照石油开发的规划，在不久的将来，将有二、三、四、五号人工岛矗立于大海之中。

把钻机从一个井位移动到另一个井位，传统技术需要6天时间，而在南堡油田，完成同样的工作量所需要的时间只有13分钟，井口槽批量钻井技术是提高效率的关键。许多人都在建筑工地上见过巨大的塔吊通过在预先铺设的轨道上滑行，大大增加了覆盖的范围。

南堡油田还将整体采用水平井技术进行开发，国内所有油田中整体水平井开发的也只有南堡油田这一家。水平井技术是20世纪80年代钻井、完井的重大成就之一，是实现“少井高产”主要技术手段，同时，它还增加采收率、减少生产占地、降低环境污染，是国内外公认的实现“少井高产”油田开发的必然选择。

胡文瑞说道：“在南堡油田一号人工岛上，在400多亩地的面积内，打800口水平井能实现年产450万吨的生产能力，如果采用传统的直井技术达到同样的产油能力，则需要打2 400口井，占地19 200亩。”

“土地使用只占原来技术的1/40，更重要的是单井产量是原来的3～5倍。”胡文瑞算了一笔账，技术的改进使得开发成本大大节约，陆地上的油田每年100万吨的生产能力，需要投资32亿～35亿元，而在南堡油田，通过各种新技术的集成，每年100万吨的生产能力只需投资23亿～25亿元。

实现“绿色”“安全”油田

在人工岛效果图上，胡文瑞向记者介绍各部分功能时，首先指出的是4个角落里的高塔。“这是人员逃难时的避难塔。”也是这位项目设计师最关注的建筑。

在回答冀东南堡油田开发时最大的困难时，胡文瑞说，最困难的是海域工作的安全和环保。逃生塔的设计也是此次南堡油田的新构造。2007年3月初，南堡海域遭遇38年以来最大温带风暴潮袭击，路岛工程安全经受住了风暴潮的考验。

在环保方面，胡文瑞说“绿色油田”不是一句空话，而将实实在在落实在开发规划里。石油开发将产生原油、天然气和地下水3种物质，其他油田或者由于开发成本紧张等原因，水和部分天然气直接排放。在这次油田的开放过程中，胡文瑞认为有很多循环经济的模式可以探索。他初步设想，随着原油一起开采出来的地层水可以作为工业用水，可供就近的首钢等企业使用，使得开采物质全盘利用，达到零排放的目的。

胡文瑞说，一直以来，中国寄希望于石油勘探范围的扩大，重点开拓海域、主要油气盆地和陆地油气新区。在新的技术条件下，新油田的开发又能借鉴、避免此前的技术和环保失误。

胡文瑞下一步将领导进行50万吨开发先导试验，继续深化诸层变化规律的认识，探索滩海地区高产高效开发方法。“这个试验的结果将具体提供、测算开采的效率，为国家能源战略提供依据。”胡文瑞说。

相关链接

“10亿吨储量”概念是什么？

中石油公告指出：“经钻井发现基本落实三级油气地质储量（油气当量）10.2亿吨。其中探明储量40 507吨，控制储量29 834吨，预测储量20 217吨。天然气地质（溶解气）储量1 401亿立方米（折算油气当量11 163吨）。”

“根据公告，南堡油田探明地质储量4.05亿吨。如果按照30%～40%的采收率，可采储量约为1亿多吨。”原地质矿产部副部长张文驹向《中企》解释道。他指出，很多非专业人士把“10亿吨的储量规模”直接当成可以全部开采出来的原油产量，并据此作出可以“大大缓解中国石油供应紧张局面”的判断，实际上是一种“误读”。

但他同时也表示：“即便如此，这也是一个很了不起的发现。”20世纪50年代末发现大庆油田的时候，当时的探明储量也不过8亿吨。

此外，他认为，从单井出油量的指标看，“南堡油田”能达到单井日产500吨，这也是“很大的规模”。“单井日产几十吨就算高了，上千吨在国内就非常罕见了。”

某位不愿意透露姓名的专家和张的观点类似。“探明可采储量1亿吨以上就算是大油田了。所以这肯定是一个鼓舞人心的大发现。”但他也表示，“实际能够开采出来的原油可能高于10亿吨，也可能低于10亿吨。这取决于进一步的勘探开发工作是否能将控制储量和预测储量转化为探明储量。”

中国石油大学工商管理学院副院长董秀成说，按采收率30%和探明储量粗略计算，南堡油田的开采量可以达到1.2亿吨左右。他还表示，南堡油田4亿吨的探明储量，大体与目前塔里木盆地的情况相近，可以弥补东部油田减产或者缓慢增长的问题。

著名石油专家陈淮的判断更为保守："探明储量和实际可开采储量有明显的差别。就目前的情况看，如果探明储量达到4亿吨，那么实际的可开采量能达到1亿吨就颇为难得了。"他还认为，冀东油田未来达到1 000万吨年产量，显然难以填补中国在2010年需要2亿吨原油的巨大缺口。大庆年产量4 000万吨原油的地位和作用依然无法替代。

石油这种能源与国家发展息息相关，也与每个人的生活息息相关，读者希望了解更多的东西。这篇新闻解读把读者想要了解的问题，比如：为什么这对于落实国家关于石油工业"稳定东部、发展西部"战略方针，实现我国原油生产稳定增长和可持续发展，增强我国能源安全供应的保障能力具有重要意义？储量10亿吨是什么概念？能用多久？南堡油田的发现为什么会有力地促进京津唐乃至环渤海湾地区经济社会的发展？为什么冀东南堡油田发现后，随着勘探工作的深入，还会有新的发现，在未来一段时间必将带来中石油冀东油田公司原油产量的快速上升？等等，进行了一系列的解释。

过去人们需要通过看报知道"发生了什么"，而今天的人们更希望从报纸中知道"为什么发生"。在信息短缺的时代，人们的要求只是要获得信息。在信息过剩的时代，人们的要求是得到"关于信息的信息"。信息时代的媒体竞争，在很大意义上不仅是新闻题材的竞争，更是新闻挖掘方式与深度的竞争。新闻不仅要告诉人们发生了什么，还要告诉人们它为什么会发生，发生的这件事与那件事之间有什么联系。

凤凰卫视评论员阮次山先生说，许多看来不相关的事，其实背后都是有关联的。我们要做的不是让读者自己费力地寻找那些联系。因为对他们来说，信息消费只是他们业余生活中的一小部分，世界太大了，他们不可能全天候地跟踪世界的发展与变动，并且还要对这些变化作出合理的解释。那么，这样的跟踪与解读的工作，就应该由我们来完成。

从这个案例，我们可以初步了解新闻解读的特征。顾名思义，就是综合运用各种新闻体裁及版面编排手段，对重大的新闻发展变化进程、产生的背景与发展趋势、影响意义等相关的内容进行全方位、多角度、深层次的分析、阐述。它是介乎纯新闻（客观报道）与新闻评论之间的一种新闻体裁，能比纯新闻提供更加详尽的新闻事实和相关背景材料，并依据这些事实进行解释和议论，帮助读者理解新闻事件的前因后果、本质意义和发展趋势。

2. “瞭望者”的职责

- 人不可无思想，何况记者，记者这种职业不应当只是谋生的手段，而应是国家航船的瞭望者
- 作为一个时代的瞭望者，必须有思想，同时还应具有捕捉亮点、聚焦重点、做出看点的能力

“倘若一个国家是一条航行在大海上的船，新闻记者是船头的瞭望者。他要在一望无际的海面上观察一切，审视海上的不测风云和浅滩暗礁，及时发出警告。”对于著名报人约瑟夫·普利策给记者所界定的职责，每位新闻工作者都很熟悉。

然而，要让自己成为一名真正的瞭望者，却是很难的。要想成为一名真正的瞭望者，就要做好思想上的准备。假如记者无法提出合适的问题，不能很好地引导采访对象回答自己所提的、需要解释给读者的问题，就永远不能成为一名真正的瞭望者。

上海《第一财经日报》这篇报道刊发后，各报各网纷纷转载，因为它捕捉到了亮点，聚焦了人们关注的重点，并且做出了看点，

也成为独家的深度解读。

相比于那篇消息，这篇深度解读写道：5 月 1 日，温家宝总理来到中石油冀东南堡油田，与石油工人和技术人员一起度过劳动节，以及温总理听到这个消息后“兴奋得睡不着觉”，使总理兴奋的首先是冀东南堡油田不单是个大油田，而是一个好油田。这个细节的引入也更引起了读者的关注。

相比于那篇消息，这篇深度解读采访了许多专家学者、现场工作人员，采用了大量的数据，这些解读使得事件的重大意义——这是个容易出油、开采效率极高的好油田，其意义更多在于中国可以掌握采油的主动权，能源保障的战略意义得到了凸现。

相比于那篇消息，这篇深度解读对未来的发展也作了预测：其一，随着勘探工作的深入，还会有新的发现，在未来一段时间必将带来原油产量的快速上升，储备规模今后会有进一步的发现，其总量将远不止 10.2 亿吨；其二，技术的改进使得开发成本大大节约，土地使用只占原来技术的 1/40，更重要的是单井产量是原来的 3 ~ 5 倍，等等。

如果按照西方新闻学的说法，这篇报道既可称为解释性报道，因为它对已经发生的事件进行了解释，也可称为预测性报道，因为它对将要发生的事实也作了预测，而且把解释和预测有机地结合在一起，它们互相铺垫，互为补充，丰富和深化了报道的主题和内容，拓展了更广阔、深厚的报道空间，也为读者提供了更多的信息和分析的空间。

要写好这样的新闻解读，用理性和智慧解释事件，记者需要采访大量的人，花费很长的时间，有时候还要反复地采访，查阅大量的资料，分析大量的数据，并且要有较高的“见识”，要记录比平常报道更多的细节，包括对话和对人们与地方物理特征的描述。

作好思想储备，这是对瞭望者的基本要求。记者要成为一个瞭望者，必须要做好思想上的准备，才能挖到更深层面的问题，才能帮助人们更彻底地理解复杂的问题，否则将难以向采访对象提出专业的问题，难以与他们自如地对话，也难以解释那些记者自己还不理解的东西。

类似的经济新闻、行业新闻往往涉及政策解读、问题分析。马克思经典作家认为，“政治是经济的最集中的表现”。缺乏对国家宏观政治、经济政策的把握，可能会让解读出现偏差。有一篇报道对境外资本收购我国骨干企业事件进行解读，提出警告说，装备制造业的主导权对基础工业产生影响，骨干企业主导权的丧失不利于我国民族工业的市场竞争。这样的解读符合国情。而另一篇报道解读说，国企改革不从体制上根本解决就没有出路，个人资本的进入可能是一剂良药。这样的解读，讲明了就是私有化，不符合国情。

“观察一切”，这是瞭望者的职责。当好船头的瞭望者，不仅需要做好思想上的储备，还要有一双敏锐的眼睛。每一本新闻教科书上都十分强调新闻工作者的敏感力，强调个人观察的价值。比如，培养对身边的景象以及声音的一种高度敏感和好奇心，这样当你碰到富有意义的事情时，你才能立即捕捉到其中的变化。

20 世纪 70 年代末，一位美国记者从哈尔滨乘飞机到北京，飞机刚刚降落，他就对中国同行说：“美国有要人在北京，请帮我打听一下他是谁。”同行大惑不解，心想没有人向他透露消息，他怎么就知道有要人在北京？美国记者指着窗外说：“那是一架白宫的飞机，没有要人来，怎么会坐白宫的专机呢?”后经打听，原来是美国总统的科学顾问正在北京访问。当时中美正从相互敌对走向建立友好关系，任何一位美国要人来访，都可能是一条重要新闻。敏感力可以帮助记者发现线索，进行查证并第一时间发消息，也可以提醒记者继续深入挖掘，解读事件。当时的中美关系的任何发展，不论是中国人还是美国人，或者是其他国家的人，都十分关注。

审视海上的不测风云和浅滩暗礁，及时发出警告，这是对瞭望者的更高要求。作为记者，我们活动在社会的每一个角落，令不时地发现一些社会上的问题，发现一些经济运行上的问题，发现一些政府管理上的问题，问题是我们能不能抓住有利时机，通过调查，及时解疑释惑，及时开展舆论监督。

1990 年正月初一，《新民晚报》刊登一篇题为《“公车进香”，净土不净》的批评报道。这是除夕之夜该报记者骑车经过上海玉佛寺时无意中捕获的线索。当时，他见众多善男信女来此抢烧马年头香，而且不少人是坐着公车来的，职业的敏感使他意识到这是一条颇有价值的新闻，遂忙不迭地记下这些公车牌号。翌日，这条新闻见报后，立即引起时任上海市市长朱镕基的重视，批示监察局立案查处。这篇稿件后来获得全国晚报短新闻大赛一等奖。

能否成为一名时代的瞭望者，对记者来说也是一个政治上的考验。马克思说：“报刊按其使命来说，是社会的捍卫者，是针对当权者孜孜不倦的揭露者，是无处不在的耳目，是热情维护自己自由的人民精神的无处不在的喉舌。”作为“无处不在的耳目”，新闻不仅是公众的耳目，同时也是社会管理者的耳目。在信息不对称的行政管理体制下，它往往是各级管理者最真实准确而又最及时全面、最值得信赖的信息源之一。当然，报纸讲政治，讲大局，还要讲方法、讲时机。梁衡给了一个很好的回答：

“报纸的政治属性要求于编辑、记者，特别总编辑的是重责守纪，讲究方法。就是说要明确社会责任，要顾大局，要遵守宣传纪律，还要讲究报道的方法，要掌握一个度，也就是我们常说的登什么，何时登，怎么登。这是从政治上谈办报艺术。一件事的报道时机、角度不同，效果就不同，特别是批评报道，更要讲究。比如：浙江《湖州日报》一篇稿子叫《为了太湖不再倾斜》（作者：蔡小伟），是一篇批评报道，很成功，获得当年中国新闻奖。太湖北边是苏南，南边是浙北，记者算了一笔账，发现苏南发展越来越快，浙北则越来越慢，两边的差距越来越大，有一个形象比喻，叫湖面倾斜了。这是一篇批评稿，它抓住了新领导刚到任，正调查研究，想有所作为这样一个时机，马上得到市委、市政府的支持。稿子发出后，引起很大反响，《文汇报》、《解放日报》、中央电视台都转发了。这样一来，市里更重视，市委、市政府分别开会讨论，人大也开会讨论，最后重新修订市发展规划，解决了一个很大的问题。这属于批评报道注意抓住时机，又注意方法的典范。”[1]

3. 突发事件的应对

- 新闻报道，特别是突发事件的新闻报道中，负面信息封锁理念被打破，负面信息疏导理念被认同
- 对灾难性突发事件，不过于渲染恐慌情绪，而应给受众以警醒，传递客观的信息、人间的真情

细心的你，一定发现我们所举的案例大多是正面报道，即使是批评报道，也大多属于政府关注、群众关心的问题，它们刚好在这两个方面找到了结合点，再加上较好舆论导向把握，一些报道还获得了中国新闻奖。那么，遇到突发性事件呢？记者的瞭望职责如何体现？新闻报道的解读又如何作？

所以，记者也会遇到一些困惑。一些突发事件发生时，地方政府往往是作为利益的相关方出现，有时即使地方政府并非直接的利益相关方，但出于“家丑不外扬”的心态，由他们来管理媒体的报道，发布相关信息，难免存在着先天性的缺陷，往往瞒报、漏报或选择性报道。应当说，如果这种状况不能消除，不仅对上级部门掌握正确信息以进行正确决策不利，而且对于公众及时掌握和应对迫在眉睫的风险不利。

2003 年春天发生的“非典”事件可以很好地说明这一点。根据世界卫生组织的统计，2002 年 11 月 1 日至 2003 年 6 月 9 日，席卷 30 余个国家和地区的 SARS 疫情，导致全球累计临床报告病例 8 421例，其中中国内地 5 328 例，占 63%；全球死亡病例 784 例，

[1] 董岩，丁洪亮. 跟梁衡学新闻［M］. 北京：同心出版社，2007：198.

其中中国内地340例，占44%。[1]

2002年11月，广东佛山出现第一例“非典”病人，因为当时大家都不了解病情的严重性，没有引起重视。12月下旬，钟南山院士向广东省卫生厅紧急上报了“非典”疫情，没有引起重视且封锁消息，至2003年2月初才上报中央，错过了最佳的控制疫情时机。中央一些部门接到报告后，也采取了同样的做法，使得人们对“非典”完全没有思想准备，放松了警惕。2月中旬，广东发生抢购板蓝根、白醋、食盐风潮，各级官员已知道“非典”是严重的传染病，但对外说是由于气候造成局部地区出现的急性肺炎和肺炎并发症，称已有效控制肺炎的传播，报告的病例（305人）只是实际情况的1/4。湖南、山西由广东传入最早的“非典”病例。香港、北京最早发现的“非典”病例也是从广东直接和间接输入的。世界卫生组织要求了解情况，共同探讨病源，但被回避，又一次错过防止疫情在北京及以北京为源头的新一轮蔓延的机会。

从2月上旬到3月下旬，在大众媒介上看不到任何关于“非典”情况的报道，即使提到，也是一笔带过。网站上，不论是新闻还是BBS，见一个删一个。官方没有公开任何关于病情的数字。3月下旬，疫情蔓延引起中央高度重视。4月1日开始，每天向世界卫生组织通报疫情，这对我国来说可能是第一次这样做，还不习惯，所以开始通报的数字也是不全面的。4月11日、18日，国务院和党中央先后下达命令，要求各地如实、及时地向国务院上报病例数字，由有关部门向社会统一公布，对于隐瞒和缓报者将作出严肃处理。4月20日，卫生部部长和北京市市长因处理“非典”疫情不力而被免职，电视台直播由新任卫生部常务副部长答各国记者问。此后，关于“非典”疫情每天公布，报道开放。

“非典”早期，由于对负面信息进行封锁，媒体“三缄其口”，受众无法从主流媒体上获知关于“非典”的充分信息，造成了两

---

[1]　陈燕，刘东平．危机事件报道［M］．北京：外文出版社，2007：1.

个后果：一是由于缺乏正当获取信息的渠道，谣言、流言、小道消息满天飞，引起社会恐慌；二是由于媒体“沉默”，“非典”在人们不知情的状态下加快传播速度，最终使一个地区性的传染病迅速蔓延为全国性的传染病。

失误给了我们一个教训：“讲清楚”比“盖起来”更重要，在当今信息爆炸和信息公路四通八达的时代，假装“若无其事”，力图“家丑不外扬”，不但办不到，而且会适得其反。从这件事情之后，新闻报道，特别是在突发事件新闻报道中，长期以来的负面信息封锁理念被打破，负面信息疏导理念被认同。

负面信息封锁理念认为，负面信息必然导致社会的混乱和恐慌，因此，一旦发生重大的突发事件，就要尽量防止这些信息传递到社会公众之中，或者把信息传播控制在最小的范围内，以减少突发事件中负面信息对社会造成的不良影响。负面信息疏导理念认为，受众是具有理性精神和心理承受能力的，负面信息的传播并不一定会引起社会的混乱和恐慌，只要及时、全面、充分地传达信息，并在信息传达中进行疏导，就会最大限度地减少其对社会的危害，保持社会的稳定，从而达到良好的社会效果。[1]

2003 年 4 月中旬之后，媒体对全民抗击“非典”战争的报道空前活跃，也出现了一篇篇好的报道、好的解读。正确的舆论在当时起到了很好的引导作用。

4 月 22 日，《中国青年报》一版以《“非典”时期的怕与爱》为题刊发一组北京某高校师生的 E-mail，之后《“非典”时期的怕与爱》成为一个栏目，刊发的一篇篇文章既有记者采来的，也有别人转来的，更有读者寄来的。连续 10 天，关于抗击“非典”的报道，突出一个“情”字，把视点集中在灾难中的人性美上，展现人在灾难中的力量和尊严，给读者以勇气和信心；关于疫情通

---

[1] 王勇，孙旭培．不同理念导致不同实践//陈燕，刘东平．危机事件报道[M]．北京：外文出版社，2007：24.

报、各地防治的报道，体现了把人民身体健康和生命安全放在第一位的要求；重点关注一线医护人员、重点疫区大学生和民工的内心世界以及社会对他们的关爱，揭示他们的美好心灵和灾难中人与人之间的理解与合作。记者们纷纷走上街头，了解大学生回家了没有，问问民工在停工期间发工资了没有，听听居民具备预防知识了没有，看看商场货源备齐了没有，打探隔离区居民是否方便，咨询心理学家怎样保持生活的信心，等等。[1]

中央电视台主持人王志在4个工作日里完成3期《面对面》、3期《焦点访谈》、1期《时空连线》。“进入四月，本来已经或者似乎平息的‘非典’又抬头了，传言也日益增多，手机短信千奇百怪，真还是伪？‘非典’究竟是个未知数。作为一个记者，我要运用大脑，过滤耳朵听到的东西。”“怕不怕？危险不危险？其实，对于一个职业的记者来说，并没有隔离区和非隔离区的区别，只有采访现场和后方的区别。我真的没有害怕过，因为能够加入这样一次报道，能够在病者、医者和观众之间架一座桥梁，我认为是个机会。”“十多年的记者生涯，我第一次清楚地感到我们是怎样地被需要。”“当近距离接近病人，我们应该从专业报道的角度为自己找个理由，我们的目的是消除恐惧，传播科学与高尚，而不是尝试勇气。”[2]

国新办副主任王国庆做客央视《新闻会客厅》时说，现在发生在一些地方的所谓的不好的事情，有90%都能用那个词——捂，“那是在信息传播还受到比较大的局限时的情况，现在你还想要把它捂住，我觉得应该是比较天真的一种愿望了。比如说像松花江上次哈尔滨的停水事件，当时黑龙江也好，哈尔滨市也好，确实他们是出于一种善意，怕把停水的直接原因告诉大家，会引起社会恐

[1]　刘健．四月，我们播撒春光——中国青年报抗击“非典”十日记事［J］．中国记者，2003（5）．

[2]　王志．别无选择的选择［J］．中国记者，2003（5）．

慌，所以后来他们省里面领导说，撒了一个善意的谎言。但从媒体、从社会舆论的角度来分析，这个善意的谎言对黑龙江的形象损害是非常大的"[1]。

2007 年 11 月 1 日起实施的《突发事件应对法》，对突发事件的信息发布作出更明确的规定：履行统一领导职责或者组织处置突发事件的人民政府，应当按照有关规定，统一、准确、及时发布有关突发事件事态发展和应急处置工作的信息。有关人民政府及其部门作出的应对突发事件的决定、命令，应及时公布。

时代在进步，社会在进步，记者获得信息的渠道多了，可报道的范围放大了，新闻解读的空间也扩大了，同时记者的责任更大了。以前，我们可以说政府不让报道，现在我们得把握好怎么报道。对突发事件报道的基本原则：从我国国情来说，对突发事件报道要立足于维护稳定；在事关全局的公共突发性事件中，媒体不是信息的发布者而是报道者，要依据政府权威部门发布的信息准确报道，不能靠道听途说擅自报道；不要过于渲染恐慌的情绪，刻意突出"灾"和"难"，而应从给受众以警醒角度出发，向受众传递客观的信息，传递人与人之间的真情。

2008 年 5 月 12 日，四川汶川 8 级大地震发生，突发事件应对机制全面启动，媒体深入灾区全天候地报道相关新闻，愈来愈多的信息通过媒体向外传递，立即引发社会大众的普遍重视和高度关心，不仅发挥了媒体的功能，更为政府提供了第一手的救灾信息，表现可圈可点。台湾"中央社"认为，"这次四川突如其来的大地震，媒体与记者充分扮演守望社会的功能，第一时间报道灾区相关的信息，立即凝聚了中国大陆数以亿计民众的心，无数民众紧盯着电视台播放的每一分每一秒的救援行动，每当有人获救时，民众就如释重负，如果有人罹难，民众也叹气不已，诚如中央电视台某主播所言，民众的心与救灾人员的心早已连接在一起，只希望大家能

[1] 羊城晚报，2007 - 07 - 14.

平平安安”[1]。

海外一些舆论纷纷对此给予正面的评价。它们认为，中国媒体24小时播报灾区情况和灾民处境，这是一次少有的媒体反应快过行政部门的救灾、调查进度的竞赛，这一情形在西方或许不是新闻，但在中国却具有里程碑式的意义；中国政府所表现出来的开放和透明度，让西方媒体没有了制造新闻的空间和机会——以前我们在一些危机处理上存在着缺憾，于是，自身不能第一时间进入现场的西方媒体认为从中国媒体上取得的信息“不可靠”，这样就促使它们制造新闻、编造新闻。

第二节　让解读有力的元素

是什么让解读有力？首先，当然是新闻故事。“你不理解吗？那好，我给你讲个故事。”当我们需要对社会、经济的某个现象进行解读时，我们常常要以这样的话语与读者交流。的确，我们正是通过叙事去“理解”世界，也正是通过叙事来“描述”世界，而叙事就是讲一个有趣的故事，讲一个生动的故事。

很显然，故事就是让解读更有力的主要元素。在前面所举的例子《固原羊只上“夜班”》这篇带有批评性质的报道中，记者为了解读自己所提出的观点——“单靠减少羊只数量来适应饲草的缺口，显然不符合农民的利益，如何不再让羊群‘上夜班’，有关部门应尽快拿出对策”，通过几天翔实的观察，辅以简练的文笔，讲述的就是农民夜间放羊的故事。《冰糖葫芦酸又甜》，为了解读当代国企改革中作出无私奉献人员再就业中的酸甜苦辣，以引起决策层的关注，记者讲述了郭林祥的故事，河南油田决策层很快为相关人员安排了2 000多个公益性的岗位。

[1]　大陆媒体灾情报道凝聚亿万民心［N］. 参考消息，2008-05-17.

当然，我们需要更多的手段使新闻解读更有说服力。这些手段有时穿插于新闻故事当中，有时单独成为一个段落，有时又独立成篇，成为报道的一个链接，与故事相映成趣。现在，就让我们按下面的思路进行梳理。

1. 新闻的背景策略：交代因果关系

- 许多新闻事实较为复杂，为讲清其存在的条件、环境和与其他事物的联系，非得使用背景材料
- 善于发现事实与背景的关系，即来龙去脉、前因后果，并告诉读者，帮助读者正确认识和理解

新闻中的背景材料，常常被称为“新闻背后的新闻”，它是新闻写作中的一个重要课题。按照一般的理解，新闻背景就是有关新闻事件产生的历史和环境。尽管不是每条消息、通讯都要交代背景，但作为一个新闻事件，却经常需要靠必要的背景材料进行阐述和补充说明。世上任何事物都不是突然出现、孤立存在的，必然有其存在的历史条件、自然社会环境以及与外在事物各式各样的联系。新闻报道的任何事件都有其形成的时间和空间，有其存在的内因和外因，这些时间、空间，内因、外因，就是新闻的背景。

从新闻业务来说，新闻报道从来不是有闻必录。它必须从党和人民的意志愿望出发，从纷繁复杂的现实生活中选择那些具有意义的事件加以报道。即使是某些重要的事件，由于篇幅和其他方面的原因，往往也是有选择、有裁剪，在适当的时机，报道事物发展的一个环节、一个方面，而不是从头到尾、点滴不漏的全貌。这样，必不可少的新闻背景交代，对于阐述事物的本质面貌就有其独特的作用。

从新闻工作的群众观点来看，新闻的受众是多元的、多层面的，他们有不同的职业、不同的经历、不同的文化水平，而新闻所报道的内容几乎包罗万象。往往有这样的情况，由于新闻中的背景介绍不清楚，受众不能从新闻中确切、完整地了解新闻事件的意

义，使报道不能收到预期的效果。我们前面也提到过，在许多报道中要有一些背景段落。

厦门市政府决定暂缓建设海沧 PX 项目

本报讯　昨日上午，厦门市政府举行新闻发布会通报说，刚刚结束的厦门市政府第五次常务会议决定：暂缓建设海沧 PX 项目。

厦门市常务副市长丁国炎代表市政府发布消息称，PX 项目生产的产品，属于我国紧缺产品。该项目建设符合我国《当前国家重点鼓励发展的产业、产品和技术目录》。海沧 PX 项目的立项和建设，严格按照国家的有关政策规定，严格按照法定程序，经过专家环保评估论证，已得到国家发改委等国家有关部门的正式审批。项目建设的手续完整，程序合法。

最近一段时间以来，一些学者和市民对海沧 PX 项目的建设提出了一些看法和建议，舆论也积极关注，这些都充分体现出大家对厦门这座城市的关心和爱护，体现了对厦门的发展的关心和支持。对此，政府是充分理解和肯定的。近段时间以来，市政府一起在研究，认为有必要在原有项目环评基础上扩大环境评估范围，在 3 月份就委托权威的环评机构在更大范围内进行区域规划环评，同时积极向上级部门汇报沟通，得到了上级部门的理解和支持。市政府常务会议因此决定暂缓建设该项目……

新华社厦门 12 月 11 日专电　……海沧 PX（对二甲苯）项目是 2006 年厦门市引进的一项总投资额 108 亿元人民币的化工项目，选址在厦门市海沧台商投资区，投产后每年的工业产值可达 800 亿元人民币。2007 年 5 月 30 日，厦门市政府根据一些专家和市民的意见，决定暂缓建设该项目……

上一条新闻是《福建日报》（2007 年 5 月 31 日）刊出的，后一条为《新华每日电讯》报刊出的。对于一个投资 108 亿元、可给一座城市带来 800 亿元以上 GDP 的“手续完备、程序合法”号称全世界最大的 PX 化工项目，为何突然宣布“缓建”，《福建日报》的报道没有提供背景；《新华每日电讯》虽然提供了一些背景，但还是语焉不详。

在资讯发达的今天，人们上网查阅得知，原来在 2007 年 3 月，全国“两会”期间，六位中科院院士和百位政协委员联署，提出了要求对海沧 PX 项目环境保护重新进行评估的提案。而后的几个月里，关于 PX 项目的安全和环保危害的种种揣测，一直在厦门蔓延，甚至还一度引起了恐慌。

> ……就 PX 物质本身的危害性，记者专门请教了中科院一化工专家。他在查阅了大量资料并结合自身化学实践的经验后对记者称：“对二甲苯就物质本身而言属于低毒，在化学专业人士看来，和一般化学物品概念无二，其危害性应该可以控制。至于毒性，可能在其燃烧不充分的时候产生。”

这一则是光明网 2007 年 6 月 1 日播报的。这个知识背景虽然只有“三言两语”，却可给读者以新知。如果当初在新闻中加上这些必可少的“背景”或知识解读，也许受众就不会因此而产生不必要的猜测和恐慌。所以，背景是需要的。

不是所有的新闻报道都要用到背景，但有许多新闻事实较为复杂，为讲清其存在的某种条件、环境和与其他事物的联系，就要使用背景材料。

我们不能低估“常识”的作用。社会生活日新月异、变化迅速，新事物、新名词大量出现，当这些新鲜事物出现在新闻报道中，记者如果不提供必要的背景，读者可能就会坠入云里雾里。

我们也不要以为自己知道的事读者也一定会知道。比如，“广义货币”、“雨水工程”、“纳米技术”、“厄尔尼诺现象”，等等，这些新生词汇，恐怕许多人都不甚了了。当我们自己还没有搞清楚的时候，不加任何解释地写在新闻里，那就会影响读者的认知。背景是需要的，即使是“三言两语”，因为我们写的新闻是给读者看的，如果读者看不懂，那我们写的新闻就失去了传播的价值。

因此，记者不仅要善于发现新闻事实，还要善于发现这个事实与新闻背景的关系，也就是它的来龙去脉、前因后果，并以恰当的形式告诉读者，这对于读者正确认识、理解新闻是有帮助的。

平面媒体对背景材料的处理一般有两种方法。一是集中介绍。集中介绍有时会在新闻的某个段落里整段地进行，有时则以“新闻链接”、“链接”、“背景”等单篇出现。一是分散介绍。分散介绍就是在文中穿插进行，有时只有一两句话，有时也可能是一个小段落。如，1949 年北平解放时，新华社发出的消息开头就是：“世界驰名的文化古都、拥有 200 万人口的北平，本日宣告解放。”“世界驰名的文化古都”、“拥有 200 万人口的北平”，既说明了和平解放北平的缘由和依据，又显示出和平解放北平的意义。

当然，还应注意，新闻中运用背景材料要有明确的针对性，要回答读者关心的问题，需要交代背景的新闻一定要交代，但不要喧宾夺主。也不要以为自己不懂的事读者更不懂，然后东拉西扯，枝蔓横生。

2. 新闻的分析策略：引用数据和意见

- 一些信息需要通过解读，才能起到引导舆论作用，这时数据和专家的意见常常显得很有必要
- 我们可以用事实使文章的立意更扎实，也要懂得运用数据、引言或意见来支持主题提升立意

背景材料的运用，除了帮助读者对新闻增加理解外，还有另一个很重要的作用：它可以暗示记者的观点。新闻中最忌讳记者出面发表议论，在报道中掺杂进自己的议论。高明的记者则不仅会利用新闻背景材料，利用相关的数据，而且会利用别人的引言，不动声色地暗示读者，支持文章的立意。

美联社纽约 10 月 14 日电　就在罗纳德·里根总统对全国

说“美国正在走向经济复苏”之前几小时，他的儿子普雷斯科特·里根却在这里同失业者一道领救济金。

白宫副新闻秘书斯比克斯13日承认，这位33岁的芭蕾舞演员自从被乔弗雷芭蕾舞团解雇后，近几周中领过两三次失业救济金。这个芭蕾舞团已解散一个月。小里根和妻子多丽亚住在曼哈顿的格林威治村。斯比克斯解释了总统的儿子为什么拒绝他父亲提出的在他失业期间给予帮助的表示。他说：“里根夫妇表示帮助他们渡过难关，他尊重他们要独立生活的权利。”

小里根加入了美国约有1 130万领取救济金的美国人的队伍。这个国家的失业率上周达到10.1%，这是自30年代大萧条以来的最高数字。

就社会政治地位来说，小里根不足以构成一条新闻，但由于他是正在执政的美国总统的儿子，他的失业就有了新闻性。当里根总统正在宣扬自己使美国“走向经济复苏”的政绩时，记者让事实说话，“这个国家的失业率上周达到10.1%，这是自30年代大萧条以来的最高数字”，而且总统的儿子都加入了失业的行列。讲一个小里根的故事，再引用相关的数据，而这些都是事实。事实胜于雄辩，用不着记者再发什么议论，读者自会作出判断。

我们在前面章节中一再强调新闻要讲故事，故事要有主题。“主题是新闻报道的中心思想，是墙上的钉子，衣服的领袖，金字塔的塔尖。”[1] 新闻报道要提炼主题，新闻故事是为了阐明主题，新闻解读也是为了阐明主题。我们可以用事实使文章的立意更加扎实，也要懂得运用数据，运用故事主人公的引言（第三章里已谈及）或者专家的意见，使得文章立意更加扎实。

比如《冀东南堡油田价值》，为了证明油田的价值，记者采访了中国石油天然气股份有限公司副总裁胡文瑞，中国科学院院士、

---

[1] 黄种生. 团团转集［M］. 福州：海峡文艺出版社，2002：86.

石油地质与构造地质学家贾承造，原地质矿产部副部长张文驹，中国石油大学工商管理学院副院长董秀成，石油专家陈淮，以及某位不愿意透露姓名的专家，等等，引用了大量的专家意见，阅读了大量的相关资料，测算了相当多的数据，才完成了这篇解读性报道。正是这些数据和专家意见，使得报道的立意更加扎实，更加可信。

在日常的报道中，一些信息需要通过解读才能起到引导舆论的作用，而这时数据和专家的意见常常显得很有必要。

2003 年 1 月 16 日至 19 日，《南方日报》推出的 2003 年广东经济增长关键数字解读系列报道深受读者欢迎。从技术层面看，这组报道通过解读几个关键的数字，让读者真正了解到数字背后意味着什么，在经济报道中用活、用好了数字。比如，16 日推出的首篇剖析经济增速的报道《13. 6% 背后是什么?》，文章的题目就抓住了经济报道中使用数字的根本原理——阐释数字背后的含义。13. 6% 这个增长数字，一是说明广东经济进入新一轮扩张期；二是放在历史背景下看，这种持续 20 多年高增长后所取得的增速是世界上罕见的；其三，这是在受“非典”影响下取得的；第四，这是有效益的增长。这四层意思就是文章中对数字的解读层次，它使这个数字变得沉甸甸的。而要将 13. 6% 与这四层含义联系起来，记者又充分地调动了各种活用数字的技巧。纵向比较，使数字的历史内涵更加充分；横向比较，与新加坡、韩国和日本经济起飞期的平均增速比，与全国其他地区比，使得数字更厚实。[1]

2008 年 3 月 11 日，国家统计局公布最新统计，受低温雨雪冰冻灾害和春节等多重因素影响，今年 2 月份我国居民消费价格指数（CPI）同比上涨 8. 7%，创出自 1996 年以来的月度新高，今年 1 至 2 月累计，居民消费价格总水平同比上涨 7. 9%。

对这样的一条信息，如果没有进行分析解读，没有剖析其中的原因，人们获知之后肯定会引起恐慌，因为这与群众日常生活的相

[1]　杨兴锋. 高度决定影响力 [M]. 广州：南方日报出版社，2004：118－119.

关度太高了。但是，说原因是受低温雨雪冰冻灾害和春节等多重因素影响，那又怎么证明呢？

据新华社电 国家统计局总经济师姚景源在接受新华社记者采访时表示，今年以来居民消费价格持续加快上涨，延续了去年下半年以来的基本走势。拉动 CPI 上涨的主要动力仍然是食品涨价。2 月份食品类价格同比增长 23.3%，拉动当月 80% 以上的 CPI 涨幅。

在食品中，2 月鲜菜价格涨幅最高，达到 46%。大范围低温雨雪冰冻天气，给蔬菜生产造成了重大损失和严重影响。来自农业部的消息称，湖南、江西、贵州、湖北、广西等 20 个省份蔬菜受灾面积 4 427 万亩，占全国秋冬种蔬菜播种面积 34%。灾情大幅度减少了蔬菜供应，价格随之大幅攀升。2 月份涨幅较高的还有肉禽及其制品价格，同比上涨 45.3%（其中猪肉价格上涨 63.4%），油脂价格同比上涨 41.0%。

……

国家统计局的这些数据是权威的。解释这样的问题，数据最有说服力。这些数据确实说明了问题，起到了解疑释惑的作用。在我们的新闻实践中，在很多情况下，都会使用到数据，尤其是财经新闻的解读，数据是绕不过去的，而且越精确越好，它们不仅是为了让新闻解读更有说服力，有时候本身还成了新闻。

当然，关于新闻报道的数据处理也是一门学问，因为并非所有的新闻都能通过列举一大堆数据来支持报道的主题。下面是 2008 年来自某区的一篇报道片断，小标题《改革创新，永无止境》就非常空泛，主体段落为：

（某区）作为海峡西岸经济区重要中心城市的中心城区，地处海峡西岸前沿，在中央和省委、市委的正确领导下，认真落实科学发展观，积极构建社会主义和谐社会，认真贯彻省委“四谋发展”实践主题、“四个重在”实践要领和“四个关键”实践要求，“好”字当头谋发展，“好”字当头求先行，以“好”促“快”，增量提质，努力做到“速度、质量和效益”协调发展，2007年全区GDP和财政收入保持高位快速增长，引资和固定投资稳步推进。社会消费品零售总额首次突破200亿元，规模以上工业产值首超200亿元，三产比重首次突破80%。据初步预计，全年实现地区生产总值380亿元，同比增长20.6%；财政总收入71.3亿元，同比增长21.3%；合同外资3.91亿美元，实际到资1.83亿美元；全社会固定资产投资180亿元，同比增长23%；社会消费品零售总额212亿元，同比增长15%；规模以上工业产值200亿元，同比增长11.9%。

（某区）是老城区，面对土地资源、机制体制、人才、资金等发展瓶颈，该区树立“集约、循环、品牌、创新”四大理念，推动经济持续发展、科学发展、加快发展。珍惜土地空间资源，提高产业准入门槛、提高投资强度、提高土地利用率，推动工业旧厂房改造再利用，努力盘活闲置资源。重视生态建设，推动自然资源永续利用，促进经济永续发展，谋求社会全面进步，努力建设生态型城区。重视品牌培育，大力实施品牌带动，积极发展特色优势产业，积极培育和提升自主品牌，促进产业集聚，增强产业核心竞争力。重视自主创新，加大对自主创新的投入，加快城区创新体系建设，加强科技人才队伍建设，努力提高自主创新能力，推动发展方式转变。

这篇报道的目的是解读该区如何改革创新，但看起来不像是新闻报道，而是政府工作报告。官话套话一大堆，概念性的语言到处都是，而且一个人物也没有，唯一能说得上是具体报道的就是那些数据。可那又怎么样呢？读者会看吗？然而，这种情况在报道中却经常见到。

在大多数报道里，对数据的处理应当像对引言的处理一样。我们说过，引言与报道有如巧克力与小甜饼，小甜饼是报道的躯体，引言则是美味的巧克力粒儿，星星点点散布在各处。数据也一样，“优秀的记者从来不会在一个段落里运用过多的数据，这将为读者阅读设置一堵困难重重的障碍墙。如果这样的段落不是一个，而是两三个连续的段落，基本上这堵墙就无法翻越了”[1]。

另外，在数据的处理上，数字越小，越容易被理解，数字越大，越难以被接受。解决办法是，可以用比率或设定一个参照物来进一步说明数据，比如20个省份蔬菜受灾面积4 427万亩，报道用了占全国秋冬种蔬菜播种面积34%这个比率；冀东南堡油田，“10亿吨储量”概念是什么？这个数字很大，记者通过链接进行说明，并将其与大庆油田相比，与柴达木盆地相比，这就有了参照物，读者就容易理解了。

我们再来说说意见。既然要解读新闻，提供意见是必然的。意见可以是主人公或当事人的意见，也可以是专家的意见，当然，每一篇报道中也都隐藏着记者的意见。只是记者的意见通常并不在报道中直接表达出来，因此，有人把新闻报道的艺术比喻成记者“藏舌头的艺术”。

主人公或当事人的意见肯定可以成为报道的主要内容，因为他们与事件有着直接的联系，对他们的报道也是使故事生动有趣的元素，用好他们的引言能够使报道更加可信。但是专家的意见呢？政府官员的意见呢？他们在新闻解读中大多以观察者或管理者的身份出现。

毫无疑问，国家统计局总经济师作为政府官员解读CPI是可信的，中国石油天然气股份有限公司副总裁解读冀东南堡油田是可信的。他们与事件的距离比较近，既是观察者，也是管理者。这些意见都可以很自然地体现在报道中，成为报道中重要的引言段落。

---

[1]〔美〕威廉·E. 布隆代尔. 华尔街日报是如何讲故事的［M］. 徐扬，译. 北京：华夏出版社，2006：140.

第三节　客观性的山峰

对一件事情、一个现象、一个问题的解读，存在着仁者见仁、智者见智的现象。但是，记者要成为“船头的瞭望者”，新闻解读要引领舆论，那就要遵循新闻报道的客观性原则。

在哲学上，客观性与主观性是相对立的概念，客观性是指不以人的意志为转移的客观存在的特性。在新闻学上，客观性是指新闻报道要尊重客观事实，按照事物的本来面目去反映它。

新闻是对新近发生或正在发生的事实的报道，事实第一性，新闻第二性。事实的客观性，决定了新闻的客观性。新闻的客观性要求报道必须尊重客观事实，按照事物的本来面目去报道。新闻事实发生后，才有新闻报道的出现，新闻工作是主观见之于客观的实践活动，传媒的职责是报道客观发生的事实。

新闻客观性原则的实现方式，起于再现事实，继而是平衡报道。客观如实地反映事实，是新闻客观性存在的基础。从内容上来讲，客观性指新闻报道的事实是一种客观存在的事物、人物或事件；从形式上来讲，客观性指新闻报道所显示的倾向性是通过新闻报道的事实的逻辑力量实现的，记者用的是“客观陈述”的方法。因而，童兵教授认为，所谓“客观”应该是“提供各方面的事实、情况、意见，不片面报道和隐匿事实”[1]。

1. 不能人家说什么就报什么

- 在对事件新闻的解读中，应当对现象真实与本质真实、整体真实与局部真实有个平衡的把握
- 只看到现象的真实或者局部的真实，就有可能以偏概全，这样的新闻解读就会失之偏颇

[1]　童兵. 理论新闻传播学导论［M］. 北京：中国人民大学出版社，2000：84.

这里的意思，其实就是记者在新闻报道和事件新闻的解读中，应当对现象真实与本质真实、整体真实与局部真实有个平衡的把握。新闻职业强调报道事实的真相，新闻解读必须反映客观事物的原貌，不仅仅是部分真相，而且是全部真相。如果只报道部分真相，反而会让受众对事实产生曲解或篡改。

有一种说法很时髦，叫关心“弱者”，比如，每年到了高考录取阶段，就有一些媒体写一些贫困生无法上大学的事。说某某成绩优秀的孩子考上了大学，但是因为家庭贫困，付不起学费，准备弃学，希望大家来捐款帮助。

我们国家确实存在着民众贫困的问题，但对于贫困大学生入学来说，这几年国家采取了很多措施，建立了助学贷款、奖学金等“绿色通道”，它的作用就是不让贫困大学生因家庭经济原因而辍学。但一些报道对行之有效的资助政策视而不见，只字不提，而热衷于解读那些个别的人和事。殊不知，这样的题材很容易被境外的一些媒体转载，进而被炒作为“中国的大学对这类大学生没有救助措施，没有人性”。

列宁说过：“在社会现象方面，没有比胡乱抽出一些个别事实和玩弄实例更普通、更站不住脚的方法了，罗列一般例子是毫不费劲的，这是没有任何意义的或者完全起相反作用，因为在具体的历史情况下，一切事情都有它个别的情况。如果从事实的全部总和、从事实的联系中去掌握事实，那么，事实不仅是‘胜于雄辩的东西’，而且是证据确凿的东西，如果不是从全部总和，不是从联系中去掌握事实，而是片断的和随便排出来的，那么事实就只能是一种儿戏，甚至连儿戏也不如。”[1]

现象与本质是辩证统一的，现象的真实还必须符合本质的真实，或者说，局部的真实必须符合整体的真实，如果只看到现象的真实或者局部的真实，而忽略了本质的真实或整体的真实，那就有

[1] 列宁. 统计学和社会学//列宁全集：第23卷. 北京：人民出版社，1958：279.

可能以偏概全，被个别现象所迷惑。这样的新闻解读就会失之偏颇，也就谈不上客观了。真实、本质的事实就是全面、符合事物发展规律的事实，而不是表面的和片面的事实。

某市有一个农民工爬上塔架要跳下，这是一个真实的事情。原因是他做完工却要不到工钱，为讨钱而采取了极端的措施，后经有关部门协调，农民工要到了工钱。个别的农民工因个别的雇佣者不诚信而产生了这样的新闻事件，这是一个孤立的事件，因为不会，也不可能是所有的农民工都要不到工钱的，所以，它是局部的真实，而非全部的真实。

马路上有一部新车撞上了护栏，造成车毁人未亡。事后调查得知，该车主曾经在数家保险公司为该车投过保。此事所为，完全是车主存心骗保。车辆被撞毁，是表象真实，骗保才是本质的真实。

有人在闹市砸了一部品牌车，是砸车人钱多得没地烧？还是厂家作秀？后经多方了解，原来是车有质量问题，代理商不履行退货、换货合同，消费者愤而为之。砸车是形式的真实，商家不守法才是内容的真实……

作为社会新闻的个体事件，这些事是真实的，在一些都市类报纸中也能见报。但也有些记者想在这方面作一下解读，还请来专家就这些事议论议论。假如这类事件真有典型意义，作些解读也未尝不可，毕竟读者层次不同，兴趣不同，但记者必须分清现象与本质、局部与整体的关系，不能人家说什么就报什么。

记者在报道前需要考虑的一个因素是，采访对象的叙述不仅会受其利益立场所左右，还会受表达方式、回答方式、时间因素等影响。所以在一些时候，有经验的记者在采访中，面对侃侃而谈的叙述人常常会打个问号：他说的每句话都是真的吗？如果有真有假，我又怎么知道哪句是真的，哪句是假的？解决的办法就是采访更多的代表不同利益的当事人，确保公正与平衡，以免被一方误导和蒙蔽。

2. 亮出各方意见，交给受众判断

- 对于改革进程中的探索性事件进行解读，把新闻事实与人们对事件的评价报道出来，给人以启迪
- 对事件的解读，应注意报道平衡，多方采访并报道各方的评价与看法，把最终判断交给受众

如果说前面说的那些属于社会现象方面的事件，那还有一些事件属于改革进程中的探索事件。比如，在改革开放过程中，为了生存，为了发展，许多行业都在寻求改革，而每个行当的改革也绝不是一个模式，改革可能成功，也可能不成功，但是随着社会的进步，改革是一种方向，是一种探索。

新闻把改革进程中发生的事实报道出来，把改革中人们对事件的评价报道出来，这是积极的，而且能给人以启迪。同时，改革也有不同看法，这就要求记者用客观的眼睛、公正的态度，亮出各方的意见，交给受众来判断。如果按照西方报道的一些理念，这样做也是为了“公正和平衡”，所谓的平衡，实际上就是要有不同的、独特的观点。

看病难，看病贵，是改革开放以来百姓遭遇到的一个很现实的难题。而看病贵，最大的症结在于现实中的“以药养医”，因此一些地方进行了“医药分离”的试验。

2004 年，福建漳浦县南浦乡卫生院在全省率先试水“医药分离”，卫生院停办药房，专事诊疗，原有的药房交由一家民营药企“接管”。两年后，《福建日报》的记者对此进行了调查解读。

如今，两年过去，“医药分离”的效果如何？记者近日前往南浦卫生院调查发现，新的机制让卫生院、药企以及当地群众普遍受益，但囿于客观条件，受益程度有限。

“我减轻了很大的负担，药品这一块现在不用考虑。”卫生院院长林少华首先提到此点。他说，过去，他既要负责联系医药公司进药，又要负责交接账目，还要负责人员管理等，而做这些，对医院整体收益却毫无增进，因为药品收入仅够支付

药房工作人员的工资，有时候还不够。如今，这一块由健民公司负责，“我不要花那么大的精力在这上面”。

与这一“减”相应的是两“增”——卫生院门诊量从过去的每个月700人次上升至1 000人次左右，诊疗费也相应增至每月七八千元。“门诊量和收入有很大的增加是不可能的，因为我们南浦乡人口较少。”林少华说，因为药价降低，患者比以前更愿意到卫生院来看病，同时，剥离了药房后，医院反而将主要精力集中到提高医疗水平上，新增了中医正骨、收费性的疫苗注射等项目，这些都促进了门诊量和收入的增加，如开展的狂犬疫苗、丙肝疫苗等防疫项目，每年收入就有1万多元。

原先的药房（现在的药店）的变化，无疑是最大的。健民医药公司董事长徐惠添介绍，现在药品种类已从以前的500多种增加到1 000多种，医生、患者的选择余地更大了。此外，因为进货中间环节减少，流通成本降低，药价普遍降低了5%以上。

低廉的收费直接让患者受益。记者采访期间，南浦乡龙桥村49岁的徐跃进正在看病，他因不慎从二层楼上摔下，造成手臂骨折、脸部受伤。赵冠雄医生介绍，他痊愈需要40天，在这里看只要600多元，到县城医院看至少要1 500多元。“他输的液、贴的膏直接从健民药店拿，比县城要便宜一些。”

对健民公司来说，虽然药价下降，但由于门诊量增加，药品销售额却从原来平均每天100多元上升到现在的600多元。加上向南浦乡其他药店、村卫生所配送药品，健民药店1个月的药品流通额为4万多元。

转制带来的最明显的变化体现在药房的工作人员身上。一直在药房工作的张秀碧说，现在不用担心工资“打折”了，而且每个月还可以拿到100多元的奖金，一个月能比以前多挣四五百元。

……

然而，不无尴尬的是，两年多来，南浦的试点仅是试点而已，至今尚未在漳浦县以及漳州市其他地方推广。“星星之火，难以燎原。”为什么两年时间试点做法推广不到另一个地方，至少是另一个乡镇卫生院？未来还有没有推广的可能性？对于这些令人思索的问题，记者接触的业内多方人士给出了不同的解答。

漳浦县药监局纪检组长王志伟认为，推行医药分离是一大趋势，有其实在意义，但就目前的现实状况来说，在乡镇卫生院推行的可能性更大，因为它们的规模相对较小，操作起来相对容易。南浦的试点到目前为止较为平稳，这与其覆盖人口少、规模较小、原本效益不佳等有较大关系。而对于在县级以上医院推行医药分离，还有待进一步探索，因为这牵涉到财政投入及医院转制等诸多问题，不是一时能解决得了的。

健民医药连锁有限公司董事长徐惠添则认为，医药分离可以普遍推开，至少中等医院以下如乡镇卫生院可以适用。他经过测算认为，在不求以药养医的前提下，剥离药品收入依靠诊疗收入在小规模的医院完全可以运转。至于目前普遍存在的以药养医现象，他认为是特殊的体制造成的，其中的很多利润被中间环节“截留”了。

为证明自己的判断符合实际，徐惠添甚至搞起“实验”，去年筹办起漳浦首家便民医院——健民医院，“看看如果不以药品作为主要收入来源，医院能不能活下去”。……

据徐惠添介绍，近一年时间，主要依靠诊疗收入的健民医院完全可以运转，扣完税，刚好够发工资，剩下一点钱，今年还给医院添置了B超和X光机。

……对“医药分离”，漳浦县卫生部门有关人士则提供了另一种看法。

漳浦县卫生局副局长许炳根认为，南浦卫生院推行医药分离有实在成效，但因其人口少、规模小等特殊缘由，对在基层卫生院普遍推行医药分离，则尚需探讨，因为“实际意义不是特别大”。

他分析说，因为农村群众的实际承受能力有限，以及相比于城市更贴近的人际关系等因素，乡镇卫生院开大处方、拿回扣等现象相对较少，“四邻乡镇都是熟人，你开的药太贵了，他们买不起，也不答应”，由此，乡镇卫生院的药品价格一般不会太高，降价的幅度也较为有限……

因此，许炳根认为，医药分离在县级以上医院推行的意义更大，因为在这些医院，药品收入几乎占整体收入的一半以上，且因中间环节过多，药品价格“虚高”现象突出，降价的空间较大。而且，开大处方、吃回扣在大医院存在的可能性更大。

然而，对于推行时机，许炳根认为目前还不具备条件，如果现今普遍存在的“以药养医”等运转机制不能改变，那么推行医药分离几无可能。因为药品收入占医院整体收入一半以上，如果这一大块的收入被砍掉，那么必须要有另外一条足以弥补的渠道。谁来弥补？

……

许炳根认为，医药分离不仅仅是两者分开就完事了，它的推行涉及到整个医院的运转体制，这一体制问题解决不好，推行起来难度较大。若要推行，首先要解决医院以及医生的“保障”问题。现有情况下，通过有效降低虚高药价，可能比推行医药分离，对大局更为有利。

他认为，在乡镇卫生院推行医药分离，与在农村推行新型合作医疗相比，后者给农民带来的好处更多，可以在相当程度上缓解看病难、看病贵等问题，因此，他们目前在农村的工作重点放在推行新型农村合作医疗上。

（福建日报，2006－12－04）

“医药分离”是媒体近年来对“看病难、看病贵”不断呼吁的一个话题，这个话题被不断重复后，一部分受众即产生了一个印象：好像医药一分离，药价就会降低，看病难这个问题就会迎刃而解。

问题是否这样简单？这么简单的事为什么有关方面不抓紧去做？对一个实行了两年多的“医药分离”试点的调查，有着一定的“样本”意义。记者以客观的态度，对各方利益攸关者进行了采访，并将卫生院、医药公司、药监局、卫生局等各方的态度客观地陈述出来，看完了这条新闻解读，相信读者对“医药分离”改革为什么有难度，看病难、看病贵问题的出路在哪里，都会有一个新的判断。记者在这里没有强加上自己的观点，没有为自己的观点贴上标签，为什么读者会有自己的判断，这就是客观陈述的力量。

3. 以事实为依据，进行适当议论

- 可以适当地议论，前提是以事实为依据，关键是把握好客观解释与主观议论在稿件中的运用
- 专家访谈和记者手记都代表着一种意见，对事件的感受、评论、呼吁，将使解读更有力度

还有一些专家，他们与事件离得比较远，掌握的信息不如管理者全面，但在某些领域却有着一定的研究，他们的发言也具有权威性，我们的报道还用不用他们的意见？或者说，新闻解读能否运用专家的意见进行议论，用专家的意见会不会违反新闻客观性的原则。

在新闻实践中，许多记者都会请专家进行新闻解读，实际效果有的确实不错。除了专家意见，记者的观点呢？它能不能见之于报道？按照以往的理念，记者是不应在报道中直接阐明自己的观点的。但这一点，其实也已经突破了。如今在西方通讯社播发的消息、通讯和综述等报道中，主观的分析常常会出现，有时甚至不可或缺。比如，美国总统布什 2006 年年初发表国情咨文后，世界各国的主流媒体都作了报道。德新社报道的导语中就开门见山地写

道："布什总统的国情咨文表明，他比以前更处于守势地位，跟去年那种强有力的演讲和提出大量行动建议的做法形成鲜明对比。"显然，德国记者在消息的开头就使用了新闻分析的手法，点明了当年布什总统国情咨文的独特之处。法新社消息则在导语之后写道："媒体认为，布什昨天发表的年度国情咨文让人看到，一位受到削弱的总统偏离了他在过去岁月里采取的那种强硬态度。"这段话也采用了典型的新闻分析句式。"按照传统的新闻写作理论，上述两则消息中的'直接表态'是十分忌讳的，但是，这种'现象'如今却越来越普遍，而且也满足了读者的需求。"[1]

关键是要把握好客观解释与主观议论在稿件中的运用。"在这方面，西方学者也有不同的看法，有人认为解释性稿件不允许有议论，有的则认为既然是解释就会有议论，议论是解释性稿件的一部分。新闻报道同其他事情一样，都不能绝对化，即使在一般的新闻中，除了新闻事实外，也可以适当的议论，但前提是以事实为依据，通过对事实的综合分析和议论，达到解释的目的。这里所讲的议论一般不是记者自己的议论，而应该是通过旁征博引，获得比较权威的议论，特别是有关专家、与事件有直接关系的人的话或观点来达到。"[2]

现在，我们可以在不少版面上见到专家访谈以及记者手记等栏目，当然，这些访谈和手记都是主体报道的延伸，它们依附于主体报道之后。很显然，专家访谈代表着一种意见，它可以是对事件本身的评论，也可以是对事件未来发展的预测；记者手记也代表着一种意见，它可以是记者对事件采访中的一些感受，也可以是记者对采访事件本身的一种冷静思考、深刻反思，或者是一种呼吁，使得解读更有力度。

---

[1]　丁刚．谁的声音——全球传媒的话语权之争［J］．新闻记者，2007（12）．

[2]　马胜荣，薛群．描述世界——国际新闻采访与写作［M］．北京：新华出版社，2004：437．

再看看《杨扬农民工生存调查》这一报道。在第一章，我们举了上篇的例子。2007年3月21日，福建日报《西岸观察》版又刊发出下篇，主要讲的是2007年春节，杨扬的调查还在进行，尽管那份关注与改善农民工现状的提案获得了认同，但是杨扬并不认为她的调查已经完成，农民工怎么返乡过年，怎么留在城里过年，这些也是她关心的。记者黄建林在主体报道之后，又有两个延伸解读，一是专家访谈，二是记者观点，既立足于报道事实，又跳出新闻事实本身，从而使得报道成为一个全方位的、立体式的报道。

延伸解读一：专家访谈

责任意识萌于底层情怀

——法学博士游劝荣访谈

记者：杨扬如此“卧底体验打工生活”，作为法学博士，您有什么直观的感受?

游劝荣：非常不容易。一个中学女教师，课堂之余，自费对该县农民工问题进行如此深入的体验，这不是一般人所能做到的。人大代表、政协委员一般都是从自己所在的社区、行业出发，搜集和整理建议、意见，把这一点做好，就是一个称职的代表和委员。杨扬从自己班上学生的家庭状况入手，引申出了一个具有难度和挑战意义的课题，可以说，她具有比较宽广的视野。

记者：实际上，农民工问题，政府十分重视，学者们也投入大量精力作调研，但一个基层的政协委员自费做这些，正如你刚才所说的，还是比较少见的。与农民一样，农民工也处于社会的底层，我们是否可以说她具有比较强烈的底层情怀?

游：对，底层情怀。如果她没有这种底层情怀，她就不可能做这样的“卧底”体验，进行了一年多的调查，还写了一个十分有分量的提案。正是她具有这种底层情怀，她才能将眼界放宽，有如此敏锐的观察。在我看来，杨扬通过追踪自己父老乡亲在外地务工的酸甜苦辣，她实际上抓住了当前农村发展中的一些关键问题。她完全跨越了自己的生活圈子，突破了本行业的考察范围。

记者：这种底层情怀最终激发了她的责任意识，作为一个政协委员的责任意识。

游：确实如此，作为一个观察者，你能从她那份沉甸甸的提案中体会到她的那种责任感。尽管我可能未必完全赞成她的建议和意见，但我还是为她这种执著和深入思考问题的精神所感动。你还可以发现，尽管她在“卧底”时有许多辛酸的体验，但她的这个提案，还是立足于当地的实际，立足于“我们能做什么”，而不是苛求别的什么东西，这是一种非常理性的精神。但我还要说一句：农民工输出地与输入地政府之间确实需要一个有效的沟通与协调机制，而且农民工缺乏一个坚强有力的自身代言人。而杨扬的这种行为，实际上是充当了政和县外出农民工的利益代言人的角色。从整体上来讲，外出打工者是一个弱势群体，他们有自己的利益诉求，只是他们的利益诉求没有一个畅通的表达渠道。如果有更多的“杨扬”出现，当前农民工缺乏代言人的这种情况一定会得到改善的。

延伸解读二：记者观点（也可以是记者手记、记者感言等形式）

仅仅“善待”还不够

在今年的全国“两会”上，农民工问题再度成为代表委员关注的热点话题。会场上，他们为改善农民工待遇呼吁；会场外，他们和杨扬一样，到劳务市场、建筑工地看望农民工，进行调研。而此前，北京市长王岐山在参加北京市“两会”座谈会时更是说了一番引起巨大反响的话：“北京有几百万农民工，他们抛家离子，在这里干活，雪里来，雨里去……大城市很繁华，农民工却不能很快融入其中，他们参与不到社会中来。我们要善待他们，我们离不开他们。”

事实上，正如杨扬调查所显示的那样，这些城市“离不开”、需要“善待”的农民工们处于一个尴尬的境地：他们有着农民的身份，却远离土地，在城市里生活和工作，却不享受城市的各种福利；他们倾力创造城市的明天，自身的权益却难以得到充分有效的保障；他们拥有宪法赋予的平等权利，但在现实中却可能得不到伸张。这样一个群体游离在城市边缘，缺乏社会归属感。这一群体的实际存在，对于和谐社会的创建来说，当然是一个很大的难题。

于是，“要善待农民工”、“善待农民工就是善待我们自己”这一类的吁求不断，而且日益高涨。从目前来看，与农民工有关的某些问题似乎还难以根本解决，如城乡户籍差异、子女教育等，但各级政府为农民工谋取福祉的努力始终没有停止。近年来，几乎所有的城市都掀起过为农民工维权的浪潮，政府机关、司法部门以各种方式帮助农民工讨薪，试图确保他们的劳动收益。除此之外，舆论对“血汗工厂”的讨伐，对提高农民工待遇的不懈呼吁，也多少改变了农民工收益过于低下的境遇。在不少大中城市，农民工子女的教育问题逐渐得到重视，打工子弟学校的法律地位有所改变，农民工子女的借读费也受到了严格的限制。

但我们不得不承认的是，我们做得还很不够，离解决农民工问题还有相当的距离。事实上，“善待农民工”本身就是一个值得辩证思考的问题。农民工之所以需要城市的“善待”，正是由于他们还没有得到法律的平等对待和保护，诸种法律权利的虚置使他们成为一个缺乏自我保护能力的群体，他们并不能利用法律赋予自己的权利自足地保护自己，只能被动地看城市的脸色，等着别人的恩赐。

因此，推动农民工问题的解决就不仅仅是只有“善待”二字。如果法律能够充分保障他们应该享受的基本权利和福利，平等地保护着他们的利益，他们也就不必被动地等着别人的善待——从本质上讲，农民工问题就是一个社会公平问题。

独特的社会进程决定了农民工在中国的长期存在，但是，农民工处于社会底层的现实却在不断改观，这依赖于社会共识与制度建设的良性互动。从长远来看，随着户籍制度改革的推进、农民工加入工会的普及，农民工的尴尬历史迟早会终结，那将意味着城乡一体化的初步实现，也意味着公民平等权的实现——而这也意味着，在当下，不仅仅是政府，全社会都有责任来推动这种社会公平的实现。

（记者　黄建林）

这个例子告诉我们，专家访谈和记者手记使报道的内涵与外延得到了扩展，尽管它显示出新闻报道的倾向性，但这种倾向性起于再现事实，这种具有个人见解和感情色彩的话语与客观事实相辅相成，从某种意义上理解，它也属于“客观陈述”。

实际上，近年来，新闻解读的手段不断翻新，只要我们稍加关注，无论是平面媒体，还是广播电视，或是互联网，各种形式层出不穷，而且相互间的借鉴比任何时候都积极。

一位西方新闻学专家如是说：“读者不仅要知道是什么、为什么，还想知道未来将怎样。”这里包含三层意思：第一，是什么，即对新闻事件客观真实的报道；第二，为什么，即分析、解释新闻事件的起因缘由等；第三，未来会怎样，即对新闻事件发展趋势及影响的前瞻性分析。新闻媒体需要的背后，其实就是社会的需要。随着社会发展的加快，世界日益缤纷多彩，信息爆炸令人目不暇接，人们不仅要了解信息，更要了解看法和见解，以决定自己的态度和行为。应该说，新闻媒体的需要，受众的需要，归根到底是社会的需要。

随着社会的需要不断迈向深层，作为舆论引导的主渠道，新闻媒体要在大量提供新闻信息的同时，向受众提供思想、观点和见解，这是新闻媒体体现权威性的重要标志。

5 CHAPTER 第五章 故事与解读互动

新闻是一种眼光，而眼光是否犀利，体现在对新闻解读的实际能力上。

从方法论的角度来说，新闻学是一门选择的科学。在诸多的事实中，为什么报道这个事实？一个事实有多个侧面，为什么报道这个侧面？一个事实中蕴含着诸多含义，为什么选择这个含义？这背后都有新闻媒介、新闻从业者个人及其背后所代表力量的意愿和标准价值。记者对这个事实、这个侧面、这个含义的报道过程，就是对所代表力量的意愿和核心价值的解读过程。

因此，对解读的理解，切不要只把它与数据、意见等相提并论。我们写时政社会新闻、经济文化新闻，写话题新闻，用故事的形式、评论的形式来说新闻、写新闻，甚至于用图片来反映新闻，实际上做的都是一种新闻解读。一方面，我们要遵循新闻的客观性规律；另一方面，我们还要挑战纯客观。

《时代》是美国最大也是历史最悠久的新闻周刊之一，它由亨利·卢斯和他的伙伴布里顿·哈顿于 1923 年创办。卢斯成长的年代，正是美国开始在世界扩张的年代。他是和美国的扩张主义政策一起成长的，成为最早提出“20 世纪是美国世纪”的人士之一。

卢斯以殉道者的激情推销“美国精神”和他的《时代》。他首创了利用自己的周刊，为政界、财界要人制作封面报道的做法，并将封面像的原件加框，举行仪式，赠予对方。1929 年起，《时代》周刊又首创了一年一度的《时代》风云人物，将当年最符合卢斯“美国精神”的人物，在新的一年第一期《时代》以封面报道重点介绍。

卢斯的政治倾向十分鲜明，但他很懂得读者心理和新闻报道技巧。他绝不让《时代》以赤裸裸的政治口号使读者反感厌倦，而是将观点包在大量精心编排的信息中，让读者在不知不觉中接受，被称为“以极其巧妙的新闻手段为明确的政治主张完美服务的典型”[1]。

“润物细无声”，《时代》的读者多为受过良好教育的中产阶级和知识阶层，这些人对赤裸裸的宣传十分厌恶。鉴于此，《时代》对“美国精神”的宣扬，对非“美国精神”的贬斥和打击，都以新闻的语言和新闻报道的手法来表现，显得很客观。它不是居高临下地拿大道理向读者说教，而是注重用事实打动读者，只不过这事实的取舍和编排颇具匠心，往往不着痕迹地引导读者得出编辑们准备好的结论。这种传播手段，比生硬的灌输更有成效。

“用事实说话”，是我们新闻界的一句格言。用事实说话，要求记者通过对事实的报道，向受众传递信息，而不是居高临下，让读者“敬而远之”。怎么用事实说话，形式很多，手段也很多，可以是图片，是数据，是背景，是意见，是故事，而新闻故事与解读互动作品总是更受读者的欢迎。

我们一位年轻记者被安排采写一位社区女党员。初稿中，诸如她的胸襟“大到足够装下一个社区上万人”之类的概念太多，小标题“最真实的爱”、“认真的女人最美丽”、“巾帼不让须眉”也很空泛。经过编辑指点，记者进行了修改，小标题也换成“察看危楼，她道出一句感慨”、“检查卫生，她淌下一脸汗水”、“牵头

[1] 熊蕾．赞赏与遗憾——我看美国新闻媒介//顾耀铭．我看美国媒体［M］．北京：新华出版社，2000：153.

协商，她发出一声厉喝”。事后，他明白了两点：一是记者要将思想观点藏在精心选择的事实里，不能贴标签式地外加上去，用空洞的议论淹没事实，用笼统的叙述代替事实，这违反了新闻写作的规律；二是新闻写作的可读性要求“具体”，要用形象的、可感性的事实说话，若仅有抽象、概括的材料，读者阅读起来会感到吃力，“具体”既要求选题角度和报道内容要具体，还要求叙述和情节要具体。他说：“也正是编辑的‘细节要具体’这句话，让我找到了修改文章的切入点。”

第一节　时政社会新闻

作为时政报道的记者，我们经常执行着一个个普通的报道任务，比如去报道一些会议，包括政府部门的会议、名人演讲会、新闻发布会以及社区、行业里的会议；去报道人物活动，包括一些领导人或者名人的活动。这些会议和活动，有些很琐碎，有些却很重要；有些很沉闷，有些却很活泼。

不管怎样，我们都要竭力地挖出一些东西来。最好是既告知读者有关会议或活动的信息，又能挖出一些生动的故事，还要解读其中的一些重要内容。但翻开报纸，能这样做的记者确实太少。许多时政报道可读性差，宣传味浓，套话多，这应该是当今读者最直接的批评。下面转抄的这条“爆笑稿件”，却是现实生活中的新闻“标准件”。

在全会上，某某书记以《求真务实，埋头苦干，为实现我市新的跨越夯实基础》为题，作了重要讲话。

他指出，最近省委、省政府领导连续对我市发展提出新的要求，其中一个核心思想就是要求我们开阔视野，跳出本市，站在更高的起点，放眼更大的区域，审视自己并找准位置，成为区域经济的增长极。认真审视我市的发展，我们真切地感受到，与先进地方相比，我们还处在一个弱势的位置。看到差距的同时，我们也要看到，经过多年的积蓄发展，我们同样面临着许多独特的优势和发展机遇，而且经过方方面面的艰苦努力，这些千载难逢的机遇和沿海优势、区位优势、产业优势、港口优势正在一步步转化为发展强势。要大兴求真务实之风，全市上下就必须站在发展的前沿，登高望远，对我市发展进行全面真实的把握，进一步增强加快发展的紧迫感和使命感，树立发展的信心和勇气。

他指出，求真务实的真谛是实事求是，摸实情，干实事。……

他指出，要埋头苦干，为培育新的增长极奠定基础。……

他强调，要振奋精神，务求实现新的奋斗目标。……

他指出，要振奋精神，有所作为。……

他强调，要千方百计把精力集中到发展上，要结合保持共产党员先进性教育活动整改提高阶段的部署，真整真改，下大力气精简文山会海。……

会议确实很重要，关于差距，关于解放思想，关于新的增长极，等等，当地的干部群众不关心吗？我们可以作更多的新闻解读。但这不叫报道会议，而是抄袭讲话稿。报道这样写，读者自然不爱看。不爱看党报，不是党报不说真话，它说的是真话，但读者最不爱看的是宣传味太浓的真话。

僵硬的宣传模式，程式化、脸谱化的写作套路在麻木着受众，但我们可以改变，而且应当改变。

1. 会议与活动新闻

- 主要问题是大而空，写法僵硬，应从会议或活动中掏“金子”，给个故事或告知个性化的信息
- 只关注领导说什么，不太注意捕捉领导讲话中一些重点、活动中的一些细节，也是新闻通病

对会议与活动新闻的报道，最重要的就是解读相关的最重要信

息，但这些信息如何才能引起读者的关注，并达到最佳的效果？僵硬的宣传模式，读者不喜欢，只是客观地、静态地描述，效果肯定也达不到最佳。

1999 年 12 月 28 日，《福建日报》头题刊发的一组报道就是一个较好的掏“金子”范例。共两篇消息，一张图片，再加一个短评。消息之一《治水，省领导顶朔风挥汗》，系一篇领导人活动报道，说的是省委书记、代省长到莆田木兰溪参加水利建设义务劳动。消息之二《防火，县干部坐温室瞌睡》，系一篇会议报道，说的是副省长黄小晶在森林防火电视电话会上怒斥不正之风。消息之一是现场报道，有一定细节；消息之二则写得更活，虽然没有正面报道防火会议内容，但通过这个故事，交代了必须让广大读者了解的主要精神，在某种程度上超过了一般会议新闻的实际效果。记者吴育卿采写的报道如下：

> **本报讯**　12 月 27 日下午，在全省森林防火及冬季防火紧急电视电话会议上，副省长黄小晶为会风不正发了火，严肃地批评了极个别开会打瞌睡的干部。（导语很好，直奔事件，概括性强，本身就很吸引读者的眼球）
>
> 这次会议之所以“紧急”，是因为 1997 年、1998 年两年我省森林防火取得历史最好成绩，一些地方的领导产生了自满和松懈思想，致使今年我省火灾频发，防火形势严峻。（交代会议背景，写出省长发火的缘由）分管安全工作的副省长黄小晶为此心急如焚。电视电话会上，他表情严肃，语气也格外严厉。（人物描写，烘托背景）昨天的会议是电视电话会，各个会场的会风，全靠与会者的自觉，但有个别人另搞一套——你开你的会，我睡我的觉。黄小晶请电视监控室的同志把分会场的镜头扫描一遍，结果让他大为生气：光泽县只有 12 人在场，而且会场第一排最右边的一位老兄睡得正香。黄小晶不客气地批评了他。此兄边上的人听到省长的批评，忙用手推了推他，可这睡翁还在梦中，再推推，才醒过来。浦城县的会场，

只稀稀拉拉地来了7个人。黄小晶火了，当场与南平市分管安全工作的副市长廖荣元联系上，要求会后立即查清情况并上报。（白描，细节描写生动，用词简洁，也没有用任何的形容词）接着，黄小晶说："当前的防火形势如此严峻，省委、省政府十分重视，特意召开这次紧急会议，但今天这样的会风实在是让人担心哪！"黄副省长的担心不无道理，因为闽北正是我省森林防火最紧要的地区。（呼应会议的主题，进一步解读省长为什么担心。注：南平市通称闽北地区，光泽与浦城属南平市管辖）

特别难得的是，编辑部还为这一组报道配发了短评《展现什么样的公仆形象》，不仅有效地把两件事情的报道组合在一块，而且使得评论的旗帜更为鲜明，使故事的立意得到升华。短评如下：

水利建设与冬季防火，都是眼下要抓的工作重点，而且都事关老百姓的生命财产安危。可是，一边是省领导在水利建设工地上与群众一道挥锄掀土，迎着刺骨寒风挥汗如雨；一边是在省里召开的冬季防火紧急电话会议上，个别县干部却在舒适的电话会议室里打起瞌睡，沉醉梦乡，几推不醒。两种干部，展示了两种鲜明对比的形象。显然，老百姓欢迎的是挥汗如雨的人民公仆。而那些坐在温室中打瞌睡的干部，难道在老百姓这面"镜子"前不该感到脸红吗？

这样的会议新闻解读，读者看起来肯定会耳目一新，与常见的会议报道在写法上完全是两码事。既跳出了会议本身，又告知了会议本身的重要信息；既吸引了读者的眼球，又起到了很好的引导作用。

但是，类似这样的会议新闻报道不太多。反而是类似下面的报道模式更常见："某某部门，某日，某某地方，举行了某某大会。某某、某某、某某……领导人参加，某某领导主持了会议。某某、某某、某某领导向获奖代表颁奖。会上，某某领导发表了重要讲话。"或："某某领导人，某某日，在某某地方，会见了某某人，双方进行了亲切友好（或富有成效）的谈话。”还有就是穿靴戴帽的，如：“在……的指引下，”“……在……会议的指导下，……”

日久天长，这样的报道模式，只能是赶跑了读者。穆青在谈到新闻存在的通病时说：“在新闻语言方面，有些陈词滥调，实在不能容忍，套话术语太多。”[1]

可读性最差的新闻一定是严格按照宣传模式制造出来的。套话连篇，但我们却“似曾相识”。因此新闻报道就有了“标准的语言”，如：开会没有不隆重的；路线没有不正确的；决策没有不英明的；闭幕没有不胜利的；讲话没有不重要的；鼓掌没有不热烈的；领导没有不重视的；看望没有不亲切的；接见没有不亲自的；进展没有不顺利的；完成没有不圆满的；成就没有不巨大的；工作没有不扎实的；效率没有不显著的；决议没有不通过的；人心没有不振奋的；班子没有不团结的；群众没有不满意的；问题没有不解决的；完成没有不超额的；竣工没有不提前的；节日没有不祥和的……

一些会议确实很重要，一些领导人的活动确实也很重要，关键在于怎样报道，报道中使用什么样的语言。新闻是写给读者看的，它们既应符合相关的报道要求，也要高水平地照顾到读者的需要。新闻报道有指导工作的任务，但指导工作的要求见诸于报端，则需要使用读者喜闻乐见的形式和可读的形象化语言。

当然，作为党报，肩负着很重要的宣传任务。以《防火》这篇报道来说，对于广大的普通读者来说，这样写足够了。但作为机关报，还应当把省里关于冬季防火的要求报道出去。因此，当天的二版头题刊发了这个会议的常态的会议消息，肩题为“当前火灾形势严峻，省政府要求各地”，标题为《紧急行动起来，抓好防火工作》。这条消息也写得很短，没有陈词滥调，主要段落为有关火灾形势严峻的数字及情况分析、省政府的几点相关要求，简明扼

[1] 新闻与写作，1990（1）.

要。这条消息也仅几百个字，确实有别于现在一些会议报道。有些报道洋洋洒洒一两千字甚至更多，文中充斥着某领导指出、某领导强调、某领导最后强调指出等段落，文尾一大堆的与会领导名单，如此对会议精神进行解读，实在是不想让读者看了。但可怕的是，它竟成了一种范式。

这就给我们一个启示，在报道会议新闻时，我们可以根据报纸本身定位的需要，采取1+1+1的报道方式，比方说，可以有会议本身简要的消息报道，对于会议本身有亮点的事件可以单独成篇（也可以写个侧记、花絮），还可以适当地加个短评，使新闻语言得到更充分的表达，使新闻解读更有深度。同时，这样处理，也照顾到了不同读者群的需要。

值得一提的是，《防火》这一报道还与舆论监督、追踪报道挂起钩来了。次日，《福建日报》又在一版重要位置刊发了《防火》这一报道的追踪报道，这一报道由南平记者站发稿，题目是《正作风先正会风　振精神先整纪律　南平市就"12·27"会风问题举一反三抓整改》。为什么与会人员较少？他们都干什么去了？那名打瞌睡的干部是谁？他和无特殊原因未到会的人怎么处理？南平市会风如何整改？对这些问题的探究就由追踪报道来完成。可见，一些好的报道，还可能引发出好的追踪报道。很显然，这样舆论的效果也与众不同了。

一些会议或领导人活动，不仅可以挖到细节，还可以就会上看到、听到和想到的进一步挖掘，进行分析与解读。看新华社一篇报道：

新华社平壤6月14日专电　朝鲜领导人金正日和韩国总统金大中今天下午在百花园国宾馆举行第二次首脑会晤。这次会晤与昨天的会晤有一些不同之处。

首先是参加会晤的人员规模大为缩小。金正日和金大中昨天举行首次会晤时，金大中的正式随行人员数十人在座。但今天会晤时，参加的人只有朝鲜亚太和平委员会委员长金容淳和金大中的特别助理林东源、外交安保首席秘书黄源卓、经济首席秘书李基浩等寥寥数人。

第二个不同之处是，金正日昨天着一身夹克衫“人民服”，今天却身穿中山服饰的正装，与金大中隔着大型会谈桌相对而坐。昨天会谈时，两位领导人及其他与会者均在沙发上就座。因而，今天会晤的气氛较昨天的显得更为正式。

另外，今天与会者都准备了资料夹，这表明在今天的会谈中，双方将就更多的实际问题进行讨论。

会谈开始前，金正日与金大中进行了轻松愉快的谈话，席间不时爆发出爽朗的笑声。

昨天中午，金正日与刚刚抵达平壤的金大中在百花园国宾馆举行了近半个小时的首次会晤。朝鲜媒体报道了金正日前往机场迎接金大中的盛况，但对两位领导人在百花园举行的首次会晤未作任何报道。

这一报道通过记者的观察、解释、分析，避免落入会议新闻的“套路”，现场感强，分析到位，会议的实质性新闻点得以“突”出来，却没有与会者名单众多、讲话者滔滔不绝的问题，写得很活泼，很精彩。

对于一些领导人活动的报道，很多新闻只关注领导说什么，不太注意捕捉领导在活动中的一些细节，也是通病。还有些报道虽然也写了侧记，但写法平平，也不能让人过目不忘。

请看香港《南华早报》记者的报道：

朱总理从站在阳台上的老干部那里得到信息

本报讯　如果你想把信息反映给朱镕基总理，那你得有个大嗓门。

这样的大嗓门至少曾帮助过福州居民赵承耀的忙。

赵承耀是位退休老干部。上个月，他想把自己关于税收问题的意见反映给朱总理。

赵曾经给朱先生写过一封信，但是，就像数以万计的普通老百姓给国家领导人写信一样，他没有收到回信。

因此，当朱先生星期二来到赵承耀居住的福州扬桥新村，路过他家阳台的下面时，这位内蒙籍的退休会计师决定碰碰运气。

赵住在六楼。他从自己的阳台上向朱总理喊话。“朱总理，朱总理！”有个年轻人还帮他一起喊。

“总理，我能跟你说句话吗？”赵先生恳切地问道。

朱先生仰起头来，环顾四周，看到了那位满头白发的老人。

“讲讲吧，”总理一边笑，一边说。

“我给你写过一封信，您收到了没有？”赵先生问。

“什么信？”朱先生问。

“一封很重要的信，”赵先生说。看到站在朱总理周围的那么多干部，他感到有点不自在。“自上而下”同总理对话的人毕竟不多。

“什么时候寄的？”

“去年12月27日”。

“可我不知道你叫什么名字啊，”朱先生也提高了嗓门。

“我姓赵，叫赵承耀。”

“好，记住了，”朱先生说。“我查一查。”说完，又向老人挥了挥手，就走了下去。

据当地媒体报道，4个小时后，居委会的干部就拜访了赵先生，说他的信已经收妥。

那封信已经转到了国家税务总局。

但是，并非所有的大陆居民都能享受到赵先生受到的待遇，每天都有数以千计的上访信件寄到政府的信访处，其中大多数都被退了回去。

（南华早报，1999－01－22）

同一天，《福建日报》刊有一篇通讯《朱镕基考察福建慰问群众侧记》，但这个精彩的故事被湮没在一个小段落里。《南华早报》这样报道，总理的亲民形象一下子就给读者留下了很深印象。另外，重大的新闻事件采用的是故事中常用的对话来叙述，语言生动活泼。“如果你想把信息反映给朱镕基总理，那你得有个大嗓门。”故事一开头就吊足了人们的胃口。《南华早报》这篇短消息确实是令人过目难忘。

还有一类可称为政治新闻。1979 年 12 月 19 日，中美决定建立外交关系，台湾立刻处于漩涡之中，台北得到这个消息后，是怎么表现的？

美中建交震惊台北

美联社 12 月 19 日电　对于美国总统吉米·卡特突然决定承认北京一事，最感意外的莫过于他派驻台湾的大使。

上星期五，正当昂格尔大使兴致勃勃地参加美国商会举办的圣诞舞会时，一个助手要他去接电话。

这位个子矮小、皮肤黝黑、紧皱眉头的外交官离开舞厅的时间是夜间 11 时整。

他在四五分钟后回来时，原先情绪轻松的昂格尔像是变成了另外一个人。

当昂格尔和他的妻子钻进他们的黑色官方轿车时，他说：“但愿我听到的消息是错的。”

500 名客人中留下的一些人就大使的这番话进行了猜测，但是谁也没有料到这是华盛顿与北京建交。

昂格尔访问了总统府，并安排了星期六凌晨 2 时同蒋经国进行一次意义重大的会晤。

68 岁的蒋经国从床上被叫起来，穿着绿色灯芯绒上衣和便裤会见了他的仍穿着晚礼服的客人。蒋经国和他召来的一位部长默默地读着卡特的来信。

外交部长钱复后来说，蒋立即提出了抗议。

昂格尔说，他“记下了”总统的话，鞠了一个躬，离开了总统的住处。那时的时间是凌晨3时50分。

这条新闻的特点显而易见。它的导语就是对整个新闻的高度概括，着墨不多，而且卖了一个关子。它先把故事的梗概作了些许披露，却把事件发生的原因及其过程故意隐藏起来，以便吊起读者的胃口，激起他们求知的欲望。当读者被这个“闷葫芦”迷住之后，记者却又以一种平静的心态和笔触，按照事件发生、发展的时间顺序把故事逐渐展开，令读者就像观看戏剧一样，从幕启一直看到剧终，其间没有、也不可能有任何间歇或停顿。你想“中途退场”吗？几乎没有可能，因为强烈的故事性已经把你的身心抓住，令你欲罢不能。[1]

海外一些报道的写作方法确实值得我们借鉴，而根本的问题则在于实践理念上的差距。按新闻报道的要求采访新闻，按新闻报道的方法写作新闻，根据读者的需求提供新闻，不仅可以避免报道太硬，而且可以使其效果事半功倍。

2. 社会新闻

- 主要问题是，或把个体事件放大解读，或无中生有地另类解读，或异想天开地策划新闻事件
- 报道要立足于解疑释惑，提供正确意见；写作要尽量把观点隐藏在事实后面，在故事中解读

记者生活在社会当中，社会每天都发生着这样那样的事情，有的事情很小，有的事情很大，有的事情的发生是偶然的，有的事情的发生是突然的，有的事情的发生是个体的独立的事件，有的事情的发生背后有着必然的因素。

[1] 刘其中. 净语良言［M］. 北京：新华出版社，2003：29.

怎么选择这些事件？怎么报道这些事件？怎么解读这些事件？从大的方面来说，我们要把握一条：当前，构建和谐社会，推进社会主流价值观念的确立，促进政治民主化进程，我国新闻媒体任重道远。新闻媒体不是局外人，媒体是最活跃和最有生命力的参与建设者，担负党和人民的喉舌与桥梁纽带作用，同时又要成为一个重要的公众舆论平台。

但是，在社会新闻的报道中，恰恰较普遍地存在着一些问题。比如，或把个体事件放大解读，不断煽情；或把一些事件进行无中生有的另类解读；或异想天开地策划新闻事件以取得轰动效应，吸引眼球。我们在绪论和一些章节里的案例中，有不少是此类的社会新闻。

对社会新闻的选择，要立足于解疑释惑，提供正确的意见。一些报纸很喜欢报道哪里出车祸了，哪里发生火灾了，哪里失窃了，甚至于一些儿女情长的事情。此类新闻在一些市民报上见报率很高，而且版面上篇幅很大，图片也大，有的冠之以现场直击栏目，等等。如果仅仅报道这类琐碎的事情，那么记者这种职业真的只是谋生的手段而已，记者的价值也就无法得以体现。对于此类事情，有思想的记者的选择应当是：假如这类事情只是孤立的事件，别去采写；假如能从这类事情中剖析出有利于社会价值观构建的意见，通过报道能够给人以警醒，那么不仅可以报道，还可以使用舆论监督的工具。

比如，某段路发生了一起车祸，那是个别的事件，没有什么价值，而如果这段路经常发生车祸，那么记者就可以抓住一个契机深入报道——为什么会常发生车祸？

比如，某地发生了一起火灾，如果只是意外，没有特别的原因，不必报道，但如果火灾背后是因为一些隐患没有排除，那就可以深入挖掘，这会给人以警醒。

比如，每年的台风自然灾害都会给东南沿海一些地方造成很大损失，但每年受损的程度不一样，防抗的成效不一样，那么对于如何建立此类自然灾害的应急机制，记者也可以进行解读报道。

对社会新闻的写作，要尽量把观点隐藏在事实后面，在反映新闻事实的同时提出自己的见解，特别是在反映老百姓关注点这个层面上发出自己的声音。看看下面这篇报道。

京城公款钓鱼暗访记

新华社北京（1998年）10月27日电 记者最近到京城一些垂钓园暗访，发现不少地方有公款钓鱼的现象。

10月18日是星期日，上午9时许，记者来到位于北京房山区的某垂钓园。这时有20多个露天垂钓池和近千平方米的垂钓馆。垂钓部的一位女工作人员对记者说："我们这个垂钓园开放几年来一直很'火'，每天来的不是公款，就是大款。"

记者问："怎样才知道钓鱼的是公款？"

她说："自己花钱来的人少，一般是两三个人，只钓十几斤就走了。公款钓鱼常常成帮结队，一钓就是几十斤、数百斤。"

在鲤鱼、草鱼池旁，记者与一位带着小孩儿的女士攀谈。她说："我是和丈夫一起来的，他们机关一共来了14个人。"

垂钓园厅堂的墙上贴着12种鱼的价格表，每斤8元至30元不等。在收款台，记者与工作人员聊天，他说："垂钓园有12个垂钓池，这里能容纳上千人，最多时一天钓走上万斤鱼。"

记者问："结账时开什么票？"

他说："写餐费、食品、礼品都可以。写鱼的少，回去报销的都不让写鱼。"

一位戴着休闲帽的中年男子拎着鱼前来结账，记者看到他从工作人员手中取回的发票上写着“礼品”二字。

9月5日下午记者第一次来到这里时看到，收获甚丰的垂钓者们正拎着鱼过秤结账。有一个一行10余人的团体，共钓200多斤鱼，交了3 000多元钱。记者问其中一位中年女士：“花这么多钱钓鱼，承受得了吗?”她回答说：“反正回去报销。”

10月18日下午1时30分，记者来到位于亚运村的一家钓鱼俱乐部。记者问收银台的一位工作人员：“钓鱼给发票吗?”她回答：“给。想写什么就写什么。会议费也可以。你能报销，可以多写。”

这也是一篇社会新闻。记者之所以采写它，是因为当时确实存在这种社会现象，而且公款消费的问题也比较突出。还有一个背景就是，1998年9月，中共中央办公厅和国务院办公厅联合发出通知，要求坚决制止公款消费。那么有关方面实际执行得究竟如何?在通知下发不久，新华社记者从许多挥霍公款的行为中选择“钓鱼腐败”为切入点，多次进入北京的一些垂钓园进行暗访，结果发现公款钓鱼的问题依然严重存在。

全文仅760个字，没有记者一句议论，但揭露的事实却很有分量。通过记者与垂钓者、工作人员的一问一答，用事实揭露了存在的问题，而观点隐藏在事实后面，读者对这一社会现象自然有一个正确的结论。

第二节 经济民生新闻

如同会议新闻，我们的经济报道同样存在着模式化的问题。《讽刺与幽默》上曾发表一篇讽刺经济新闻模式化的作品：

在——以来的大好形势下，在——会议精神的鼓舞下，——党委认真贯彻执行——精神，组织党委一班人围绕——专题，反复学习了——文件。通过学习，深刻认识到——重要性，进一步明确了开展——的重要意义，从而大大增强了贯彻执行——的自觉性。在提高认识的基础上，他们针对本单位——的特点，狠抓了——工作，做到了——，从而有力推动了厂里的生产。到——为止，全厂已超额完成了——计划的百分之——，总产值达到——，比去年同期增长——。群众高兴地说：——。目前，——厂的干部群众正在成绩面前找差距，力争为——作出新的贡献。

这篇短文令人忍俊不禁，尽管有点夸张，而且随着新闻改革的不断深入，经济新闻千篇一律的问题已经有很大的改观，但不能说类似的问题不存在。在上一章里，我们举的《改革创新，永无止境》就存在类似的问题。

前些年，如何写好经济新闻，成为不少新闻研究刊物的热点话题。提出主要存在的问题有三点：大量的经济新闻是数字的罗列和一些抽象的趋向、预测等，让读者感觉乏味；大量的经济新闻常常就事论事，见物不见人，忽视人的思想、观念、情感，表现形式呆板，“内行不愿看，外行看不懂”，让读者感觉沉重；不少经济新闻常常随意采访业内的几个厂家，然后就是枯燥的分析和预言，没有现场，让读者感觉疑惑。

不少探讨文章呼吁，经济新闻要创新，要贴近读者，要善于抓经济发展中刚刚萌芽的社会苗头，要抓经济工作中大众关心的热点问题，要抓住经济变化中的新动向、新情况和新问题，要反映经济活动的复杂性和联系性，要揭露和批评经济活动中出现的问题，要抓住经济主体人的活动，要既见经济又见人，要扑下身子找“故事”，要在“无新闻”处挖新闻，等等。

有人说，经济是社会发展的发动机，因而经济新闻报道的重要性是不言而喻的。不论学者们怎么呼吁，我们认为，不外有两点要求，一是要见人见事，要找故事；二是要把握新的经济动向，剖析新的经济脉络，作好解读。因此，经济新闻一样离不开故事与解读互动的写作意识。

1. 经济新闻

- 经济新闻写作紧要的是，能否以小故事反映大题材，能否把堆砌的数字变成有趣可读的新闻
- 华尔街日报体从写与事件或问题相关的人入手，再转入主题，结尾强有力，提供了很好的范例

实际上，当我们审视当前的一些新闻报道，也许是因为这些年人们对故事的呼吁多了、对经济现象的解读要求多了的原因，一些报道的确有了人物，也有了观点。下面这篇文章是《福建日报》的通讯员写来的，对初学者会有借鉴意义。

“望天田”的“股份瓜”熟了

——仙游县张埔土地流转“流”出效益

本报讯（陈国孟） 最近，仙游县赖店镇张埔村原本沉寂的430多亩“望天田”沸腾了：每天都有来自上海、广东等地的五六位客商上门以每公斤1～1.2元高价抢购“黑美人”、“翠玲”、“惠玲”等台湾西瓜，而村民彭国锦等50多名以田地入股的小股东则忙着给200亩未成熟的夏瓜灌水、修剪。他们对笔者说：“今年多亏了种股份瓜，才使这430亩‘望天田’流转变成了‘增收田’!”

近几年来，张埔村村民彭国良、彭国四、郑泰福等一直外出租田种瓜，在瓜田管理、市场营销等方面积累了经验，成为村里的“瓜王”。今年年初，他们获悉村里有430亩“望天田”，大部分因田主外出而日渐抛荒，成了“绝收田”。三瓜王欣然回村，他们以每亩每年200元向200多户无劳力的村民

们转租田地300多亩，另外30多户有劳力的则允许他们以100多亩土地入股。

“望天田”实现有偿流转，成了“增收田”。在抛荒的“望天田”上打工的彭国锦等原来的田主日可赚到18~20元。另外，为了错开夏瓜集中上市时间，他们巧妙地分4批栽培市场看好的“黑美人”、“翠玲”、“惠玲”等台湾瓜。在瓜田管理中，他们采用地膜育苗、施农家肥、不喷剧毒农药等无公害生产，使得所产台湾瓜一上市就因口感好、甜度高等优点而深受各地消费者喜欢，眼下每天吸引上海、广东等地的新老客户纷纷赶来抢购。

据了解，目前他们已售出130亩早熟瓜近30万公斤，300多亩中晚熟的预计可采收近70万公斤，仅此每亩可获利1 000元。另外，他们还开始按订单种植秋瓜，为上海、广东等地酒家、舞厅和饭店等供应“精品瓜”。

（福建日报，2005-06-30）

这篇报道开篇用了小故事，让人看了很直观，也想知道这是怎么回事。过渡后，是新闻的大主题。2005年，是中央在时隔8年后，连续两年出台“一号文件”，强调的都是“三农”问题，目的是要扭转农业效益连年下降、农民种田积极性不高的现状。稳定农业生产、增加农民收入，是树立科学发展观、构建和谐社会的要求。这篇消息只有700字，但它却以故事的形式解释了一个大主题：农村实行联产承包责任制后，农民种田的积极性得到了一定的释放，但它还是个“小农经济”，难以承受市场的大风大浪。发展农业，根本出路在于规模化、产业化、科学化。让土地适当集中到一些“能人”手里，进行集约化经营，以此产生最大的经济效益，这是各地都在探索的问题；还有，随着农村部分劳动力转移到第二、三产业后，造成部分农田抛荒，如何实现闲置土地的合理流转，也是各地关注的问题。抛荒的“望天田”变成了“增收田”，小故事反映了大题材。

但是，一些报道以用数字代替“新闻”的现象仍比较普遍。特别是经济新闻报道中，谁都无法避开数字。但我们常常看到许多记者基本上就是把有关部门公布的数字，加上一个电头当新闻来发。上一章举过一个案例，2008 年 3 月 11 日国家统计局公布 2 月份 **CPI**，总经济师接受了新华社记者采访，起到了解疑释惑的作用。但 2007 年 3 月 11 日国家统计局公布 2 月份 **CPI**，记者没有跟进采访，留给读者的只是枯燥的数字。

2 月份 CPI 上涨 8.7%

新华社北京 3 月 11 电　据国家统计局 11 日发布的最新统计，今年前两个月累计，我国居民消费价格总水平同比上涨 7.9%。

其中，城市上涨 7.6%，农村上涨 8.5%；食品类上涨 20.7%，烟酒及用品类价格上涨 2.3%，衣着类价格下降 1.6%，家庭设备用品及维修服务价格上涨 2.1%，医疗保健及个人用品类价格上涨 3.2%，交通和通信类价格下降 1.2%，娱乐教育文化用品及服务类价格下降 0.6%，居住类价格上涨 6.4%。

我国居民消费价格总水平去年全年上涨 4.8%，月度最高涨幅为 6.9%。今年以来，由于受多重因素影响，1 月份上涨 7.1%，2 月份上涨 8.7%。

（新华每日电讯，2007 - 03 - 12）

多重因素是什么？不知道。物价涨落，攸关民众生活，发这样的新闻，记者根本用不着采访，也用不着动脑筋去谋篇布局、找背景、挖细节、写稿子，然而枯燥的数字却不是读者所喜欢的。

能不能把堆砌的数字变成有趣可读的新闻？看看美联社记者丹

尼斯·蒙哥马利的作品：

通货膨胀使语言和美元一道贬了值

比如说，你想形容某种东西的价格便宜得近乎荒唐，可以说它“不值粪土”。可是眼下土也并不便宜了。

负责修建六十四号州际公路的伊利诺斯州公路局官员说，1972 年，每方土的价格是 72 美分，去年猛增到 1 美元 30 分，上个月又增加到 1 美元 55 分。

“鸡饲料”过去是“便宜”的同义词，但是它的价格在两年间翻了一番。每包 100 磅的鸡饲料——这足够把一只小鸡养大——现在价格 9 美元半，这比一只鸡的价钱还要贵 7 美元。

美国有句成语：“不值一张大陆币。”

大陆会议发行了大量没有准备金的货币，造成了恶性通货膨胀，结果这些货币的价值比用以印刷它们的纸张还要低。但是由于通货膨胀，一张保存完好的 1776 年发行的大陆币最近两年从 15 美元上涨到 40 美元。

讲到印刷纸，好，就拿你手里的标准新闻纸来说吧，现在的价钱是每 100 磅 11 美元，而在 15 个月以前是 8 美元 50 美分。

要是你为某件事生了气，你可能这样说：“用炸药把它崩了。”去年以来，不同级别的炸药的价钱上涨了 22% 到 40%。现在每磅炸药价值 2 美元 3 美分，比一年前贵了 68 美分。

最后还有一句殖民主义者带来的土话：“还不如小炉匠的骂人话值钱。”现在小炉匠几乎绝迹了。不过在森特雷利亚恰恰有一个——他每干一小时活儿，收费 8 美元，每当这位小炉匠以充满感情的声调骂一句——比如说，他不慎用锤子砸了自己的手指，骂了 15 秒钟，那么，你就得为这句骂人话支付 2 美分半。

这样的写作手段就更加生动有趣了。记者把通货膨胀生硬的数字，变成生动有趣、耐人寻味的故事叙述。在这篇报道中，故事与解读都在那简洁明了的叙述当中，把新闻发布会上的通稿拿来是绝对编不出这样的稿子来的。

当然，这里所举的例子都是比较简单单一的例子。许多经济新闻可以写成深度调查报道、解释性报道。有经验的专业记者才能很好地驾驭深度报道的写作方法。但是，写作规律是相同的。其一，要做到通俗化，处理好经济新闻的专业性与写作的通俗性之间的关系，就是说要把比较专业的问题用通俗易懂的新闻语言讲出来，太多的专业术语不适用于新闻；其二，要与百姓生活结合起来，并且要有现场感，否则那只是经济界业内人士和经济专家关心的课题，引不起大众读者的关注；其三，要运用好对比手法，尽量穿插一些背景资料，增加一些解释性文字，帮助读者理解经济事件、经济现象，揭示其中的因果关系，使读者更易于理解和接受；其四，要处理好专家意见和相关数据，能说明问题就用，用好了能使报道更好地立足，能为你的解读添彩增色，但用不好也可能会让文章显得更加沉闷。这些，我们前面都谈论过，再提一提，是为了引起注意。

在经济新闻报道写作方面，华尔街日报式的写法为我们提供了很多范例，国内的很多优秀经济报道也为我们提供了很多好的范例。它从写与某事件或某问题有关联的人入手，逐步转入主题，进而一步步加以展开，最后出现一个强有力的结尾或一个总结性的阐述。它最大的特点是开头有一个引人入胜的故事，接着有一个过渡段落，告诉读者为什么要写这篇报道，最后的结尾很重要，必须强有力，给人以震撼。如果说它与倒金字塔的区别，主要也在开头和结尾。倒金字塔有一个简洁的导语，然后按重要性排列，结尾并不重要，报道的中间是主体部分；华尔街日报体与倒金字塔在行文上没有太多区别，都以重要性为原则来排列顺序。

2. 民生新闻

- 民生新闻涉及的范围很广，既有经济现象又有社会现象，而且大多以非事件性新闻的形式出现
- 用故事来解读民生新闻，更能吸引读者，同时能在不知不觉中引入新闻主题，实现平稳过渡

上面说的是传统的经济新闻报道，而随着时代的发展、社会的进步，民生新闻作为经济新闻或社会新闻的一种延伸，在媒体上所占的份额越来越大。在改革开放的年代里，民生问题成为经济社会与人的发展中的热点问题、难点问题，政府关注，群众关心，因此，如何写好民生新闻是记者生涯中面临的一个重要课题。

何谓民生新闻？目前没有一个统一的定义。“但就目前新闻传媒上出现的民生新闻来分析，所谓民生新闻，就是对最新的有关人民大众生计来源、生活质量、生存状况、情感困惑、生命安全及相关心态的事实报道。”[1] 民生新闻所涉及的范围很广，比如三农问题、教育问题、医疗问题、物价问题，等等，而且这些问题往往都是交织在一起的。我们怎么反映？先来看《福建日报》通讯员张久升的一篇稿件，应该会有所启发。

陪读，游走在城市和乡村之间

一所学校的背影

蕉城老区基点村霍童坑头，像许多村庄一样，一进村头，一座两层最漂亮的建筑就出现在眼前，那是学校。可正是上学时分，操场、教室却没有一个人影。“孩子们都到霍童镇和城关去了。孩子父母一方也一同陪着去了，一个家分成两个家，夫妻过着牛郎织女的生活。”村委会主任介绍着，像是给这寂静的学校连同一样安静的村庄作着解释。

---

[1] 刘保全. 民生新闻的特点、问题及对策 [J]. 传媒天地，2007 (12).

坑头小学许多年来一直是所完小，以前学生数不多，20世纪90年代，在老师们的多方动员下，很多原本辍学的孩子都上学了。“最多时全校有140多名学生，7名老师。”曾经在这里任教十多年后如今已在镇上工作的林甘容老师犹记得当时学校的繁荣。可到了2002年，就有四、五年级的学生到山下读书。原本的完小校只办了1～3年段，也就一二十个学生，老师也少了，又回到了80年代的复式班教学。2004年9月，学校不再开学了，这座由市交通局捐建的学校只用了两年多。

像坑头小学这样随着学生数的减少而逐渐消亡的小学并不是特例。随着产业结构调整，许多农民离开他们赖以生存的土地涌向城市，农村人口在不断减少。山村小学校的撤并成了大势所趋。据了解，近年来蕉城区撤并农村小学教学点146个，“个别地方新的教学楼竣工之日就是学生流失学校关门之时”。在一次教育工作大会上，有人用此话道出农村偏远山村小学的尴尬现状。

一个母亲的守望

不到下午四时，张巧清就来到蕉城四小的校门口引颈张望。尚未打开的校门内，有她两个可爱的儿女，每天放学后牵着一双儿女在迷宫一样的小巷里穿行，听着他们关于学校的种种“新闻”，不过十分钟的光景就到家了。

家，其实是张巧清夫妇用多年的积蓄典来的两间半住房。张一家是漳湾镇仓西村人，张的丈夫是村医。初中毕业的夫妇在小村同辈人中算是“知识分子”了。也许缘于此，在他们的第二个孩子也要上一年级时，夫妇俩作了一个重大的决定——送孩子到条件好的城关读书，虽然他们村小学并没有被撤并。经熟人介绍，他们在四小后面的小巷里典下了这一住所，虽然窄小，但有厨房有卫生间，最重要的是离学校近，交了借读费，两个孩子也顺利进了四小，从此，一家就开始分居两地的生活。

毕竟城里的学校环境好，教学气氛浓，两个孩子很快适应了这里的生活，成绩也提高很快。张巧清除了买菜、煮饭、洗衣，照顾孩子的生活起居之外，闲时就随意穿大街走小巷，巴望孩子们的回来，等待着快乐的“星期五”。星期五下午，等孩子们放学，母子三人就坐车回漳湾仓西的家，那里也有同样等待他们的父亲。

“六年之后呢?”面对这个问题，也许张巧清已经想过却没有肯定的答案：“如果城关中学肯收孩子（孩子户口在漳湾），那就继续念，高价负担不起，只好回去了。”

“有没有想到让一家子都到城关呢?”“那是没法的事，来城里他爸去哪儿开诊所呢，店租都很难负担。”淳朴的张巧清艰涩地笑着说，已经熟悉了城市的陪读生活，可城市对她却那么遥远。

陪读现象的背后

不管是像张巧清一样为了不让孩子输在起跑线上也好，还是撤点并校后不得不背井离乡到或近或远的集镇或县城读书，有多少这样的孩子，就有一定比例的陪读家长。“陪读”的现象是现实社会多种原因交织而成的，但有一点不容置疑，城乡教育差别令人不得不做出这种付出代价的选择。

蕉城区教委主任张蕉生坦言，陪读现象折射出城乡教育差别，让农村学生也享受均等的受教育权利，是解决问题的关键所在。目前城区学校已在送教下乡方面做出尝试。通过名校拉动、名师推动等形式提高乡村学校教学水准。从现实来看，撤点并校也是为了优化整合教育资源。目前的问题是镇中心学校普遍不具备寄宿能力，今后几年要逐步把乡镇中小学办成寄宿制学校。

看来，实现“双高普九”的重点和难点都在农村，各级各部门一定要把农村教育作为重中之重来抓。

对于日益庞大的陪读一族，福州大学人文社会学院的陈兆曼老师从社会学的角度认为，这种子女求学父母陪读促进了人口的迁移，加快了城市化进程，有其进步的一面；但由于他们来自农村，在城里很难找到工作或只能从事底层职业，最后往往难以在城市立足。从另一方面看，对孩子送城里寄读家长陪读，农村家庭应量力而行，不可盲目跟风。不仅经济基础上要量力而行，对孩子学习上也应量力而行，否则孩子会因为城里学习竞争激烈、压力大而遭遇挫败感，容易被边缘化，从而背离了家长陪读的初衷。

当然，陪读家长翘首盼望的，是城乡教育均衡的早一天到来。

（福建日报，2006－01－11）

这是一篇民生新闻。以作者采写的这篇报道为例，可以说，相当多的民生新闻既与经济新闻有关，又与社会新闻有关，它可以是事件性新闻，也可以是非事件性新闻。在大多数情况下，它不一定是时效性很强的事件新闻，而是非事件性新闻。

非事件性新闻一般是通过对某一事实或现象的分析比较、归纳综合，或揭示某一问题，或阐明某一观点。但我们说过，非事件性新闻也要落地。《陪读》这篇报道就落了地。“一个母亲的守望”，故事生动，耐人寻味，而对陪读现象背后的解读，针对性很强。

城乡教育资源分配不均，农村小学面临“空心化”，这是长期存在的城乡差别带来的日益严峻的后果，这种现象比较普遍地存在着，因此它有报道价值。在报道方式上，可以用调查数据来体现，也可以用诸如来信的形式进行呼吁，但这样的表达方式显然缺乏“新”意。这篇报道的作者，没有拘泥于非事件性报道的常规，而是用故事的形式对此问题进行剖析，可读性就比较强。

文章开头，作者款款写来：“一进村头，一座两层最漂亮的建筑就出现在眼前，那是学校。可正是上学时分，操场、教室却没有一个人影。”对一个反差的描述，带出了一个悬念——为什么上学时间学校却没有人呢？村主任的一番话解释了这一反常现象，作者随后就以这所乡村小学为样本，用事实剖析了农村小学“空心化”现象背后的真正原因。

“软些，软些，再软些。”这是著名报人赵超构20世纪50年代就如何提高报纸可读性说过的一句话。城乡教育差距是一个大问题，是一个硬问题。在“一个母亲的守望”一节中，作者巧妙地截取了学校放学情景中出现的细节，用温存的对话、细腻的笔触，道出了众多农村学生与家长的愿望与无奈。“‘有没想到让一家子都来城关呢?’‘那是没法的事，来城里他爸去哪儿开诊所呢，店租都很难负担。’淳朴的张巧清艰涩地笑着说，已然熟悉了城市的陪读生活，可城市对她却那么遥远。”不到75个字的叙述，准确地传递出张巧清心中的酸楚。作者不仅用眼睛从寻常的生活场景中寻找到不为人关注的细节，更是用心去感受采访对象的内心，这样有细节、有故事的报道，绝不会是冷冰冰的。

用故事来解读某一个事件、问题，会使新闻更有趣味性，引人入胜，抓住读者，而且能在不知不觉中把读者引入新闻的大主题，实现平稳过渡。该报道的最后一节“陪读现象的背后”所作的解读，所写的官员、专家以至作者的意见，都有了立足点。

因为写了这个故事，这个普遍的“陪读”现象解读获得了个性化的魅力，一开始就紧紧抓住受众的注意力，而其中的戏剧性情节和细节又激起受众的兴趣。曾获得普利策新闻奖的美国记者富兰克林说：“用故事化手法写新闻，就是采用对话、描写、场景设置等，细致入微地展现事件中的情节和细节，突现事件中隐含的能够让人产生兴奋感、富有戏剧性的故事。”[1]

---

[1] 刘寒娥，张丽萍. 故事化——新闻写作的一种思路［N］. 中华新闻报，2003-07-08.

但是，相当一些民生新闻并不生动，主要问题是做不到个性化，即使有故事也是苍白的。主要是写作思想上有问题，不是采用以故事体验为切入点来报道新闻事件、解释新闻现象的写作方法，而是采用为了宣扬某种政绩或证明某种观点而去寻找事实报道的“穿靴戴帽”式的写作方法。简单地说，就是观点加例子。下面两条新闻稿是2008年全国“两会”期间从报社电稿库中摘出来的。

“今年上学，不交一分钱”

（某县）20村实现农村小学免费义务教育

本报讯“政府减免学杂费、课本费，村委会代缴簿籍费，如今，村里的小学生上学不用交一分钱。”新学期伊始，（某县）鲤南镇仙安村的李美姐如期来到鲤南中心小学为她的儿子陈楠上学注册，没想到收到了这份意外的惊喜。和陈楠一样，今年春季开学，该县的20个村用村财为当地的5 800名小学生共计46 400元的簿籍费埋了单。这样一来，这些小学生实现了真正意义上的农村免费义务教育。

据介绍，全县最早实现农村免费义务教育的学校是鲤南镇西埔村第二道德小学。前年，西埔村在大力发展经济的同时，多方筹资改善村小学的办学条件，并率先在“两免一补”的基础上，由村委会出资支付在本村小学就读的所有小学生的簿籍费。三年来，该村累计为1 800人次的小学生减免簿籍费14 000多元。今年，“西埔效应”迅速扩大到全镇的17个村，辖区内18所的4 126名小学生全部实现农村小学免费义务教育，成为该县首个农村小学义务教育免费镇。“人均8元的簿籍费虽然不多，但说明了这样一个道理：近年来，在群众的支持下，鲤南经济发展较快。当地党委、政府认识到，发展成果也理应由群众共享，从而下决心把这件为民的实事办好。”镇领导林艳表如是说。

国家“两免一补”的惠民政策也激发了当地企业家的捐资助学热情。佳兴物资开发利用公司董事长郑国民捐款7 000元，为郊尾镇埕边小学的800余名小学生赞助簿籍费。另据了解，度尾镇洋坂村和大济镇蒲山村也分别为当地的900名学生资助簿籍费。

首先，陈楠这个人物对于报道没有个性，因而也没有意义。其次，个别乡镇的小学，用村财为小学生代缴簿籍费，值得赞赏，但没有普遍意义，如果不加以注意的话，甚至会引发出其他乡镇的攀比等某种不稳定的因素。中国新闻社3月9日报道，教育部新闻发言人在接受记者采访时说，全国人大常委会2006年6月通过的《义务教育法》明确规定：“国家实行九年义务教育制度。但中国还是发展中国家，仍然处于并将长期处于社会主义初级阶段，虽然已实现普及义务教育的奋斗目标，但义务教育的发展仍是低水平的、不均衡的。”

“阳光医疗”暖民心

本报讯　如今，在山城（某县），农民告别了“有病不看，小病扛、大病拖”的现象，农民“因病致贫、因病返贫”的问题迅速得到缓解，再也看不到昔日农民为病憔悴的脸庞。

（某县）现有农民13.67万人，占全县人口的85.4%。以前，因为地处偏僻，该县许多农民的经济条件并不宽裕，常常出现“小病不看，大病拖延”等现象。自从2007年初县里被列为全省“新农合”工作县，该县坚持农民自愿参加的原则，执照“边宣传、边缴费、边开票、边登记造册”的工作思路，引导群众积极主动参与“新农合”。目前，该县已有124 840名农民参加，参合率达到91.3%。

该县新农合基金管理实行封闭运行，专款专用。县合管中心在合作医疗启动之初就预拨给各报账中心一定数额的备用基金，每月都及时根据各报账中心的结算情况拨付补偿金，让参合农民及时领取住院补偿费用；参合农民在各报账中心领取补偿金的时间最长不超过 5 个工作日，小额补偿金能即算即领。同时，先后出台了县新型农村合作医疗机构管理暂行规定、县新型农村合作责任追究制度，进一步规范各定点医疗机构的服务行为，规范合作医疗报销补偿程序，使新农合的报销补偿更加透明、公开。

截至目前，该县已经为 4 821 名参合患者补偿医疗费用 400 多万元，乡镇卫生院住院费用补偿比例达到 50.3%，县级医疗机构住院费用补偿比例 38%，县级以上医疗机构住院费用补偿比例 21.2%，使农村合作医疗制度真正惠泽于民。

写这样的稿件，很有新闻“敏感”，会对“气候”，会对“口径”，知道媒体在这个时候“需要”什么。但这一报道既没有故事，一些解读也是牵强的。新农合是由政府组织、引导、支持，农民自愿参加，个人、集体和政府各方筹资，以大病统筹为主的农民医疗互助共济制度，因受制于国情，至少在目前还只能是低水平的覆盖，而且许多工作仍在探索中。该报道说，如今该县农民告别了“有病不看，小病扛、大病拖”的现象，农民“因病致贫、因病返贫”的问题迅速得到缓解，再也看不到昔日农民为病憔悴的脸庞。这样的观点加例子的描述不但有可能失实，至少是以偏概全。

关注民生，低下身子寻找政府处处为民的政策着眼点，把镜头对准普通人的生活，把笔触对准百姓的冷暖，同时，解读当前的民生问题，引起政府的关注，推动政府解决问题，作为记者，有着很大的采写空间。关键是深入基层，吃透政策，以小见大，才能触动读者的心弦，引起读者的共鸣。

第三节　话题新闻

如同民生新闻，近年来，一种叫话题新闻的写作门类进入了公众的视野。话题新闻是伴随着大众新闻解读的更大、更多、更深的要求而产生的，它的报道范围更大，凡是可以成为大众话题的，都可以成为话题新闻的题材。当然，就个体的题材来说，区别在于新闻价值的大小。一般来说，针对带有社会普遍意义的重大现实问题，具有较高的新闻价值。

“时事追踪报道，新闻背景分析，社会热点透视，大众话题评说”，中央电视台的《焦点访谈》栏目这四句宣传语曾响遍全国。之后，央视的《央视论坛》、《今日关注》等更具话题性的新闻栏目，进一步凸现了话题新闻的地位。包括凤凰卫视在内的港台媒体，话题新闻类栏目则更多。多年来，不论是报纸还是电视，话题新闻类的栏目呈现出层出不穷的盛况。

话题新闻可以采取深入调查的形式，也可以采取圆桌讨论的形式，但不论哪种方式，故事与解读，两者都不能缺位，而且如果互动得好，舆论的效果就会更好。比如，采取圆桌的方式，讨论者为了解读一种现象或一个问题，必然要讲一个故事；采取深入调查的形式，讲出了故事，但意犹未尽，可能还要请一些业内人士谈谈看法，甚至还要写个阅读延伸、采访手记或者短评之类。

业内人士认为，话题新闻近来在媒体上频频出现，它的兴起绝非偶然。随着改革开放的深入，人们获取信息渠道的畅通，媒体难以垄断新闻的话语权，单靠“短、平、快”抢新闻越来越难了，而受众也不再满足于面对虽然琳琅满目但又多少使人眼花缭乱的信息“超市”，希望能获得经过梳理而且会给他们带来切实利益的信息。依托于媒体权威信息来源和专业睿智眼光的话题新闻，提供的正是这样加工过的信息产品。

所谓“话题新闻”，就是“通过解析讨论由具有特殊潜在价值因素的新闻事实所引发的话题，推动化解其所反映的典型矛盾的一种新闻报道形式。说得再具体一点，话题新闻乃是：针对带有社会普遍意义的重大现实问题，采取话题讨论的表现形式；它从新闻事件或新闻现象入手，披露问题，介绍背景，剖析原因，提出对策，达到形成正确舆论、化解社会矛盾、推动问题解决的目的”[1]。

《福建日报》的《西岸观察》栏目（2005 年设置），在第 17 届中国新闻奖（2006 年度）评选中，被评为“中国新闻名专栏”。评委、安徽日报报业集团副总编辑汪谷震在“中国新闻名专栏简评”中写道：“《福建日报》的《西岸观察》，侧重于话题类新闻，以深入的调查研究、独特的观察视觉、贴近的表现方式，关注海峡西岸经济区的经济、社会、文化等领域的新趋势、新动向，体现了省级党报‘以深制快’、组织主题性报道有益探索。”

回过头来看《杨扬的农民工生存调查》，可以发现，从故事到专家访谈，到记者手记、记者观点，整组稿件的组织脉络基本上反映出了话题新闻的特征。

1. 话题新闻的选择

- 话题是客观存在的，选择标准由新闻价值的大小决定，新闻价值由社会普遍意义的大小决定
- 从纷繁复杂的事件或现象中提炼话题，从时代意识、责任意识、百姓意识等角度审视意义的大小

话题新闻的出现，标志着媒体对新闻事件、新闻现象的关注，从传统、单一的典型宣传，开始转向更宽广的领域，使社会深处涌现出的热点、难点、疑点问题成为广泛报道的对象。

话题新闻的成败在于新闻话题的选择。首先，话题是客观存在的，即这个话题已经在社会上、在群众中存在，或事物发展必然要

[1] 王伯伟. 众口纷纭，我来评说话题新闻［N］. 福建日报内刊·通讯往来，2007-02-05.

提出这个话题。媒体和记者从根本上要尊重事实，尊重读者，尊重新闻规律，不能为所欲为，甚至编造话题。其次，话题新闻的选择标准由新闻价值的大小来决定，而新闻价值的大小由社会普遍意义之大小来决定。

业内人士认为，话题新闻的新闻来源，固然可以自上而下地演绎，在上头找点子，在下头挖例子，走“由虚及实”之路，但更主要的则应该从实际生活中发现蕴含着潜在话题价值的新闻，应该从纷繁复杂的新闻事件或社会现象中提炼有价值的话题，走“由实及虚”之路。一般而言，后者形成的话题往往比前者更生动、更吸引人、更深刻，而且有助于触及领导眼光未及之处的话题。这类话题往往比演绎出来的分量更重。再者，话题新闻之报道新闻，不拘于新闻事实本身，而是重在从报道对象中挖掘出反映深层矛盾的新闻话题，并通过解析讨论的“点化”，将潜藏在新闻事实内层不为一般受众所注意的新闻价值更加充分地凸显出来，进而达到引起关注、引导舆论、化解矛盾的目的。[1]

我们认为，作为记者，做好话题新闻，应当吃透上面的精神，一旦发现了某个事件或者某个社会现象，就应当介入，走“由实及虚”之路，把深层次的问题挖掘出来。正如《杨扬的农民工生存调查》那篇报道一样，首先记者有了思想储备，发现线索后能立即引起注意并介入采写，而话题的演绎则是随着采写的深入不断深化开来。

通常，对话题的选择应有下面几点思考：

（1）“话题”要有时代意识。现在的社会正处于转型期，新旧体制的摩擦，思想观念的冲撞，利益格局的打破，使一个个社会热点冒出来，不同意见产生出来，到处充满着机遇和挑战，热门的话题数量之多、范围之广、空间之大，是以往任何时候所不能比拟

---

[1] 王伯伟. 众口纷纭，我来评说话题新闻［N］. 福建日报内刊. 通讯往来，2007-02-05.

的。如怎样转变生产发展方式，促进经济又好又快发展；如何坚持从解决群众最关心的现实问题入手，推进和谐社会建设等，既是党和政府工作的着力点，也是人民群众的关注点，媒体有责任也有能力将这些热点、难点、疑点进行整合、梳理、细分成生动、具体、贴近受众的题目，让读者了解，营造良好、健康的舆论环境。

举个例子。2005 年底，在我国实行了 2600 多年的农业税取消了，县乡财政运行、政府运转、社会公共事业投入等将会产生什么样的变化、影响？这类话题不仅党政关心，百姓也想了解。《福建日报》的《西岸观察》专栏适时地推出《税改之后，农业“大户”怎么办?》、《税改之后，乡镇干部向左转？向右转?》等报道，从县乡主导产业的转型和基层干部观念与服务转变两个方面聚焦“后农税时代”变化中的人和事。

《税改之后农业“大户”怎么办?》编者按即把探讨的话题及背景抛给读者：

> 2003 年，我省宣布，取消除烟叶及原木收购环节特产税外的其他特产税等；2005 年，我省又决定全部免征农业税及其附加。“牵一发而动全身”，这将对县乡的财政运行、政府运转、社会事业投入等产生怎样的影响？为此，本报记者于金秋时节踏访传统农业大县平和、闽东茶业重镇武曲，聚焦“后农税时代”图景，并探究新局面的走向。

紧接着是几个新闻故事。其中，《平和的困惑和努力》这样讲述：平和县坂仔镇是“中国香蕉之乡”，又盛产蜜柚，2002 年两项特产的税收达 1 300 万元，留在镇里可供自己支配的特产税分成就有 450 万元。取消特产税之后，2003 年全镇税收锐减至 50 多万元，其中镇级可支配的不过 4 万多元，可见影响之大。坂仔镇作了极大的调整和努力，除了精简分流人员，再就是扩大增收来源，招商引资办工业。把坂仔镇放大了，整个平和县其实都面临着同样的问题，寻求着同样的突破。故事引出的采访札记对话题进行剖析，给人以启示，在当今对别的农业大县也有借鉴意义。因此，它具有很鲜明的时代特征，报道本身也打上了时代的烙印。题为《欣喜之余》的札记这样写：

金秋，遍布平和山间地头的黄澄澄的蜜柚，给这里的农民带来无限的欣喜和希望。而始于2003年的免征农业特产税等政策带给他们实实在在的实惠，仅此一项每年人均可减负200多元。

然而，这只是硬币的一面，另一面则是：农民减负了，以往对农业税费依赖程度较高的县、乡的口袋却瘪了。因而，在免征农业税、为农民减负的同时，“钱从哪里来，人往哪里去，失地怎么补，债务怎么还，公益如何做，社保如何办”等相关的乡镇机构改革、财政体制改革等“配套改革”的问题，很现实地摆到桌面上来，这些问题如果不解决，改革的成效有可能受到影响。

农业税改后，平和县乡收入大多减少30%以上，有些乡镇甚至达80%以上，这方面虽然有上级的转移支付等多项补助，但十补九不足，缺口还是存在。因此，在农民负担减轻的同时，县乡财政困难加剧，义务教育投入锐减，公共投资严重弱化。除此，乡镇机构改革更是一块难啃的“硬骨头”。推行农村税费改革，除了减轻农民负担的考量，同时也是建立倒逼机制，逼迫基层政府“减人减事”的机遇。但是，有一点无法忽视的事实是：基层的事权与财权极不对称。在上收税源的同时，事权却层层下放，乡镇的“七所八站”往往为了完成任务、考核疲于奔命，而同时又没有充足的经费保障。因而，如果不进行重构乡镇机构、剥离乡镇不应承担的责任等改革，那么，难免有农民负担反弹之忧。

另一个紧迫的问题是农村义务教育。税改之后，“以县为主”承担了农村义务教育的责任，这无疑是很大的进步。然而，“以县为主”的体制仍不足以解决农村义务教育投入短缺的问题。有专家呼吁，根本的改革是重新厘定各级政府事权，加大中央和省对义务教育的投入，而不仅仅是精简教师、合并学校。

面对税费改革后出现的新情况，近年来平和县作了可贵的探索，在继续保持和发挥农业优势的同时，也多方开拓，加快工业发展，自壮筋骨，自我解压。尽管这条路对于平和来说，选择是艰难的，跋涉也是艰难的。

（记者 段金柱）

(2)“话题”要有责任意识。话题新闻报道新闻，但又不拘于新闻事实的本身，而是重在从报道对象中挖掘出反映深层矛盾的新闻话题，并通过解析讨论，将潜藏在新闻事实内不为一般受众所注意的新闻价值更加充分地凸显出来，进而达到引起关注、引导舆论、化解矛盾的目的。作为一种新兴的新闻表现形式，话题新闻增强了新闻报道的针对性、实效性、吸引力和感染力，实现了“大”（党和国家的大局）与“小”（普通百姓的日常生活）之间的良好沟通。沟通的目的是推进和谐社会的构建，因而话题的选择应有责任意识，要放在大背景下去探讨，对于在当前条件下还不成熟的话题可以先放一下，等成熟了再做。

比如，合作医疗是农村最基本的医疗保险制度，是实现我国“人人享有卫生保健”目标必须推进的一项制度。温家宝总理说：“我最担心的是两件事，一是农民子弟能不能上得起学，二是农民群众能不能看得起病。”疾病，就像一把高高悬在农民头上的利剑，随时威胁着农民的身体健康和经济安全。政府有责任推进农村医疗合作，选择这个话题不仅有时代意义，而且与政府一道共同推动农村医疗合作，宣传它为农民带来的实惠，解疑释惑，探讨它存在的局限性，引起政府关注，化解矛盾，也是媒体的责任。

《福建日报》的《西岸观察》专栏于2005年11月28日刊出《让农民的保护底线更厚实些》，报道讲述了福建省新罗区及其岩山乡、长泰县所进行的新型农村合作医疗试点，在统筹为农民解决看大病问题进行了一系列探索的故事。这个话题的脉络遵循着这样一个编辑思路：①它为农民带来的实惠有目共睹，可它的局限性也亟须尽快突破。②尽管前路漫漫，但各级政府为推进试点工作所作的努力也是有口皆碑，如果没有政府强力介入，农民根本就享受不到这项试点的阳光雨露。③特别是在农业经济、农村社会逐步走向市场，集体经济支撑逐步缺失的背景下，经济问题和制度保证成了影响农民医疗卫生保健的关键因素。发展农村合作医疗，必须强调政府的责任和行为，才能保证在卫生资源布局、配置、利用、资金筹集和投向上向农村倾斜，从根本上保证农村基本医疗保险制度落实到农民身上。这种基调的把握就体现出了一种责任意识，帮忙而不添乱。

报道出来后也的确取得了实际效果。比如故事之一的《长泰农村合作医疗在路上》一文，就遵循着编辑部对话题讨论的思路要点，把政府所为、群众疑虑消弭（1997 年曾有一次昙花一现的试验，但因面小、钱少、力弱而给村民蒙上了阴影）、农民更多诉求、政府在推进工作中面临的新挑战等一一以故事和解读的方式讲述出来，引起了很大反响。两年后，记者对这一报道进行了回访，采写的报道刊发于《西岸观察》2007 年 7 月 16 日，报道中说：

> 两年前记者在报道中提出的农民诉求，如报销比例能不能扩大、起付线能不能降低、报销手续能不能简化等，如今都有了解决的办法。这些政策可以概括为三升两降两取消……

回访，也体现了媒体、记者的责任意识，不仅提出了问题，而且引发人们对故事背后深层因素的思考，推动难题的破解。对于一些正在推动破解的问题，最好要追踪，告诉读者问题解决得怎么样了。提出了话题，并不是说报道结束就拉倒了，当记者把一段时间以后的进展情况告诉读者时，话题新闻报道比那种单单传播信息的动态新闻分量就大多了。

（3）“话题”要有百姓意识。文章不是无情物，话题新闻是从实际生活中去发现蕴含着潜在话题价值的新闻，从纷繁复杂的社会现象中去提炼有价值的话题。好的话题，要从与普通百姓生活密切相关的问题切入，话题选题的读者面越广，与读者切身利益关系越密切，所受的关注度也就越大。

一年一度的全国“两会”审议、讨论和制定的方针、政策、法律，以及所关注的社会热点，决定着国家一个时期经济、社会、文化的发展走向，影响着广大人民群众未来的生活。代表、委员的建言献策反映了人民群众的心声和社会关注的热点，“两会”中的热点话题为话题新闻提供了丰富的内容。

2008年3月，《人民日报》“两会特刊”开辟“热点访谈录”，遴选了受众普遍关心的话题，透过代表、委员对事件和现象的讨论，解析热点、难点、疑点，推动达成共识，是一个很有创意的话题新闻“连播”。如：“灾后重建，代表委员有话说”（4日）、“创业，在希望的田野上”（7日）、“‘免费大餐’惠及亿万学子”（8日）、“让低收入者住有所居”（9日）、“让天蓝水清不是梦”（10日）、“放心餐桌期待‘无缝监管’”（11日）、“守护百姓安康”（12日）、“灾情突发，我们从容应对”（13日）……

这些话题的设计稳当、有序，每一个话题都事关老百姓，都是当今老百姓所要了解的。这些话题的编排也很有特点，开头一个加框，由主持人道出话题，然后分出一个个问题，由主持人提出，由代表、委员进行回答。编排醒目，让人过目不忘。

“灾情突发，我们从容应对”热点访谈，3位嘉宾为广州市市长张广宁代表、华东师大资源与环境科学学院副院长陈振楼代表、辽宁大学法学院教授石英代表，主持人、《人民日报》记者刘晓鹏的开场白是：“突发公共事件，关系民生，也考验政府……”

灾难突然来临　应急机制化险为夷

主持人：今年春节前，我国南方地区发生了严重的低温、雨雪冰冻灾害，在这种状况下，我们的应急管理机制发挥了什么样的作用，效果如何？

张广宁：今年春节前，受冰冻雨雪灾害天气影响，北上交通受阻，造成广州地区300多万旅客滞留。其中广州火车站最为严重，有200多万名旅客滞留。尽管事件已经过去一个多月了，但火车站人流如潮的场景仍历历在目。

每天疏导数十万的滞留旅客，但整个春运期间广州没有发生重大交通事故和重大治安刑事案件，没有发生群体性事件和因踩踏产生的群死群伤事件。回想起来，广州春运之所以能够安全度过，一个重要的原因就在于及时启动应急预案，并且根据形势变化不断进行调整优化。虽然有很多危险、不可预测因素，但由于应急机制高效运转，各部门密切配合，终于化险为夷。

石英：在这次抗击雪灾过程中，应急管理体系发挥了不可缺少的作用。给人印象最深的是信息发布的透明和及时，通过政府网站和媒体，从国务院的应急指挥中心到各级地方政府，有关灾害和抗灾的信息得到广泛的传播。

对于有关职能部门而言，获得这些信息可以使他们判断形势、果断决策；对于普通公众而言，这些信息可以使他们对自己的行程和生活作出合理的安排，避免遇到不必要的麻烦。

从“非典”到雪灾　应急管理体系逐步形成

主持人：这5年中，党中央、国务院高度重视建立和完善应急管理机制，这项工作取得了积极进展。

石英：以前，应急管理体制的问题没有引起大家的充分重视。“非典”之后，国家对于建立应急管理的机制有系统的部署。党中央明确要建立健全社会预警体系，提高保障公共安全和处置突发事件的能力。随后，国务院又编制了《国家突发公共事件总体应急预案》，成立了国务院应急管理办公室。有了方案，有了机构。2006年，国务院下发了《关于全面加强应急管理工作的意见》。2007年，国务院办公厅又下发了《关于加强基层应急管理工作的意见》。

2007年，十届全国人大常委会通过了《突发事件应对法》，这部法律可以说成为完善应急管理的依据。发生突发事件，那些承担管理职能、掌握相应资源的部门如何发挥作用、如何配合是一个关键问题。权责对应才能更好地各司其职，《突发事件应对法》正是从国家法律的层面把这些部门的责任和权力予以明确。遇到突发事件，谁该干什么清楚了，如果没有能够履行职责，追究谁的责任也就很清楚。

张广宁：过去5年，广州经历了两次大的考验：一次是2003年的“非典”，一次是今年年初的春运，都是从未有过的。在“非典”之后，广州在城市管理应急机制方面进行了不少探索。尤其是这次低温、雨雪冰冻灾害期间，广州市果断启动预案，应急指挥体系、应急旅客疏导体系、安全保卫体系、“人性化服务”保障体系以及舆论宣传体系都发挥了重要作用。

陈振楼：从国家层面来说，我国的应急政策体系正在不断完善。各级地方政府也在此基础上完善当地的应急管理机制。比如在上海，每年都要把上海全市四十几个相关的委办局聚集起来，汇报去年抗灾情况，预测新的一年可能会有哪些灾情，并发出减灾白皮书，提出各种应急预案，供政府部门决策参考。

如何完善　期待更大范围的协调组织

主持人：回顾5年内发生的一些突发公共事件，形式千差万别，可以说政府的应急管理随时面临挑战，要完善应急管理机制，提高应急管理能力，还需要做些什么？

陈振楼：下一步需要做的，就是进一步完善各地的应急组织机制和协调机制，真正将应急方案有效运转起来。这需要各级管理部门有一个用科学应急管理机制指导实践的意识。过去，我们的应急工作还是习惯于一窝蜂、集体动员式的办法。要进一步提升人们对应急机制的认识，最关键的是要加强从事行政管理工作的地方官员的教育。比如说，先去扫雪，还是先保障应急指挥的通信网络畅通，这些都需要一个科学、可操作的应急管理机制来加以指导。

张广宁：今年春节的非常事件过去了，广州取得了一定经验，但也有一些问题需要反思。比如广州的应急管理系统，只在城市自己能够管辖的范围内“应急”。如何建立更大范围的协调组织与应急系统，这是一个值得探讨的问题。另外，面对重大突发事件，如何建立科学的风险评估体系，还有待各方努力。还有，城市管理中如何建立突发事件社会动员机制、信息发布和舆论引导机制，还有待进一步探讨。

石英：《突发事件应对法》出台后，应急管理的法制建设还有很多工作需要加强。比如，对于防灾减灾、安全生产应急救援等专项方面法律法规应该进一步健全，对于政府、企业和个人的应急管理责任和义务应该进一步明确和细化。同时，各级政府的应急管理机构大都是近几年建立起来的，这些机构的工作方式、在常态下的工作职责等问题都需要进一步探索。

2. 话题新闻的采写

- 话题新闻写作没有固定的模式，它是开放的，描述事件、专家分析、记者札记、图片报道皆宜
- 因为选择的是热点、难点、疑点问题，有时采访对象不理解、不配合，要学会运用必要的策略

话题新闻作为新闻写作的一种新形式，它的表现形式不像消息、通讯、述评那样有着严格的约定，因而它是开放的。在话题新闻的表现形式方面，平面媒体、电子媒体与网络媒体互相借鉴，互相交融。就上面所举的例子而言，《西岸观察》通常是记者深入调

查采写若干个相关联的故事，再配以编辑部的声音或记者手记、专家访谈的链接的报道形式，链接是网络媒体最常见的手段；《人民日报》热点访谈录采用的是圆桌访谈形式，圆桌访谈则是电子媒体最常见的手段。

应当说这两种方式是常见的，但常见并不等于只能采取这两种形式。既然是“话题”，表现的形式也就可以多种多样，记者可以凭借新闻事实本身的客观逻辑，去描述新闻事件的发生、发展过程；也可以通过业内专家的分析，去阐述某种观点；也可以用札记等形式，有感而发地点破新闻事实中的潜台词；在读图时代，平面媒体如果发现其题材可以用图片表达的话，也是可以的。

2006 年 6 月，永定县遭到了 200 年不遇的洪灾，温家宝总理来福建视察时专门前往探望。2007 年的春节来临，《西岸观察》给回永定老家过年的记者张永定一个任务：这个年灾民怎么过。永定县有因洪灾温家宝总理视察的背景，可以从这里找个“话题”来写。记者在自己的家乡采访，熟悉当地的风土人情，采访很顺利。当编辑看到记者传回的 30 多张只有客家乡亲才有的精彩、生动的图片时，也深受感动。经过挑选，决定以图片为主，标题为《告诉总理，我们在新房过年》，专栏里用了 9 张照片，文字不到 1 000 字，这个话题刊出后，记者、读者、领导都说有新意。

“红梅之美在于疏，李花之美在于繁。”写新闻说话题也一样，要有不拘一格的精神。水无常势，文无定法，有特点，有风格，就会受到欢迎。不过，尽管是开放的，但话题新闻需要涉及背景与事件、分析与解剖，因此，要把握好、驾驭好，要取得很好的反响，并不那么容易。

（1）撕开一个口子，讲一个生动的故事。话题新闻，最怕的是空洞无物，最怕的是漫无边际地侃侃而谈，因此，找一个生动有趣的故事非常重要。《西岸观察》栏目一开办，就十分讲求话题的故事表现。即使是圆桌访谈式的报道，也得找一个口子。如同

《人民日报》那篇访谈，就是从2008年春节期间受冰冻雨雪灾害天气影响，北上交通受阻，造成广州地区300多万旅客滞留这一事件切入的，然后再把事件拉长到2003年的“非典”，以此来对五年来应急管理机制的建立与完善进行扫描，并提出今后如何完善的话题。

对初入门者，可能对撕开一个口子来讲故事不太理解。实际上，这与传统的新闻报道要求一样，就是题材要大，切口要小，或者说大视野小切入。话题新闻也不例外。另外的难点，可能是不知道故事在哪里。在第一章，我们阐述过，故事就在信息、话题的背后。

有些话题，我们可能讲一个故事就能说明问题，但大多数的话题，要有几个故事才能使话题新闻更加厚实。

《税改之后，乡镇干部向左转？向右转？》（《西岸观察》2005年11月7日）就讲了好几个故事。农村税改后，虽说乡镇干部从“催钱催粮”的尴尬中挣脱出来，可服务“三农”的站所也因资金问题面临关门，乡镇机构改革也正期待破题。在这转型时期，我们的几位记者走近基层，倾听面对困惑或困难的乡镇干部的心声，观察他们为谁辛苦为谁忙。这几个故事分别安排在“状态篇”和“对策篇”中。

“状态篇”安排一个主打故事，闽北是福建省的粮仓，我们选择建瓯市东峰镇，对其乡镇干部工作状态进行调查。这是个典型的农业乡镇，镇里的农业税与特产税最多时占到财政收入的80%左右，因此对这个镇的调查在这个话题里具有代表性，而安排对镇长、镇党委副书记、镇农技站农艺师、镇财政所所长以及一个村支部书记的采访，涉及的人物也比较有代表性。

“对策篇”则安排3个故事，分别是闽北的建瓯市徐墩镇、闽南的平和县五寨乡、闽东的蕉城区洋中镇，地域上有所区别。徐墩镇将“七所八站”归并到一起成立“三农服务中心”，为农民提供服务，人员工资和支出就从镇办工业的税收分成、水电站的收入中解决。五寨乡干部从过去频频到农民那里“索要”税收转型为为农民服务，引导农民调整种田结构、发展养殖业，增加农民收入；此外，服务发展软环境，走出去招商引资，兴办工业。洋中镇针对干部中出现的这种新情况和群众普遍反映的办事难问题，从发挥党员先锋模范作用入手，探索转变乡镇职能、创新为民服务的长效机制。这些对策既给人以故事的阅读享受，也给人以“农村税改后，干部从繁杂的催收工作中解脱出来，一时不知该干些什么”的话题解读。

(2) 巧找一个角度，给人以新鲜的解读。话题新闻最难的是找一个独特的角度，以提升新闻解读的信息量，从而为读者提供与其他媒体不同的新闻产品。宋代学者戴复古说：“意匠如神变化生，笔端有力任纵横。须教自我胸中出，切忌随人脚后行。”同样的一个话题，可能我们并不是第一个报道者，但如果“随人脚后行”，那肯定写不出好稿。避开一般的构思和立意，巧妙地从另一个角度呈现，才能给人以新的启示和感觉。

这一点在《杨扬的农民工生存调查》里表现得很充分。它既有生动感人的故事，反映了农民工的生存现状，也因为巧找了一个政协委员的责任意识、关怀意识的角度，使得报道与众不同，也留给读者更多的思考。

2004 年年初，我们以福建泉州的城市化进程为话题组织一个系列报道（《福建日报》2004 年 3 月 30 日至 5 月 14 日的城市新闻版）。这些年来，泉州生机勃发，被列入福建省三大中心城市之一，经济总量持续位列全省第一，文化底蕴十分丰富，民营经济非常活跃，城市规模迅速扩大。可关注的话题很多，当时当地媒体也就泉州如何做大做强进行了大量的讨论，有的甚至是连续几个整版。炒冷饭，同质新闻再炒作，没有意义。我们把聚焦的话题定位在人才、交通、环境、信息、文化、旅游等 6 个方面，形成一个系列的 6 个组合报道，就显得与众不同。比如开篇《敞开城市的胸怀——泉州市人才瓶颈如何突破》，话题角度定位在

“对于一个城市来说，最宝贵的资源是人本身，尤其是那些有头脑和有资本的人；21 世纪的城市竞争，本质上是以人为本的竞争，哪个城市越能吸引、聚集到高层次的人才，就越能实现可持续发展”。

这样的角度，在当时当地媒体报道是少见的，而这使得报道有了独特的视角，也有了高度。当然，我们也写故事，《王祖耀：一个异乡人和泉州的缘分》，一波三折，主人公是泉州市儿童医院副院长，现已被选为泉州市政协副主席。故事只是一个切入口，是一个载体，为的是让读者更好地从故事中思考所蕴含的话题。报道的重头戏则在新闻分析，其实也是新闻解读。不要以为新闻分析可以就泉州市的人才战略，它的成绩、它的问题，进行全方位的解读议论。我们只选择一个角度，就是题目所揭示的《“外来和尚”如何念经》，其中有观点，有事实，有背景，有引言，这样的解读比较新鲜，可读性也比较高。

（3）运用一定策略，取得各方的理解与支持。话题新闻一般的选择点都是社会生活中出现的热点、难点、疑点问题，对于这些话题的报道，当然要严格遵守新闻纪律，要有大局观念，但无须讳言，有些话题是百姓的需求，是社会的需要，然而往往有这样的事，因某些人对某个问题认识的原因，对一些话题报道不予理解，不予配合。作为历史记录者的媒体和记者，在这种情况下，可以运用一些必要的策略，有时只是换个角度，就可以取得更大的报道时间和空间，并且得到理解和支持。

2006 年 9 月、10 月间，《福建日报》的《西岸观察》连续 4 期刊出了福州“三坊七巷”系列报道，就是很好运用策略的一个例子。当确定要做这个题目时，市里开始并不乐意。在福州，三坊七巷最能体现文化底蕴，但历史上的辉煌与如今的颓败形成了巨大反差。因为港商李嘉诚的介入开发，作为福州城市孤本，三坊七巷一下子成为海内外关注的焦点；而多年来福州三坊七巷保护领导小组的负责人则对此三缄其口，直至当年 6 月份，福州市的一位重要领导还在一个公共场合对记者说："三坊七巷不要报道！你们不要再添乱了！"

但是，编辑、记者经过多次探讨，系列报道从世遗专家、作家、电视编导、名人后裔的访谈角度来重新审视三坊七巷，引起了较好的社会反响，一些权威的文史专家给予了充分肯定。福州市委宣传部主要领导在系列之一《"世遗专家"与三坊七巷》见报当天作出批示，并以专报的形式送市委书记、市长参阅，同时还立即与报社联系，详细了解下一步报道的有关情况。

从不支持到理解、关注，这组报道没有"胎死腹中"，就因为"策略"二字。报道在字里行间埋下巨大的期待，那无声的诉求，读者不仅能够读懂，而且形成了共鸣。在采访三坊七巷期间，曾经问过，三坊七巷保护需要多少钱，一些专家说，进行抢救性的保护，需要3亿至5亿元。2007年6月，在北京通过评审的《"三坊七巷"历史文化保护区文化遗产保护规划》，福州市决定出资30亿，对三坊七巷进行全面保护修复。

的确，在一些地方党委领导的眼里，常常会认为，新闻报道要么就是正面表扬，要么就是舆论监督，对话题新闻这种独特的形式，只有待报道出来后，觉得没有对他们的工作"扒粪"，他们才会支持。如同泉州城市化的那一组系列报道，我们没有请当地宣传部门帮助牵线采访对象，如果请他们牵线，他们也许就不希望我们这么做了。在第二组刊发出来后，泉州市委宣传部的同志即打电话给记者，认为此组报道立意高、角度新，并善意地点出存在的问题，分析今后努力方向。这就是当地党委部门最大的肯定。从中，我们也应认识到一点，话题新闻不是舆论监督，它重在分析解读。形象地说，它是"中药铺"，分析现象能出于公心、与人为善，提出问题能从各个角度加以剖析，而不是简单、片面地指责，解决问题能给予一些合适的药方，包括提供别的地方的可值得借鉴的方子。采有这种策略，原先不理解的人就可能转向理解接受，甚至是欢迎。

当然，有话题，就会有成见。我们对具有广泛影响的话题充其量只能了解某个方面或某一片断，因此，我们依然要坚持“用事实说话”，即使是专家的分析，也应有质疑意识，有坐标意识，有深入采访意识，有客观公正意识，达到形成正确舆论、化解社会矛盾、推动问题解决的目的。

6 CHAPTER 第六章 让报道更具深度

对于一个新手，迫不及待地想去啃那些有重大意义的深度报道，那肯定不现实。但假若没有啃深度报道的欲望，以致年纪大了，跑不动了，再回首，看到所写的报道大多是本报讯，那种感觉肯定也好不到哪去。不是说本报讯不具有深度，许多消息获得中国新闻奖，不少作品选择角度较为独家，作品就具有相当的深度。因此，报道的深度是相对的。不必太刻意追求深度报道，但让报道更具深度则应当成为任何一个记者的追求。

在这个时代，一张刊载有影响的深度报道的报纸及其栏目，品牌效应将不断扩大，一些能写有影响的深度报道的记者也将成为一个品牌记者。不论是国内，还是国外，皆如此。可以这么说，今天报纸上最吸引人和最有影响的报道，大多是由新闻工作经验丰富的记者进行深入调查采访后写出的深度报道。

正因为如此，在提出故事与解读互动理念的基础上，在剖析话题新闻以及其他一些具有一定深度的报道的基础上，我们还要谈谈如何让报道更具深度的问题。这实际上讲的就是深度报道这一课题。写好深度报道，必须进一步具备故事与解读的基本功。在深度报道中，故事的主线可能不止一条，它可能既有经线，也有纬线，新闻故事可能代之以调查故事；解读将更为多层面，更为深入，思辨色彩更为浓厚；报道不只体现为单一篇章，而且体现组合式报道、系列报道、连续报道、追踪报道，等等。

20世纪80年代，一种被称为“深度报道”的报道形式在中国出现，一些业界人士认为，其作品以《人民日报》的《中国改革的历史方位》（1987年）、《中国青年报》的《大学毕业生成才追踪记》（1985年）和《命运备忘录》（1987年）、《经济日报》的《关广梅现象》（1987年）等为代表。1985年12月《大学毕业生成才追踪记》（以下简称《追踪记》）八篇系列报道在中青报一版连续发表，读者反响强烈，有人说是“中国深度报道的奠基之作”。有意思的是，这种“事件没头没尾，人物不求形象”的报道，被编辑部认为“非驴非马！”总编辑干脆称之为“张建伟模式”。

对于当时的编辑记者来说，这是一种无意识的意识。《追踪记》记者张建伟总结该文说：“我们早已习惯的范式，在日益复杂的社会生活面前常常捉襟见肘，一旦在范式的复杂度上有所增加，它所能够容纳的信息量便大大增加，显出旺盛的生命力。”[1]

在那个年代里，这些报道“突破过去非黑即白的思维模式、挥洒叙论结合的文体风格、扩展组合报道与系列报道的版面容量、关注改革的方向与个体意识的觉醒、发挥激发思辨与社会启蒙的报道功能……在新旧制度的碰撞夹层中，新闻从业者以独特又异类的报道文体呼应了社会对新闻深度的需求”[2]。

中国式的深度报道快速繁荣。1988年的《中国新闻年鉴》概括说：1987年的深度报道追求表现单一新闻事件的整体背景和发展趋势，以促进读者对社会现状与发展形势完整而深刻的认识，成为新闻体现历史意义、追求历史真实的最佳模式之一。同时，以这类手法报道的社会重大题材往往触动社会敏感神经，引起重大反

---

［1］张建伟．深呼吸（下）［N］．北京：经济日报出版社，1997：53．

［2］张志安．记者如何专业——深度报道精英的职业意识与报道策略［M］．广州：南方日报出版社，2007：1．

响，体现出新闻参与历史进程的主动性。

第一节　认识深度

在了解中国的深度报道之前，还是先了解一下西方的深度报道。

20 世纪初，继政党新闻、客观报道之后，深度报道成为美国第三种主流报道形式。目前，西方流行的深度报道有 4 种类型，即解释性报道、调查性报道、报告文学（也叫创造性纪实作品）和社会事务新闻（也叫公共新闻）。从西方一些报道的形态来看，深度报道比基本的、消息性的新闻要长得多，它们可以写成一篇很长的报道，但更常见的是它们被分成几个部分来写，并配有许多视觉元素，例如照片和信息性图表。

从实践的角度看，深度报道旨在回答“WHY”和“HOW”，在这种文本里，探讨“为什么”与“是什么”同样重要。前面说过，新闻五要素的单子里通常还有一个“如何”，在西方政党新闻、客观报道那个年代，“如何”这个要素不被人们重视，它在五要素之外。1929 年，资本主义经济危机发生，读者不满足于“是什么”，而且关注为什么发生，发生以后又会带来什么样的影响，这就产生了解释性报道。调查性报道起于 19 世纪中后期，为争取市场、赢得读者，美国报纸对诸多社会问题进行调查和揭露，比如政府丑闻、企业舞弊、官员腐败、犯罪活动等，特别是政府的腐败行为和企业的违法交易，成为调查焦点。标志性报道是 20 世纪 70 年代《华盛顿邮报》的“水门事件”报道，直接导致尼克松总统下台。

从西方文本考察，深度报道是一种系统而深入地反映重大新闻事件和社会问题，阐明事件因果关系，揭示实质，追踪和探索事件的发展趋势的报道方式，其中因果关系十分重要。美国专栏作家朱蒙得认为，深度报道是“以今日之事态，核对昨日之背景，揭示明日之意义”。20世纪40年代，美国哈钦斯委员会在《自由而负责的新闻界》报告中，为深度报道做了简洁的定义：“所谓深度报道就是围绕社会发展的现实问题，把新闻事件呈现在一种可以表现真正意义的脉络中。”[1] 1960年，美国内布拉斯加大学的高普鲁出版《深度报道》一书，从理论和学术上稳定了深度报道的地位。

在国内，深度报道这种名称已存在了20多年，作为新闻业务的一个重要课题，深度报道也已被探讨和研究了近20年。研究者大多认为，一种报道形式之所以能够受到垂青，成为主流或重要的报道形式，与这种报道形式所能承载的报道功能密切相关，而这种报道功能所指向的必然是现实社会的需要。

研究者认为，20世纪初的美国与20世纪80年代的中国都处于转型阶段，记者必须挖到更深的层面，帮助人们更彻底地理解复杂的问题，或者看清原来不那么明显的令人困扰的问题。但由于政治、经济制度和文化背景之不同，美国和中国对深度报道的理解和界定有同有异。“相同的地方在于，他们都强调将新闻置身于背景和关联中揭示新闻背后的新闻，揭示新闻的本质、意义和趋势。不同的地方在于，调查性报道在美国带有明显的扒粪传统和揭丑色彩，指向政府弊端，记者独立调查，而中国的实践中更多承担着政府治理、舆论监督的职能，没有鲜明的扒粪传统和揭丑色彩。”[2]

解放日报总编辑裘新就《解放调查》栏目应当写什么的问题指出：“有人认为，调查就是揭丑、扒粪，特别是揭露政府、团体、组织所要掩盖的东西。这是西方新闻学的观点，党报的新闻调查并非如此，党报调查应是运用自己的方法诠释党和政府的中心工作、重点工作、方针政策。有人认为，调查应该提供经验，殊不知

[1] 欧阳明．深度报道写作与原理［M］．武汉：武汉大学出版社，2004：9.

[2] 张志安．报道如何深入——关于深度报道的精英访谈及经典案例［M］．广州：南方日报出版社，2006：263.

这样的调查报告与机关单位的总结、文件又有何不同呢。党报的调查必须具备可读性，避免文件化。”[1]他举了一个例子：群工部的《一间卫生间的N个解》，为什么要做这篇“解放调查”？上海的城市建设过去给人的印象就是大拆大建，这篇调查报道打破了这种定势。卫生间改造问题虽小，但对上海人来讲是天大的事。新隔出的1平方米卫生间将来动迁时如何计算面积，虽是很小的细节，但往往就是好事能否做好的关键。通过调查报道把这样一个卫生间写足，就能写足上海的市民文化。

应当明确，中国式的深度报道也强调解释，处于转型期的中国社会需要解疑释惑，也强调调查，没有调查就没有发言权，但解释与调查都是手段，重要的是要有认识的深度，因为强调认识的深度，中国的深度报道不同于“扒粪”，不同于“揭丑”。

1. “深度”，更多的是认识的深度

- 衡量深度的标准是记者或媒体对事件、问题、话题认识的深度，缺乏认识深度，难以看到本质
- 从新闻事实的点上辐射开，在时空上向外延伸，在调查访谈及分析中将相关的事实展现给受众

发端于20世纪80年代的中国式深度报道实践，首先表现为自发、冲动、无意识。改革开放初期旧思维、旧体制的告别，使人们的思想空前活跃，作为记者当然是站在历史的潮头，冲破原有的报道束缚，以自己的认识、观察和思考，带来报道内容与形式上的革新。

《中国青年报·冰点》原副主编卢跃刚说：“深度报道的类型特别多，比如大型报道、专题报道、解释性报道，都可以叫深度报道。当时，张建伟提出的嘛，《大学生成才追踪记》等一些作品，很过渡的。深度报道这个概念的兴起，是围绕着过渡性的新闻文体而建立起来的，当时需要一个概念，来给中青报某些报道类型一个

[1] 上海新闻研究，2007（2）：9.

说法，于是就叫深度报道。它其实是一个很投机的概念。我跟建伟深入探讨过。什么‘深度’？更多的是认识的深度。认识的深度对充分展开的信息而言，是什么意思？认识是在内部的，信息是外在的，而信息是按照认识的深度而进行逻辑组合表达的。”[1]

回过头来看，深度报道开始兴盛的那几篇报道中，都有着一种深度思考的内涵。比如，《中国改革的历史方位》是新闻评论类的深度报道，它以其反映历史纵深和改革方向的思想容量而引起强烈反响；《大兴安岭的警告》是灾难报道的典范作品，人们称之为“三色系列”，即红色的警告、黑色的咏叹、绿色的悲哀；《关广梅现象》是经济类的深度报道，触及的是改革开放的有关“姓社姓资”的争议。

相应的，如果按照西方新闻界的划分，报告文学（创造性纪实作品）也可列入深度报道，这个时候，中国的纪实性报告文学也呈现出空前的热度。一批记者不只是记者，还是报告文学的作家，他们写出的纪实性报告文学，深度采访和理性思考奠定了作品的分量。

这种实践，经过一个阶段的发展，逐渐变成一种有意识的行为。20 世纪 90 年代中后期，中国的深度报道呈现出“北央视、南周末”的格局。这种有意识的行为，体现为舆论监督的兴盛。1994 年开播的《焦点访谈》，将内容定位为“时事追踪报道、新闻背景分析、社会热点透视、大众话题评说”，将选题原则确定为“领导重视、群众关心、普遍存在”，其舆论监督本质上是行政权力监督职能的延伸，调查手段多为暗访方式，节目播出后多引起中央领导的重视和批示，甚至在后续的直接行政干预下解决问题。而同是这个时期的《南方周末》，采取的舆论监督有些类似于西方调查性报道的做法，但“主打异地监督、本地监督缺位”，经常“惹

[1] 张志安. 记者如何专业——深度报道精英的职业意识与报道策略 [M]. 广州：南方日报出版社，2007：18.

火上身”。不管怎么说，它们以及央视的《新闻调查》、中央电台的《新闻纵横》、中青报的《冰点》等栏目，品牌效应已经形成。

进入21世纪以来，中国的深度报道更加兴盛，西方深度报道的主流报道形式也被一些媒体和记者有意识地借鉴。坚持“独立、独家、独到”办刊原则的《财经》于1998年创刊，这份财经新闻刊物以独特的视角、深入的报道、精辟的分析拥有其读者群。1999年创刊的《中国新闻周刊》定位于新闻时政杂志，强调独立调查和原创报道，以国内国际重大新闻报道为主，“富有深度、涉猎广泛、重点挖掘新闻背景和内涵”。2003年创刊的《瞭望东方周刊》每周提供重大时政新闻的权威报道、政经焦点话题的深度阐释，提供对各项事关国计民生决策和重大新闻台前幕后的注解，以及对社会热点事件的纵深调查。当然，相类似的以深度报道为主的、杂志化的新闻周刊还有很多，相当多也已形成了自己的品牌。

平面媒体也一样加大了抓深度报道的力度，绝大多数省级党报十分重视深度报道，设立了专门的版面或栏目。比如，《南方日报》的深度报道走在前头，《解放日报》把《解放调查》作为一个品牌来经营，《福建日报》的《西岸观察》每一篇（组）稿件都在半个版以上，有的一个系列报道用了近十个版，有的仅一个专题就用了四个整版。

那么，什么样的报道能称得上是深度报道？从面上来看，报道很长，又是系列，又是组合，但从内核上看，应当是认识的程度。也就是说，衡量深度的标准是记者或媒体对事件、对问题、对话题认识的深度。缺乏认识的深度，无法透过现象看本质；缺乏认识的深度，随意把报道拉长，也意味着失去焦点，那不叫深度报道。因此，认识的深浅也决定着采访的走向及写作的质量。

普通报道与深度报道有什么区别？相对于深度报道，这里说的普通报道是指“纯新闻”的客观报道。如果说普通报道的基本要求是“实事”的话，那么深度报道的本质要求就是“求是”。深度报道之所以不同于普通报道，首先，从报道的起因上看，普通报道要求记者关注一个个具体的、客观发生的新闻事件，并以报道“事件”为本，因此，一个为社会普遍关注的新闻事件的发生是普通报道的前提。而深度报道则要求记者站在时代的制高点上，以解析与人们普遍相关的现实“问题”为本。因此，一个为社会普遍关注的“新闻问题”是深度报道的前提。

其次，从报道所关注的重心上看，普通报道所关注的是某个新闻事件“点”的本身，是一种“一人一地一事一报”的平面式、孤立式的报道；而深度报道则关注的是某个新闻事件的“点”的延伸与联系，是一种讲求展示新闻事实的宏观背景与前景的报道。

举个简单的例子。2008 年 2 月 2 日，《人民日报》的一篇报道，主标题为《中铝联合美铝收购力拓 12% 股份》，副题为“中国企业历史上最大的海外投资”。报道内容如下：

> **本报北京 2 月 1 日电（记者　朱剑红）**　中国铝业公司今天宣布，该公司通过新加坡全资子公司联合美国铝业公司，获得了力拓的英国上市公司 12% 的现有股份，交易总价约 140. 5 亿美元。本次交易是中国企业历史上规模最大的一次海外投资，也是全球交易金额最大的股票交易项目。
>
> 据中国铝业公司负责人介绍，对力拓的重要战略投资反映了中铝看好快速发展的矿产业前景，也看好力拓的价值和其管理层实现股东价值的能力。这一投资同时显示了公司国际化多金属发展战略，以及适应行业格局快速变化的决心。力拓公司成立于 1873 年，目前是全球第三大多元化矿产资源公司。

这是一篇消息，也就是一篇普通报道，或者叫“纯新闻”。“消息总是用尽可能经济的文字，简明扼要地反映新闻事实，这是新闻媒体受时空限制的结果，也是传播者和受众‘急需’使然。”[1]这一报道以“快”和“新”取胜，凭着“中国企业历史上

[1] 刘明华，徐泓，张征. 新闻写作教程［M］. 北京：中国人民大学出版社，143.

规模最大的一次海外投资”和“全球交易金额最大的股票交易项目”的两个“最”，就是一个大新闻。

《人民日报》又于3月10日刊发《聚焦中铝海外并购》，记者王炜采访中铝公司总经理肖亚庆，并了解相关背景材料。报道分3个部分，小标题为“为什么选择力拓？看好力拓潜在的价值”、“为什么与美铝合作？美铝全球领先有经验”、“如何控制交易风险？遵循国际规则和技巧”，每一小部分后面还配有点评。

这篇报道做的是新闻解读，可对号入座称为解释性报道，它就是一篇深度报道。虽然报道的是同一个新闻事实，即中铝海外并购，但它不是孤立地、表面地报道新闻事件和社会现象、社会问题，而是将其放在一个大的社会背景下，反映它与其他事物之间的内在联系，说明它之所以出现的必然性、它的发展趋势、它的潜在意义，以及它对其他事物可能产生的影响。

大的社会背景是什么？改革开放以后，中国的政治实力、经济实力有了很大的提高。中国的经济要融入世界发展的步伐，要求企业走出去，与国际接轨，参与国际经济的分工，从而不断壮大我国的经济实力。然而，国际上有一股势力，对中国的和平崛起总是戴着有色眼镜，把中国的经济发展看成是“中国威胁”，因而动用各种手段，把经济问题上升到政治问题，运用各种机会，阻挠、扼杀中国的经济发展。中国企业多次的海外并购活动都“功亏一匮”。这次“中国企业历史上规模最大的一次海外投资”和“全球交易金额最大的股票交易项目”的两个“最”，其中有什么奥秘，有什么值得中国企业学习和借鉴的地方，当然就有必要进行一次“梳理”了。

报道在点评中指出：跨国并购不只是“花钱买东西”这么简单，不仅要依靠经济手段，还需要面对很多政治问题等其他风险。中铝此次行动不露声色，却颇为惊心动魄。中铝高层也坦言，“其复杂程度将来可以写本小说”。这一系列标准的华尔街式的行为方式，使西方媒体惊诧于这家中国公司表现出的国际化素质。归根结底，中铝的并购是基于其国际化战略进行的。企业只有在明确的国际化战略指引下“走出去”，才能取得最佳效果。

报道还指出：“按国际惯例办事”是中铝此次收购提供的一大宝贵经验。企业要想成功进行海外并购，尤其是并购力拓这种顶级企业，必须花时间精力，全方位地考察所在国的经济环境、政治环境、法律法规甚至文化、风俗习惯等。能够按国际通行的规则和惯例办事，才能更好地融入世界市场，参与国际竞争合作的风云变幻。在国际市场上，中国企业应展示更加成熟、开放、诚信、游刃有余的气度。

美国《时代》周刊创始人亨利·卢斯把客观报道称为“快新闻”，把深度报道说成“慢新闻”。他曾经说过：“天下有两种新闻，快新闻和慢新闻。慢新闻具有深度，应当回答更多的问题，让人有时间思考，因而能影响更多的读者。”如果按照深度报道“就是以今日之事态，核对昨日之背景，揭示明日之意义”来看《聚焦中铝海外并购》，也基本体现了这一特点。

更多的深度报道会比《聚焦中铝海外并购》复杂些。深度报道要求对新闻事实进行跨越时空、由表及里、从内到外的综合反映，这就是说要从新闻事实的点上辐射开，在时空上向外延伸，在调查访谈及分析中将相关的事实展现给受众。比如，对于“何时”（WHEN），普通报道讲究的是“现在”，而深度报道关注的是过去与现在、现在与将来的联系；对于“何地”（WHERE），普通报道的视野仅仅停留在现场，而深度报道则不仅要关注现场，还要关注从现场延伸或波及的其他地方；对“何人”（WHO），普通报道一般仅采访当事人，而深度报道不仅要采访当事人，而且往往还要采访其他相关的人；对“何事”，普通报道要求对现在发生的新闻事实的情况和细节尽可能详尽地掌握，而深度报道则同时强调对其他相关事实的掌握。

从报道时效来看，普通报道打的是新闻的“第一落点”，是一种先发制人式的时效上的竞争；深度报道则是在不失时效的前提下打新闻的“第二落点”，是一种后发制人式的质量上的竞争。换句话说，深度报道的“深”，就在以现实问题的解释为核心，为呈“点”状分布的有关新闻事实编织出一个正确地确定其社会位置的经纬度坐标系来。

2. 深度报道的中国式形态

- 能从深层次揭示新闻真相，受众从新闻中知道了“WHY”（何因）、“HOW”（如何），这才是深度报道
- 文无定体，深度报道格式可以多样，篇幅也没必要过于限制，写作方式可以调动各种新闻表现手段

普通报道中，对于“何因”（WHY）和“怎么样”（HOW）可以忽略，而深度报道却要紧紧抓住这两点做文章。深度报道是一种系统反映重大新闻事件和社会问题，揭示其本质，追踪其原因，预测其趋向的报道方式，新闻要素中的“WHY”、“HOW”是报道中最重要的事项。就是说，新闻事件本身要具有一定的复杂性、纵深度，有许多疑惑、难点需要通过新闻报道来回答，这类新闻才能写成深度报道。

1986年，中国新闻奖确立深度报道的3种形式，即系列报道、组合报道和连续报道。其实，深度报道没有固定的格式，也不应过多地受篇幅长短限制，关键要能从深层次反映新闻事实。它可以是独立的文体，也可以是组合报道，还可以是连续报道或系列报道。

（1）独立文体。西方的独立、单篇深度报道很常见，人们常称为特稿，它既有故事、调查，又有解读、解释。《中国青年报》、《南方周末》等报纸的不少报道也有特稿的特征。特稿虽然很长，但一气呵成，写得好的话，读起来痛快淋漓。

《世纪末的弥天大谎》（中国青年报，2000年3月22日，作者蔡平），揭露湖北省丹江口市树立的闵德伟典型是假的，是一个弥天大谎，这是一篇很好的调查性报道，每一个细节都做得很扎实，读来可见采访之艰难。《哈佛教授确认陈琳身份　证明哈佛博士》（北京青年报，2003年7月3日，作者郑直），采用质疑、求证、

调查的手法，澄清了当时各方热议的“百万身价院长”陈琳的身份迷雾。《被收容者孙志刚之死》（南方都市报，2003 年 4 月 25 日，作者陈峰、王雷）引起了全国性的轰动，很快国务院常务会议（2003 年 6 月 18 日）原则通过《城市生活无着的流浪乞讨人员救助管理办法（草案）》，“孙志刚”这个名字被写入了历史。《的哥的姐怨声载道——揭开北京出租车业垄断黑幕》（中国经济时报，2002 年 12 月 6 日，作者王克勤）是一篇很具代表性的调查报道，它写北京出租行业黑幕，用了半年的调查时间，最后引起轰动——媒体关注，官方关注，出租司机关注。

这种独立文体比较好理解，就是根据某一新闻事件，去报道和回答受众欲知的“为什么”、“怎么样”。必须注意的是，它要提供完整的事实，采访技巧上要强于普通报道，事实扎实，写作优秀，往往能引起更多的关注和更大的反响。

2008 年 1 月 9 日，《新华每日电讯》刊发《水改四年多后，农民何以重饮“砷水”》这一报道。开头写道：

> **新华网太原电（记者　刘翔霄）**　水价与生命，孰轻孰重不言而喻。然而，记者近期在山西山阴县采访时了解到，当地改水工程完成四年多后，部分村民却放弃饮用健康达标的自来水，再次饮用自家井里砷含量超标的“毒水”。

这里告诉读者一个新闻事件。这种现象很反常，村民们为何作如此选择？紧接着报道通过采访、调查、解释等，揭示了现象（病区改水：复饮“毒水”无独有偶），查找了 3 个主要原因（“以水养水”：农村水价高于城市；入户工程：“入户”造价有点高；水表共用：一户欠费全村“遭殃”）。报道对“砷”进行了解释，“砷氧化后可成为‘毒中之王’砒霜。长期饮用含砷水，可引起皮肤色素沉着和脱色、手掌和脚掌皮肤的过度角化，以及以神经系统为主的全身性损害，严重时还会致癌，因此含砷水又有‘毒水’之称”。报道并不局限于山阴县，还告诉读者山西南部的临汾、运城等一些改水地区也存在类似情况。报道还说，“目前国家对城市居民饮水有各种形式的财政补贴，在农村居民饮水补贴政策方面尚处于空白”。（这也是农村水价高于城市的原因之一，应当引起国家有关部门的关注）报道最后说：“记者从有关部门了解到，在与山阴县相毗邻的山西省应县，改水后使用和运行情况都较好，没有上述现象出现。同样都是改水，一县之隔成效截然不同。”（这提示着山阴等有关县市应当借鉴经验，及时解决问题）这是一篇单篇的深度报道，通过这几个“因”的调查分析，村民为何喝“毒水”的“果”就让读者明白了，文章也没有必要拉长。

2007 年 12 月 27 日，《新华每日电讯》刊发《爱心遇冷风，他们为啥不领情》，文章开头写道：

> 岁末，正值访贫问苦、扶贫济困的“旺季”。在这股暖流的涌动下，一些困难家庭和个人得到政府的关怀和社会的救济，切身感受到社会温暖。然而，几位志愿者日前向记者讲述了他们送温暖中遭遇的尴尬，个中滋味让人深思——送温暖为何不领情？送温暖到底该怎么送？接受温暖是不是在自曝家丑……

这篇报道中，第一部分“志愿者献爱心遭冷遇”，由南宁市某公司做会计的王女士讲述一次献爱心经历；第二部分“接受爱心——自曝家丑?”，讲一对矛盾和一位专家的访谈，这个矛盾是将献爱心见诸于媒体以“如实向社会告知需要帮助人群的状况”与单位领导认为接受爱心是在给自己单位“自曝家丑”、“抹黑”的矛盾；第三部分“四因素让爱心活动大打折扣”，即“破衣烂衫献爱心，没有几件真像样”，“注重场面搞形式，前呼后拥去做秀”，“一拨一拨敬老院，爱心之路待拓宽”，“不管用上用不上，先入为主送温暖”，这是分析原因；第四部分“亟待建立信息交流机制”，各级民政部门要通过各种渠道调查摸底，随时掌握辖区内困难群众最需要什么，最缺什么。这样的深度报道不停留于只列出现象和问题，还提出了解决问题的方法。

（2）连续报道。按中国新闻奖的界定，连续报道是指围绕正在发生的重大新闻进行的“追踪式”报道。我们理解，连续报道是指围绕某一新闻事件发展变化（或者话题探讨不断深入）的不同阶段，在一定的时间内持续跟进报道的一种方式，它使受众对媒体报道的新闻事件的内容有完整和全面的了解。连续报道一般有两种形式：一是进行式的。进行式的报道往往用来报道正在发展过程中的事物，是一种“正在进行时”的追踪报道；二是反应式的。重要的、典型的新闻事件报道后，引起了社会各方反应，媒体将这些不同的反应进行报道。

这两种形式有时候会交错在一起。如 2008 年 5 月发生的四川汶川 8 级大地震，中央电视台当天就推出直播，《新华每日电讯》等各主要媒体也是不惜版面给予持续关注、持续报道，既有来自灾区的现场报道、持续的正在进行的救人救灾抢险报道，也有灾区以外的各地乃至国际上一些地方的反应式报道，等等。这一事件揪住人们的心情，这些报道让人关注。这次连续报道之数量与质量可载入中国新闻的史册。

连续报道因为围绕一个事件或者一个话题进行持续报道，容易引起读者的强烈反响。1999 年，武汉一位个体餐馆的老板为了抢救一位不慎被毒蛇咬伤的打工工人，不惜重金包专机连夜送他到广州抢救。《南方日报》和广州其他媒体同一天得到新闻线索，第一篇报道与其他媒体一样，是一篇社会新闻。然而，深入思考后，他们意识到，包机救人事件还反映了新型的劳资和新型的人际关系，回答了一代人的道德问题：在市场经济条件下，在社会转型期，在金钱和道义之间怎样选择？这才是新闻的真正价值所在。在其他媒体还在追踪包机的细枝末节、满足受众的好奇心时，《南方日报》拿出大量版面对事件的意义进行发掘，再次提炼素材。接下来的一个多月，既对事件进行跟踪报道，又邀请专家座谈，发表评论文章，发动读者展开讨论：包机救人告诉我们什么？一时间，全国多家新闻媒体或转载，或跟进报道。整个报道结束时，广东省委副书记在《南方日报》发表署名文章，称赞这是“深入人心的成功典型报道、精神文明建设的生动教材”。

连续报道大多注意对大写的“人”的关注，加以深入挖掘，以达到较好的舆论效果。2002 年 6 月 10 日，《福建日报·热线新闻》刊出《一个三野老战士的多舛命运》一文，记者采访时年 83 岁的第三野战军老战士李朝金，老人居功不傲，几十年以共产党员的标准严格要求自己，晚年却遇到了特殊困难。报道引发了众多读者的内心崇敬和热情帮助。同年 6 月 24 日、6 月 27 日、7 月 1 日、7 月 8 日、9 月 18 日、12 月 5 日接连刊发了《病榻前的党支部学习会》、《三野老战士受到广泛关注》、《省长为李朝金捐款　习近平对相关问题作出批示，要求建立关心困难社会救助机制》、《崇敬与关爱的交响》、《战士情寄特困生》、《老战士了心愿?》等追踪式的连续报道。时任福建省省长的习近平看到报道后，不仅捐款表示慰问，还对相关问题作出批示：“要从根本上解决问题，要想办法建立一种社会救济机制。”记者围绕着三野老战士李朝金的事件，从不同的角度、不同的侧面进行了报道，使一个本来“孤立”的新闻事件在全省引起反响，并在全社会形成关怀和尊重革命老功臣的热潮。

（3）组合报道。组合报道是将某一新闻事件的各个侧面用编辑的方式将其整合在一起，对新闻事件进行多方位、多角度报道的一种方式。一般来讲，它是以一篇主打文章（或新闻故事、新闻分析）对新闻事件展开深层次的报道（或分析），再以其他若干篇报道或链接形式，包括照片，从不同角度对主打文章作补充，使受众进一步获得有关新闻的完整印象。这样编辑的组合报道可以利用版面的优势，灵活地运用不同体裁、不同风格的报道形式，增强新闻报道的视觉冲击力。一些话题新闻也可以采取组合报道的形式，关键是灵活运用各种新闻手段，让它们有机地整合在一起，使整个报道更有深度、更有力度。

2007 年，《新华每日电讯》就重庆市和成都市成为“国家统筹城乡综合配套改革试验区”刊发一组合报道。组合报道以《成渝试验区：要让农民和市民一样》消息告诉读者，与以前设立深圳特区等改革试验区“让沿海一部分地区先富起来”所不同的是，在重庆和成都设立统筹城乡综合配套改革试验区，是加快建立改变城乡二元结构体制和机制的需要，是探索建立构建和谐社会体制的需要，也是探索中西部地区发展模式的需要，将更注重“民生”。组合报道之背景介绍是《成渝试验区“特”在何处》，其专家解读是《统筹城乡为何“花落”成渝》。

这是我国政治体制改革的一个重要的探索，它与以前我国设立深圳特区、上海浦东、天津滨海相比，有什么不同之处？这个试验区“特”在何处？为什么选择在重庆和成都？在改革开放的进程中，为建设中国特色社会主义，我国在多个地方多次地进行改革试验，但此前的试验区主要是为了给计划经济体制改革探路，或者是要建设新的经济发展“增长极”。而成渝试验区是在中国改革取得巨大成就，但一些难点问题仍未取得实质性突破，党中央提出科学发展观的背景下，为改变城乡二元结构体制机制、寻找中西部地区特有的发展模式、探索构建和谐社会而设立的。有专家指出，计划经济体制有两个支柱，一是国有企业制度，一是城乡二元体制，不把这两个支柱彻底改掉，计划经济就没有退出历史舞台。

安徽凤阳小岗村的土地承包制是中国改革史上公认的标志性事件，曾使整个中国的生产力得到极大解放。但此后中国改革的重点就转向了城市。今天我们回首发现，只改革国有企业，相当于我们对计划经济的两大制度只动摇一支，曾经处于改革起点上的城乡二元体制被长期搁置，农民没有享受到改革开放的成果，农村经济活力没有得到释放，城乡贫富差距产生的整体性贫富分化成为今天重大的社会问题。通过成渝试验区的改革，彻底打破城乡二元体制，提高城市化程度，农村居民收入大大提高，一个8亿人口的内需市场得到启动，整个中国经济将因为农村经济活力释放而迎来一个灿烂的明天。

成渝试验区“特”在何处？这样的背景对消息的新闻要素作

了必要的补充，使新闻事实有了更完整的画面，为读者更好地理解新闻内容提供了帮助。同时，专家的解读也起到了进一步澄清某些新闻事实、分析新闻事件产生的原因、揭示新闻事件的深层次含义或帮助读者领会新闻事件意义和影响等作用。

再如，2007 年 6 月 10 日全国体操锦标赛预选赛上，浙江小将王燕严重受伤的新闻，《新华每日电讯》2007 年 6 月 15 日用了 3/4 的版面，以组合报道形式进行深度报道。这个组合报道充分体现了编辑的功力，对在全国体操锦标赛上受伤的浙江小将王燕现在的伤势进行了跟进式的连续报道。而后，又回答了读者普遍关心的受伤后的王燕会不会像我国另外一个体操运动员桑兰一样，能够在受伤以后得到相对完善的保障。还运用背景介绍了当前体操运动中的趋势。同时还对一些媒体对王燕发生意外后，有的报纸竟拿来搞竞猜等不良导向进行了批评。全方位、多角度的深度报道不仅让读者了解了相关的信息，还传递了正确的舆论导向。

（4）系列报道。按中国新闻奖的界定，系列报道是指围绕某一主题或已经发生的某一新闻所作的多角度、多侧面、多层次、多方式的报道。我们理解，系列报道是围绕同一新闻主题，从多个侧面、不同的角度，运用多种报道体裁或形式进行报道的一种方式。如果说连续报道是对新闻事实的发生进程作跟进报道，那么，系列报道则要分别从不同的侧面报道已发生过的新闻，前一个是正在进行时，后一个则是现在完成时，前者是报道在不同时间里发生的新闻，后者是报道不同空间里发生的新闻，它不是着眼于时间性和连续性，而是重在深入剖析、深刻透视。

2004 年 7 月 5 日，《云南日报》的《来自滇西抗洪一线的报道》就是一组较好的系列报道。这一系列报道围绕当时滇西连续发生特大泥石流灾害事件，明确主题，突出重点，达到先声夺人的舆论效果。这组系列报道由多篇通讯、评论、消息、特写组成，代表作品是人物通讯《丹心热血写人生——记英勇牺牲在抗洪一线的盈江县交通局长赵家富》、现场目击消息《空中大救援》、事件通讯《为了千名群众的生命安全——盈江支那乡芦山村受灾群众安全转移纪实》及评论员文章《把群众安危放在首位》。该系列被评为第15届中国新闻奖二等奖。

1987年6月13日，《经济日报》在头版头题位置刊发《关广梅现象》的报道，之后至7月23日，该报展开了“关广梅现象”的大讨论。在这次历时40多天的讨论中，《经济日报》先发表关广梅希望开展讨论的《给编辑部的信》，紧接着发表讨论稿件和信件56篇，评论员文章5篇，消息4篇，通讯4篇，讨论综述1篇，小言论1篇，跟踪抽样调查4篇，合计78篇，这一系列报道在社会上引起强烈的反响。“关广梅现象”也成为评价我国社会主义初级阶段改革性质的一个代表性词汇。“关广梅现象”的深度报道1987年被评为“全国好新闻特等奖”。在这个深度报道中，记者从众说纷纭的“关广梅现象”着手，抓住经济体制改革在社会心理上引起的强烈震动这个要害，多方位地用事实说话，通过系列报道推进了新旧体制转换与思想观念的更新。

对于“关广梅现象”这一新闻事件，当时社会上存在着各种观点：有些人认为关广梅的这种做法走的是资本主义，应该予以取缔；有些人则支持关广梅的做法，认为它调动了员工的积极性，为企业创造了利润，也为国家作出了贡献。

新与旧、进与退、未来与以往、变化与僵化，围绕着“关广梅现象”，发生着冲突、碰撞，有时甚至是对峙。这种毁誉反差如此强烈的新闻披露和社会评价，正是当时记述改革人物的新闻作品所缺乏的。对于关广梅这个焦点人物，新闻报道中没有把她作为“先进典型”去唱赞歌（这种做法在今天仍然有借鉴意义），而是重在探讨“关广梅现象”所反映出来的社会问题。对于不同的观点，记者都为它提供了话语的空间，客观地把它呈现在读者面前，让读者自己去评判。记者则把自己的观点隐藏在新闻述评中，通过系列的深度报道，有效地发挥了主流媒体舆论引导的作用。

这组系列报道既有深度也有广度，以故事和述评形式交替出现，既形象生动，又不乏理性思考。“小荷才露尖尖角，早有蜻蜓立上头。”敏感的记者就是高瞻远瞩，见微知著，牢牢把握新闻事实的发展规律，及时揭示新闻事实的发展趋向，给读者以导向性的信息。

在组合报道和系列报道中，编辑记者采编实践更为灵活，新闻的故事、调查与新闻分析、评论可以分开，即使是新闻调查也可以分为若干篇，从不同角度形成一组文章。

第二节　追求独家

什么因素可以导致一个深度报道成功？经验告诉我们：要进行足够深刻的报道以使人理解“如何”和“为什么”；要找到足够的事物特点来体现报道独特之处；解释时尽可能运用叙述的笔法，同时要尽量通俗易懂；要通过采访来挖掘信息，引用能闪光的引语；还要搜集视觉元素，为报道配有冲击力的图片，使报道富有视觉特点；要合理组织好素材以帮助读者理解，并处理好难处理的素材；要用清晰引人的方式进行写作，等等。

什么因素让深度报道失败？教训告诉我们：把数字当成新闻来报道，干巴无趣；在报道中只寻求事实和引语，没有寻找人物和视觉因素；报道时太容易感到满足而没有深挖；更多关注事物和其他抽象的东西，而不是关注人；找到认为可以说明问题的事例或引语后，就停止了采访，缺乏进一步深挖的耐心，等等。

这些启示很重要，需要认真领会。我们还觉得，进行深度报道的最好方式由报道的题材和记者的视角所决定，因而，题材适不适合做深度报道、有没有独家的视角，也很重要。

由于媒体的多样性，除了传统的报纸、广播、电视、杂志外，现在还有网络、手机等新兴的媒体。新闻信息已很难被某一媒体所垄断，一个简单的例子，某地发生一桩车祸，也许你将发现，到现场的记者可能比伤者还要多。更要命的是，同城新闻同质化深深困扰着媒体人。如果说过去的媒体是靠独家新闻取胜，那么在今天，在大量超强密集、传播渠道空前广泛的情况下，再想拥有传统意义上的独家新闻，不现实，也不可能。

《中国新闻实用辞典》对“独家新闻”下了这样的定义：“只是一家媒体报道或一家媒体率先报道的新闻。重要的独家新闻不仅具有重要的新闻价值，还常常具有被其他媒体再传播的价值。两个以上媒体同时发表同一内容的新闻，冠以‘本报消息’、‘本台消息’、‘本社消息’，这只表明是媒体自己记者采写或直接获得的第一手新闻，但不是独家新闻。有的新闻事件由于具有多种新闻价值，虽然两个以上媒体同时报道，但有的记者选择了独特的角度和主题，运用了他人所不及的素材，从而产生了不同的新闻价值，他所报道的新闻仍然是独家新闻。”

根据这样的定义，独家新闻可分为两种，一是时效性独家新闻，即在时间上抢先于其他媒体发表的新闻，这就是传统意义上的独家新闻；二是深度性独家新闻，这指的就是那些经过记者深入调查采访挖掘揭示被掩盖的事实以及事件本质的新闻、那些选择独特的角度和主题进行报道的新闻。后者大多是抓住一些“第二落点”，以披露人无我有的细节和幕后故事见长的事件性新闻。一些人们特别关注的非事件性新闻、话题新闻，如果做得好，同样会获得轰动效应和社会反响，这些新闻报道比起普通新闻、传统的独家新闻更具深度，因而又是深度报道。

1. 独家视角

- 地产业名言：第一是地点，第二是地点，第三还是地点。媒体吸引读者，把“地点”换成“独家”便是
- 在信息爆炸的年代，深度报道是获取独家新闻的法宝，独家视角则是在同题竞争中获胜的法宝

独家新闻是媒体的生命，没有独家新闻的媒体最有可能被读者淘汰。竞争之下，时效性独家新闻的差距在缩小，深度性独家新闻

采访难度在加大。如何做出独家新闻，如何从新闻传播的程序中挖掘开辟出独家的东西，已经成为媒体赢得读者的关键。在普通新闻信息无法垄断的时代，深度性独家新闻成为许多记者的最爱，在此意义上的“独家”，应是指对同一新闻信息的独家认识和独家表现。

新闻报道的目的，一是传递信息，二是影响社会。影响社会，影响舆论，把社会舆情引导到有利于国家政治、经济、文化方面来，就要求新闻报道不仅平面地反映一个动态、一个变动、一个结果，而要对其深入探究，通过比较充分地提供背景，扩展深化报道内容，用信息密集型的报道展现与别人不一样的认识和表现，给读者以更多的启示和教益。

“独家”是最好的深度，因为人无我有，人有我优。在同类题材里难以获取“独家新闻”的情况下，努力获取“独家视角”，是一种行之有效的竞争策略。新闻视角是指新闻报道时记者对新闻事实的观察和表现，角度的不同，将直接关系到对新闻事实意义的认识。“同样的题材，甚至同样的一个题目，记者可以从不同的角度对它进行报道。记者要使自己的报道更深刻，就要在报道的角度上多动一些脑筋。著名的短消息《上海的严寒》本来是有关气候的消息，为什么写得很深刻呢？关键是记者选取了深刻的角度：寒冷和社会的关系，寒冷在不同社会条件下引起的不同后果。消息不仅把气候和社会联系起来，还把新旧两个不同的社会下的不同后果加以对比，这样它的深刻内涵一下子就揭示出来了。”[1]

《色情行业缘何泛滥成灾　焦作大火爆出腐败内幕》是深度报道，由于视角的不同，报道领域大为拓宽，它在那一事件的报道中就显得与众不同。作者李玉霄谈到这篇报道时认为，这篇灾难大火报道的面给拓宽了，不仅在于对事故的追问，而且涉及和事故相关的两个领域：一是次中心城市传统产业的凋敝，地方政府为招商引

---

[1] 艾丰．新闻写作方法论［M］．北京：人民日报出版社，1996：47.

资不惜搞色情行业，致使当地色情业泛滥；二是进城民工的精神生活问题。因为大火中死去的 70 多个人大多数都是民工，这些民工 8 小时之外干什么？“我到那儿采访，后来不跑火灾现场、殡仪馆、遇难家庭这些地方了，那些记者还在跑。我往工地上跑，去了解民工下班后回宿舍干什么。他们说，下班后换换衣服，洗一洗，就到焦作市中心的大广场看市民跳舞，然后在马路上逛逛，马路上逛逛无非看看女人嘛。他们的生活很单调，如果在家里，可以搂搂老婆睡睡觉，照顾照顾孩子啊。他们有精神需求嘛，但是无从满足，只好去看黄色录像。这客观上导致两个恶果，一是锁死录像厅大门，二是遇难人数过多。”[1] 这样的视角就不一样了，相关的报道还可以深挖下去。

《漳州“产量冠军”由大趋强》（福建日报，2004 年 6 月 4 日，记者黄如飞）也因为角度颇为独特而具有了一定的深度。“漳州石英钟机芯产量世界第一、钢管家具出口量全国第一、蘑菇罐头出口量全国第一、数字万用表出口量全省第一、建筑模板产量全省第一，漳州制造业共有 11 种产品产量全国领先、15 种产口产量全省第一……” 如果以写“纯新闻”来讲，这些众多“第一”的事实，足以写一篇新闻报道了。记者没有停留在这些“第一”的表象上，“这些‘产量冠军’却仅有 2 个‘全国驰名商标’（其中还有一个是没有可比性的地方特产），那么，为什么漳州制造业能够创造出这样多的‘产量冠军’，却未能同时创造出强势品牌呢？”说实在话，漳州制造业中的单个的“第一”，不是今天才出现的，作为成就，早就被众多的媒体报“滥”了，对待这些事实，不能拘泥于现有的事实，而要通过对其梳理，领悟出其潜在的新闻价值。该篇报道以巨大的反差作为开头，提出一个尖锐的问题，“诱”得读者不得不跟着记者的“为什么”去探究其中的“奥秘”。

[1] 张志安. 报道如何深入——关于深度报道的精英访谈及经典案例. 广州：南方日报出版社，2006：217.

《一个造船世家的百年风云》（福建日报，2008 年 1 月 7 日，作者王志凌、郑晓强）刊出后，在报社内外引来一阵喝彩：一个曾经被报“滥”了的东西，竟成了一篇好稿！这篇稿件的出炉，也是得益于找到了一个独特的视角。

其实，要写宁德市福安的造船业，是欠了人家好几年的“债”。前几年，与宁德记者站记者商量如何做好宁德的新生龙头产业报道，记者说，宁德现在有三个“一”，即一条鱼（人工繁殖大黄花鱼）、一朵菇（食用菌）、一条船。大黄鱼与食用菌，都做了文章。一条船，按福安报道组王志凌所说：船舶修造是福安两大工业（另一是电机行业）支柱产业之一，现有修造企业 30 多家，总产值占到全省船舶工业总产值的 1/3，已成为全国重要的民间修造船集聚基地。作为地方经济的“重头戏”，船舶产业自然而然也就成了新闻报道的重点，从产业成长的一颦一笑到地方政府部门扶持的一举一动，每年都有大量的文字或图片见诸报端。如何报道福安的造船业，我们一时苦于无策，但没有停止思考。

2007 年底，我们在一本杂志上看到一张很漂亮的照片：一个老人手拿工具，在端详着一艘尚未完工、弯弯翘起船头的小木船。心里突然来了灵感：老人小木船，年轻人大铁船！第二天报题，大家顿时都来了劲，马上打电话到报道组，询问能否找到一个平凡船家，通过讲述一个造船世家的变迁，来折射整个福安船舶产业发展的轨迹。报道组的同志经过一番打探，告诉我们有这样的人家。角度找对了，故事就来了。

“独家视角”的新闻写好了，就可以占领同类题材新闻的制高点，这实际上也就写出了“独家新闻”。

2004 年，我们聚焦泉州的城市化进程，许多报道可能会从城区扩大、人口增多、交通网络增加等角度进行报道，但我们却从“人”开始。这个系列组合报道一开始，就把话题引入人的视角：“对于一个城市来说，最宝贵的资源是人本身，尤其是那些有头脑和有资本的人；21 世纪的城市竞争，本质上是以人为本的竞争，哪个城市越能吸引、聚集到高层次的人才，就越能实现可持续发展；中国社科院教授倪鹏飞说，影响泉州城市竞争力的重要因素之一，是人才本体竞争力相对落后[1]；于是《城市新闻》对泉州的聚焦，就从‘人’开始。”这个视角比较新颖，而新闻故事选的是一个异乡人和泉州的缘分，新闻分析做的是“外来和尚”如何“念经”。

2006 年 9、10 月，《福建日报 · 西岸观察》拿出 4 个整版的篇幅，来做一个无关乎政治宣传的文化题材的报道——关于福州三坊七巷的报道，这样的阵势是不多见的。这组报道能引起共鸣，首先也在于其视角的独特。当时可以说是采编互动十分到位，记者与编辑一起到实地感受，共同消化了十多斤重的材料，才梳理出一个独特的视角——从人文关怀的角度，通过寻找都市的精神家园，以柔性批判的态度对三坊七巷的保护发出无声的诉求。

做深度报道时，记者首先必须问自己：这个事件（或话题）做什么点？这个所谓的“点”，业界有人称之为报道角度。现在，信息传播渠道的畅通让各报很难得到独家报料，“点”的竞争就显得特别重要，抓合适的“点”，即使报道比人家迟些，但因为有更好的角度，可能更能得到读者的认可。

2. 独家细节

- 深度报道的细节不仅为了生动，更为了求证，特别是调查报道，体现本质与真相的细节不可或缺
- 深度报道的细节与逻辑同样重要，只有深入调查采访，才能获得独家的细节，让人相信与感动

从前面的案例可以看出，深度报道的“独家”，指的是对同一新闻信息的独家认识和独家表现。清朝戏剧家李渔说过：“人惟求旧，物惟求新。新也者，天下事物之美称也。而文章一道，

[1] 倪鹏飞教授在解读当年全国 200 个城市综合竞争力时说。

较之他物，尤加倍焉。”新闻是一种精神产品，这种精神产品应该具有新鲜、原创的特征，就是你的作品轻易不要让人模仿，不要让人拷贝。一个记者能够在纷繁复杂的社会经济生活中，“看”到、“采”到“独家新闻”，做到你无我有、你有我优，工夫要下在细节上。

细节，原本是文学艺术中的概念，是指能具体地反映人物性格及人物活动场景的最小的艺术单位。细节之重要，我们在前面的章节里已经反复强调过了。

在普通报道中，一些观察细致的细节也能让新闻成为“独家”。比如，2003 年“五四”青年节这一天，温家宝总理到清华大学和中国农业大学看望青年学生。当时正是“非典”肆虐期间，同样是报道党和国家领导人活动，不同的媒体报道效果不同，不同的记者采写风格不同。《我也是一片树叶》（中国青年报，2003 年 5 月 6 日，作者原春琳、刘万永）一文，有意识地选择了温总理与学生在一起时的许多细节，不仅深刻地表现了总理的亲民，更深刻地表现了总理从更高的层次看待抵抗“非典”的战斗——我们不仅能战胜“非典”，更能为中华民族的腾飞而奋斗。

我也是一片树叶

本报北京 5 月 5 日电　5 月 4 日下午，清华大学公共管理学院 02 级研究生胡薇薇和往常一样，来到图书馆搜索最新的资料，为硕士转博士工作作准备。突然，安静的图书馆传来一阵欢呼，胡薇薇抬起头来，一个熟悉的身影映入了她的眼帘。

惊讶中，温家宝总理来到了胡薇薇的面前。

“总理好！”胡薇薇立刻站起来打招呼。

“你坐着吧，在干什么呢？”总理问。

“我在查阅一些资料。”胡薇薇回答。随后，她向温总理介绍了自己的专业和近期的学习计划。“他真的很亲切，好像是我的父亲。”胡薇薇说。

父亲的感觉同样存在于其他学生的心中。

新闻与传播学院01级本科生史浩宇和同学们一听说总理来了，都忍不住离开座位前去张望。“快看书！别让总理认为咱们不读书！”一位同学提醒大家。

没多久，总理来到了他们中间。“今天和大家聊一会儿不会耽误大家的时间吧？”总理问。同学们用笑声作出回答。随后，总理在史浩宇对面坐了下来。

民主和科学、光荣与梦想、五四精神在总理的讲解下令人神往。史浩宇和同学们不停地用笔记，用心记，记下总理的一举一动，一言一行。

讲得口渴了，总理停了下来：“谁的水能给我喝一口？”四五位同学立刻递上了自己的水杯。

史浩宇的眼睛湿了：“在这个非常时期，连同学们都小心在意，不敢使用别人的物品。可总理居然毫不在意！”

有位同学问总理，我们上游泳课时，老师指着外边的大树说，当树叶从嫩绿转为浓绿时，“非典”也就过去了。如果把全国比作一棵大树，清华园只是其中的叶子。总理，您给自己的定位是什么？

总理的回答让同学们动容，他说自己也是大树中的一片树叶。这片“叶子”因为忧心“非典”，常常夜不能寐，思及“非典”时甚至泪流满面。

当这片“叶子”走出图书馆时，1 000多片“叶子”已经在小树林中等待他一个小时了。自清华的BBS发出总理来了的消息后，同学们一个接一个地从宿舍、操场、教室汇集到小树林。那里是同学们经常活动的场所，有T恤设计大赛的展览，有艺术轩的排练，还有图片展览。

清华的3件礼物也在等着总理。99级博士研究生马扬飚代表清华学生，向总理送上了这3件礼物：清华紫荆突击队的袖标、校庆那天为医护人员祈福的一串千纸鹤、T恤设计大赛的两件获奖T恤。

《团结就是力量》的歌声回荡在小树林的上空。总理这片“叶子”与清华上千片“叶子”的歌声融为一体。

在挥手中，总理匆匆离去，奔赴中国农业大学。望着总理远去的背影，一位同学小声喊了一句：“总理，千万要保重身体啊！”随后，1 000多名同学发出同样的呼声：“总理，千万保重身体！”

“今天是‘五四’青年节，我早晨还在办公室上班，突然想起这个日子，就想来看望一下同学们，向同学们表示祝贺，向大家表示问候！”在中国农业大学，温总理的开场白，让同学们零距离地看到了“平民总理”的风采。

总理对同学们说，与城市相比，农村的文化教育、医疗卫生这条“腿”更短。像北京这样的大城市虽然病情严重，但医疗资源雄厚，我最关心和担心的是农村。农民有病看不起，在这个特殊的情况下很危险。因此，要把农村的预防工作做在前面。国务院后天上班后的第一件事就是召开农村防治“非典”工作会议，提出若干条具体的预防措施，有的要形成机制。比如疾病卫生网络、防疫队伍建设等，不仅是应急，而且都要形成机制，长期存在下去。

总理对同学们也提出了更高的期望：“你们都是学农的，许多人是农民子弟，希望通过这场战斗，同学们的思想更加成熟起来，不怕困难，同时又要树立起毕生为农民服务的思想。中国农民富裕之时，中国农村发达之时，就是我们整个国家强盛的时候。虽然这是一个比较长期的艰苦过程，但这一天一定会到来！也许它就在同学们手中实现。”

这篇报道情真意切，观察细致，感人肺腑，是细节让新闻成为了“独家”。看这篇报道，可改用一句广告语：原来领导活动的新闻报道是可以这样写的。

在深度报道中，细节不仅仅是为了形象，为了生动，更是为了求证，特别是一些调查性报道，没有挖掘出能体现本质、体现真相的细节，就称不上深度，也很难让人相信，让人感动，搞不好还会引起新闻报道的官司。

来看看张志安对《世纪末的弥天大谎》作者蔡平的一些访谈[1]："我的做法是尽量采访到每一个细节、每一个环节，尽量做到扎实。比方说《世纪末的弥天大谎》那个报道出来后，他们要打官司，让我们报社赔偿40万元。官司还没打的时候，报社就派出第二个调查组，中央电视台《新闻调查》的一个摄制组也去了，他们把我采访到的人重新采访一遍，没有发现更多的漏洞。因为我报道的细节采访都是很扎实的。

"实际上，采访那天下雨路滑，我摔了几十个跟头。到河边的时候，给我带路的那个农民不敢进村子，说你看没有船，咱们回去吧。我说你知道我会游泳吗？你要不带我去，我就游过去。后来，那两个农民特感动。过了河之后，还有好几里路的泥地，我又摔好多跟头。其实，我不是个爱吃苦的人，也不是特执著的人，但那个时候，你就觉得在接近真相，平常的感觉就忘了。那时真的很奇怪，你都觉得那不是你了。

"《南方周末》的报道有一段提到这个事，但没有展开。后来，新华社两个记者去了，发现了这个情况，他们写了个东西，想在我们报上发。报社说这个事情必须再进行更扎实的采访，然后就派我去了。我当初想，新华社都有那么多东西了，我就去见一下当事人不就完了吗？甚至不知道，为什么非要到村里去，不过幸亏去了，否则就没有这后戏了。

"我觉得和国外比层次差得很远。比如说做一篇调查性报道，

[1] 张志安．报道如何深入——关于深度报道的精英访谈及经典案例［M］．广州：南方日报出版社，2006：106－107．

可能有 20 个点，咱们只采访到 10 个就觉得够了，或者采访 7 个点就去归纳。再一个不足就是不注意细节，不够精致。既要把所有的点都挖出来，还要有逻辑性。调查性报道应该有艺术，包括写作、采访、调查的艺术。”

调查性深度报道的独家细节强调真实，不宜主观描述，不宜合理想象。来看看张志安对《被收容者孙志刚之死》作者陈峰的访谈。[1]

问：“类似的事件，换了别的记者很可能会采取另外的写法，比如先选择一些惊心动魄的场面或非常细致的镜头加以再现，然后再去回顾事件的来龙去脉，按照这种时空顺序来组合。”

答：“问题就在这儿。这种写法可能比较好，甚至更高级，但这些场景我们采访不到。我对孙志刚感到恐怖的描述只有他和朋友通电话的那一句，这是我可以采到的。换个记者，可能先写孙志刚在绝望无奈中给人打电话，但我觉得这种叙事方法会降低报道的可信度，读者也许会质疑你在精心描述一个不可能看到的细节，像在写小说一样。我更倾向于将这种有主观色彩的东西清除出去。

“当然，有种常见的写法，类似都市报的热线处理办法，就是孙志刚家人来投诉，孙志刚死了，记者跑去采访收容站，收容站拒绝接受采访，但孙志刚家人说他一定是被打死的。这样的新闻写出来就是：大学生暴死街头，家人质疑是被打死的。但可能因为这种不够严肃、不够深入的采访和写作方式而削弱了这个新闻本来的力量和影响。

“作孙志刚案件报道时，我也有过一种恐惧感，一个人如果陷在那种环境中，绝望无助是很难想象的。但这种绝望无助的感觉只有通过细致地梳理材料、采访调查才能获得。没有人怀疑这篇报道的真实性，因为我们所有的细节都有交代来源和出处，都是真实可

[1] 张志安．报道如何深入——关于深度报道的精英访谈及经典案例［M］．广州：南方日报出版社，2006：125.

信的。一篇零散的、单方叙述的报道和这样一篇真实的、可信的报道是没法比的。”

从采访上来讲，陈峰认为，孙志刚案采访的难度比较大，主要体现在对细节的抓取上。他们为了得到各个细节，除了依据材料所构筑的基本事实以外，多次采访孙志刚的家人和朋友，反复核对细节，最后的采访记录有厚厚一本，虽然多数采访到的细节最后都没有用上，但是却使他们对整个事件的发展有了一个比较清楚的认识。

没有扎实的采访，写作中就做不到事事有出处。如果记者抓住了足够的细节，那么细节就会使读者脑中“拼出”生动的场景，用不着进行合理想象。在这篇报道中，如作者所指出的，有几个细节值得关注：写到朋友知道孙志刚死了，就引用了“等待”的细节——医院让孙志刚的朋友去殡仪馆等着，孙的朋友赶到后又过了两个小时，尸体运到；点出孙志刚被打死之后，就用了“厚衣服”的细节——孙的身体表面的伤痕不多，皮下组织却有大面积软组织创伤，冬天穿着很厚衣服的情况下，如果被打，才会出现这种情况，而当时是3月份，孙当然不可能“穿得像冬天一样”；质疑孙志刚是否应该被收容时，又用了“感谢”的细节——在离开收容站前往医院时，孙填了一张“离站征询意见表”，他写的是满意！感谢！感谢！这些细节，让文章变得非常具体，而不只是抽象的时间和地点。

在深度报道中，细节之重要性还在于，假若你放过一个细节，可能会遗漏掉一个很能说明问题的关键点。假若你抓住了这一个个细节，你还可以对事件进行质疑，你还可能从中得到自己的见解与判断，这样你的报道离事件的本质或者真相就会更近些。

3. 独到见解

- 深度报道最强调的，是要有自己的想法、观念和判断，要通过记者的眼睛去看那里生活的人和事
- 这种判断，强调的是要有独到的观察，告诉读者这是件什么事，但并不意味着要给报道下结论

独家细节成就深度报道好看的故事。深度报道还要有独家思考。深度报道是文化产品，它与物质产品之间有绝对的不同，差异在于：一个文化产品背后都应有核心的思想，你能不能提供新鲜的洞见、有价值的观察、有力量的判断，决定着你这个产品能不能引起关注。这也是构成深度报道的核心要素之一。因此，深度报道的题材可能是新农村建设，可能是体育健身活动，也可能是气象变化，关键的并不在于题材是什么，而在于你能不能提供有别于他人的思想。如果能提供的话，就可能被读者所选择，产生较好的舆论引导。

2008 年 4 月 3 日，《南方周末》头版转二版的报道《城市灰霾天年夺命三十万　专家吁严防雾都劫难重演》，压题照片上有段文字，“如果许多城市的碳氢化合物、二氧化硫以及氮氧化物排放量仍然以目前的速度增长，那么到 2010 年，这些城市的空气将很难保证人类的正常呼吸”，这篇深度报道关注的是气象变化，但又与民生紧密相关，这段文字的解读通俗易懂，见解也很独到。结合所处城市的实际体验，许多读者肯定会关注这样的话题。

中国的环保之路任重道远，可能凭记者的一己之力改变不了这个现实情况，但这样的报道，这样的见解，包括记者的观点，包括专家的观点，给读者提供了一种观察，去观察我们比较熟悉而又比较陌生的城市灰霾。

从事深度报道的记者认为，深度报道最强调的是要有自己的想法、观念和判断（包括专家的意见），要通过记者的眼睛去看那里生活的人和事，而不是流行的东西。这种判断来自于洞察新闻的能力。这种能力表现为，洞察新闻表象背后蕴含的要素，比如事件的走向在哪里、核心在哪里、和其他事物可能发生什么关系，等等。

来看看张志安对《北京青年报》宋燕的访谈[1]：“我觉得深度

[1] 张志安. 报道如何深入——关于深度报道的精英访谈及经典案例 [M]. 广州：南方日报出版社，2006：76.

报道的组成要素中首先必须有判断，这个判断不是对事件作善恶是非的评价，而是通过采访和收集材料之后有一个看法：这到底是个什么样的事情？为什么会发生这样的事情？

“例如，江西一个老人在法庭引爆身亡，相关的媒体报道一种主要是描述现场情况，另一种是猜测原因。但《成都商报》的记者通过收集事实得出判断，认为这个老人自爆的原因是‘空巢’现象。老人由于长期和儿子分居，希望通过法律手段让儿子回来，但最后发现靠法律没可能解决这个问题，然后就在法庭自爆。这个判断虽然仍有可疑之处，但从深度报道的结论要素来说，显然更合乎规范。

“有些判断不一定只是事件本身，比如那些有倾向性判断的报道。举例来说，前几年湖南有一位老师告诉学生，读书不是为了学习知识，而是为了以后赚大钱娶美女。对这样的事件就很难做是非善恶的判断，或就事件本身作出结论，而要抛开事件本身去探讨深层原因。记者最后得出的结论是，在经济转型的社会背景下，人们的价值观发生冲突，旧的价值观正在消失，新的价值观还没有形成。”

当然，这种判断强调的是要有独到的观察，告诉读者这是件什么事，但并不意味着要给报道下结论，不意味着要给事件定性。

看一组报道。2008 年 4 月 14 日，《福建日报 · 西岸观察》就福建省农业保险试点情况进行调查，报道题为《我省农业保险试点寻求突破》。福建省于2006 年下半年出台方案启动政策性农业保险试点工作，这一调查选取了 3 种农险试点，一是渔工责任保险试点，二是森林火灾保险试点，三是水稻种植保险试点。

调查之一《三个“为什么”，叩响渔保“三重门”》（作者郑晓强、蔡雪玲、刘端斌），调查地点是福鼎市，该市因 2006 年受“桑美”台风严重影响，省里于当年 11 月将该市增为渔工责任保险试点地区，并增设渔船保险。通过独到的观察，记者在渔民鼓掌欢呼渔保的同时，提出了 3 个大大的问号：保险的“责任门”——为什么渔船完全损毁才能获赔？银行的“贷款门”——为什么参保渔船难作抵押？渔民的“保费门”——为什么个人出资高于其他农险？记者没有对渔工保险的成效或存在问题予以结论式的定性，毕竟这只是保险的试点，还在寻求着突破，但是，报道中有具体的人与事，有群众的看法，有保险公司负责人的意见，通过这3个为什么将整个调查串起来，读者能从中了解到真实的情况。

调查之二《5.4‰投保率的背后》（作者郑长辉、陈启芳、童长福），调查地点是三明市。记者通过调查看到，能享受此项政策实惠的林农并不多，已投保的仅5.4‰，一个基本判断就是森林火险要真正“火”起来，还有很长的一段路要走。那么这是为什么呢？记者把原因调查锁定在两个方面，一是参保费用高赔偿低是道槛；二是要推广还得解决不少问题，比如方案中相关规定还不完善、保费能否调低、多方协作如何更好些，等等，读者能从中得到启示。

调查之三《水稻险在冷遇中渐进》（作者林侃、徐树才、黄金清），调查地点在福建的北大门浦城县。这个季节正好是水稻播种时节，闽北是粮食基地。通过调查，记者看到，对这一惠民政策，绝大多数农户不太感兴趣，与各级政府的热心推广形成反差。因而记者的基本判断是农险要更加贴近农户需求。

清代画家戴醇士谈作画时曾说：“令人惊不如令人喜，令人喜不如令人思。”这一论述也适合深度报道。深度报道通过对新闻事件或话题的深层剖析，引起、引导受众思考，从而影响人们的行为。

第三节 坚持调查

深度，更多的是认识的深度，但是反映到报道上，深度在于对事件的挖掘。我们一直在强调，故事在信息、话题的背后，对非事件性新闻进行“事件化报道”，话题新闻也要撕开一个口子，讲一个生动的故事，等等。实际上，这就是说，我们写的是新闻，不是学术文章，不是领导报告。

学术文章可以从一个概念延伸到另一个更深的概念，从一个观点推出另一个更深的观点；领导讲话可以提出很多的“我们要”怎样理解一个问题或者落实一件事情。新闻报道必须要见人见事，而深度报道更需要有个事件来一线打通。而且，要坚持调查，只有调查才有话语权，才能把事件分析清楚。

1. 有事件才有深度

- 做事件新闻和做深度报道是一回事，深度报道不过是比事件新闻做得深一些，透过现象看本质
- 一个话题新闻，如果把它做成深度报道，也一定要有事件，离开事件的承载，话题是无本之木

在深度报道的实践中，对一件事情的调查很好理解，它有事件，我们把它挖深了，故事肯定也就出来了，从中我们也可以得到一些判断，同时在采访中，各方的观点肯定也就有了。因此，做事件新闻和做深度报道是一回事，深度报道不过是比事件新闻做得更深一些，透过事件的现象，看到了事件的本质。

当然，新闻报道还有重要性原则。事件还得有重要性，满足重要性原则，事件报道才有价值。这个事件能不能做深度报道，首先是这个事件重不重要，有没有东西可以深挖。有些新闻是不值得挖掘的，它是个贫油矿，挖一万米也没有油，说明不重要，做不成深度报道；其次是会不会挖，有些事件本身是重要的，但假如没有把这个事件所蕴藏的重要性挖出来，我们就可能觉得这儿也不重要，那儿也不重要，便也做不成深度报道。

在深度报道的实践中，一个话题新闻报道，如果要把它做成深度报道，也一定要有事件。我们一直强调，没有事件，就无所谓话题。离开了事件的承载，话题从何而来？又如何议论？话题不是无本之木，不是无源之水，我们所议论的话题实际上是一个事情，或者一类事情。因此，没有离开事件的话题。

比如，《福建日报》的《西岸观察》做的是话题新闻，但几乎所有的报道都具有事件调查的性质。我们刚刚讲的《我省农业保险试

点寻求突破》，这一报道就由3个调查组成。当然，有些调查得深些，有些调查得浅些，这是由于对相关问题和相关事件的认识有深有浅。

之所以能够这么做，主要是因为这一批记者都驻扎在各设区市，了解当地的情况，编辑部将上面的有关政策或者部署整理成话题，与记者一沟通，记者立即能说出哪些地方做得好，哪些地方做得不够好，之后就很容易决定到哪里进行调查采访。还有一种情况是，记者来自基层，熟悉下面的情况，他们会报出一些线索，编辑部再把它拎出来，也整理成话题，寻找切入口，加强采编沟通，形成采访调查细案，然后请记者抓紧到现场采写。

目前，一些从事深度报道的业内人士认为，王克勤的《的哥的姐怨声载道——揭开北京出租车业垄断黑幕》（中国经济时报，2002年12月6日，以下简称《黑幕》）是最典型的调查性报道之一。作者说，接到从国务院发展研究中心技经部转来的北京几名出租车司机“关于司机生存状况的申诉与调查”等相关材料后，就以此为选题展开对北京出租车业垄断问题的调查。作者大规模地访问北京的出租车司机群体，期间有个别访问，有座谈会，也有家庭访问，以及在的士餐厅等地采访司机。半年间，采访出租车司机100多人，并先后到10多户出租车司机家里进行家庭访问与考察。更艰辛的采访是与交通局等政府机关打交道。

扎实的调查采访非常重要。通过大量的调查采访，才能获得大量的第一手资料，才能全面、客观、准确地把握新闻事实，进而揭示深层次的矛盾与问题。但这些矛盾与问题的揭示，不能只是一些调查数据，必须通过故事来反映。节选部分文章如下：

的哥的姐怨声载道——黑幕之一

在北京开了整整10年出租车、长期思考“出租司机权益”问题的北京通州天运出租汽车公司司机董昕对北京出租车行业有这样一个“经典总结”——

龙庄村长的儿子，有一张饭馆的营业执照，又怕独自经营担风险赔钱，于是找到李四说："我出执照，你出资，我们共同经营。"李四出资10万元，他们共同经营8年。饭馆由从前的门可罗雀发展到今天已是门庭若市。有人要出80万元买此饭馆，足见饭馆的兴旺程度。

一日，村长的儿子找到李四说："当初你出10万元买的是桌椅凳子、灶具餐具，现在已经用旧了，给你5 000元走人，营业执照是我的，饭馆就是我的，愿意干，再交3.5万元，凑成4万元做押金，给我打工。"李四说："你这不是背信弃义吗？天理何在？"村长的儿子说："我爹是村长，我就这么干，你爱哪告哪告去，政府、法院我都有人，告也白告！"李四8年的时光已经耗费在饭馆里，除餐馆经营外，别无所长，更无其他谋生技艺，万般无奈，他只有东借西挪凑足4万元的押金后，给村长的儿子打工。但，在他的内心深处，一直期望法律能还他这位真正出资者一个公正。

假设把"饭馆"这个名词换成"出租汽车公司"，"这就是北京出租车行业的真实写照"。

难道北京出租车行业真是这样的吗？这其中又有些什么秘密？

的哥邓少龙的遭遇

38岁的邓少龙是北京银建出租公司的司机。去年下半年，他因严重的肛周脓肿（长时间驾车不透气引发的职业病）住院治疗，被迫停运出租车4个月。银建出租公司依然照收每月5 100元的"车份钱"，在他做完手术的当天，准确地说，是在他下手术台仅两小时，派人到病床前催要"车份钱"。

此前，邓少龙曾找公司领导商量，自己生病住院能否免"车份钱"，公司回答"不可能！"邓少龙又提出："我无法开车了，退车行不？"公司回答："按合同规定，这是你单方违约，扣一万五的违约金后方可解除合同。”

一个电话又一个电话打到医院、打到家里，公司催“车份钱”催得太紧，邓少龙的姐姐和未婚妻只好四处求借，替邓少龙交纳每月5 100元的“车份钱”，一个月，两个月，三个月……被医生戏称“屁股上剜掉了5块钱肉”的邓少龙心急如焚，可新肉好赖就是长得太慢！医药费每天得花好多钱，生活每天得开支，另外，每天必须得给公司交170元的“车份钱”，邓少龙说：“我被压得都喘不过气了。”

无可奈何，去年底，邓少龙忍着疼痛把停在自家门口整整4个月的出租车开上大街。“不敢踩刹车，脚一用劲屁股后面就拉得钻心的疼，额头上直掉汗珠子。”“不跑不成啊，给公司交的5万元风险抵押金是借的，住院医疗费是姐姐垫的，这几个月的车份钱还是朋友给借的，重压之下我哪敢有丝毫懈怠！”说到这儿，足有一米八的汉子邓少龙泪花在眼睛里转圈圈，他的未婚妻更是泣不成声。

近一年以来，邓少龙每天回家的第一件事，不是吃饭也不是睡觉，而是用自己熬的花椒盐水泡屁股（怕发炎）。“医生让半年后去复查，我愣是一直没敢去，我怕住院，我怕停运我更怕钱啊！”

“像这样的情况在北京出租行业很普遍。”对此，在北京出租车行业工作了近40年的“老交通”、北京双祥客运有限公司总经理助理赵振昆是这样评价的。

“出租车公司真是吃人不吐骨头！”

北京出租车行业，共有在册出租车6.7万辆，除约有1 000多辆是由出租司机个人投资、个人经营、个人受益的“个体司机”外，其余6.6万辆车均是像邓少龙一样的“公司司机”，即：第一，根据各出租公司的要求，司机个人向出租公司交纳约为车价一半的所谓“风险抵押金”；第二，司机每月必须给公司上交数千元的管理费，即“车份钱”。

然而，与“个体司机”相比，“公司司机”在出了相当于车价款的一半或者比车价款更高的“风险抵押金”、“融资款”、“购车款”后，同样与“个体司机”干着一样上街拉活的事，但其收入却不到“个体司机”的1/3。除此之外，还要接受来自出租车公司的各种“管理”与“服务”。

正当拥有自主经营权的北京“个体司机”们过上小康生活的同时，北京的许许多多像邓少龙一样的“公司司机”们却在为自己的权益艰辛奔走。

“出租车公司真是吃人不吐骨头!”46岁的北京顶好出租车公司司机邱跃进用颤抖着的手把一沓申诉状递到记者手里。他说：“我花近10万元从公司买了一辆已跑了5年的旧夏利，我只跑了一年，最多也就挣了一万多块辛苦钱，车就被公司收回去报废了，然后公司一脚把我踹了出来。”“钱是我投的，车是我买的，公司一分钱不投资却凭着出租车经营特权，不仅每月白白收我的‘车份钱’，而且最终连我的本钱都给霸占了!”

“我的投资被它霸占，我为公司拼死拼活，最终我却落得个债台高筑，8万多元的购车借款无法偿还给亲友，生活难以为继。”邱跃进对记者讲这些时，声音在发颤。

在顶好出租车公司有着与邱跃进一样遭遇的出租司机还有杨少华、吴广、王立军、张会清、刘章军、刁继旺等，“我们的投资款（融资款），我们的血汗钱（‘车份钱’）都是被公司这样白白‘黑’走的”。

在这众多事例中，让人震惊和感到不可思议的是李家祥的经历。这位52岁的出租车司机于1996年花10万元巨资从北京公兴出租车公司买了一辆旧桑塔纳，并与公司签订了两年的合同，此后噩运就一直伴随着他。李家祥回忆起发生在自己身上的事，至今还心有余悸。他说：“出租公司要收车，我不同意。万万没料到，2000 年 1 月 17 日，公兴公司经理一伙人在北京市右安门内大街万博苑门口，光天化日之下使用暴力将我按倒在地，用脚踩着我的脸，夺了汽车钥匙，将我融资 10 万元买的桑塔纳出租车抢走。”

在为时半年的调查中，记者先后采访了百余名北京出租司机，包括出租车行业的一些“的士之星”。几乎没有一个人不抱怨：“‘车份’太高了！”“劳动强度太大了！”“出租车管理问题太多了！”“出租司机的日子太苦了！”“钱全被公司给‘黑’走了！”……

实际上，北京市出租车行业问题多矛盾大，由来已久。这与北京出租车业的发展历程是密切相关的，北京的出租车业发展呈现出五大阶段，也即“五个时代”。

……

在 1992 年以前，出租司机与公司的关系是“你发工资我干活”的纯粹的劳资关系，司机与汽车之间正如工人与设备的关系。但 1992 年以后到 1996 年前后，在北京的绝大多数出租车公司里，司机是真正的出资人，公司却是所有权人。当时仅从单车算，司机赚得比公司多，双方基本还能相安无事。1996 年，作为所有权人的公司开始从司机手中强制性收车，被收车后变成“职工”的司机依然要出 3 万到 5 万甚至更多的钱（风险抵押金）。在同样出资、同样“自主”运营的情况下，司机原来丰厚的利益明显被公司“切”走了，于是双方矛盾被激化。接着从 2000 年开始，一批被兼并的小公司只顾出卖公司的出租车与经营权而无视司机的权益，出租司机与公司之间的矛盾便白热化了。

媒体上颇多争议的“新骆驼祥子”现象就产生于这种背景下。记者从有关资料上看到，近年来，出租司机们为了自己的权益，不仅东奔西跑联名上访，而且还有人向北京市政府及其有关部门采取过许多极端行为。北京市的人大代表、政协委员，国内的许多经济学家和法学家，也一直在为北京出租车行业诸多问题的解决而呼吁和呐喊。

其他部分为：北京出租车到底能赚多少（黑幕之二）；出租车公司是怎样发家的（黑幕之三）；出租车公司是如何"黑"钱的（黑幕之四）；的哥缘何要挤这条独木桥（黑幕之五）；出租车业：不能不算的三笔账（黑幕之六）；北京出租车业五大焦点问题（黑幕之七）。你说它是个话题新闻也是可以的，但这篇调查性报道中，最引人注意的就是那些有故事特征的活生生的事件。调查还原了事件本身，而且每个事件都很典型，每一个细节、每一个语气、每一个转述都还原得很到位。

因为这些事件让报道有了深度，有了力度，引起了震撼。王克勤说，文章发表后，10天来，出租车司机一拨一拨地找到报社，不仅表示感谢，还不断提供更多的新情况、新问题，连一些出租车公司的管理人员也打来电话反映出租车公司的行业内幕，"当然，虽然新浪、搜狐12月6日的《揭开北京出租车业垄断黑幕》网络新闻专题仅仅在13个小时后，于当天晚上24时便突然消失了，但中央的眼睛最终依然雪亮，一个切实有力的出租车业管理体制的改革已经拉开帷幕"[1]。

在许多深度报道里，记者们将从调查、民意了解和各种各样的研究中引用材料，这篇《黑幕》中也有大量的调查材料，但不管数据从哪里来，重要的是要对它们进行审视性的评估，不能被一些数据牵着鼻子走。

2. 用好望远镜与显微镜

- 用"望远镜"捕捉目标，深度挖掘大背景下有时代意义的故事，触摸事件本质，折射时代主题

[1] 张志安. 报道如何深入——关于深度报道的精英访谈及经典案例［M］. 广州：南方日报出版社，2006：173.

- 用“显微镜”透视事物规律，就是常说的透过现象，由表及里、由此及彼地看内在本质的规律

月晕而知风，础润而在雨，一叶而知天下秋。具有深度的新闻报道能言人未所言，报人未所报，能启迪思想，指导实践。何以做到“独家”，何以对同一新闻事件信息有独家认识和独家表现？

用“望远镜”捕捉目标，深度挖掘，触摸本质。在新闻实践中，主题性调查报道惯常采取这种办法，它的一般架构是有什么样的问题，为什么会出现这样的问题，以及如何解决这样的问题。这一类调查紧扣时代大局，发挥正确的舆论引导作用，关注的大多是群众关心、涵盖国计民生的问题，比如医疗改革、住房改革等，群众也比较爱看。

党报对此也有一套经验总结。比如，“不谋全局者不足谋一域，不谋万世者不足谋一时”，说的是记者要具备大局的意识，对面上的情况要有深入的了解，才能对一个点上的问题、事物看得清楚，才能把握其意义，报道才能有针对性，才能有思想性。

当然，主题性调查报道同样必须有人物，有事件。这事件是大时代背景下的故事，即使这些人物都是小人物，这些事件也不是大事件，但它必须能折射出大的主题。

举个例子，福建省德化县是中国著名的瓷都，随着工业化进程的发展，这里同其他城镇一样，工业垃圾也伴随着工业发展而不断地增多。我们在采访时听到，这里的一些瓷厂，因为用了废瓷生产的瓷器，在欧洲被认为“环保”而大受青睐，因此促生了一些利用工业废物的企业和产业。

这里也有大的时代背景。过去近 30 年，中国经济的持续高速增长创造了令世界瞩目的奇迹，但也付出了高昂的代价。走循环经济发展的道路，提倡再循环、再利用的循环经济势在必行。循环经济把生态学规律引入到工业中来，以资源的高效利用和循环利用为核心，以尽可能少的资源消耗和尽可能小的环境代价实现最大的发展效益。我国一些地方和企业也在做这方面的工作，但在认识上有

误区，以为多搞一些绿化、多建几个污水处理池就是生态工业园了。

德化的一些资源再利用企业，现在的产值虽然有3亿多元，只占全县工业总产值的7%，但这个萌芽代表着一个方向，一个可昭示的未来。于是我们采访了他们，报道了他们。《德化静脉产业借力破土》（作者任君翔、郭增榕、郭仙仙、王晴雯）讲述了苏友谊的宁昌陶瓷公司的一些故事，如废瓷回收助企业成长、矿渣利用给产品添色等。刊出后，获得华东九家省级党报科技创新好新闻二等奖。

这种报道常常也有其基本的模式，比如“事件+背景+评论”，这三个要素有机地结合在一起，形成舆论的合力。当然，有时候则是把背景、评论渗透到事件当中，夹叙夹议地展开。

用“显微镜”透视事物规律。如果说，用“望远镜”能捕捉到目标，能够把政策背景、时代背景考虑进去，能把事件放到背景中去判断，那么当你觉得这个新闻事实（事件）确实是一个针对性很强的问题时，就可以用“显微镜”来透视一下其中的规律。这就是我们常说的透过现象，从外到内、由表及里、由此及彼地看到内在的本质的规律。

只有我们用心在新闻事实的思辨中找到了规律，把似是而非的东西分析清楚了，这样，所谓的“重大新闻”才能够真正有分量。古人有言，凡文章高手，或言人人之未言，或言人人所未能言。前者人人心中无，能独具清声；后者人人心中有而笔下无，能别开生面。对于新闻报道来说，要言人人心中无的事情，自然需要很高的境界。一般来说，记者更应该做的是言人人心中有而笔下无的事，这样才能做到独到、新颖，与众不同。

事物是现象和本质的统一。现象是表面的、可感知的，而本质是内在的、深刻的。很多新闻事件在报道开始时，媒体蜂拥而上，但真正有思考的报道并不多。这就要求媒体对共有的新闻资源要“精耕细作”，透过现象看本质，深层追寻，将新闻背后真正有意义的东西呈现给读者。

2006 年 5 月初，在建瓯市采访之余，偶然听说这里农村农产品流通有特点，比如搞了“竞标会”，使这里的农产品都卖出了较好的价钱。虽然是偶然听到的，却引起了记者的极大兴趣：农民要富裕，靠的是多生产，谷贱伤农，这是老话，农民怎样才能走出这个“怪圈”？

规模化、组织化、专业化……我们的农民是否在创造着一种新的生产、赢利“模式”？为此记者 4 次走进建瓯市大棚蔬菜发源地东峰镇坤口村进行观察调查。《蔬菜村里的竞标会》（作者任君翔、郭增榕、钟真、徐树才、李宝成、李招福）把一个蔬菜村里的竞标写活了，写深了。

写活了：竞标的现场，记者每时每分地在记录，价格的变化、农户的表情、中介的表现，等等，每一篇都是可以单独成篇的新闻故事。

写深了：通过大棚蔬菜协会会长侯立华、中介许后富、东峰镇党委书记林忠炎，既介绍了竞标会的前因后果，更阐明了协会可以以市场为导向，把分散生产经营的农民组织起来，使生产和销售形成一定的规模效应，提高农民进入市场的组织化程度，增强农民抵御市场风险和自然灾害的能力，拓宽农民增收渠道。

搞新闻的人都知道，突发性的、重大的新闻事件，客观地讲是“可遇不可求”的。然而，对于深度报道又不能守株待兔，需要去寻找。我们也看到，所谓深度报道，不一定在于题材要多么的惊世骇俗，关键在于一般人认为平常的事实可能蕴藏着大的主题，对此应能认真地加以剖析。大处着眼，小处入手，深度开掘，粗菜细做，一些被认为普通的新闻报道，也能形成自己的原创性、独家性，此所谓小题材可以反映大主题。

要把报道做得更深一些，需要培养记者比较全面的素质，需要进行比较好的训练，当然，这种训练不是“为稻粱谋而工具化”的训练。

7 CHAPTER 第七章 培养新闻人的素质

新闻如何讲好故事，新闻如何做好解读，这些都是新闻工作者应当具有的基本功底。21 世纪的新闻工作者是领航员，我们将继续组织故事和解释信息，但是我们的受众的期望和需要将会越来越高。

翻开每天的报纸，可以看到栏目不断翻新，版面不断改革。今日头题、今日关注、今日时评、今日焦点，特别报道、新闻故事、新闻调查、直击现场，民情热线、社区在线、坊间新闻、消费维权，财经新闻、文化新闻、教育新闻……应接不暇。过去，人们常说，报纸是一张信息纸，现在，人们还会加上一句，报纸也是一张意见纸，于是，也有人说，当今的新闻竞争已从速度竞争走向观点与导向的竞争。

很显然，受众对媒体的需求更多了，受众对媒体的影响加大了。以互联网为代表的现代传媒技术的发展和全球化的不断加速，推动着一个“信息爆炸”、“内容为王”的媒体新时代的到来。在这种情势下，媒体应当在内容的选择和引导受众方面发挥更为重要的作用。这种作用体现在，新闻传递的不应仅仅是信息，也应当是一种文化，一种思维方式，不应仅仅是新闻事件的一个或几个范例，也应当是一种理解，一种有效引导。

作为新闻工作者，我们不是有闻必录的职业人，而应是有思想的“灵魂工程师”，因此，在这个新闻竞争的时代里，新闻人的素质培养比任何时候都重要。

提起新闻人的素质，从舆论导向范畴来讲，内涵有很多。比如，政治意识，“政治家办报”，“五个根底”，“六种作风”；大局意识，“心中有大局”，“走在田埂上，想着天安门”；责任意识，“风声雨声读书声，声声入耳；国事家事天下事，事事关心”；阵地意识，高扬主旋律，打好主动仗，等等。

从新闻业务范畴来分析，我们认为，提高素质有3个方面的工作应引起重视：强化学习，提高自己的思想认识水平；加强贴近，增进自己对社区背景的认识；坚持深入，使自己成为某一个“口”上的专业型记者。

这些都是新闻实践中必须牢记的基本素质，做到这些，我们才能在新闻报道中把正确的解决方法范例提供给读者，才能在讲述故事、传递信息的同时传递出一种正确的理解。

第一节　靠阅读获取思想

新闻是一门交叉学科，有人说新闻无学。梁衡说：“新闻的学问为什么不为人注意？因为它的学问被化掉了，化作似有似无，化在了政治、经济、文学、艺术、哲学、科学以及各种专业知识和生活知识之中。大家都能感觉到它，就觉得很平常。平常到和没有一样。就如空气，常被人看作是‘空’的，但只要你一认真，就会发现这全‘空’中，还有氧、氮、氦、氖、氩、氪、氙，有温度、湿度，有空气动力学，等等。”[1]关于新闻人的素质，梁衡强调要在政治、文学、艺术等方面加强修养，要有更高的要求，特别是在实践中做到政治上的勇敢坚定，成为一名政治家。

---

[1] 董岩，丁洪亮. 跟梁衡学新闻［M］. 北京：同心出版社，2007：152.

新华社老记者李普总结其一生的新闻实践，这样来看记者与政治家的联系：新闻记者是在历史洪流向前冲进的最近处，观察和报道历史前进的每一个脚步，从而参与推动历史更快地前进。一个记者如果不具备一定的政治修养，只能远离社会变革，无法站到历史进步和变革的潮头，无法成为“瞭望者”。

因此，学习、积累、储备，十分重要，而这些对于新闻敏感性和敏锐性、新闻判断力和鉴别力的形成，是一种潜移默化的影响。同时，任何一小块知识的空白，或者认识的不到位，都可能影响到我们的采访和报道。在记者这一行当里，“跑”与“充电”是新闻的两翼，不可或缺。

1. “上头”、“下头”与“外头”

- 把“两头”吃透，有助于写出有分量的故事、有力量的解读，这是名新闻工作者的经验总结
- 不能只盯着局部报道范围，要阅读了解大量的“外头”情况，开放思维，开阔眼界，扩大视野

到一个新闻单位工作一段时间后，肯定会听到不少关于吃透“两头”的话语。“两头”即“上头”（国家政策、各级政府相关施政措施等）和“下头”（群众实践、百姓心声）。我们一位年轻的记者说，刚到单位时，对“上头”并不怎么感兴趣，倒是对“下头”感兴趣。一段时间之后他发现，这不够，对“上头”不感兴趣，可能只关注到基层的一些琐碎之事，有新闻价值的点不容易抓到，并且对一些问题的认识往往会比较“茫然”。

认识是思想层面上的问题。思想上的最高一层，就是国家利益。对一些问题的认识，必须坚持国家利益至上，世界上无论哪一个国家的记者都应如此。同时，对一些问题的认识，要与国家政策的指向相一致，并且要考虑到国家的实情、国家发展的整个大背景。这就是说，新闻从业人员应胸怀全局。

吃透“上头”，常常会给我们灵感。比如说通过认真阅读中央有关精神，了解国家有关政策，我们就可以知道在基层可能会干些什

么，那么我们也就知道奔跑于基层当中时，哪些方面可以关注、值得关注。在我们国家的体制里，基层总是跟随着上面的指挥棒来运转的，即使是一些创造性的实践，最后总要经过上面这一指挥棒的推动，才能更大范围、更大力度地展开，改革开放三十年来的实践说明了这一点，因此，吃透“上头”有助于我们发现一些有价值的线索，此其一。其二，在一些新闻调查中，我们采访的素材也可能只是冰山露出水面的那一部分，那么，我们还得借助对“上头”的吃透，才能对水下更坚实的部分有更丰满的把握，在调查采访中才不易发生方向偏差，才能直指事件的本质和核心，解释事件的背景和走向。比如，我们去做一个小村子征收税费情况的调查，如果对“三农”问题或税费改革之类的大背景缺乏了解，就很容易陷入局部的非关键性的矛盾中。

当然，吃透“上头”，并不是简单地图解“上头”。吃透“上头”，重在阅读理解，重在正确认识，只有正确理解了，才能在新闻作品中传递给读者正确的理解。

吃透“上头”，才能成为一个有思想的记者。特别是在当前这个时代，社会转型正在进行之中，政治、经济和文化制度都发生着变化，国家在改革进程中的步伐也在加大，人们很可能会在层出不穷的社会现象面前变得无所适从，有思想的记者能通过“有意义”的报道对其加以引导。

在前面的章节里我们说过，要记录灵感，从国家和当地政府发布的一些政策措施相关信息中寻找点上的故事，一定会了解到鲜活的题材；我们也说过，人不可无思想，何况记者，记者这种职业不应当只是谋生的手段，而应是国家航船的瞭望者。把“两头”吃透，有助于我们写出有分量的故事、有力量的解读，这是长期以来一些名新闻工作者的经验总结。

吃透“下头”，一般理解就是强调新闻工作要做到“三贴近”，即贴近实际，贴近生活，贴近群众。通常人们认为，落实“三贴近”，就是要把体现党的意志和反映群众心声统一起来，既要“顶天”，又要“立地”。

实际上，“三贴近”是一种工作方法，就是说要深入基层，要到火热的生活中发现新闻。2003年春，我们曾参与组织“住农家，问三农”报道，在福建省9个设区市各选择一个不同类型、具有典型性的行政村，把驻设区市的记者派到农村去，至少与农民同住同吃5天，确实引出了很多很好的报道题材，出了一批好稿子。当然，这批稿件必须带有调研的性质，按照“上头”的有关全面建设小康社会精神来展开。在第一阶段的组织中，编辑部认真阅读了中央的有关精神，并为此列出几个方面的调研问题，很有针对性，比如：

——当前农村最难的问题是什么，农民最盼的是什么；

——农民收入的状况如何，影响农民增收的原因有哪些；

——农民减负措施是否落实，给贫困村的扶贫款、受灾村的救灾款是否全部到位；

——农村剩余劳力转移问题，农民办企业、进城打工遇到了什么困难和问题；

——农村文化生活的现状如何，农村的精神文明建设如何适应新形势；

——农村的教育状况如何，农民如何提高自身的素质；

——农村基层组织建设问题，党员是否发挥先锋模范作用，党支部的战斗力如何，党的组织生活是否健全；

——村务、村财是否公开，村民自治的实际情况如何；

——乡村干部在干什么、想什么，他们是否发挥作用、怎样发挥作用；

——农民如何闯市场，怎样发展壮大非农产业；

——农村医疗卫生存在哪些问题，农民看病有“几难”，有没有假药下乡；

——科技如何进农家，科技兴农问题如何落实；

——农业产业化如何推进，比如农民种什么的问题如何解决，农产品找市场难在哪，“公司+农户”利益分配如何合理解决。

这些题目能否拟出，需要研究。而这些题目能否在采访中得到解答，作为承担采访任务的记者也需要消化，需要研讨。

在第一阶段的采访活动中，要求住村记者真正进农家、交农友、问农事、知农情，在深入中发现问题，了解真相。可以通过一个农民的亲身经历，也可以解剖一户农家、一个村庄，展示某一方面的成效、问题或经验。之后，又展开第二阶段采访，主题是关注“三农”，支招破题，根据住村记者所提出的问题，有选择地组织记者走访相关部委办厅局和专家学者，请他们出谋献策，并发动社会力量，为解决“三农”难题办实事、办好事。同时，还可以解剖一批在破解“三农”问题中做得好的典型。

我们的一位记者说得好，“报喜问难，职责所在”。报喜，可以通过总结经验，发现规律，鼓舞士气，指导全局；问难，亦可以通过发现问题，找出症结，给地方政府解决问题提供帮助。无论是喜还是忧，都给记者提供了广阔的思考和采访空间。另一位记者说：“虽然采访的只是一个村，但它让我以一个村为窗口，考察我省农村的现状，理出带有普遍性、代表性的问题；以一个产业为突破口，研究农业产业化的宏观问题、深层次问题。这次采访给了我一次学习、锻炼和提高的机会，对采访作风的改进也大有裨益。”

像这种采访活动，就比较好地把“上头”与“下头”结合起来。采访前，我们要求记者认真学习“上头”的有关精神。实际上，编辑部所提出的那些有针对性的问题，也是“上头”关注、“下头”关心的，那么，我们的报道就是要找到一个契合点。

基层，就是记者学习的课堂、实践的课堂。对于“下头”情况的了解，我们还可以借助许许多多的书籍。在书店里，有关“三农”问题的调查报告，有关城市化进程的调查报告相当多，不断地阅读，不断地充电，我们方能更加出色地完成相关报道。

下面还要说说“外头”。从地理位置上说，相对于本区域以外的地方叫“外头”。对于福建省来说，福建省以外的地方可称为“外头”。新闻有接近性的原则，毫无疑问，人们更感兴趣和关注的是在家附近发生了什么。但记者不能只把眼光盯在自己的报道范围之内，我们有开放性的思维，要了解“外头”的情况，要想想“外头”所发生的新闻如何与自己报道的范围或领域相关。这就需要阅读、了解大量的“外头”情况，开阔眼界，扩大视野。

2004年初，我们在剖析福建泉州公共交通如何破局、如何优先的新闻分析（福建日报，2004年4月5日）里，关注了几个要素：一是当地交通情况的调查，当地城市扩大与交通情况面临的困局；二是把建设部关于优先发展公交的主要目标的一些数据作为一把尺子，分析当地交通存在的问题；三是破题方向在哪里，厦门、福州、温州的范例进入了这一报道的视野，它们具有可比性，这样写也可以扩大读者的视野，了解到更多的情况。

不仅仅是相对于一个区域的视野拓宽，作为记者，还必须具有一定的国际视野。许多记者都不方便到国外去，殊不知关心外国对我们国家的评论或意见对我们更好地认识国情帮助很大。比如，改革开放30年来，中国的巨大成就举世瞩目，但是近几年来关于“中国模式”（或叫“中国道路”、“北京共识”等）的议论频频见诸报端，我们怎么看？2008年，很多媒体、记者有兴趣做有关改革开放30周年的报道，我们怎么做？

我们肯定要翻开老报纸，了解以前的一些有趣的事件，看看现在能做些什么，或者追踪什么；肯定要了解一些当时“上头”的文件或者当时一些相关人士，无论是高层还是低层，对这些事件的解读；肯定也要到一些点上去采访，这就是所说的“下头”。当然，如果能阅读国外对“中国模式”的一些热议，从不同角度看一看外国人眼里这30年来的中国变化，这对增进国情认识的思想深度很有益处。尽管这些言论或贬或褒，并非全对或全错。

有关“中国模式”的热议确实很多，可以通过大量的阅读来了解相关的内容。新华社世界问题研究中心詹得雄的《国外热议

"中国模式"及其启示》[1]值得一读。文章说，所谓"中国模式"只是国外对中国改革开放历程的解读。由于立场和角度不同，解读形形色色，大体而论，可分为"西方解读"和"非西方解读"两大类。前者充满着曲解和误读，但也有不少明智的人士讲了一些睿智的公道话；后者大多来自发展中国家，希望从实践中找到自己快速发展的途径，对此充满期待。

西方解读。如美国右翼智库企业研究所2007年底出版的《美国人》双月刊发表署名文章说，"中国模式"有两个组成部分。"第一部分是效仿自由经济政策的成功要素，通过使本国经济的很大部分对国内外的投资开放，又允许实现劳动力方面的灵活性，减轻税收和监管方面的负担，并把私营部门和国家的开支相结合，从而创建一流的基础设施。第二部分就是允许执政党保持对政府、法院、军队、国内安全机构以及信息自由流动的牢牢控制。描述这一模式的一个较为简捷的方式是：经济自由加上政治压制。"

这种观点可以说是西方对"中国模式"的典型描述。而"软实力"概念的提出者、美国学者约瑟夫·奈2008年2月对记者说："中国的经济增长不仅让发展中国家获益巨大，中国特殊的发展模式和道路也被一些国家视为效仿的榜样……更重要的是将来，中国倡导的政治价值观、社会发展模式和对外政策做法，会进一步在世界公众中产生共鸣和影响力。"

非西方解读。如俄罗斯共产党主席久加诺夫说："中国成功的公式是：社会主义＋中国民族传统＋国家调控的市场＋现代化技术和管理。"俄罗斯经济学院教授弗拉基米尔·波波夫2006年9月25日发表的文章说："中国的发展模式，或者说东亚的发展模式，对所有发展中国家具有无法抗拒的诱惑力，因为这种模式引发了世界经济史上前所未有的一轮增长……这种模式与美国开出的新自由主义经济处方可谓背道而驰。"

[1] 参考消息，2008－03－27：特别报道版.

路透社2006年11月27日的报道说："中国有可能成为中东地区用来取代美国民主体制的试金石。"美国《基督教科学箴言报》2004年5月26日的文章说："这种在上层指导下逐步推行政治改革的观点引起了许多亚洲国家领导人的共鸣，他们认为，西方的民主模式并不总是行之有效。"

这些解读，对于帮助我们理解改革开放30年的经验、扩大视野是有益处的。结合对自己国情的思考，詹得雄认为，外界的热议给了我们以下启示：走自己的路，稳定压倒一切，领导核心是关键，发展经济，建设适合自身的民主模式以及"摸着石头过河"。

"北京共识"这一概念的提出者、美国著名学者乔舒亚·雷默写道："实现现代化的最佳途径是'摸着石头过河'，而不是试图采取'休克疗法'，实现大跃进。"渐进，是我国改革开放的一大特色。中国人自古就懂得"欲速则不达"的道理。了解这些，对于提高舆论引导能力，也是有帮助的。

2. 大众报刊与专业期刊

- 我们是新闻工作者，也是读者，从大众刊物中看别人的报道，审视自己的工作，并不是什么新鲜事
- 理论期刊、专业期刊、行业通讯、学术刊物，以及部门机构发布的报告和信息都应在阅读范围之内

我们是新闻工作者，但同时也是发行量大的大众报刊的读者，我们每天对报道的阅读可能比普通的读者还细致，特别是当我们也在报道一个事件或在讨论一个话题时，总要看看别的媒体有没有做，他们怎么做。

我们期待着把报道做得更好些，更吸引人一些，更耐读一些，因此，还得研究别人的报道方略。经常看着别人的报道，审视着自己的工作，这并不是什么新鲜事，因为这是我们的职业需要。

我们还要看更多的大众刊物，因为它们发行量大，影响力大，读者的阅读率高。尽管别人报过的题目，原则上我们不再报了，但我们还可以在这里边找线索，找话题，看看能不能在"第二落点"

上做得更有深度。有的大众报刊把一个事件的时效抢出来了，但并不是说已无所作为，通过阅读找到线索，还可以挖掘，特别是当我们了解到事件已有新进展的时候。

有经验的记者说，除了少数一些能够随时随地发掘故事的天才外，要想做到思如泉涌、提笔成章，就必须成为一位如饥似渴的广泛阅读者。作为记者，应有选择地订阅一些报刊。当今互联网很发达，但从学习、借鉴、研究的角度看，阅读报纸更为直观，而且可以作出一些点评，好的文章还应收藏起来。这种办法很传统，但效果却很好。

另一方面，仅仅翻阅一些高发行量的大众报刊是远远不够的，还应当进行大量的出版物阅读，包括理论期刊、专业期刊、行业通讯、学术刊物，以及有关政府发布的报告、机构发布的信息。这些都应该在记者的阅读范围之内。

有经验的记者说，这些阅读有时是令人痛苦的，因为太专业的术语或者太干巴的数字，大量的内容很可能是枯燥无味的，提不起人们的兴趣，但是，这样的出版物不是大众新闻媒体的竞争者，也就是说，我们可以从它们的内容中“窃取”思想加以发挥运用。同时，这些出版物所发表的关于某一方面的最新进展，或者关于某一话题的原创思想，往往都要先于大众新闻媒体。

事实也是这样，一些探讨性的话题总可以先在刊物上发表，因为它是专业性的期刊，不是大众媒体，发行范围比较小，发行对象也比较单一，因此，限制的尺度也会松一些，许多学者可以在这里争鸣，而这些，正是我们要知道、要了解的东西。

打算从事新闻工作，就要不断地学习，不仅学习富有思想内涵的东西，基础性的学科也得学。当今，新闻工作者需要比前几代人知道更多的知识，了解正在不断增加的话题，不仅包括政治、经济、文化、哲学，也包括生物学、社会学、统计学和其他学科，因为这些学科能够帮助我们更好地解释日益复杂和相关的世界。

随着社会的发展、时代的进步，我们还得接受新生的事物，接受一些议程或策略，尝试与新的群体打交道。就像在20世纪60年代，美国的新闻工作者就曾经不得不开始学习怎样报道那些正在改变美国人生活的一些社会运动和政治运动，虽然这些运动的议程和策略不同，但是它们迫使新闻工作者离开了将官员选举、政府官僚和商业领袖等作为新闻来源的传统依赖。

阅读与学习是个永恒的话题，不论从事何种工作，已获取的知识总是适应不了时代的发展与变化。在这个世界上，唯一不变的就是变化。作为新闻工作者，应当站在时代大潮前，不断学习“充电”，方能引领舆论。俗话说，以其昏昏，如何使人昭昭？

第二节　把社区作为背景

“社区作为新闻的背景”，这是西方新闻学中常见的一个概念。关于这一概念，还形成了这样的要点：“在不同的社区，新闻有不同的标准。好的新闻工作者知道什么样的事件对于他们所服务的公民来说重要，以及为什么重要，那就是他们所要写的报道；好的新闻工作者通过发现社区目前的状况和问题，在自己的头脑中形成公众生活的画面和对这一区域的历史概观，不断磨炼自己对社区内‘什么是新闻’的理解，不断加深自己对所在社区的理解；好的新闻工作者也依据‘新闻价值’的指导来帮助他们确定什么是新闻。”[1]

这个概念及其要点给我们一个启发，就是记者必须懂得发现新闻，也必须懂得往哪里发新闻。这种素质的修炼，在于记者自身对于社区的理解。我们可以把这种素质修炼的要求类同于“深入”、

---

[1]〔美〕谢丽尔·吉布斯，汤姆·瓦霍沃. 新闻采写教程如何挖掘完整的故事[M]. 姚清江，刘肇熙，译. 北京：新华出版社，2004：73.

"贴近"的要求，但它对于新闻工作者的要求更为具体，内涵也更为丰富。

在《新闻采写教程》里，作者还举了个例子。1999 年 6 月 9 日，一场大火毁掉了印第安纳剑桥城区的科特肖市场，这在当地是一条重大新闻。该地区的日报——设在附近的县首府里士满的《帕拉底消息》，于 6 月 9 日和 10 日在头版刊登了关于这场火灾的报道，并同时在第二版刊登相关报道。6 月 10 日，关于火灾的报道被集中到一起，连同图片，在该报第二版形成了整版报道。一份较大城市的报纸不会给这场火灾这样大篇幅的报道。当放到大城市大得多的人口和地理区域背景中，这场火灾的影响就不会被看得那么重要，关于这场火灾的新闻也许会登在报纸深处某一页的简讯里，或者仅仅列在警事或火灾报告集锦里。

这个例子很能说明问题。一些报道能被一些区域小的报纸做得很大，却不能被一些区域大的报纸刊用。在我们的新闻实践中也经常有这样的例子。一些记者或通讯员给编辑部投稿，经常用不出来，大凡犯了同样的毛病。一个设区市报纸关注的事件，在省级报纸可能就是无法刊用，或者只能是简讯。

西方的新闻学者强调，新闻工作者必须知道如何将新闻报道放到一定的背景中，这基于他们所服务的社区的重要性。这就要看记者的眼界怎样，看能不能把它放到相应的背景中去思考、去挖掘。在我们的新闻实践中也可看到，一些报道来自基层，看起来很小的一件事，但却能被大的媒体、主流的媒体选用，而且有时篇幅还很大。通俗地说，事件虽小，主题却大，因此它能获得突出的位置、突出的篇幅。为什么？按照社会学家的解释，有关社区的定义并不只局限于地域。

1. 社区服务与新闻价值

- 无论新闻工作者为什么样的社区服务，关键是我们要了解什么对于我们的读者来说是重要的

- 与社区有关，说的也是贴近性问题，衡量贴近性之重要，应考虑地理，也考虑情感的贴近性

社会学家关于如何定义“社区”已经作了很久的努力。小乔治·A. 希拉里分析了在社会学论著中能找到的对“社区”的94个定义。他认为其中大多数将社区定义为一个人群，他们共有：一个地理区域；社会交往；一个或多个共同联系。

现代社会的流动性和新技术促生了另一个定义。英国社会学家戴维·克拉克认为，即使人们不住在一个地理区域或相互之间不进行社会交往，社区依然存在。他认为，社区就是一个拥有团体凝聚力和集体认同感的人群。这样的群体通常被称为“兴趣社区”。

这些定义对新闻工作者来说很有用。

大部分的新闻机构为居住在有明确分界的地理区域内的人群服务。这样的新闻机构可以是一个镇上的周刊，或是划分不同“地带”以服务特定区域人口的大城市日报。但很多城市还有各种各样服务于特殊兴趣的周刊，针对电脑使用者、少数民族、老年人、旅游者或其他兴趣社区。此外，大部分的杂志和网络出版物针对有特定共同兴趣或背景但不一定住得很近的人员。

无论新闻工作者为什么样的社区服务，关键的是他们要了解什么对于他们的读者来说重要。[1]

这种社区服务的理念，说的就是记者的受众意识。而我们的记者往往不太注意这方面素质的培养。比如，党报素以正统、权威、严肃、认真、公信著称，诚然，其真实性、准确性、权威性远远大于各种各样的小报、晚报、行业报，但不少报道板着面孔说话，读者并不喜欢。

新闻理论界一些学者认为，当今新闻传播已从“传者本位”

---

[1] 上述有关社区定义的内容引自：〔美〕谢丽尔·吉布斯，汤姆·瓦霍沃. 新闻采写教程如何挖掘完整的故事［M］. 姚清江，刘肇熙，译. 北京：新华出版社，2004：74－75.

走向“受众本位”；受众是传播的主动者，媒介则是被动者；受众并不是消极地“接收”信息，而是积极地寻求信息为自己所用。增强受众意识，从新闻报道必须让受众接受这一角度来说，是十分重要的。因为受众既是新闻报道传播的目的地，也是新闻价值的实现者。但媒介不应只是被动者，它应当提高主动服务的意识，使新闻价值在读者的阅读中得到实现。

媒体必须有受众意识，记者当然也应当有受众意识，否则我们的新闻作品不受人喜欢，作品的新闻价值也无从体现。

另一方面，全球媒体正在出现分层化，一家媒体的受众群体相对固定，他们的新闻喜好在一定程度上也会决定媒体的倾向。对他们的读者来说重要的，就具有新闻价值。编辑选稿的尺子也如此。

从以上面所说的“社区”定义来看，媒体服务社区有两层含义，一是为一个地理区域内的读者服务，二是为一个特定所谓“兴趣社区”的读者服务。媒体服务社区所形成的编辑思想离不开这两个方面，那么记者为一个媒体采写稿件，适应媒体的编辑思想，也就要认识媒体所服务的社区，更多地了解服务社区的背景。

“一旦你对社区有了基本了解，你就有能力对报道选题和新闻进展作出新闻工作者所说的‘新闻判断’，用一套被称为‘新闻价值’的评判标准来衡量报道是否有新闻价值。”[1]新闻教科书上所说的新闻价值因素有很多，比如，时效性、重要性、贴近性，等等，但这不是我们本章所要探讨的内容。我们还是以省级党报为例来谈社区服务与新闻价值。

一张省级党报，其服务社区的两层含义，从地理区域来说就是该省区域范围内的读者，从特定的“兴趣社区”来说就是以各级党员干部为主。它的新闻发生在该省范围内，对一个事件是否具有

---

[1]〔美〕谢丽尔·吉布斯，汤姆·瓦霍沃．新闻采写教程如何挖掘完整的故事［M］．姚清江，刘肇熙，译．北京：新华出版社，2004：93.

新闻价值，就应考虑此事在全省的影响如何，与党和政府的中心工作和新政策如何，能否引起读者特别是该“兴趣社区”读者对其普遍性的思考和关注。

从党报的许多基层县市或单位通讯员给编辑部来稿中看，相当多稿件把自己所在的县市或本单位的日常工作当新闻来报道。参照“兴趣社区”的特点，作为省级党报，反映好党政工作是理所当然的报道重点，因此，一些单位做得好的工作可以报道，但是此类报道搞不好又是党报最费力、最不讨好的报道，除了被报道者，没有多少人会看它一眼。写好此类报道，一定要从全局着眼，以具体事件来反映，同时，选取合适的角度，缩小切入口，使稿件具体生动可读，这也是新闻规律的要求。

福建省光泽县委报道组的邱盛林为《福建日报》当了近三十年的通讯员，他写来《谈谈工作性报道的采写》[1]的体会文章，下面摘录部分内容以供参考。

> 工作性报道的作用。一是指导性，即稿件发表后能否对媒体覆盖范围内的同一类工作产生推动作用；二是完善性，即别人看了你的报道后，是否有借鉴和取长补短的作用；三是推介作用，即将你所采访对象的工作情况进行概括总结后，使点上的经验可为面上的借鉴，从而达到包装、推介“上市”的作用。这是第一个特征。
>
> 工作性报道的前提。我认为，任何一项工作都有她的“来头”，都受宏观的影响。媒体报道内容也有她的重点和一般，就像秋季不可能报“春耕”一样，必须抓住报道“气候”。这个气候就是各个时期党的政策和政府的中心工作、阶段任务，还有基层的实际。这是第二个特征。
>
> 工作性报道的价值表现形式。按我的理解，主要表现在工作的新措施、新经验、新成就上。这个“新”字，就是创新。

---

[1] 福建日报业务内刊·通讯往来，2006－09－25，622期.

创新包括：工作思路创新，工作方法创新，还有工作机制创新，等等。换句话说，就是有创新就有亮点。亮点就是工作性报道的价值。这就是工作性报道的第三个特征。

怎样去发现工作性报道的价值。党报宣传的重点是“大前提”的影子，工作性报道是“大家在同唱一出戏”。要想在“同一出戏”里出新闻，尤其是县级、乡镇级出“彩”，就必须具备独特的透视能力，才能发现其具有新闻价值的东西。这里主要谈两种发现价值的方式。

发现之一：多多想事，就会有惊奇出现

去年底，光泽县老区扶贫办同志透露一则消息，光泽县“造福工程”在全南平市做得最好。不少地方完不成指标，光泽县的指标却不够用。本来这就是亮点了，但前些时候我也曾报过同一内容的一些做法，再重复就没啥意义了。“为什么国家给补助，农民为什么不愿盖新房子?”“光泽县农民为什么愿意盖?”在采访中，我把这两个问题作为重点，与主管部门的人谈，找各类搬迁户聊。不愿建新房的原因是：机械地执行“造福工程”政策，不分贫富和原居住环境，一律搞整体搬迁和建高标准新村。愿建新房的原因是：创造性落实“造福工程”政策，放活形式，因村因户制宜。

我的思考过程是：国家通过“造福工程”这一政策的实施，让居住在穷乡僻壤和地质灾害点的居民换一个好的住处，使之进入一个新的发展起点。安居只是一种手段，乐业致富才是目的。如果把“造福工程”片面理解为“建新村”，有钱又已在外赚钱的少数人“双手赞成”，钱不多还没完全脱离对原来山林和耕地依赖的人则“喜忧参半”，没钱又完全依赖山里生产资料的人却是“望福兴叹”。如此，就难以实现“造福工程”的实际目的。光泽县采取“放活形式，因村因户制宜”、“齐抓共管，补三千盖一栋”和“后续跟踪，搬一户富一家”的做法，实现了“造福又造富”目的，所以，指标不够用。

于是《光泽“造福工程”又造福又造富》被《福建日报》二版头题采用。

发现之二：往深处想，就能平中出奇

前年，是福建省集体林权制度改革抓得最紧的年份。我在10月下旬打电话向林业局长了解林改的进展情况。电话那头传来的信息让我失望：光泽县的林改工作在南平市处在倒数第二。如此落后，还有没有新闻可写？我很扫兴，但不甘心，又追问一句：有没有哪个乡镇做得较好较快些？林改难，难在什么地方？局长说，难就难在“纠纷”这只“拦路虎”，寨里镇林改较好，进度也较快。我说，那就去寨里镇看看。寨里镇领导和林业站同志分别介绍了该镇如何“在林改中解决问题，在解决问题中林改”，并针对林改的主要纠纷归纳总结出“四个怎么办”经验。我兴奋不已，这就是新闻价值。

我的思考过程是：我省的林改经历过承包到户、林改流转等多次变化，如今到了真正意义上的林权制度改革，各类矛盾纠纷自然大量涌现，如何解决好纠纷，不只是一个寨里镇，一个光泽县，而是所有林改的地方都必须解决的大课题。寨里镇的“四个怎么办”不但为本镇林改赶走了“拦路虎”，还为全省提供了借鉴。于是，我写了《寨里镇答好林改纠纷“四道难题”》，不但被省市媒体采用，还被省林改办作为典型经验在全省推广。

当然，省级党报是一张综合性的报纸，工作性报道作为党和政府的政策在地方实践的报道，内容包括政治、经济、文化等方方面面。同样的，一张区域性的服务市民的报纸，一张全国性的经济观察类报纸，它们都有自己相对固定的社区服务对象，它们的稿件也有自己的取舍标准。

当然，不管怎么说，新闻报道要符合两个规律，即宣传规律与新闻规律，这些在绪论中已经探讨过。在此前提下，任何一张报纸都为特定的社区服务，它们的稿件取舍，它们的栏目设置，它们的议题选择，都应与社区有关，或与社区读者的读报兴趣有关。

与社区有关，这说的也是贴近性问题。美国摄影记者及教授乔克·劳特尔在他的著作《社区新闻学：个人途径》中写道："新闻就像飓风；越近，对你就越重要。"西方另一位摄影大师曾说："如果你拍得不够好，是因为你靠得不够近。"在衡量贴近性的重要性时，应该既考虑地理、也考虑情感的贴近性。

2. 社区服务与记者作为

- 参与社区生活并建立联络图，与人员聊天并了解当地现状、过去与未来，这伴随着我们的工作
- 了解社区，方能在对事物进行对比时产生深刻见解，方能看得比表面事实更深入，促生好选题

为社区服务，记者应有社区意识，应了解社区背景。细化到具体的社区背景，这个社区可以是一个省、一个市、一个县、一个乡镇或一个村居，也可以是一个经济贸易方面的社区、一个金融股市方面的社区、一个文化方面的社区，等等。随着分众传播时代的到来，人们更强调专业性报道，因此，社区还可以进一步细化，把服务做得更专业些。

刚应聘到媒体时，编辑部一般会先分配初来者到某个地方担任驻站记者，这时的首要任务就是要了解当地的一些情况。在一段时间里，我们将为这家媒体服务，实际上这种服务体现为代表媒体为这个地方（社区）服务，我们就得踏破铁鞋，更多地了解当地的风土人情、经济脉动、产业情况、文化底蕴、教育水平、设施建设等相关的社区知识。

对于社区或者说报道领域的理解，是对记者的基本要求，特别是对深度报道记者的基本要求。不了解事物在这个社区或者报道领域里如何发展，那么报道也不可能写得好。因此，我们必须通过参与社区生活，建立联络图，了解当地的现状，了解当地的过去，还必须更多地与一些机构组织以及各行各业的人聊天，以对当地今后的发展有一个基本的认知。我们还可以通过当地的报纸、刊物以及

一些宣传品了解情况。这些都将伴随着我们的日常工作。

在福建日报社，有派驻各设区市的记者，县级以下的社区怎么办？我们有一支编外记者，他们的编制在县（市、区），业务上接受报社的指导。他们既为报社供稿，也为报社驻设区市的记者提供线索并协同采访。这支队伍，为党报填补了县以下社区报道力量的空白，他们长期处于基层，最贴近社区生活。相当多的编外记者很有作为，前面篇章里也引用了一些通讯员的例子。

再看一个例子。福建省延平区夏道镇农民从 4 万元起家发展保温产业，到 2005 年拥有了产业资本 10 亿元，打造出了全国保温市场的著名品牌。夏道农民进入保温产业，靠什么在市场上打拼、胜出？延平区报道组詹国兵采写了《从 4 万元到 10 亿元——“夏道保温”的品牌之路》（福建日报，2005 年 9 月 22 日，以下简称《夏道保温》）。这篇本来拟刊发在第九版的报道，后来被提到头版头题，刊发后还获得了社评一等好稿。詹国兵的体会很实在：

> 为采写这篇稿件，我前前后后跟踪采访了几年……当我从《福建日报》上见到这篇稿件时，真有点欣喜若狂，直到细看了编辑过的主标题、副标题以及编者按后，才回过神来——我的拙作又一次瞄准了“重大主题”。
>
> 《从 4 万元到 10 亿元——“夏道保温”的品牌之路》是我长期观察、跟踪的产物。我区夏道镇大批因库区建设而失地的农民闯荡全国发展保温业走上致富之路，对该镇的稳定、发展作用巨大是有目共睹的。2000 年，我刚到区委报道组工作时就开始关注夏道镇，并陆续采写了《农家大院搭建大文化舞台》、《物质富更要精神富》等稿件，报道了发展保温业致富的农民热心家乡公益事业的内容。2004 年，我开始认真思考夏道镇为什么会有那么多农民外出搞保温业而且不少人都有所作为、发家致富，开始想方设法了解“夏道保温”的崛起之路。
>
> 要采访夏道镇从事保温业致富的农民（俗称“保温头”）

是比较困难的。“保温头”们长期在外打拼，只在逢年过节时返乡探亲访友，我就请镇里的干部替我多留心。好在镇党委书记等干部都是热心人，一见到他们的身影就给我打电话，一次次带我登门拜访。虽说每次能采访到的人很有限，但是聚少成多，终于在今年8月份的再一次采访后，我开始汇集采访材料，从七八本杂乱无章的采访本中开采“矿藏”。

……

社区的价值还在于，拥有它，能在对事物进行两两对比时产生深刻见解，能学会比表面事实看得更深入，从而促生好的新闻选题。詹国兵长期跟踪观察，终于有一天，这些知识的积累让他获得了更大的新闻选题，他成功了，长期的观察激起了连续的、不断扩展的波纹。《夏道保温》一稿，能够得到编辑的赞赏，是因为题材具有新闻价值，报道的新闻事实富有力度，内涵深刻，观点有新意，而且对现实社会中普遍存在、亟待解决的问题具有重要的指导意义。

大规模地实现农村劳动力向二、三产业的转移，是农民富裕的根本出路。然而处在城乡分隔的“二元”经济制度下的农民，要成功地实现劳动力的转移，离开土地，割断“脐带”，阻碍多多，困难重重，不仅政府要引导，更需要农民的自立、自强。农村劳动力的转移是解决“三农”问题的关键，是当前政府及大众关注的热点、焦点和难点。《夏道保温》一文，以“一个农民的‘惊险一跳’”、“产业改变命运”、“进军高端市场项目”为题，用编年体的方法，在叙述夏道农民创业历程的“陈年旧事”中交代了事件的起因、矛盾冲突。夏道农民为改变观念束缚的“惊险一跳”以及创建品牌、信誉，从低端向高端产品进军的事实，及时地回答了失地农民如何成功转移的大问题，这在新闻题材中算是“生猛海鲜”，价值很高。

《夏道保温》的成功还说明：其一，好稿没有“身份”限制。基层通讯员身处新闻发生的第一线，对社区情况熟悉，再加以留心观察，写好稿更有天时地利的优势。当然，在“对下”情况深入洞悉的基础上，也要“对上”的政策动向、报道动向有深刻的了解，上下对接了，好稿也就水到渠成。其二，题材没有地域束缚，只要满足“兴趣社区”的要求，重大题材可以是一地一事，但意义不能局限于一地一事，应带有全局性。《夏道保温》事实并不复杂，题材涉及面似乎也不大，但包含的意义却不小，它从一个具体的侧面表现了解决“三农”问题的导向和趋势。

很明显，长期身在基层一线，对这一经济现象进行细致的观察，让作者对该事件的新闻价值有了较好的判断。除了帮助我们理解背景和获得新闻选题，社区知识还能增加我们报道的准确度以及作为记者的可信度。这一点也是毫无疑问的，特别是在讨论一些公开化的问题或者热门话题方面，读者很可能被一种偏见所左右，而社区知识能够帮助了解真相。

西方学者认为，传统的新闻判断的核心是报道奇异或不寻常的事件，即脱离正常的、日常的、按部就班的事件，然而仅仅强调非比寻常的记者很有可能夸张事情的极端，因而使人们对于真正发生的情况产生错误印象或误解。因此，了解社区对记者来说很重要，那有助于记者避免对不寻常事物的过分强调，能够把报道放到人们每天的现实生活背景中。正如沃尔特·哈林顿在《贴近的新闻：报道日常生活的艺术和技巧》一书中所言：“关于日常生活——人们在追求生命的意义和目标的过程中的行为动机、情感、信仰、态度、悲伤、希望、恐惧和成就——的报道，对普遍的人类生存提供一扇窗口的报道，应当成为每一份优秀报纸的灵魂。”尽管不寻常的人物、事件和状况具有新闻价值，但很多人指出，记者已经对这类报道做过了头。作为对这种忧虑的回应，很多新闻机构正从两方面改变他们的做法，把吸引注意力的故事放到一定的背景中，以及用更充分地反映社区日常生活的报道来调和这些报道。[1]

---

[1]〔美〕谢丽尔·吉布斯，汤姆·瓦霍沃．新闻采写教程如何挖掘完整的故事[M]．姚清江，刘肇熙，译．北京：新华出版社，2004：95－96.

第三节　呆在专业的口里

人家可能会问我们：在哪个地方当驻站记者？也可能会问：跑什么口呀？作为记者，我们可能被分配到一个地方去当记者，这时我们的报道内容就可能涉及政治、经济、文化等各个方面，因为在那个地理区域内发生的事情都应是我们的报道范围；我们也可能被安排到一个专业报道的口上，比如经济口、文化口、政法口、教育口等，这时我们就必须争取让自己成为一个更专业的记者。

在报社，人们也强调口的构建。口是安排记者工作的基本组成单位，一般来说，记者分工把口可以确保一些有价值的新闻不会漏发。漏发了，也可以追究责任。就是驻在一些地方的记者，如果不止一个人的话，内部也会适当地分工，只是口的大小不同而已，人多可以分得细一些。

口的设置，由编辑部决定。从口的设置可看出编辑部要把采访的触角向何处伸。不管怎么说，因为设定了口，我们就知道报道方向在哪里，应当负责采访哪一块，追寻什么样的新闻故事，力求做什么样的新闻解读。

呆在专业的口里，往往会有惊人的收获。在西方，记者这个职业越老越值钱，因为他长期关注、报道一个专业领域，最终成为一名品牌的专业记者。他采写的报道影响大是一方面，他对某一问题发表的看法也常常有很大的影响力。

1. 口的构建与你的位置

- 分到一个口时，首先熟悉领域内的情况，并整合相关信息碎片，如同我们刚到一个新社区一样
- 作为跑口记者，应当想办法跟踪口内的一些事件和问题的进展，把抓到的新闻报道得更深些

关于口的构建，与报纸的定位相关联，与读者的要求相关联，

与编辑关注到的一些“兴趣社区”相关联，也与社会环境的变化相连。财经类或教育类的专业报纸对于口的构建会相当专业，综合性的报纸可能会根据政府的一些机构分口，同时这些报纸也会根据读者的需要设置一些更细的口。

在一些地方，编辑部还会根据社区的特点创设一些特别的口，比如，福建的媒体大多设置了对台或者海峡新闻这样特殊的口，其他省也会根据自己的省情设置与众不同的口。此外，影响口的构建因素还有编辑部的新闻理念与社会发展变化的情势，比如，现在从上到下都十分强调科学发展观、节能减排，环境科学变得比任何时候都重要，一些报社就会安排科学和环境口的记者。

口的构建、修正与废弃受到多种因素影响，商场、青少年、农民和渔夫等都曾有过采访的口。今后，一些新的口还将冒出来，因为新闻报道要引领社会舆论，要报道新生事物，要反映时代脉搏。

如果按政府部门来分口，可分为经贸口、工业口、商业口、农村农业口、公安警事口、教育口、卫生口、环保口、体育口、民族宗教口、文化口，等等，基本上所有的政府部门都会有跑口记者的出现，当然，这些口可以细化，也可以合并，这由编辑部确定。

随着时代的变化，一些口的新闻少了，一些口的新闻多了。卫生口，以前可能不太被重视，但现在却是一个盛产新闻的口。新农村合作医疗、城市社区医疗服务、医疗保险机制建立以及医（生）患（者）关系问题、中年人的亚健康问题、老人与儿童专科情况等都是热门话题；环保口，以前也不太受重视，而且一些地方出了问题，首先就是捂，不让报道，现在环境保护部成为政府成员单位，国家越来越重视，况且，当前的环境保护热点难点问题也很多。

当记者被分配到一个口时，首先要对这个领域内的情况进行熟悉，要尽量把信息的碎片整合起来，建立联系名单。就如同到一个新的社区（地方）必须尽快地了解社区（当地）的情况一样，跑口记者也需要建立这样一种工作机制。

西方学者认为，“了解你所跑的口时，要像动物们搜寻食物一样，尽可能多地搜寻口内的联系方法和信息，以帮助自己对最重要的问题和最好的报道产生感觉"，"采访一个口就要深入并待在一个'圈子'里，但不能允许自己得意忘形。最好的记者都有一种方法，保证自己能得到可以帮助跟踪口内情况发展的信息，同时永远质疑自己是否漏掉了重要报道，或对同一消息来源过分依赖"[1]。

但是，跑口记者经常要涉及一些专业知识。环保记者就需要很多的专业知识，而且不只是环保方面的知识，还有相关的科学知识和理论，比如，一些指标得看懂，一些有害物有害到什么程度，也得知道。

梁衡主张，记者至少应成为某个领域的资深记者，甚至是专家型记者，而这需要理论功底，如果说政治思想理论是大街大道的指路牌，各行业的理论就是小街小巷的指路标，记者的采写工作像在一个大城市里穿行，就是靠着这些大小路标来指路的。记者不可能对所有行业的理论都熟悉，但对自己所采写的行业及相关行业的理论却应该熟悉，就像你对自己所居住的街道及周围地区要熟悉一样。[2]

作为跑口记者，也应当想办法跟踪口内的一些事件和问题的进展，把抓到的新闻报道得更深些。许多深度报道都出自专业记者的手里，这是因为他们更关注那个口里的现象、问题，他接触到的信息源更多，更可靠，自己也具有较好的鉴别能力。

2. 专业知识与你的兴趣

- 什么都懂的万金油式的全知型记者最后什么都不懂，专业知识是跑口记者最重要的素质之一
- 如何确定研究领域和选择自己的专业，关键因素是兴趣，它让我们对事物保持足够的敏感度

---

[1]〔美〕谢丽尔·吉布斯，汤姆·瓦霍沃. 新闻采写教程如何挖掘完整的故事［M］. 姚清江，刘肇熙，译. 北京：新华出版社，2004：295，300.

[2] 董岩，丁洪亮. 跟梁衡学新闻［M］. 北京：同心出版社，2007：270.

许多深度新闻会告诉读者，事件或事物为什么是这样而不是那样，今后还会产生怎样的后果和影响。能这么做，没有一定的专业知识背景是很难的。“事实上，专业知识是跑口记者唯一最重要的素质。成为一名跑口记者，意味着获取一种有用的知识，可以理解和帮助我们其余的人翻译该领域内新闻事件的发展。”[1]

我们正进入现代工业社会，社会分工越来越细，造就了越来越多的专业领域。社会分工越来越细，报道的口也越来越小，一些专业化报道似乎也应运而生。现在，再当那种什么都懂的万金油式的全知型记者，恐怕到最后会什么都不懂。

一些专业报道需要专业的眼光。比如，做警事报道、法治报道，就需要一定的法学修养，熟悉一些法律法规；做教育报道，也得懂得一些教育理念、教育机制与运作；做财经报道，得懂得经济领域内的一些知识，也得会看财务报表。事实上，只有掌握某一专业知识，才可能与采访对象交流，与专业人士对话，从而获得深入采访的机会，进而发现问题、分析问题，为读者解疑释惑。

业内人士认为：做财经新闻，要学会像经济学家一样思考；做产经新闻，要像职业经理人一样思考；做法治新闻，要有法学家的思考方式……你不是经济学家、职业经理人、法学家，但你必须掌握基本的专业知识，才能把新闻做深做透。同时，只有具备一定的专业知识，才能把专业化的语言转化成为大众的语言、新闻的语言。一些记者，拿到一堆资料，都是专业语言，假如照抄照用，肯定让读者无法卒读，报道再深刻，也会把读者赶跑。

专注于自己最擅长的，有利于口的细化，而分口越细，意味着媒体的人才队伍越强大，媒体的发展水平也越高。记者当然要见多识广，要当杂家，但是，杂，对记者的用途，一是知识背景的储备，二是训练思维。记者不能满足于当杂家，还必须成为专家型记

[1]〔美〕谢丽尔·吉布斯，汤姆·瓦霍沃．新闻采写教程如何挖掘完整的故事［M］．姚清江，刘肇熙，译．北京：新华出版社，2004：297.

者，在某一领域，有超出常人的专业眼光和分析能力、判断能力。人家怎么能写那么大篇的深度报道，而自己却只能写豆腐块？这就是差距。看到差距，会让我们警觉，让我们有很好的收获。

当然，能否成为专家型记者，得有素质，得有兴趣。我们的同事何光锐写了一篇文章《做一个有“专业”的记者》[1]，所思所想非常真切，相信读者能从下面的文字中得到启发。

最近几年来，由于比较自觉地把报道领域相对集中在文化艺术这一块，又经常做一些深度报道或评论，于是一些同行碰面打招呼时开始调侃：“你是专家型记者呀。”

在“大师”、“专家”满天飞的今天，“专家型记者”这个词语未必都是褒义的。所以，我通常接到这顶“高帽子”后随手就转送给别人。

“新闻是没有专业的专业”，这是一句老话。长期以来，人们大都认为，一个优秀的记者要具备“万金油”式的工作能力，什么都要懂一点。但往往什么都懂的结果，就是什么都不太懂。现在，新闻界逐渐提倡培养“专家型记者”，要求记者成为长年跟踪报道和研究某一领域问题的“专家”，其报道甚至能够影响一个方面的决策，推动一个事物的进程。

然而，即使是“专家型记者”，终归还是记者，不是专家。指望记者成为一个真正的专家，是不太可能的，倒是争取做一个有自己“专业”的记者，比较切合实际。

就我本人来说，产生这个想法，并非上进心的驱使，恰恰相反，正是出于一种“积谷防饥”的保守的考虑。因为随着年龄增大，发现当一个老记者是件挺尴尬的事。新闻行业的“门槛”很低，看着一茬茬的年轻人涌进来，他们脑瓜比你灵，观念比你新，两腿比你轻，自己既没有混上什么“新闻官”，如果再一无所长的话，就很容易被淘汰。

[1] 福建日报业务内刊. 阅评快报，2007-05-18，第140期.

另一方面，虽然新闻报道用事实说话，但对事实的取舍和运用却反映出记者的观点或倾向性，在问题性报道中尤其如此。我们可以发现，许多从事实际工作的人往往对一些所谓的深度报道颇有微词，认为看问题过于偏激，或简单化、表面化，甚至存在方向性的错误。新闻是社会公器，如何让自己的报道能够客观、深入，对事物的发展起到正面、积极的作用，这是每一个记者必须认真面对的责任。从这个角度看，对特定报道领域的相关知识、信息进行一定程度的研究掌握，做一个有“专业”的记者，也是很有必要的。

那么，如何确定研究领域，也就是如何选择自己的“专业”呢？

笔者以为，最关键的因素在于兴趣。兴趣意味着特长，做自己感兴趣的事情，是成功的前提。兴趣能让你对事物保持足够的敏感度，能让你作出长期的努力而不以为苦。以笔者为例，由于对艺术领域抱有浓厚的兴趣，从大学时代起，只要看到艺术类的书籍就忍不住掏钱购买，只要有展览就想办法前去参观，甚至可以主动为图书馆整理因乏人问津而蒙尘的书架。

有了相当的知识积累，就能够在采访之前做到胸有成竹，对问题有自己独立的思考和初步的判断。在采访过程中，就能够与采访对象顺畅交流，层层深入。在写作中，就能够站在一定的高度，切中问题的要害，提出建设性的观点。笔者采写的一部分文化艺术领域的报道，如《福建书画市场三问》、《寿山石市场的泡沫之忧》、《量大价贱：德化陶瓷的宿命?》、《明天有谁吟哦咏叹?》、《坝下的梦想与奇迹》等，由于了解充分，思考充分，所以见报后得到相关业内人士的肯定和共鸣，在社会上引起了较大的反响。

记者永远是一个提问者，一个学生。除了书本知识的积累以外，还要善于在采访中学习，在采访中提高。其实，每一次采访都是学习的好时机，而非简单的“为写稿而写稿”。因为面对一个新的问题，必须在采访前了解相应的新闻背景，进行充分的准备，而在与采访对象探讨的过程中，又可以对问题产生更深入的理解。

与人打交道，是记者工作的重要部分，对于一个有“专业”的记者来说更是如此，“人脉”的积累，有时要比资料的积累更为重要。对于自己所关注的领域，应该利用各种可能的机会融入其中，与这一领域中有真知灼见的人士真诚交往。这些真正的专家将对你的采访报道，乃至自身的学习提高起到重要的作用。

美国权威机构的调查显示，新闻业正在受到数字化潮流和信息泛滥的冲击，未来的新闻从业人员需要有深度的思想，有应对复杂局面的能力，有善于分析的头脑，善于与人交流，同时“笔杆子”还要硬。

据了解，美国卡耐基和奈特两大基金会联合5所著名高校启动了一项新闻教学计划，充实各校新闻学院的课程设置，增加历史、政治、哲学、古典文学甚至科技等课程，力求使学生具备更综合的知识、更深刻的思想和更开阔的视野。哥伦比亚大学计划从其他科系调配相关专家授课，加州大学伯克利分院则准备与法学、公共卫生、文学、社会科学、经济等专业联合授予学位。这一计划的目的，就是要培养既有全面眼光、又具备某一领域专业知识的新一代新闻人才。

专业记者要有兴趣，要有积累。

孙正一、柳婷婷在《2007年：中国新闻业回望》[1]一文中的“中国财经媒体现象”中写道：2007年4月27日《中国青年报》报道，中国财经媒体特有的20至30岁年轻记者采访50至60岁白发企业家的“中国特色现象”引发了中日媒体从业者的热烈争论。《上海证券报》高级研究员张持坚在第5期《新闻记者》杂志撰文

[1] 新闻与传播，2008（4）：7.

透露，上海期货交易所前任老总说他接待过的日本经济记者说“中国经济记者权力真大”，“想报什么就报什么，想怎么报就怎么报，有的报道一看内容就知道记者‘超越权限’了，有的报道则很‘外行’，话说不到点上；有的轻率地、主观地作判断、下结论，误导受众、影响市场，等等”。《第一财经日报》总编辑秦朔说，中国记者对财经题材的把握，没有达到国际财经媒体的水平。“我们一些记者的公司报道，基本上是以企业自己的宣传和公关公司的发布素材为主要的报道切入点。而国际财经媒体的报道，只是以这些公司定期的财务发布为常规的切入点。”

有人说，记者这个职业是年轻人的事业，其实，每年在全国“两会”上，你看到的外国记者大多是中老年的记者。人有一个成长的过程，记者的阅历和知识的积累也有一个增长的过程。年轻，说明有冲劲，有朝气，在追逐新闻中能快速地把事态报道出来。随着年龄的增长，新闻敏感性将更强，新闻判断力将更强，所提问题将更能切中要害，所写的报道将更为深邃独到。

8 CHAPTER 第八章 加强新闻报道策划

纽约港有一尊象征美国精神的雕像——自由女神。然而，她却是法国人送给美国的一件礼物。1876 年，美国建国 100 周年，法国一个雕塑家想雕塑一尊女神像给纽约作纪念。这个巨大的雕像由法国人出资，其底座则要由美国人出钱修建。对法国人的免费礼物，美国人却没有想象中的那样热心。美国国会通过决议一致同意接收来自法国的礼物，却投票否决投资 10 万美元建造底座。纽约市政府、纽约州政府也说礼物可以要，钱一分也不能出。

普利策决定利用自己的《世界报》策划一次募款行动。从 1885 年 3 月 16 日开始，普利策每天在《世界报》上恳求自己的读者支持这项活动。活动吸引全美的注意，人们捐款，有的人每天还买好几份《世界报》，《世界报》也因此成为西半球最为广泛阅读的报纸。8 月 11 日，普利策策划的目标终于实现，为自由女神底座募集的 10 万美元全部到位。1886 年 10 月 28 日，自由女神比原定日期 1876 年 7 月 4 日迟了十年矗立在纽约。

普利策是一个策划高手。

两百多年前，科幻小说家凡尔纳写了一本科幻小说，叫《八十天环绕地球》，在法国《巴黎时报》上连载，主人公福克在仆人路路通的陪同下，环绕地球，冒险旅游，遇到许多困难险阻，包括海盗抢劫、野兽围困、土著袭击，九死一生，惊心动魄，惊险刺激，悬念迭起，让读者天天都放心不下。《巴黎时报》用这个连载赢得了读者。普利策为吸引更多的读者，作了一个大胆的策划：雇用记者内莉·布莱作环球旅行，看她能否以少于科幻小说《八十天环绕地球》的时间环球旅行一周。当内莉·布莱乘船、骑马、坐火车日夜兼程时，《世界报》不仅每日刊登她的旅行路线、沿途报道，还举办猜谜抽奖活动，赢者免费旅游欧洲。大约100万人参加这场活动，纽约市内人人关心内莉·布莱能否回来。当内莉·布莱以72天6小时11分，即少于80天的时间胜利地完成周游世界的冒险活动时，引起了轰动。这一策划为《世界报》制造了大量的新闻资源。

对于什么是“新闻策划”，“新闻策划”这个提法本身是否准确，人们曾经有过不少争论。但是，媒体实践告诉我们，这种争论大可不必。无论是媒体的老总还是部主任，或者是编辑记者，都有一个共识。那就是，报社每天面临的一个重要课题就是策划，也就是说，对于报社的老总和部主任来说，这是头等重要的大事。

很多报道之所以能够营造好的磁场，能够影响社会舆论，策划是力量生成的重要因素。可以说，新闻策划是对新闻发展的更高要求，是新闻向高度、深度、广度发展的一个有效手段。尽管新闻策划不是万能的，但是没有它却是万万不能的。只要有策划的条件，有很好的题材，就应该积极组织策划。当然，如果没有很好的素材，也不能随便策划。

第一节　新闻报道离不开策划

类似这样的新闻策划，我国的媒体也有过。

1945年8月14日，时在重庆的蒋介石给延安的毛泽东发去一封电报：“倭寇投降；世界永久和平局面可期实现，举凡国际国内各种问题亟待解决。特请先生克日惠临陪都，共同商计国家大计，幸勿吝驾。”这份电报，拉开了国共谈判的序幕。

然而，这份电报的起草人是《大公报》社长吴鼎昌。邀请毛泽东来重庆谈判，就是他给蒋介石出的主意。蒋介石采纳了他的建议。这份电报于当年8月16日在各报发表。同日《大公报》发表《日本投降了》的社评说：“在我们欣庆胜利到来之时，国内也有一个令人兴奋的新闻，就是，蒋主席致电毛泽东先生，请克日来渝，共商国是。”

这个“令人兴奋的新闻”，就是《大公报》策划的，只要电报以蒋介石的名义发出了，新闻事实就成立了。此后，不管毛泽东来不来重庆，《大公报》都有文章可做。

说起《经济日报》的罗开富，人们首先想起的是他重走长征路。1984年，经济日报总编辑同意罗开富重走长征路的要求，并提出“六个必须”：一是全程每一公尺都必须是走路，并要有向导签字证明，绝不弄虚作假；二是必须按50年前红军主力出发的同一时间，每天走的路程和宿营地，应与当年红军同一天行程和驻地一致；三是必须走原路，即使山下或山上有公路也要走红军走过的原路，该爬崖时爬崖，该涉水时涉水；四是必须每天一篇文章并保证见报，找不到乡邮电所，也要设法找电话发稿；五是学习红军来真的，小伤小痛克服，大伤大病坚持，实在不行就近就医再接着走，只要还有一口气，就要设法走完春夏秋冬，并在1985年10月19日走完全程；六是在中央主力红军因战事休整的路段里，特别是在雪山草地的腹心沼泽地，徒步采访红二、红四方面军的路线并报道。

1984年10月16日傍晚，42岁的罗开富在江西余都，50年前红军出发的同一时刻，开始徒步采访的第一步。按照要求，他每天平均得走37.5公里。在此后的一年零三天的征途中，罗开富白天赶路，晚上写稿，经历了春夏秋冬，发稿300多篇。1985年10月19日走到陕北吴起镇，完成了当年中国工农红军万里长征的壮举。罗开富因此被新闻界公认为在一年内行程最远、发稿最多的记者。

1. 不放过能做大的线索

- 新闻策划是将一些分散的、无形的事实充分调动和集中起来，从而使新闻向深度高度广度发展
- 新闻竞争首先是内容的竞争，同一条线索，通过策划可把报道内容不断延伸扩展，效果不一样

新闻策划，就是把社会需求的各个方面结合起来，形象地说，就是通过对现实中发生的事件、出现的现象、展现的苗头，进一步认识、发现、开掘，最大限度地满足社会对新闻信息的需求。

一些学者对新闻策划有这样的论述：

“新闻策划是新闻报道的主体遵循新闻规律，围绕一定的目标，对已占有的信息进行去粗存精、去伪存真、由此及彼、由表及里的分析和研究，发掘已知，预测未来，着眼现实，制定和实施相应的政策和策略，以求最佳效果的创造性的策划活动。”[1]

“新闻策划是立足于客观新闻这一前提，对报道活动进行的有前瞻性的、有巧妙创意和构思的、能够解答重要新闻热点问题的谋划与设计。其目的在于最有效地运用和配置现有的新闻资源，最大限度地赢得读者，取得最佳的社会效益。”[2]

“既然报道者要以自己的价值观去分析判断客观存在的事实，再以此根据决定传播什么和如何传播，策划和组织报道的本质意义也就此明了。可以说新闻编辑对新闻报道活动的策划和组织，本质上是根据媒介的新闻传播宗旨与原则，对报道的内容和形式加以选择，并通过对新闻资源的最佳配置和对新闻报道过程的组织控制，使新闻传播获得报道者所期望的结果。”[3]

当然，新闻策划是有前提的，首先是要有新闻，要有客观存在或者必然存在的东西，这是基础，然后才有策划。策划是对新闻事

[1] 赵振宇. 新闻策划［M］. 武汉：武汉出版社，2001：10.

[2] 何砾. 新闻策划与新闻炒作［J］. 新闻知识，2005（7）.

[3] 蔡雯. 新闻传播的策划与组织［M］. 北京：新华出版社，2001：177－178.

实的整合、利用。也可以说新闻策划是对新闻发展的更高要求，是新闻向高度、深度、广度发展的一个有效手段。

“吹尽狂沙始见金。”新闻策划的作用和意义是将一些分散的、无形的事实充分调动和集中起来，从而使潜新闻得到开发而成为显新闻，产生一种“宣传现象”。

这方面，新闻界有很多生动的事例。比如，帮助贫困地区的失学儿童重返校园、帮助贫困大学生完成学业、帮助地方政府进行市政建设等，媒体发起公益性的社会活动，而这些活动能够卓有成效，是与新闻报道策划分不开的。因而，策划与组织具有积极意义的社会活动是新闻媒介引导社会舆论、参与社会生活和塑造媒介形象的有效途径。策划得好，有利于和谐社会的构建，也有利于媒体影响力的扩大。

据此，可以对新闻报道策划有一个比较合适的表述。新闻策划是主客观相结合的产物，它既不能脱离客观存在的新闻事实而凭空产生，也不能摒弃报道主体的主观意识而运行。具体地说，新闻策划是在不违背新闻真实性的前提下，对报道的内容、形式进行有意识的谋划、设计和包装；策划的功能主要是为了使新闻报道的主题更明确，内容更集中，形式更新颖，角度更贴切，更能吸引读者。

新闻策划，对新闻媒介、新闻传播而言，不是应不应该做的问题，而是怎样才能做好的问题。而且，新闻竞争越激烈，媒介的市场竞争越激烈，策划也必然在媒介运作的各个方面、各个不同的层次上越加频繁地展开。

有学者指出，在当前传播竞争的新形势下，传播内容的原创能力，内容资源的集成配置能力，以及对于销售终端的掌控能力，终端服务链、产业链、价值链的扩张能力将成为传媒产业核心竞争力的要素。我们认为，在这几种能力中，传播内容的原创能力及内容资源的集成配置能力最为重要。因为新闻竞争首先是内容的竞争，同样一条线索，有的记者可能放过了，而有的记者却紧紧抓住，把报道的内容不断延伸扩展，从而产生了不一样的效果。

可以说，有无策划，策划得好不好，结果是不一样的。有这样一些基本做法可供借鉴：

比如，把一些人们很少或者几乎不可能联系、组合在一起的事物联系、组合起来，使之成为一个新的新闻视觉，以吸引读者。1999 年 1 月 4 日，重庆市綦江县彩虹桥桥体和钢拱一起落入了江中，耗资 400 万元的大桥和 40 个无辜的生命瞬间消失了。消息传出，全国震惊。各媒体用消息、通讯、图片等体裁和形式迅速进行跟踪报道。1 月 25 日，《长江日报》的策划报道《“豆腐渣工程”惊回首》，版面安排 4 幅图片，草拟 4 个标题：九江堤倒；西客站破；昆禄路塌；彩虹桥断。文章从刚刚重修才两个月、一遇洪水就决口的九江大堤，谈到投资 3. 8 亿元、通车仅 8 天就垮塌的云南昆禄公路，接着又介绍了号称亚洲第一、投资几十个亿的北京西客站，从一开始运营就问题不断……正是在这样的背景下，文章谈到了重庆彩虹桥的垮塌。

比如，把一些可预见的大事做大做重，做出深度和广度。这类策划可称为可预测性报道的策划，就是对尚未发生、可能发生的事件报道进行策划，这是媒体捕捉独家报道的最佳机会。三峡截留、申奥成功、青藏铁路通车、神舟飞船上天、奥运圣火登上珠峰等，还有如伊拉克战争等事件性重大新闻，一般是可预见的，也给媒体留下了策划的时间和空间。对这类报道的策划，就要求媒体在有限的版面或时段里，最大限度地满足社会各方面对事件内容的欲知心理。如当年“中国加入世贸组织”，许多媒体就中国入世以后的政治、经济、社会等都作了较充分的预见性策划报道。2008 年奥运会在北京举办，相关的报道肯定是铺天盖地，报道什么，怎么报道，很有文章，许多媒体都会提前介入，策划出详细的报道方案，可以说，整个报道过程就是一个策划的过程。

比如，对一些可能发生的问题或现象，媒体也可以有所预见，及早介入策划报道。无论是社会现实生活还是在自然界，某些现象或问题尽管尚未发生，但已有迹象说明它们可能发生。无论是媒体的职责还是新闻工作者的敏感，都应从可预见性的蛛丝马迹中，寻找有新闻价值的事进行报道策划，以唤起受众关注，引导社会舆论。还有面对可预警的自然灾害，比如地质灾害、风灾雨灾，这些自然灾害在什么时间点上发生不可预测，但其发生会有预警，理应有若干的策划报道预案。这些策划，有些是对自然现象的预测性报道，有些是对社会某些事物的发展变化趋势或前景作出推测和评说，引导受众正确面对变化，采取适当的应变措施。

还有一些是非事件性报道，通过策划，一样可以做大做重，做出深度。非事件的重大报道一般是静态的，它一般是围绕着当前社会上的一些热点、焦点来策划，比如，商品价格、商品质量、政府部门的服务，还比如一些典型人物等。它的策划要求是，围绕主题，紧扣焦点，汇集尽可能多的信息，运用多种表现方式，深入挖掘其内涵，提供详尽背景，尤其需要在党和政府想说的与人民群众想听的结合点上下工夫，最大限度地满足社会各方在法律、政策、道德、情感等方面的需求。

但从实践上看，大事不可能经常发生。由此，媒体更多的时候是从“题”上去策划，做文章。“而专题策划更灵活，你在时代问题中根据媒体定位选择题目，量力而行确定规模即可。”[1]一些新闻题材，不要因为小、因为寻常而忽视，有很多看似寻常的题材，经过策划、挖掘，可以转化为有重大影响的报道。这就是粗菜细做，以小见大。

2006 年，中央提出“社会主义新农村建设”，《福建日报·西岸观察》决定以“小故事”来反映“大主题”，经过策划，连续两个月进行专题报道。此专题以《听、听，来自田野的声音》为开篇，随后策划的报道分别为：对失地农民的关注《泉港失地农民生活扫描》，对农村教育的关注《翔安农村教育资源整合》，对农业科技的关注《漳浦科技对养殖业支撑》，对农村劳动力转移的关

[1] 张立伟. 传媒竞争法则与工具［M］. 北京：清华大学出版社，2007：134.

注《德化进城农民向产业工人的转变》，对农村基层民主化进程的关注《永定坎市村的民主听证会》，对农村文化生活的关注《邵武一600年古村的文化生活》、对农村科技人才建设的关注《宁德乡土人才领军农业科技》等。这一系列的8篇（组）稿件，选择的是一个“点”，折射的是新农村建设的一个“面”，而且故事性强，解读性强，报道的篇幅大，容量上每篇达一个版。后来，有6篇报道被新华网转载，产生了很好的舆论效果。

2008年2月19日以来，《福建日报》政文版连续推出《破解交通拥堵系列报道》。这组报道一经推出便在同行中赢得喝彩，在社会上引起反响，完全得益于策划。[1]策划缘起于1月初龙岩记者站的一篇稿件《交通环岛：向左走向右走?》，写的是龙岩中心城区交通环岛拥堵严重、交警采取灯控路口等手段进行整治的情况。稿子上版后，审稿的老总认为，此稿仅道出目前全省交通拥堵状况的一方面，而目前造成交通拥堵的原因是多方面的，可从站点、路、环岛等方面入手，作个系统的策划，把一系列问题做深做透。稿子被暂时撤下。在策划中，他们认为：“可以说，不管我们以何种方式出行，道路资源配置、交通设施建设、职能部门管理等方面的种种弊端都无可避免地映射在我们的日常生活中。这一提示，让我们涣散的感觉一下子清晰起来，是的，种种问题最集中的表现，不外两个字——拥堵。这个问题一旦破解，交通的‘死结’就解开了一大半。”

为了在有限的容量中把这个涉及面相当广泛的选题做好，他们认为：一要选准角度。公共交通是与老百姓最贴近的民生问题，交通好不好，老百姓最有发言权，报道的角度应是百姓视角，报道的内容应是群众对政府行为的反馈与监督。二要站准高度。交通拥堵有多方面的原因，有客观的，也有主观的，有历史遗留的“先天

[1] 闵凌欣. 百姓视角全局高度——破解交通拥堵难题系列报道策划经过［J］. 福建日报·阅评快报，161期.

不足”，也有管理不力的后天缺憾，它的缓解、破解是一个渐进的过程，不可能一蹴而就。因此，报道要站在全局的高度，客观地揭示交通拥堵的直接和间接原因，提出一些能够解决但目前还没解决的问题。三要把握好分寸。媒体不是政府职能部门，只能本着“帮忙不添乱”的原则，了解事实，还原事实，表达观点，提出建议，促进相关部门更科学、民主、人性化地实施管理，完善设施，逐步破解交通拥堵难题，同时，引导市民增强文明和安全意识，营造良好的交通环境。

于是，在破解交通拥堵难题的母议题下，引起交通拥堵的路、站、环岛等节点都被列入子议题，每次集中一个议题，选取正、反典型，进行分解模块式报道。以现场目击、记者调查、百姓亲历为主体，深入反映问题现状；以专家观点、部门声音为载体，对问题进行中肯的分析，提出建设性意见，或对及时有效的破题之举给予分析肯定；以他山之石的方式，链接省外、国外对此类问题的破解实例，拓宽视野，启发思路。此外，对每个议题都设置反馈栏目进行持续追踪报道，发挥舆论监督的威力，促进问题逐步解决。

许多新闻实践者感到，在网络时代，已很难拿到独家性的新闻源，但通常可以从一些媒体报道中捡遗拾漏，寻找自己的报道空间。这种意识，就是记者不能放过任何线索的一种表现；这种意识，意味着记者可以在“第二落点”上另找角度，做足报道。《南都周刊》记者苏岭说：“以我的采访经历来说，原本预期的小报道在连环追问之下，会现出没有预期的重要新闻线索，报道方向随之而变。”[1]

2006年9月，苏岭所报道的《扑克牌背后的千名幼儿》引起了读者和同行的高度关注，后获央视二套《第一时间》栏目主办“封面2006”入围奖。苏岭说，这一报道即是由一个新闻点拐弯而

[1] 苏岭．擎起新闻业的故事旗帜［J］．南方传媒研究第八辑·深度报道，广州：南方日报出版社，2007（6）．

来，这个新闻点是安徽滁州人沈浩印了一副“寻人扑克”，全国的媒体，包括海外的媒体都聚焦在沈浩个人身上，关注这副扑克收费的道德性，而他却开始向沈浩询问那些离散家庭的故事。后来，这样一条线索，经过策划，《南都周刊》拿出了A叠44个版中的13个版进行报道。

2. 不为煽情的故事而炒作

- 新闻策划是对客观发生的新闻事件通过梳理分析、挖掘整合，使新闻的价值得到有效和充分的利用
- 策划新闻则是对主观预想进行人为的、有意识的操作，或为煽情的故事而作，为其他目的而为

策划是把双刃剑。如果把握不好，新闻策划可能就演变成制造假新闻、搞有偿新闻的一种行为。前些年有一种观点认为，新闻策划是可以的，但新闻策划不是策划新闻。所谓的策划新闻，就是无中生有，人为地策划可供媒体报道的事件。与新闻策划的区别是，新闻策划是对客观发生的新闻事件通过梳理、分析、挖掘、整合，使新闻的价值得到有效和充分的利用。策划新闻则是对主观的预想进行人为的、有意识的操作。

1896年，美国和西班牙争夺古巴殖民地战争爆发前两年，美国报业巨头赫斯特主持的《纽约时报》，即派速写画家芮明顿去哈瓦那作战争速写。芮明顿到哈瓦那后，发现那里很平静，不会有战争。于是拍了电报要求回去，可他却接到赫斯特的复电：“请留下，你供给速写图画，我将供给战争。”后来一艘美国战舰缅因号在哈瓦那沉没，《纽约时报》便断言是西班牙人所为，并悬赏5万美金征求线索，制造战争气氛。这个被新闻界称之为“你提供新闻，我提供战争”的新闻报道及活动策划，以扭曲事实为基点，完全违背了事物发展的本来面目，也违背了新闻规律。

无独有偶，一百多年后，美军在伊拉克战争中又策划了“拯救女兵林奇”的“新闻”。没过多久，林奇事件是一件“策划新闻”的观点就被普遍承认了。美国的有关方面也承认，在林奇事

件宣传上有“水分”。林奇事件是为了美军宣传的需要而“策划”或者说是“制造”出来的。新华网2003年4月6日刊载时寒冰写的一篇文章《质疑美军拯救女兵林奇：一场精心策划的骗局?》。

在卡塔尔首都多哈的赛利耶军事基地，美军中央司令部发言人布鲁克斯准将于当地时间4月2日凌晨3时紧急召开记者招待会，宣布：“联军部队已经在伊拉克成功完成了对一名美军战俘的解救任务。”这名战俘指的就是被媒体热炒的美女大兵杰西卡·林奇。这个令人震惊的消息迅速传遍了世界各地，一个关于美军神勇无比的动人神话横空出世。海豹突击队和陆军别动队马上被笼罩在神奇的光环之下，成为世界瞩目的焦点。美国总统布什和林奇的父母、亲朋好友欣喜若狂。美军士气为之一振。林奇被成功营救的消息也成了纽约股市的一个利好消息，引发纽约道琼斯股市各股票平均上涨2.7%。

但是，当笔者把有关林奇的材料放在一起的时候，发现了太多的疑点和太多的反常之处，把这些矛盾点挑拣出来之后，事情的真相同时也显现出来：拯救女兵林奇，是一场精心策划的大骗局。这只是美军为了振作士气自导自演的一个微型“大片”而已。

第一部分：林奇从来没有被俘

人们都知道，美军这次对媒体的控制是非常严格的，美国战地名记彼德·阿内特被开除就是一个典型的例子。控制新闻的目的自然是为打宣传战创造条件，于是就有了伊拉克第51师全体官兵8 000人集体投降的假消息，也有了美英联军第某某次攻占乌姆盖斯尔这样的笑话。但是，迅速挺进伊拉克腹地的美军很快发现他们不是来参加长跑比赛的，他们陷入了一个毫无准备的困境之中，尽管这可能是暂时的，却大大影响了士气。最要命的是伊拉克电视台和半岛电视台播放的关于被俘女兵的画面，进一步伤害了美军的士气。

美军本应该针锋相对地设法鼓舞士气的，但却相反，在这个时候，却从美军那里传出了美女大兵杰西卡·林奇失踪的消息，各大媒体对这位失踪女兵不遗余力地报道，报道力度、深度和广度可谓空前绝后。甚至有媒体打出了《林奇，第一个阵亡的美国女兵》这样的标题。非常奇怪的是，对报道控制非常严格的美军对这个可能已经遇难的失踪女兵的炒作，置若罔闻，听之任之。美军对这种铺天盖地的宣传带来的巨大压力表现得出奇的平静，这并不符合美国人的思路，至少不符合这一次美军的处事风格。

为什么要听任炒作美军失踪案？谁在炒作美军失踪案？几天后，美军突然在凌晨迫不及待地叫醒记者，通知美女大兵林奇被解救的事情。这个消息带来的效果是显而易见的：前线士气大振、被媒体频频指责的五角大楼的官员们红光满面、白宫领导层激动不已、股市上扬、美元升值、一些国家为了在伊拉克重建中分一杯羹向美国示好……

但是，笔者经过研究分析发现，林奇根本就没有被俘。

首先，伊拉克从来没有捕获过一个叫林奇的女兵。伊拉克电视台展示的几位美军士兵是林奇的同事，他们是在同一时间和地点失踪的，如果林奇也被俘了，应该有她。也许有人会说，林奇受伤了，伊拉克把她放在了医院进行治疗。但是，伊拉克电视台播放的画面里面，就有一个受伤的美军士兵是躺着接受采访的。那么，林奇会不会是后来被伊拉克军队抓获的呢？也没有可能。因为当时世界各大媒体大张旗鼓地宣传林奇，如果伊军当时已经俘虏了这位媒体关注的“女主角”，肯定会对外宣布这个消息，进一步打击美军士气。另外，如果伊军抓住了林奇，为什么把她单独放在纳西里耶市，而不是像其他美军俘虏一样送到巴格达？伊拉克之战实际上就是巴格达决战，萨达姆有利用战俘作为“人体盾牌”的先例，难道会把这位“名人”俘虏给遗忘或者忽略了？假如萨达姆抓住了这个知名的女兵，为什么不派靠得住的人去把守，那么快就被几个空降的美军给干掉？

其次，关于美军的这次营救计划漏洞百出，美军虽然声称进行了全程录像，但却至今对营救过程秘而不宣，录像也只是让你看了一点模模糊糊的片断。他们在掩藏什么？美军中央司令部发言人威尔金森说："我不能透露行动的细节，我们还有很多工作要做。仍有许多失踪的士兵让我们感到担忧。"如果真是这样，他们事先怎么还敢那样大肆宣扬一位失踪的士兵？路透社分析说，开战以来，美国精心制定的宣传策略未能压倒伊拉克，为扭转这种局面，美军安排这种随军记者"嵌入"采访，目的是为了表现美国军方不会将这些被俘士兵丢下不管。路透社的分析对了一半，另一半就是利用随军记者"嵌入"采访，散播林奇失踪的消息，调起大家的胃口，为救人的神话打好铺垫。

为了增加这次所谓的"拯救"事件的真实性，美国不断强调他们对全程进行了拍摄，但同时强调这是机密，只能等到合适的时候才对外公布。美军为什么要强调全程拍摄？为什么他们敢在救人的时候进行拍摄，而且还能有机会进行拍摄？海豹突击队和陆军别动队虽然神勇，但还不至于自信到如此地步吧？更何况当时美军已经由于轻敌吃了亏。另外，海豹突击队在1980年营救美国驻伊朗首都德黑兰大使馆人员时，在1983年格林纳达执行"紧急狂暴"行动时，在1993年索马里"重建希望"行动中，都曾经吃尽了苦头。他们这次在营救被俘女兵时，难道没有一点顾忌？

第二部分：前后矛盾的疑团有多少

1. 发现女俘的线索充满矛盾

2. 林奇所在房间前后不一致

3. 关于枪伤漏洞百出

4. 被俘过程越说越玄

5. 美军尸体到底有几具？

6. 救援过程出奇的顺利

第二部分各条都罗列了各种版本的报道或解说，并进行质疑，详细内容且略。这个策划案例很有意思，舆论跟着军方策划的新闻走，各种报道、各种解读，铺天盖地。不过，假的就是假的，总是经不起推敲的。

一些策划新闻的行为对社会造成了危害。《纸做的包子》就很典型。我们在绪论中也举了一些典型案例。2005 年 7 月，有关啤酒含甲醛并严重超标的报道一时充斥各类媒体，几乎引发整个啤酒行业的危机，喝啤酒的人感觉自己喝了毒酒。在韩国，有 15 种啤酒被下架。日本要求中国啤酒企业提供不含甲醛的书面确认。后来，国家质检总局召开了新闻发布会，发布了 157 种国产啤酒和 64 种进口啤酒甲醛含量的检测结果：所有样品甲醛含量均低于国家强制标准（2 毫克/升）和世界卫生组织关于饮用水甲醛含量的标准（0.9 毫克/升），中国啤酒完全符合国际、国内标准。

新闻本无事，媒体策划之。新闻事实不准确，报道策划越大，负面效果可能就越大。媒体不可为所谓轰动效应而策划新闻。为煽情的故事甚至为个人目的而策划的“新闻”更不可取，而且事关自身的职业道德。因此，一些学者认为，对新闻报道的策划应遵循这样几条原则[1]：

一是取信原则。无论如何策划，新闻报道都要实事求是、取信于受众。策划不是目的，而是手段，目的是增强报道的责任感、使命感，是向受众提供新闻精品，使新闻报道更好地入耳入脑。新闻报道的选题策划要以客观存在为依据，即使是策划社会活动与策划报道相结合，也要以客观存在的社会需要或社会问题为依据来操作，而非歪曲事实。新闻报道方案设计也要以报道能全面、真实地反映客观存在为基准。

---

[1] 蔡雯．“新闻策划”的学术争议与实践困惑［EB/OL］．［2003－05－31］．新华网．

二是创新原则。策划的价值在于通过精心谋划和周密组织，使报道取得不同凡响的传播效果，因此，从报道选题到报道方案设计都要追求与众不同、标新立异。在策划过程中，突破传统思维方式的创意、集思广益的智力碰撞、源源不断的创造灵感构成了策划的精彩内核，孕育出令人耳目一新的报道。如果失去了创新，策划也就失去了存在的意义。

三是变通原则。任何策划都是对未来行动的谋略和规划，新闻传播中的策划亦然。策划者总是在报道客体发展变化的某一点上谋划报道，但客体的这种发展变化并不以人的意志为转移，随时都可能会出现策划者未曾预计到的新情况、新变动。因此，要把握传播的主动权，策划者就要善于审时度势，随时变通。策划报道时，应尽可能对各种可能出现的情况进行分析，使方案具有灵活性、应变性；在报道实施过程中，要紧密注视各方面情况变化，随时对报道作出修正和调整。

四是实效原则。策划手段越隐蔽，获得的传播效果越好。策划得成功的报道是那些能够让事实本身说话、让受众自由思考、最终达到传播者所期望效果的报道，而不是那些由策划者跳出来表现自己或者强加于人的报道。因此，报道策划要注重报道实效，而不是注重策划技巧的炫耀。

五是可行原则。策划的成果最终要在新闻实践中得到检验，因此，设计方案必须具有可操作性，能够准确无误地指导新闻采编活动，而不流于纸上谈兵。在策划过程中，要注意对外部环境和内部条件分析论证，使每一步骤的设计都切合实际，能够扬长避短，具有可行性。

第二节　新闻报道策划的类型

新闻策划是一种充满智慧的脑力劳动，可以分为几个层次，比如媒介定位与编辑方针的确定，打造名牌栏目和培养名记者，谋划一些活动以推动社会和谐发展（这方面，不少媒体在推动济困助学以及社会公益事业方面往往成为了倡导者、组织者），制订一个阶段或一个时期的报道要点，要求记者在某一时段重点报道某一方面的内容，这都属于策划的范畴。

在这一节里，我们主要讲具体的新闻报道策划。通过新闻报道的策划，使有限的新闻资源的价值得到最大限度的利用。“新闻是新近发生的事实的报道。”过去，这样的报道通常是“一次性”的，即待过程完成、事情结束之后，作“一次性”、“完成式”的报道。现在，策划改变了这一切。对一些事件刚刚开始，媒体就介入策划，事件结束，媒体的报道还未结束；对一些已经发生的新闻事实，善于运用职业慧眼的媒体人识别其新闻价值，适时适度地因势利导，取得很好的效果；对一些已经普遍存在但又被人们忽视的现象和问题，媒体加大策划力度，连续报道，组合报道，集中凸现，从而引起社会的密切关注或解决。

这一类新闻策划属于微观层次上的策划运作，通常做法是，根据新闻事实及其发展趋势，进行多角度、多层次以及主题鲜明和有深度的报道，深入反映事物的社会价值，提示其中的思想内涵和本质特征，进一步增强报道的吸引力和感染力，从而扩大媒体的社会影响力。

1. 事件性报道的策划

- 事件一发生，立即进行报道策划，并随事态发展作出即时反应和调整，称为事件性报道的策划
- 事件性报道策划的关键点在于：坚持调查，找到核心信息源，挖掘新闻背后的东西并引领舆论

新闻事件一经发生，立即进行报道策划，并在报道过程中，随事态的发展作出即时反应和调整，这就是事件性报道的策划。这种策划在时间上相对较紧，必须在很短时间内收集相关资料，而且能否抓到独家的材料、能否采访到核心信息源，往往决定事件性报道

策划能否取得成功。

2007年3月发生在重庆的“最牛钉子户”事件引起了全国许多媒体的关注与报道，其背景在于当月召开的全国“两会”通过了《中华人民共和国物权法》（以下简称《物权法》）。3月19日，重庆九龙坡区法院作出裁决，限令户主3月22日前搬迁，当时只有两三家媒体在报道。3月21日，户主杨武以双截棍独上危楼，把事件戏剧性地推上了高潮。整个3月底，上百家媒体的记者云集重庆，血拼这一自2007年开年以来最令人瞩目的新闻。许多记者说，那栋极具象征意义的小楼前的工地上，俨然已演变成一场媒体的嘉年华，每天都有采访和新发现，每天都有报料见于各类媒体。当时，所有人都在猜测政府会不会强拆，何时动手。22日夜间，众媒体记者都在工地现场彻夜守候，但直到23日都没有任何动静。

这个事件引起了全国媒体的关注，事件的戏剧性元素也很多，相当多的读者感到强烈的好奇，更何况还有《物权法》刚刚通过这一背景。《南方周末》对于这类焦点事件新闻一般都不会缺席，我们看看它是怎么策划的。《南方周末》于3月20日派出记者，新闻总监李红平为此写了《即时新闻时代，周报何以应对？——以“最牛钉子户”为例的一点感想》[1]，其中一些说法可资借鉴。摘录部分如下：

> 当时派出记者的动机其实很简单，在《物权法》刚通过的大背景下，对于这件事情，南周应给予关注。至于如何报，只能视情况再说了。
>
> 显然，事件的焦点已逐渐变成：到底该怎么看待钉子户事件？在各方看来，这场危机可能会如何收场？事后想来，或许这应迅速成为南周此时报道的主题。实际上，3月29日南周头条标题就曾定为《僵局持续，最牛钉子户事件如何收场》。按照当时的设想，这一主题主要是由北京站记者苏永通通过采访法

[1] 南方传媒研究第八辑·深度报道. 南方日报出版社，2007（6）.

学、社会学、政治学等多方面的专家来完成。我们希望辨析清楚重庆钉子户事件的本质到底是什么；从法理和现行法律法规的角度，钉子户是否拥有只要不满意拆迁协议，就可以坚持不搬迁的权利；政府是否有强拆的权力；应不应该动用强拆权；法院裁定限期强拆、过期却未执行，法律的信用是否又一次被透支；该如何处置这场公共治理危机。

应该说，对专家的采访中，这些点大多都涉及了，但由于时间仓促，加之专家们并不了解详情，只能从大体上作出判断，所以虽时有闪光点，但大多未能予以充分展开。这便是3月29日《南方周末》4版的稿件《僵局持续，最牛钉子户事件如何收场——众专家激辩重庆钉子户事件》。

而在重庆现场的主稿操作难度更大。尽管拿料能力是张悦的强项，但因“眼睁睁看着手中的新闻变旧闻”（注：周报在事件性报道中受到出报日的限制比较明显），等到写稿时，记者掌握的新料已不多，包括吴苹个人的充分信息、吴苹所面对的开发商到底是何背景、吴苹与开发商的历次谈判细节等。

平心而论，在上百家媒体的拼抢下，等我们发稿时仍有这些新料，已属难得了。但单靠这些料，毕竟无法构成对这一事件的全新阐释。所以，张悦在前线说，这篇稿子可能无法按调查稿的思路去做，只能做成特稿。我当时也表示认同，并建议这篇特稿能否就以这几天作为一个横切面，写出在这一危机面前，各个方面（包括钉子户、地产商、法院、政府等）的代表人物的所作所为所想。

不过，张悦根据实际情况写来的稿子，没有完全按照这个思路去做，而是将事件的演变过程进行了一番勾勒，并把记者调查获得的那些新料融入其中，这就是3月29日《南方周末》的头版头条《重庆钉子户事件内幕调查》。

就在当期见报的第二天（3月30日），重庆市政府终于打破沉默，再次强硬地设定了一个最后强拆日期（4月10日）。

看来，僵局有进一步持续的可能。然而仅仅两天后就传来消息，称双方已达成协议，4 月 2 日当晚就会拆除。

在又一次出人意料的同时，人们亦感到强烈的好奇：这几天到底发生了什么？以至于一场举世关注的僵局却突然和平收场？

当时便跟编辑林楚方说：能否派记者去搞清楚，重庆市政府的决策过程、逻辑以及与杨武的谈判过程？林表示非常认同，不过我们考虑到出报时间，亦担心本周四可能搞不到什么料。但关键是在下周四能否搞到一些核心信息。虽然没有把握，但觉得应该试试。于是已在湖北采访另外一个题的张悦通过电话采访，在当期（4 月 5 日）先发了一个简短的后续报道后，在周四再赴重庆。

最开始非常艰难，政府方面表示不接受采访，就连吴苹，在达成协议后也消失在人海里，不再接受任何采访。一直到周日晚我与张悦通电话时，采访都没有任何进展。看来这次尝试成功的可能性已非常小了。

然而，突破往往就在最令人绝望的时候发生。经过持续努力，在周一和周二两天时间里，重庆钉子户事件的核心人物、之前一直隐藏在媒体后面的九龙坡区委书记郑洪、区法院院长张立，还有钉子户吴苹，在该事件结束后均接受了南周记者的独家专访。这便是 4 月 12 日南周头版的《那十五天发生了什么——一场举世瞩目的公共治理危机化解内幕》。如果说，3 月 29 日南周的第一次报道尚属合格，那么凭借本篇报道，南周在本次事件上的表现至少达到良好了。

实际上，《那十五天发生了什么》也是典型的独家报道。在这一重大新闻事件的相关方中，我们采到了其他媒体均未曾采到的政府和法院两方的核心人物，且谈的都是公众关注的他们面对钉子户事件时的决策过程与感想。这不是独家新闻是什么？

谈到这篇稿子的价值，自然会涉及近年来被不少媒体人认同的一个概念：核心信息源。如果把媒体的本质看成是传递信息，报道者的主要职能就是去寻找更多信息源，以尽可能逼近事情真相。而在关于一个新闻事件或人物的诸多信息源中，肯定有一两个是最核心、掌握信息最全面最丰富的，这就是所谓核心信息源。从某种程度上说，记者找到的信息源越核心，他就离事实或真相越接近。

这篇报道记者找到了关于重庆钉子户事件4类主要信息源的3类（另一类开发商部分，上篇报道已在一定程度上涉及），且都是最核心的信息源——达成协议后不再露面的钉子户吴苹、负责处理这一事件的九龙坡区委书记郑洪、负责裁决的九龙坡区法院院长张立。可以说，南周记者找到了关于这一事件最核心的信息源。这，至少决定了一篇稿件新闻价值的一半。

事实上，通过南周记者对上述核心信息源的采访，公众获得了大量未曾披露的信息，比如：在表面上的僵局背后，相关各方其实一直在进行紧张的谈判；媒体都把22日视作强拆日期，其实政府和法院并不这么认为；在3月30日政府召开新闻发布会，宣布4月10日这一强拆期限时，实际上双方已经接近达成协议了；以及在面对这一事件时，政府和法院方的真实心态与反应，他们的冲动与紧张、对媒体态度的变化、经验的缺乏和面临的压力、他们对相关得失的总结……所有这些，都构成了转型期中国在面对矛盾与冲突时，一个真实而全面的样本。

当然，决定稿件新闻价值的还有另一半，即记者找到核心信息源之后，是否充分具备与这些核心信息源对话、对相关信息进行甄别与挖掘的能力。否则，也有可能导致被信息源“牵着鼻子走”的局面。而记者对话能力的高低，则取决于事先所作的准备、对相关背景信息的掌握程度以及记者的人生阅历与经验等多方面的因素。

因为事件仍在发展，而且，在当时，媒体与记者对事件的发展方向不一定能预见，因而真正的事件性报道，策划难度是比较大的。

事件一经发生，编辑部又真切地感到对这一事件不能缺席时，首先就得把记者派出去，尽管还来不及制定详细的报道方案。此中的策划，主要体现在前方记者与后方编辑的即时联系中。从这一案例中可以体会到，对于事件性报道的策划，有关键的几点应当把握：

（1）坚持对事件的来龙去脉进行调查，从中拎出记者对事件的基本判断，使报道在同题竞争中脱颖而出。

（2）对事件的调查，最重要的工作还是要找到核心的信息源，同时，在对信息源的采访报道上，应当注意公正与平衡，使报道更为独家，更为新鲜，人无我有。

（3）对事件报道的策划，不应只满足于事件的调查，还应挖掘新闻背后的东西，应当引领舆论，形成舆论报道强势。在这一案例中，《南方周末》安排了众专家激辩此事件的报道，还安排了评论，如《把偶然事件变成历史进步的契机》、《重庆“钉子户”事件给法律一个机会》等，使得报道的站位更高。

（4）对事件报道的策划还应当有人文情怀。从本质上讲，人文情怀只是一种意识，不是操作方法，好的新闻策划应当有人文情怀在里面，当然，这种人文情怀不应带有情绪化的主观判断的东西。

2. 专题性报道的策划

- 围绕某一主题、话题、现象或事件（“发展”特点不明显）、政策策划报道，称为专题性报道策划
- 相对而言，事件性报道策划大多体现为动态的策划报道，专题性报道策划大多为静态的策划报道

专题性报道策划，就是围绕某一主题或某一事件所作的系统报道，其主要任务是把既定的选题细化，可操作性较强。这种策划与事件性报道的策划的区别在于主题明确，目的性强，因而主要应考虑报道范围、报道时间、报道形式和报道方法，以及报道人员如何安排，社会力量如何借助。一般来说，专题性策划的时效性不强，但最好还应考虑如何启动、如何展开、如何深化、如何总结等问题，使得报道的针对性更强些。

专题性报道涵盖的报道内容很多，但大抵分为3个方面：

一是非事件性新闻类。重大主题宣传报道（对十七大的宣传、成就宣传）、话题新闻报道、经济与社会现象报道大多可以归入这一类。这类报道本身没有很典型的、能引起社会轰动的具体事件，但可以通过找一些小的事件进行策划，以小见大。许多话题新闻经过策划，大多可能扩展为专题性报道。如《中国青年报》2003年围绕“什么样的知识能够改变命运”这个选题，组织一系列报道和两个版的大学生自主就业、创业特别报道，同时，在一版刊发了本报评论员文章《什么样的知识能够改变命运》，提出了应该树立适应市场需要的新的人才观、知识观和教育消费观，在随后的几个月中，又陆续在相关版面推出了有关专题、报道、讨论、反馈，形成了一定声势。

二是事件性新闻类。这与前面所讲的事件性报道是有区别的。这类事件本身的“发展”特点不明显，它可能只是一个时间点上的事件，或者这件事只是一个符号，但内涵却很丰富，因而与其说是事件性报道，不如说是专题性报道。如巴金去世，是一件重大的文化事件，也可以称为一件重大的新闻事件，但在这次新闻报道中，《中国青年报》进行大胆的构思、独特的创意、周密的策划，所用版面相当多。在这里，巴金去世这条消息只是一个引子，对巴金的全方位解读堪称为一次很全面的专题性报道。具体在下一节里细谈。

三是政策新闻类。对这类新闻的策划，媒体越来越重视。它以国家出台的事关公共政策作为选题进行策划，在事件性或非事件性的定性上并不十分明确，但是，作为策划者，胸中应有一幅动态的时代全景图，能够判断政策的焦点所在、主要矛盾所在，能够对这些政策产生的影响进行研究和挖掘，能够反映出时代的主流和本质。

以《21世纪经济报道》的选题为例，该报头版委员会主任谭昊、编辑张凡撰文[1]说：“‘寻找公共政策的思想灯塔’，这是《21

[1] 接近、展开、诠释：向“深度快感”一路小跑［J］. 南方传媒研究第八辑·深度报道，南方日报出版社，2007（6）.

世纪经济报道》头版编辑部近年锁定的一个深度报道的重点选题领域，这体现了编辑部对当前国内主要矛盾的判断，以及由此衍生的新闻价值观判断。我们认为，经历近30年改革开放之后的中国，商品短缺已成历史，而公共品短缺则上升为社会的主要矛盾。以国家新领导层颁布‘和谐社会’执政纲领为标志，中国政府正在经历从‘逐利政府’到‘服务政府’的艰难转型。良好的公共品供给体系是市场经济社会的基石，关系到一切投资、创业和商业经营活动的制度环境，《21世纪经济报道》有责任为读者守望大转折时代外部商业环境的变迁，促动公共政策和制度环境的改良。”他们认为，自2006年底以来，《21世纪经济报道》头版陆续组织了医改、房改、社保基金审计、药监风暴、高校债务等一系列涉及公共政策制定和变革的深度策划报道，其中做得较为持续、连贯的是从2006年10月以来关于医疗改革的系列报道。他们说：

医疗改革是当今国内舆情的焦点之一，它集中反映了困扰转型期中国的一些敏感而深层的矛盾。在研究的基础上，我们把对医改问题本质的各种思考带进对深度报道的谋划中，让报道顺着这些关键问题展开，在事态发展的4个节点上，先后掀起4波报道高潮。

第一个节点是在2006年9月。自2005年7月份国务院发展研究中心得出中国医改“基本不成功”的结论后，卫生部主导起草的医改新方案就成为各方关注的焦点。但在持续升温的舆论漩涡中，这份新方案却迟迟没有露面。2006年9月，头版编辑从记者反馈中得知医改新方案草稿已大体成型，而卫生部也很想“抛出一些想法”以试探各界反应时，便决心抓住时机，将第一个挖掘点选在探听医改新方案核心内容和决策思路上。

第二个节点在2007年1月。1月7日，卫生部长高强在全国卫生工作会议上透露了医改新方案基本思路，体现“政府主导”的精神，由政府出资兴办社区医疗服务中心，提供全民免费基本医疗服务。

第三个节点在2007年2月。通过上一个节点的报道，我们提出“摒弃政府包办，分离服务购买与服务提供”的思路，把关注点转向了劳动和社会保障部正在制订的另一种思路的医疗方案——“全民医保”，即政府对公共卫生事业的出资，与其投向作为供应方的医院，不如通过社会医疗保险的方式直接补贴给作为需求方的患者。

第四个节点在2007年3月。在当月举行的全国“两会”上，卫生部长高强在与“两会”代表对话时，透露了医改新方案将有分别由政府部门、高等院校、国际组织和咨询机构起草的6个平行方案供选择的信息，但没有透露其中的细节。

在这4个节点中，该报策划出了一系列报道。第一个节点，9月23日头版推出《卫生部医改小组成员详解医改新方案　小病免费治大病靠保险》，披露了新方案借鉴英、美、德三国模式构建三大层次医疗体系的总体构想和思路，以及相关部委对新方案的质疑和争议，医改的“三国模式”也由此成为媒体热议的话题。第二个节点，选择最接近卫生部新方案的上海医改模式作为新的发掘点，1月11日推出《上海医改的逻辑》，以样本剖析的方式进行思考，在肯定上海医改成绩的同时，揭示这种政府包办模式的弊端；1月26日又推出国家发展改革委组团考察巴西和西班牙医改的报道，在找到政府与市场最佳结合点的经验上做文章。第三个节点，恰遇2月初温家宝总理考察吉林医改，吉林省宣布启动两年时间将省内全体城镇居民纳入医保覆盖计划，2月10日推出《医改最前线：探营吉林医保第三张网》，通过对吉林医保扩面的各种难点和潜在的改革风险，提出医改的成功需要医院体制改革、医药流通体制改革、医疗保险改革“三医联动”的思考。第四个节点，迅速把“六个平行方案”作为新的发掘点，推出《医改六个平行方案揭秘》，再次引起各界热议。

专题性报道与事件性报道策划还有一个区别，即事件性报道策划是一种动态的策划报道，而相对来说，专题性报道策划是一种静态的策划报道。因为是静态策划，它有充裕的时间供编辑思考，收集资料。然而，由于是静态的，其他媒体也都会策划，因此这种策划是编辑策划水平、每个媒体综合策划能力的具体体现。面对静态报道的新闻策划，多数媒体都不拘一格，立足自身特点，尽显自己个性，有自己的角度和新意，尽最大努力吸引读者眼球，取得较好的报道效果。与事件性报道的策划相比，专题性报道的策划必须更加细致入微，策划成功了，报道也就成功了一大半。

3. 体验式报道的策划

- 体验式报道的特点是事件由记者亲身参与，写作重点不仅是“我看到了什么”，还有“我做了什么”
- 体验式采访事先已经确定采访对象与主题，是一种策划后的行为，应防止变成为策划体验而策划

在一般的情况下，记者在社会中扮演的角色是“你做我写”，而在体验式报道中，记者扮演的则是“我做我写”。下面这篇报道被认为是在现代新闻史上首开体验式报道的先河。

我是怎样死里逃生的？

我躲在一节车厢里，周围全是沙袋。

我身边携带的饮水不多了。

我藏在那里，气也不敢出，生怕被发现。列车停在科马蒂普特。荷属南非人对它进行了搜查，但是搜得不够彻底。在忍受了60小时的磨难之后，我总算安全地来到这里了。

我身体虚弱，然而，我却自由了！

我的体重减轻了，但是，我的心情却是无比愉快。

从此刻起，我将利用一切机会，敦促当局把这场战争坚决地、毫不妥协地打下去。

12月12日中午，德兰士瓦政府的国防部长告诉我，释放

我的可能性极小。

于是，我下决心在当天晚上，趁比勒陀利亚大学监狱警卫转过身去的一瞬间，翻过高墙，逃了出去。

我没有化装，就大模大样地走到街上，我碰到许多荷籍白人，但没有一个人盘问我。

我穿过了民团设置的警戒线，走到迪拉果阿湾铁路附近。

我沿着铁路线前进，并设法躲过守卫桥梁、隧道的士兵。

在离第一个车站不远的地方，我停了下来，准备爬车逃命。

11 时 30 分，比勒陀利亚开来了一列货车。我费了好大力气，才在这列货车全速行驶前爬了上去，在一袋袋煤中藏了起来。

天将破晓时，我从车上跳了下来。这一天，我藏在一个小树林里。同我做伴的是一只对我很感兴趣的老鹰。

黄昏，我又继续走下去。

这天夜间，没有火车开来。

沿铁路线走，随时都有与敌方士兵相遇的可能。然而，我除了沿铁路线走之外，别无他法，因为我既没有地图，也没有指南针。

每当前方有桥梁、隧道、房舍时，我就得设法绕个大圈子避过它们。

我走得很慢。巧克力毕竟不压饿。

前景十分暗淡，但是，感谢上帝，我坚持下来了。走了 5 天，找食物也越来越难了。

我白天睡觉，晚上行军。在这期间，我的逃走被发现了，我的外貌特征被敌方用电报发到各处。

所有的火车都被搜查了。

每个人都在注意我的行踪。

有 4 个人被当成了我，遭到拘捕。

然而，到第六天，我在米德尔堡附近爬上了一列火车，从那里，有直达迪拉果阿的火车。

这篇报道题为《我是怎样死里逃生的?》，刊发于 1899 年 12 月 30 日的《晨邮报》，作者温斯顿·丘吉尔后来成为第二次世界大战时的英国首相。当时，25 岁的丘吉尔以南非轻骑兵团中尉和伦敦《晨邮报》记者的身份，随同英军到南非。这是丘吉尔第四次以随军记者的身份奔赴战场，前三次因在古巴、印度和苏丹的出色采访，他已闻名遐迩。11 月 14 日，丘吉尔随队乘装甲列车执行侦察任务，遭到狙击，丘吉尔手受伤后成了战俘。名记者成了同行的报道对象，美联社记者在比勒陀尼亚会见了他，《纽约时报》报道了这个消息。

丘吉尔的处境非常危险，虽是文职人员，但因参加战斗，他将被交付战地军事法庭，并会被处死。12 月 12 日夜，趁着哨兵不备，丘吉尔逃了出来。一获自由，丘吉尔立即向《晨邮报》发出了描写他从战俘营逃跑的详细报道。这篇报道使丘吉尔成为英雄，给他带来巨大的政治资本，并改变了他的一生。“丘吉尔以自己别具一格的表演丰富了当时的驻外记者的形象，这种形象的基本特点就是：记者不再仅仅作为一个旁观者，而是完全投身到新闻事件中去，并且成为它的一部分。”[1]

从广义上讲，只要记者亲身感受、亲眼目睹，有现场体验后采写的新闻，都可以称为体验式新闻，但体验式新闻与目击式新闻是有区别的。二者的个性极为鲜明：体验式新闻要求记者转换角色，记者是直接参与者；而在目击式新闻中，记者只是出现在新闻事件现场的旁观者。“记者在现场报道”、“记者在现场看到”……是目击。体验式报道、目击式新闻的共同点：极强的现场感，是记者从新闻发生的第一现场所采写的新闻，细节生动，真切自然，感染力

[1] 黄罗怡，朱伟，王伟. 世界名记者［M］. 上海：上海文化出版社，1988：29.

强；在报道内容上注重过程胜过结论，强调展示一个场景，记录一段经历，使读者如临其境、如闻其声。

但从采访手段上看，体验式报道比目击式报道更进一步，即记者不只是在“旁观”，而是亲身“参与”，写作的重点不只是“我看到了什么”，还有“我做了什么”、“我感觉到了什么”。“我做我写”的角色转换，要求记者在某一个时段，在某一个行业或某一个职业中去扮演或者充当其中的一个角色，加深对环境、时代、社会的认识，它强调要与被采访者完全一体化，深入到他人的生活中去，去感受、体验他人的思想、情感、工作方法。

俗话说，听过不如见过，见过不如亲自干过。听过，可以说是“知道了这么回事”；见过，可以说是“了解了这么回事”；亲自干过，可以说是“曾经沧海”，才能有深切的感受。

在当前，体验式报道能培养记者深入基层的好作风，增强记者的平民意识和责任感，提高新闻报道的真实性和影响力。这种报道方式消除了记者与采访对象的距离，当记者走进采访对象的生活，成为他们中的一分子时，交流的障碍减少了，记者的采访会更顺利。记者用自己的经历和感受代替单纯依靠采访对象介绍，减少了因采访对象自身的认知水平及各种被访者心理负担带来的信息衰减，保证了信息的全面、客观、真实。因为亲身参与、体验，记者在报道中就会注入更多的感情因素，从而使报道更富有人情味，更能打动人。

体验式报道的核心是体验。记者如何去体验？体验要达到什么目的？这些都是体验式报道中必须注意的问题。既然称为“体验”，那么参与、感受、再现就是体验式报道的必需环节。

参与，就是记者投身到有关的事件中去。参与，是体验的客观基础，是体验式报道中最重要的前提。要求体验者不仅身到，而且还要眼到，耳到，手到，脑到。眼到，是要仔细观察与事件相关的人、物、环境；耳到，是要认真倾听事件中各个人物的言论；手到，就是要亲自动手做事；脑到，是要体验者根据掌握的线索进行思考，理出事实发生、发展的来龙去脉，以此采访到原汁原味的第一手材料。

这里所指的感受，不是一般人的感受，而是记者站在另一种角度上的感受，这种感受不是表层的，而是深层的，不是表性的，而是理性的，并且应该是发自内心的声音。

再现，是记者通过体验后，把所得到的素材经过去粗取精、去伪存真、由此及彼、由表及里的筛选，本质性地进行还原，并形成文字进行传播。

体验式报道不是流水账，不能拣到篮子都是菜，怎么样才能比较好地参与、感受，然后用理性的方式再现出来呢？第二章里提到过记者采写漳州110故事，就是一个很好的例子。“扣除睡觉，我在110车上的时间大约是三天两夜，接触了二十多个民警，对其整个运作已经熟捻于心，也耳闻目睹了他们日常工作中的种种喜乐。”虽然体验了，由于没有对所见所闻进行理性的梳理、归纳，看到的只是一些表面现象，得到的新闻素材就只是一些粗浅的记录，写出的当然只有干巴巴的了。

体验式采访与普通采访有一个很重要的区别，就是体验式采访已经确定了采访对象、采访地点甚至采访主题，它是一种策划后的行为。

但是，并非所有的题材都适用体验式报道，做体验式的报道，首先要在题材上进行选择。一般宜选择一定时期的社会热点，因为有关注度才值得下大力气，也才会显示出体验式报道的影响力。2002年春节前后，新华社策划一组有关农民工的大型报道，为了写出深度，写出感情，他们确定了体验式采访的思路，着重反映农民工的生存状态，挖掘他们的情感世界，目的是引起社会关注。于是，记者同农民工一起挤火车同行数千里，同搬家公司的农民工一起劳动，到建筑工地和农民工一起干活儿，甚至和农民工一起讨工钱……

这组系列的“走近农民工”的体验式报道，让人们看到了农民工在城市生存的不容易、所遭遇的种种不平等待遇以及他们对城市和城市人的感受。这组报道不仅使人们增加了对农民工的同情和包容，倡导了善待农民工的社会风气，也对改善农民工与市民的关系、缓解社会矛盾，起到了积极的作用。

其次，可以选择一些人们尚不了解，但又和百姓生活息息相关的职业和行业，以及容易被忽视的群体进行体验报道。比如，普通劳动者的生存状态一直是媒体从业者关注的一个焦点。可在日常的采访中，媒体往往只停留在一种对普通劳动者生存状态的静止、表象上的观察和记录。每逢“五一”劳动节，各媒体都会推出一些对劳动者的报道，但大多是一些类似劳动模范先进事迹的典型介绍。这种宣传模式年复一年，似乎成了一种惯例。

同样是反映普通劳动者的生存状态，能否摆脱旧框框、老套套？2006 年初，《福建日报·西岸观察》决定尝试一下改变报道主体的方式，为年轻的驻站记者量身定做体验题目，策划的主题为“亲历打工”，选择社会最基层的劳动者的生活侧面进行体验式报道，通过记者的亲身体验让读者了解基层劳动者的生活。因而，关注的对象锁定为打工者——这些处于社会最基层、又是人们须臾不可离的社会角色。策划者设想让年轻的驻站记者认认真真地打上一天工，真正体验打工者的生活，全心全意体验所扮演的社会角色。煤矿井下工人、环卫工人、小吃店服务员、卖报人、菜贩子等，这些人，也许大家天天会见到他们，可他们的生活并不为普通大众所了解，报道他们，让他们得到社会的关注和了解，对和谐社会的构建同样有着积极的意义。

体验式报道因为是记者亲历，客观、真实，可亲、可信，报道具有很强的吸引力和感染力。媒体通过策划，可以把新闻“做大”，所以，体验式的报道在媒体上有日渐增多的现象。但从现在的实际来看，体验式报道还存在着一些不足。其中最大的问题莫过于不深入。大多数记者只作短短一两天的体验，反映的问题基本上是表层的东西，很难看到有深层次的内容；因为没有深入，所以写作手法是就事论事，平铺直叙，缺少感人的情节和细节。包括标题都显得比较单调，《我当一天×××》、《×××的一天》、《×××零接触》……较难给人留下什么深刻的印象。

我们认为，仅仅一两天一两次的体验，并不能说是深入实际、深入生活了，人下去了，心下去了吗？要体验，就应当全身心地投入进去，真情相待采访对象，与他们同生活，共呼吸，同感受。只有真正地、长期地、深入地反复体验，不断探索，才会有伟大的作品。

2003 年度普利策特稿写作奖《恩瑞克的旅行》，由《洛杉矶时报》索尼娅·纳扎里和奥唐·巴特雷蒂两名记者获得。这篇报道为什么会获奖？首先，报道选择的题材有诱惑性、新奇性。偷渡一向为国际社会所不容，在受众以往的经验中，大多只是从有关官方对偷渡行为的惩罚和处理的报道中意识到偷渡的违法性、偷渡带来的社会问题，以及从一些对偷渡者悲惨经历的报道中形成一种危险可怕的印象。而关于偷渡者的每一步经历，受众很想知晓，却不可能知晓，《恩瑞克的旅行》可以说是第一个如此细微地关注偷渡者行为过程的报道。普利策新闻奖最终把特稿写作奖奖给了它，其意义更在于对两位记者敬业精神的承认和奖赏。为了写这篇稿子，两位记者在 5 个月的时间里，穿越 3 个国境，还要躲避采访体验过程中随时可能遇到的袭击、抢劫。两名记者体验偷渡者偷渡经过的整个采访过程充满了危险和艰辛，而这种离奇的经历，使报道的“新闻附加值”也大大增加。[1]

[1] 符冰．它何以获得普利策特别报道奖？——解析《恩瑞克的旅行》的成功因素[J]．新闻爱好者，2003 (8)．

第三节　新闻报道策划的运作

新闻策划重在运作，运作具体体现为报道的设计与组织。如何做好新闻策划？怎样才能达到新闻策划的最佳效果？仁者见仁，智者见智，但大多数人认为，新闻策划重在创新。

（1）思维创新。思维要有创造性，思维主体要沿着事物不同的方向、不同的途径和不同的角度去思考问题，用新的思维、新的视角，对报道对象所涉及的各种关系和各个环节进行全方位的、全新的思考。比如，对于那些人们习以为常的“旧闻”，如果记者用新的视角观察，通过新的整合发掘蕴含在这一事实之中的新闻价值，“旧闻”就变成了新闻。实践中也不乏此种情况。同样一件事实，从这一角度看价值不大，换一个角度看却很有新闻价值；同样几则报道，分而用之或许意义不大，若是找出内在联系，给它一个“立意”、“点子”，便可突出新意，甚至点石成金、以小见大。

（2）内容选题创新。新闻报道，“内容为王”。要以选择具有时新性的新闻事件进行策划为主，并通过报道来推进事件的递进和发展，最终揭示事件的本质，满足人们对新闻事件欲知的期待感。这也就是人们常说的，要善于抓住“热点”。“热点”是一定社会阶段和一定社会环境下为受众所关注的问题或事件。新闻“热点”发生了，编辑应抓住时机进行选题策划，机不可失，时不再来。

（3）表现形式创新。无论是写作还是版面设计，都要根据事件来确定最佳的文本和模块。从标题制作到文章段落，从编者按到图片说明，从纯文字到图文并茂……一切表现手段都要围绕着精心策划的选题服务，使选题更突出、新闻更突出、版面更好看、报纸更有吸引力。

（4）运作机制创新。新闻策划是一项系统工程，它不仅是对新闻题材的最大挖掘与最佳配置，更是对传媒资源本身的统筹调度与综合使用。完成一项重要或重大的新闻策划任务，在组织执行上必须有灵活的用人机制，不能按部就班、按人就位，一些策划报道还应专门成立小组。

不是所有的新闻都值得关注，但引发我们去关注、去策划、去组织并加以报道的，就一定是好新闻。

1. 内容为王并重视版面编排

- 报道的策划要增加思想含量，而最能体现思想深度的在于主题的精心提炼，同时言论也要跟上
- 版面语言也是报道策划的重要元素，图片、照片、图表等与文字报道互为补充，形成整体的冲击力

思想深度决定策划档次。这就是说，要在一条有价值的新闻线索中增加思想含量，把“蛋糕”做大。这里的“大”不光是篇幅大，更重要的是作品的影响要大。非常关键的一点是不能满足于就事写事，而要以鲜明的观点（主要体现在主题要精心提炼，言论也要跟上）贯穿于整个报道，以深度报道为报道的主要立足点，并且注意用好图片，用活版面语言，把新闻立体地展开。

2005年10月17日，中国文坛巨匠巴金与世长辞。这不仅是一件重大的文化事件，更是一件重大的新闻事件。在这次激烈的新闻大战中，《中国青年报》针对这一新闻事件，进行大胆的构思、独特的创意、周密的策划。18日，《中国青年报》只在头版右下角的位置作了一篇消息式新闻报道《巴金平静辞世》。从接下来的报道看，这只是一个引子，为引出以后的一个系列式的报道起到抛砖引玉的作用。10月18日、19日、20日、24日、26日、27日，该报推出了系列式的连续报道。

19日，该报第三版推出一整版的“特别报道”，共有10篇文章并2幅图片，进行的是一种深度报道。对巴金逝世的现场新闻，采用《新民晚报》的报道《巴金的最后时刻》，放在版面的左边用一个竖栏的形式，让读者了解当时的具体情况，同时这也是一种背景材料。而另一篇新闻《大师远行　精神常青》则采用标题压图的形

式，报道巴金逝世后人们的一些反应和活动情况。这幅人们到北京中国现代文学馆吊唁巴金的图片占3栏宽的篇幅，视觉冲击力强。另外8篇报道，以知识分子巴金《敢于自我反省和批判》、小说家巴金《他代表五四时代最光明的精神》、丈夫巴金《一生只为一人动过情》、父亲巴金《清醒时他紧抓着女儿的手》、长辈巴金《巴金舅舅让我努力改变》、朋友巴金《友情是他生命中的明灯》、凡人巴金《他就是这样处于矛盾中》、符号巴金《我愿意为大家活着》，从8个不同角度对巴金进行阐释和解读。这一系列报道再现了巴金的辉煌一生以及他的人性风格，采用不同的人对巴金不同评价的方式，反映了《中国青年报》独特的策划视角和新闻报道的独特性，从中可以看出编辑记者的独特创意和创新思路。

这种深度组合式报道，从已经发生的新闻事实入手进行新闻策划，在掌握大量的新闻事实和资料的基础上，从不同的角度做大做深，给读者带来一个全新的巴金形象解读。

《中国青年报》不仅通过深度报道来反映跟进这个事件，还采用其他的一些方式，利用多种新闻文体进行报道跟进。20日《青年话题》版刊发两篇新闻评论文章《反躬自省是对巴金最好的缅怀》、《面对巴金的未了之愿》，让人们在缅怀巴金的同时，冷静地思考一些实际的问题，思考巴金逝世对文学界以及其他方面的意义。

10月24日是巴金先生的遗体告别日，《中国青年报》分别在不同的版面，再次对巴金作了深度的报道解读，这样的新闻策划开拓了读者的视野。《综合新闻》版用一幅大照片进行报道，配发文字报道《杭州各界人士追思巴金先生》，因为杭州是巴金的“第二个家”，这种摄影报道给读者以视觉冲击力，深深地感动着读者；《青年调查》版通过本社社会调查中心与搜狐新闻中心合作，推出“你欣赏巴金身上哪些气质”的调查，这种调查方式的运用不仅活跃了新闻报道，而且充分利用网络媒体互动性的优势，使报道产生最佳的社会效果；《文化周刊》版重点推出《能以如此方式纪念巴金吗》，这篇文化博客式文章以尖锐的笔锋评论一些媒体在有关巴金逝世的新闻报道中，为应付新闻竞争而出现的一些问题，这又是对这次新闻报道的一次冷思考（它告诉人们，新闻报道的策划并不仅仅是版式的多、厚，而应体现报纸的品格、报纸的风范）；《阅读周刊》版采用不同的新闻文体进行报道，既有阅读特稿李致的《我的四爸巴金》的回忆性文章，也有关于新版《随想录》面世的消息报道，还有一些巴金书籍的链接，并摘录《随想录》中巴金的一些主要思想，另外还给读者提供了一篇巴金手迹的报道《巴金70年前珍贵手迹再受瞩目》，既有新闻性的内容，也有知识性和趣味性的内容。

10月26日《冰点》版，用加框的方式重点强调了《巴金忏悔——重读〈随想录〉》一文，并配有巴金凝神握笔深思的照片，这样深度的挖掘式报道，展示给读者的是一个人性化的、敢于忏悔的巴金，让读者对巴金的精神得到了全面的理解和解读。

鲜明的态度、观点和对事件的认知水平是深度报道不可或缺的。10月27日，第三版《特别报道》给读者展示了一道丰盛的深度报道式新闻大餐（大约五分之四的版面），有深度报道《巴金会被当代人遗忘吗》、《教科书里的巴金还在影响年轻人》，专家评价式报道《只有那个时代才能造就巴金》、《陈思和：巴金精神已成传统》，还有以图表形式报道的该报与搜狐网联合进行的社会调查：你对今年哪位名人的去世印象最深、你关心巴金逝世的事情吗、你认为巴金留给当代青年最宝贵的遗产是什么、你认为喜欢巴金的都是多大年龄的人。

从《中国青年报》在巴金逝世这一新闻事件的策划报道，可以体会到新闻报道的力度与广度。这种力度与广度首先体现在选题上，报道集中于一个主题即巴金逝世，然后从多个侧面和角度进行聚焦报道，使新闻报道呈现出强烈的立体感。其次体现在对报道内容的载体运用上，有消息、特稿、评论等多种文体，有客观的报道，有富有人文情怀的报道，也有引领舆论的理性思考。

应当指出的是，在编排方式上，这一策划报道注意了版面语言。配发照片，运用言论、背景、相关链接，以及精心制作标题，吸引读者的注意。特别是图片、照片、图表等的运用，使得报道图文并茂，版面中运用加框等重点突出内容的手法也增强了读者的视觉冲击力。需要特别说明的是，言论与图片已成为报道策划的重要元素。

策划有无深度，对言论的精心琢磨非常重要。报道新闻和发表评论是报纸两项最主要的功能。“新闻提供事实，评论提供意见”，“评论是报纸的旗帜、灵魂”。所以有人称：新闻性不强、信息量不大，报纸就不成其为新闻传播工具；缺少评论，或者评论弱化，报纸的形象和新闻报道的效果也会受到影响。

策划有无冲击力，对图片恰到好处的运用非常重要。稿件和图片（包括插图与制图）是新闻报道的两翼，两者应当并重，是一种彼此独立又互为补充的关系。这里的独立指的是独立的新闻图片，它绝对不是只依附于文字而存在的，有时本身就是一个独立的故事。依托于文字的图片没有什么价值，有价值的图片至少应是对文字报道的一种补充。许多实践者还认识到，其实让图片占有更大的版面位置绝对不是一种浪费，除了上面说的这些之外，大篇幅的图片不仅具有很强的冲击力，还可以起到调节读者阅读节奏的作用。

版面设计承担着信息传递、视觉承载、体现特色、增强“黏性”甚至是促销报纸的重任。大多数媒体都十分强调版面的张力和视觉冲击。因而，版面语言在新闻策划中也是很重要的元素。不要认为版面语言的运用只是编辑的事情，实际上，作为一名记者，如果在新闻策划中、在新闻采写中，自己心中有一个版面的意识，那么他与编辑就很容易沟通，采编更容易互动，而对于该用什么样的新闻手段来表现新闻，心中也会有一个明晰的认识。

2004 年，我们在策划“魅力·海峡西岸”9 个主题版时，就有一个相对固定的版面语言格式：头题消息约 800 字、言论约 600 字和一张大照片，加上一个半框，每次都固定在一个相同位置上。这样编排版式的用意在于，一是用大标题、大照片形成视觉冲击，符合读者审美愉悦，吸引读者；二是这一组专题其实就是一组系列报道，要有自身的特色和个性，编辑力求将这种特色和个性内涵呈现在版式中。“人看一张脸，书看一张皮”，相对固定的版面编排格式，为的是让读者一眼就可以识别出这是一个系列节目。

2. 采编联动并确立编辑中心

- 编辑必须对选题提供及时的判断、正确的抉择和足够的智力支持，策划细案，指挥记者完成任务
- 更高层次的新闻策划在于编辑部巧妙设定议题，策划参与社会活动，引导社会舆论，推动社会发展

报道策划，从选题到报道落地就是一个全面谋划、富有创意的紧密报道的过程，因此团队的协作机制很重要。在这里，采编联动被摆在了重要的位置。那么，谁来指挥这支队伍呢？肯定是编辑部。

作为一家媒体，编辑思想很重要。大家都说，版面就是总编辑的脸面。每天，总编辑带领着编辑部主任，编辑部主任带领着责任编辑，作着这样或那样的策划。作好这些策划，是彰显媒体力量的重要支柱。一张没有策划、只靠记者自由来稿的报纸很难有强大的影响舆论能力，更难以形成核心竞争力。

总编辑是“厨师长”，编辑是“厨师”，记者是“采购员”，这就是一个形象的比喻。作为记者，我们的选题必须得到编辑部的认可。作为编辑，我们必须对记者提出的选题作出及时的判断、正确的抉择，并且提供足够的智力支持；同时，还得出题目，提供策划细案，并指挥记者完成任务。

《中国青年报》这一组有关巴金的报道策划，包括《冰点》、《特别报道》，以及《文化周刊》、《阅读周刊》、《青年调查》等版面与栏目都投入到这一深度报道之中。同时，还与互联网联合开展社会调查，形成规模效应、深度效应和互补效应。这么做，还反映出一种采编联动并确立以编辑为中心的策划机制的成熟。

许多媒体都确定了记者与编辑的关系，那就是编辑确定选题，记者完成。这种模式就是编辑中心制的模式。在这种模式下，最理想的状态就是，由记者提供线索，编辑加以判断，再由记者完成。好记者应当有宽广的关系网，听到有价值的事情马上与编辑交流，

看能不能做，怎么做，重点在哪里。但现实的情况是，大部分的选题暂时还没有办法靠记者提供，编辑承担了相当多的选题提出和策划工作，之后才交给记者去完成。

作为主管地方记者站的《福建日报》记者部，其任务有二：一是落实编辑委员会的策划案，并加强与编辑室沟通，指挥驻站记者抓重头稿，把报社的重大策划方案落到实处；二是自身抓好策划，为新闻版提供策划选题并组织记者完成稿件，同时，以自身的《西岸观察》的版面编辑为阵地，作好一些新闻选题的策划。

2008 年，中国改革开放走过了 30 周年。30 年，写下一部思想解放史；30 年，写下一部体制变革史；30 年，写下一部民族复兴史。纪念改革开放 30 周年，是新闻宣传战线的一件盛事，也是媒体展示采编水平特别是总体策划能力的一个机遇。所有的媒体都在策划如何报道，《福建日报》有一个整体的策划案，记者部除了认真做好报社整体策划案所应承担之任务外，还将以《西岸观察》版面编辑为主体形成一份子方案。

这个子方案名为“历程·见证——纪念改革开放 30 周年”深度报道策划案。拟以深度报道的形式，选取 30 个（人物 + 故事 + 变化）典型，或是人物访谈，见证历史大事；或是刻骨铭心的故事（以事为主，区别于人物访谈）；或是具体一些地方翻天覆地的变化。均以小见大，以思想深度见长，见证福建三十而立、大步朝前的成长、成熟经历。

内容拟分为三大部分：一是“弄潮英雄”，通过改革人物访谈，回顾历史背景，反映他们一路走来的不平凡足迹，他们的思想、心灵对今天所具有的启迪意义（改革人物访谈 + 旧闻背景 + 旧闻采写者访谈 + 图片）；二是“星火燎原”，回顾当年改革现象或事件，寻找燎原的轨迹，追寻它们的时代意义，对今天的影响（对现象或事件的回顾 + 对今天的影响 + 对当年采写者的访问 + 旧图片 + 新图片）；三是“沧桑巨变”，选择一些具体的点，反映改革开放带来的巨大变化（以故事的形式，反映 30 年改革开放给一个村、一个行业、一个单位带来的变化)。

组织形式:各记者站报线索与记者部找线索相结合,最后由记者部统筹确定选题;容易做的选题由驻站记者完成,难度较大的选题由记者部组织人员采访。

当然,这些只是报道方面的策划。高层次的新闻策划则在于编辑部巧妙地设定议题,积极地策划、倡导、组织、参与一些社会活动,引导社会舆论,推动社会发展。1997年《湖州日报》成功策划并推动太湖治理的事件,这个成功的策划案例至今仍有很强的借鉴意义。时任《湖州日报》总编辑的蔡小伟发表了《四城同唱太湖美——湖州日报新闻参与的成功尝试》[1]:

> 今年5月16日以来,人民日报、新华社、中央电视台、香港文汇报等全国几十家新闻单位都以激昂的姿态报道了环太湖苏州、无锡、常州、湖州四城市联手保护太湖的消息。至此让全国瞩目的对太湖的治理进入了一个新的阶段。
>
> 这一苏锡常湖四城市具有历史性意义的联手动作,根源于浙江省湖州日报的倡导和参与。作为新闻单位通过舆论引导,推动并参与完成的这一事件,就其新闻本身而言,有许多可供我们借鉴和研究的东西。
>
> 一
>
> 过去有句行话:记者是时代的史官。这句话无可非议。新闻需要及时、真实地反映客观事物,忠实地记录历史进程中的点点滴滴。然而,随着时代的进步,党对新闻事业越来越重视,要求越来越高,新闻不仅仅是单纯地反映事实,反映舆论,更主要的是用这些事实和舆论引导人。这就要求我们的记者要从等待新闻发生的定式中走出来,投身于火热的社会生活中,在

---

[1] 新闻战线,1997(8).

参与中把握正确的舆论导向，推进社会的进步和发展。

太湖流域是我国经济最发达的区域之一，然而，随着城市的扩展、生产的发展，太湖受到的侵害也日趋严重，各种污染大量进入太湖水网，导致太湖水体全面恶化。1996 年 7 月，在第四次全国环保会议上，太湖被列入“九五”期间国家重点治理污染的地区之一。然而由于环太湖城市缺少统一行动和协同作战，资金、技术、人才等没有得到更为科学合理的运用，太湖水污染治理缓慢，严重制约了太湖地区经济社会的可持续发展。

面对如此严峻的现实，作为太湖沿岸的一家新闻媒体——湖州日报，深感自己有责任为环太湖四城市联手保护、利用太湖，共同实现可持续发展而大声疾呼。去年，湖州日报着手对环太湖的苏州、无锡、常州、湖州四城市的产业结构、环境保护、水利建设以及旅游开发等方面进行了调查，得出的结论是，太湖近几年蒙受的不幸，其原因在很大程度上是四城市之间的各自为战。只有联手，四城同唱太湖美，才能使这一地区整体、协调发展。

二

然而，苏锡常湖四城市分属两省，政府之间没有一种协调机制和功能，让他们走到一起来确也不易。怎么办？新闻单位有推动、组织四城市联手的义务。

我们经过思考认为：四城市首尾相接，拥有共同的母亲湖——太湖，有一脉相承的吴越文化基础，有相近的城市规模，面临上海为龙头带动长江经济带迅速崛起的共同历史性机遇。如果充分发挥新闻单位的舆论引导作用，使四城市在区域经济社会发展上形成合力，这不仅是造福太湖沿岸人民、使这一区域在各方面走在全国前列的好事，也是对长江三角洲的发展、对全国的区域经济合作的极大推动，还将为中央、国务院和江浙两省的客观决策提供理论与实践的依据。新闻单位从简单的反映事实，到通过反映来引导和参与事物的发展，并为达到一个既定的目标而努力，这本身也是新闻改革的一种有益的尝试。

今年4月8日，我们经过一个多月采访而完成的新闻述评《四城同唱太湖美》在湖州日报上发表了，这篇稿子以翔实的材料和透彻的评述，分析了环太湖的历史、现状及未来，分析了环太湖可持续发展的迫切性。文章指出，市场经济是一种开放的经济，作为在建立社会主义市场经济体制方面有条件走在前面的苏锡常湖四城市，首先应该跳出行政区划的圈圈，把各自的优势融合在一起，求同存异，以太湖为媒形成一个联合整体，这无论对促进本地区经济和社会的发展，还是从理论上探索一条在当今行政体制下如何发展开放型市场经济的新路子，都有非常重大的作用和意义。联合是历史的选择。

这篇稿子刊登后，即被新华社、经济日报、文汇报等摘播或摘登，在苏锡常湖引起了强烈反响，赢得了苏锡常的共鸣。接着，湖州日报又派出4名记者赴苏锡常湖进行采访，刊登了产业结构调整、治理太湖水患、保护太湖水质、旅游开发等方面的系列述评，起到了很好的舆论引导作用，终于使4个城市的联合有了一个基础。

三

新闻作为一般的呼吁和引导，到此本该完毕。可我们认为，要使新闻舆论能够真正地、有效地引导人，新闻媒介就应该参与事物发展的全过程，体验事物的变化，不能全都是停留在一种设想、一种愿望上，也应该直接为这种愿望的实现付出自己的一点劳动，尽自己的一点责任。过去有种说法，叫政府搭台、企业唱戏，我们新闻单位能否也搭一个台？

在提出四城同唱太湖美之初，我们就设想了一个联合的载体：举行太湖四城市经济社会发展论坛。我们向湖州市委常委、宣传部长陈水昊作了详细的汇报，陈水昊在表示肯定的同时，又为我们作了办好论坛的详细指示，同时，也得到了湖州市委书记俞国行的赞同和明确要求，并得到了文汇报的大力支持，并确定由湖州市人民政府与文汇报出面主办，湖州市委宣传部和湖州日报承办这个论坛。

经过一个多月的筹备，论坛如期举行。

5月15日，四市市长面对太湖通过了《关于共同保护治理利用太湖资源的会谈纪要》，这个《纪要》向太湖承诺：四城市将互相合作，共同保护、治理、开发、利用太湖，打好“太湖牌”，共奏太湖曲，把一个更加美丽多姿、充满生机的太湖带入21世纪。

初夏的环太湖地区，正是收获的季节，出席环太湖四城市的领导、专家和学者都体会到了收获与播种的喜悦，而更为振奋的是闻讯而来的24家新闻单位，他们从中找到了兴奋点。在论坛召开之前，人民日报、新华社、经济日报等就对这一事件给予了极大的关注。论坛举行期间及结束以后，新华社从3个角度，3次播发了这次四城联手的电讯稿，被国内外30家以上的新闻单位刊用，人民日报在头版显著位置上刊发了这一消息，香港文汇报发了两篇稿子；中央电视台除播发消息外，还进行专题报道。至今，我们已知全国有40多家新闻单位报道了这次论坛举办的成果和产生的社会影响。出席论坛的我国著名社会学家、全国人大常委会副委员长费孝通说，湖州举办这次论坛是件好事，并为湖州日报题词：“反映人民心声，促进社会进步。”国务院发展中心的有关负责人说：举办这次论坛是一个很好的创意，将产生深远的影响。

四

一场具有一定历史意义的“大合唱”，结束了它的序曲。当余音渐渐远去之时，我们有机会冷静下来思考一些问题，譬如：怎样进一步发挥毛泽东同志提出的报纸“组织、鼓舞、激励、批判、推动”这五大功能的作用？怎样提高舆论引导艺术水平？我们从这次活动中确实得到了许多理性的感受和体会。

——当代新闻工作者，其职业的崇高在于我们不仅是时代的记录者，更是时代的创造者，我们应该站在时代的前沿，从创造者的角度，组织一切力量，来推动我们报道的那个事物趋向一个完美的目标。正是因为有这一职业道德的驱使，我们才不仅仅是呼吁四城同唱太湖美，而是参与了这一“大合唱”的整个过程。

——随着我国经济的蓬勃发展，人们的精神目标得到了一次前所未有的升华，善于思考成了当今中国人的一大特征，人们对精神动力的质量要求高了，内容要求广了，程度要求深了，距离要求近了，他们当然对新闻报道的接受和引导有了更高的企盼。于是过去只以旁观者、评判者、反映者身份出现的新闻就明显地感到不够以飨读者，不能适应时代的需要。读者需要记者经过深刻体验，并在这种体验中写出最能反映时代本质的新闻作品，作为他们的精神食粮。正是把握了这一点，我们和其他新闻单位一起，在参与这次四城同唱太湖美的活动中采写了大量的新闻报道，受到了读者的好评。

——以正确的舆论引导人，要求我们的引导有很高的艺术水平，要有一定的前瞻性、一定的先导性，还要有深度、有力度。我们的新闻参与正为达到这一步而尝试开拓另一条途径。改革开放时代，各种新生事物层出不穷，各种新问题也不断产生。面对这种情况，读者已不仅仅满足于那些直观的笔录式的动态报道或是一般的典型报道，而更多的人盼望看到那些能引导人们进入事物的深处、分析事物的原核、展示事物未来的那种新闻。且改革开放中的许多事物，确实也需要新闻加以前瞻性的引导，以明确前进的方向。而要做到这一点，记者旁观是无济于事的，光听介绍是根本不够的，四处打听也是难有结果的，只有投身到火热的生活中去，成为真正的建设者、改革者，才能把握改革开放的脉络，为改革开放、经济和社会的发展推波助澜。

新闻界前辈说过，新闻工作者应该是社会活动家。新闻策划的功夫在报道之外，让报道与活动相互推动，让媒体也成为社会的一种力量，此乃新闻策划的高境界。

9 CHAPTER 第九章 策划报道案例选析

深度与速度，长度与维度。在一张报纸中，有的是及时快餐，有的是组合套餐，有的是精美大餐，新闻因此而精彩纷呈。

闽菜有两道代表性的名菜：一是“佛跳墙”，说是要用文火慢炖一个星期，方能品出味道来；一是“鸡汤氽海蚌”，说是只能烫三秒钟，否则就咬不动。有些新闻，我们得很快就把它播报出来；有些新闻，我们得好好策划，并且把握好发稿时机。这就是新闻的“烹调术”。

在这个时代，编辑也有两种，一种如同流水线上的工人，一种类似作坊里的手艺人。策划报道，当然只有类似作坊里的手艺人才会精心地去做。

“三日入厨下，洗手做羹汤。未谙姑食性，先遣小姑尝。”当一个新闻报道策划推出时，身在其中的编辑和记者都会有种忐忑不安的感觉——读者对这样的报道认同吗？会有怎样的反应？这个时候，这种心情是不是有些类似于唐朝诗人王建笔下的“新嫁娘”一般，在兴奋、期盼之余，还隐隐有些许担心。

不过，好在新闻也是一门遗憾的艺术，当然，这绝不是推诿。因此，我们在本章把我们以及我们的记者部、记者站同事的个别案例拿出来（案例五为我们参与的编委会策划），这其中的一些策划体会都是当时的所思所感，原汁原味。这些案例，既有专题策划，也有主题策划，既有热点话题，也有文化话题，既有体验性报道的策划，也有突发性事件的采编流程。

案例一　聚焦泉州城市化系列报道的策划

这组报道分别刊发于2004年3月29日，4月5、12、19、21日，5月14日。

- “城市关注”之“聚焦泉州”(1)

对于一个城市来说，最宝贵的资源是人本身，尤其是那些有头脑和有资本的人

21世纪的城市竞争，本质上是以人为本的竞争，哪个城市越能吸引、聚集到高层次的人才，就越能实现可持续发展

中国社科院倪鹏飞教授说，影响泉州城市竞争力的重要因素之一，是人才本体竞争力相对落后。于是《城市新闻》对泉州的聚焦，就从“人”开始

敞开城市的胸怀（主标题）

——泉州人才瓶颈如何突破

本报记者　潘贤强　王丹飚　李宇思

新闻故事——王祖耀：一个异乡人和泉州的缘分

2002年11月的一天。泉州儿童医院对面一家酒店里，3个男人相对无言，沉默的泪水，流着一样的心情。他们是博士王祖耀、院长周延安、麻醉科主任李师阳。

朝夕相处了两年多，王祖耀明白，告别有多么难。

王祖耀是泉州儿童医院副院长、市政协委员、《中华小儿外科》编委。1998年到1999年被派到美国加州大学医学中心，师从美国小儿科科学会主席Evic教授，从事小儿胃食管返流、漏斗胸、肛门直肠畸形的临床理论研究。

故事始于2000年初。王祖耀看到泉州儿童医院的招聘信息，给周延安打了电话。周延安邀请他过来看看，“不成交个朋友，机票院里报销”。

王祖耀说，当初老家贵阳伸出热情的双手，广东和上海给的待遇比泉州高一倍，“但我被周院长的真诚感动”。他说，打电话时恰好5点半，周院长关门时转头接了电话，也许这就是泉州与他的缘分。

3月，王祖耀第一次到泉州，主动请缨主持了一台手术。手术的成功，给周延安和李师阳留下了深刻印象。

8月，王祖耀全家迁到泉州。

故事转折于2002年秋天。贵阳再次相邀，待遇比泉州优厚，还有父母兄弟的呼唤。于是，就有了3个人落泪的一幕。想想两位从不轻弹眼泪的战友，他告诉母亲，打电话很方便，儿就不回去了。他说，身体不好的母亲希望有个当医生的儿子在身边，但他割舍不下在泉州的事业，忘不了这段缘分和友情。

不久，他们再次在这家酒店聚餐，恰好又订在那个房间。谁也跨不出进门的那一步，连服务员都看傻了。最后换了个房间，换来了一阵阵轻松的笑声。“谁也不想记住那个日子”，他们不想回忆那个告别。

以后的故事自然而然。王祖耀的才华在泉州获得了充分的施展空间。

前些日子，记者来到儿童医院时，看到一封封南安等地农民写来的感谢信。除夕傍晚，南安送来一个出生仅5天的患先天性膈疝的新生儿，肠子压迫胸腔，生命危在旦夕，王祖耀、李师阳等人立即给他动手术，正月初十，新生儿病愈出院；2月4日，王祖耀带领手术组，在麻醉科、ICU等相关科室密切配合下，成功完成了泉州首次联体婴儿分离术……在王祖耀的手术刀下，近100位患儿获得了第二次生命，没有增加人员，小儿外科手术台数3年间增了3倍。以前，这个小儿外科只能做阑尾炎等一般手术。

不仅如此。2002年12月，王祖耀荐来两位在妇产科专业有特长的夫妇专家，以微创和无痛手术带动了一个新的科室，新建妇科3个月，手术台数就是前7年的总和。

王祖耀说，他是幸运的，泉州"海纳百川"的传统在儿童医院得以传承。他期望更多的引进人才能遇到这样的好环境。

新闻背景——泉州人才战略

2003年12月，泉州市委提出，要构建学习型社会，坚持市场配置人才资源的取向，建立充满生机和活力的人才机制，变"人口大市"为"人才强市"。

今年2月，泉州市人大会议提出，要抓住培育、吸引、用好人才3个环节，营造有利于人才引进、培养、创业的环境，形成多层次、全方位、系统化的人才开发新格局。

今年2月，泉州市政协举办人才强市座谈会，市人事局表示将把修改完善前几年出台的《关于选拔管理优秀拔尖人才的意见》作为一项重要工作。

新闻分析——"外来和尚"如何"念经"

王祖耀的故事，让记者想起了中国社科院教授倪鹏飞教授的一段话。这位教授在解读全国200个城市综合竞争力时说，影响泉州城市竞争力重要因素之一，是人才本体竞争力相对落后。

以民营经济著称的泉州，被确定为福建三大中心城市之一，发展势头越来越被看好。然而，泉州市政协副秘书长王伟明说，民营经济也好，城市规划也好，社会服务也好，泉州都面临层次的提升，这，终究离不开人才。

引进效应

泉州人才很多，关键要通过教育自产人才。这是乐观人士的看法。

但事实是，泉州人才的缺口不小。高级人才不必说，就是今年仍有不少企业因熟练技术工缺乏而开工不足。高级人才培养周期长，短期内拔尖人才从哪里来？王祖耀认为，必须抛弃人才一定要靠自己培养的封闭式思维，引进人才是最合算的投资，当然，也不能娶了媳妇疏了女儿。

李师阳算了一笔账。当初引进王祖耀，医院挤了30万元。这是什么概念？一台麻醉机80万元，电刀30万元，CT机大几百万元，使用期只有6至8年。一个高级人才为你服务几十年，还可以带出一个优化群体，效益无法估量。

周延安说，泉州儿童医院创办时间短，专业受限制，但11年来平均每年以35%的速度发展，靠的是引进人才成功打造了眼科、儿外、妇科三大品牌。还有人说，人才还引来社会对医院的信任。

事实上，人才引进效应在泉州已成为一种现象。晋江安踏运动鞋的崛起，和它的品牌战略分不开，其有力的推动者正是安踏老板丁志忠背后的职业经理人叶双全。当地同类企业看到安踏的成功，纷纷效仿，引进职业经理人。央视体育频道被称为“晋江频道”、“陈埭频道”，就是因为这个频道的广告几乎被产自当地的运动鞋品牌包揽。一个职业经理人群体，推动了一个产业集群的诞生。

不是花瓶，是资源

有人认为，泉州人有钱，让一些老板高薪聘请高层次人才不成问题，但有的人来了不一定能发挥作用，来了又走，与其这样，不如自己培养好了。

这确是一个问题。但为什么？一些引进的人才说，他们更看中的是发挥才能的空间和理念的认同，有的老板虽然有钱，但或把引进人才仅仅当作炫耀的资本，或听不进人才所提的建议，最后他们只能选择离开。

在泉州，“爱拼才会赢”造就了一代白手起家的企业家。但一定阶段后，靠拼已远远不够，需要突破。靠什么突破？新的人才，新的理念，新的眼光，新的管理。很多人来泉州，希望的是能为自己的才能找个更广阔的施展空间，为自己的职业人生找个好前景。华侨大学引进的一位博士说，他来这里，更多的是要寻找自己的定位。

用钱不一定就能“砸”到人才，高薪不一定能让人才发挥出效益。个人专长也是一种资源，需要合理的配置和使用。叶双全的品牌战略能够成功，关键在于老板丁志忠重视他的建议，尽管其中有过不少争论，但他们都认为那是“理念在磨合”。对王祖耀来说，与外地比，与本地的民营企业比，他的待遇并不高，但医院放手让他撑起了小儿外科的天空。

环境再造

有人说，泉州生活环境并不算好，缺乏有品位的文化生活，与厦门、福州有相当差距。这使有些高层次的人才望而却步。

王祖耀平时喜欢与同事泡功夫茶。为什么学品茶？他说，这如同在美国喜欢上肯德基吃汉堡包一样，你必须融入到当地的文化中去。周延安很关心他的生活，经常把安溪的朋友送的好茶先送给他。李师阳在工作之余，经常找他品茶。王祖耀从茶文化中品出了人情味，他说退休后还要和大伙一起切磋茶艺。

一方面，引进的人才要有融入当地文化的意识；另一方面，社会要营造一种可融入的环境。王祖耀曾为周延安当初的压力而感慨。刚来时，一些职工不理解，凭什么你有30万元的待遇？“不怕引进的人才待遇比自己好，潜力比自己大”——周延安坚持这种理念，敢当“推土机”。引进的那对夫妇，虽只是本科毕业，周延安却给了46万元，并任命为科主任。当时，院里正召开职代会，议论不少，周延安就到科室蹲点，化解阻力。

泉州一院的引进人才张强为来泉州工作，费了很大周折，档案重新建档前后花了两年。儿童医院引进专家夫妇，为他们的子女入学问题差点儿跑断了腿……这些，都是引进单位的心头之痛。

在“海丝文化”的滋润下，泉州曾以海纳百川的胸怀接纳了整个世界，从而造就了一个历史名城。如今，泉州经济发展了，承续好传统，敞开更宽阔的胸襟，接纳更多外来的精彩，已不能是一个问题，而应是一项战略。

最近，泉州一些地方和企业建立博士后流动站的报道陆续见诸媒体，不少高层次人才开始聚集泉州。

然而，这，仅仅是一个开端。

城市新闻

一个异乡人和泉州的缘分

敞开城市的胸怀

“外来和尚”如何“念经”

引入竞争　联合执法

● “城市关注”之“聚焦泉州”(2)

发展公共交通，是世界城市发展的成熟经验

作为城市人居环境不可缺位的要素，公共交通影响着城市竞争力

如果说当地发达的经济是一个巨人，那么，泉州的公交就是侏儒。这一鲜明的反差，把《城市新闻》的聚焦引向——

突破公交困局（主标题）

新闻故事——李素平：和公交车说再见

新闻背景——泉州公交历程

新闻分析——公交如何优先

城市新闻

突破公交困局

公交如何优先

● “城市关注”之“聚焦泉州”(3)

生态环境是可持续发展的基础。园林绿化作为城市现代化

的重要指标，在城市生态中具有不可替代的功效

拥有中国人居环境最佳范例和联合国 2002 年迪拜国际改善居住环境最佳范例奖的泉州，在城市生态建设的经验和考验上，提供了一个思考样本——

城市深呼吸（主标题）

新闻故事——王金星：一位市民的西湖情结

新闻背景——泉州园林：2004 战略

新闻分析——城市之肺如何激活

● “城市关注”之“聚焦泉州”(4)

城市信息化程度是一个城市综合实力的重要标志之一。“数字城市”是人类对物质城市认识的又一次飞跃

作为全省首家市、县和重点乡镇三级信息联网设区市，以数字政务、数字商务、数字社区系统三大工程为主要内容的“数字泉州”，把《城市新闻》的聚焦引向——

再造“城市高速”（主标题）

新闻故事——邱少煌：一位局长的信息化努力

新闻背景——数字泉州之数字商务

新闻分析——数字泉州如何提速

● “城市关注”之“聚焦泉州”(5)

城市智商是城市竞争力的源泉

文化如何创造城市智商？不仅在生活中积淀，也在传统中寻找

联合国教科文组织将全球第一个世界多元文化展示中心定

址于泉州。突出文化，泉州可能就是一流的城市。于是，《城市新闻》把镜头对准——

城市智商的对话（主标题）

新闻故事——吴珊珊：一位文化人的南音情结
新闻背景——泉州传统文化档案
新闻分析——城市品牌如何亮起来

● “城市关注”之“聚焦泉州”（6）

争创中国一流旅游城市，打造文化型海滨休闲旅游城市，泉州的旅游构想不可谓不宏大。但观念、体制和品牌上存在的种种问题，使当地丰富的旅游资源和难如人意的旅游产业水平形成了鲜明的反差。

面对这个现实，如何破解？

泉州旅游反思（主标题）

新闻调查——资源与产业的反差
新闻背景——泉州旅游战略
新闻分析——旅游产业如何成链

【策划采写体会】

如何提高新闻的关注度

——福建日报聚焦泉州系列报道的启示

随着各地城市化进程的加快，省级党报把目光投向了城市。今年初，《福建日报》新生的《城市新闻》版推出了“城市关注”系列，这一系列是专刊部与记者部及记者站合作策划的一个有益尝试。带着关注泉州城市化进程的选题，从2月初起，我多次赴泉州与记者站站长李宇思、记者王丹飚商讨如何把这一选题做出成效。此间，专刊部副主任吴孝武两次一同赴泉州进行策划。

经过几次的商讨，我们认为，这组系列报道应从增强党报指导性、权威性和可读性的角度来提高新闻关注度。今年3月底至5月中旬，“城市关注之聚集泉州”系列报道隔周刊出一组，产生了较好的舆论效果。从中，我得到三点启示。

一、营造读者磁场

泉州是一个生机勃发的城市，被列入全省三大中心城市之一，经济总量居全省第一，文化底蕴十分丰富，民营经济非常活跃，而市政中心即将东迁，城市规模迅速扩大……

可关注的实在太多了。实际上，当地媒体有关泉州如何做大做强也有了许多讨论，有的甚至是连续几个整版。

炒冷饭，或者说同质新闻的再炒作，是吸引不了读者的眼球的。然而，对一个城市的关注还是离不开人才、交通、环境、信息、文化、旅游等方面。面对同样的新闻资源，怎么办?

以深度报道来营造读者磁场。城市新闻版创造了这样的机会，让记者能够把那些记者关注的新闻做得足些再足些。对于记者来说，则要配置与运用好新闻资源，将新闻的内容向纵深拓展，切实解决新闻的耐读性问题，以期实现传播效果的最大化。

开始，我们选择的是在叙述一个人物故事中夹叙夹议，带出记者的观点、专家的视点。但这样一来，文章偏长，而且属于解释性的文字在这个人物故事中又难以说透。后来，改为以新闻故事带出新闻分析的写作模式，再配上简明扼要的新闻背景和新闻图片。在每一组报道中，这4个部分互为补充，互为印证，形成一个立体的报道格局，在形式上吸引了读者的眼球。

光有形式创新是不够的，关键是内容上从哪一个角度切入，以什么样的新闻解读提升信息含量，从而为读者提供与其他媒体不同的新闻产品。

在该系列报道刊出第二组时，泉州市委宣传部的同志即打电话给泉州记者站同志，认为此组报道立意高，角度新，并善意地点出存在问题，分析今后努力方向。

二、从新闻故事中切入

关注泉州这一组系列报道并不是事件性新闻，但是任何的新闻都离不开人。美国华尔街日报式新闻的写作技巧启发了我们，即在报道非事件性新闻时，开头往往先讲一个与新闻主题有关的人物故事，通过这个人引出所要报道的新闻，进而一步步展开、深化新闻主题，使本来抽象、枯燥的非事件性新闻，因人物的介入变得容易赢得读者的注意，以人性味增强可读性，提高传播效果。

系列一《敞开城市的胸怀》选择王祖耀的故事。2月底，参加泉州市政协召开人才强市座谈会，王祖耀的发言引起了我们的注意。第二天，泉州儿童医院的周延安院长、麻醉科李师阳主任、医院引进的王祖耀博士和我们聊起了“一个异乡人和泉州的缘分”的故事。故事一波三折，确实让我们感动。

故事以“王祖耀说，他是幸运的，泉州海纳百川的传统在儿童医院得以传承。他期望更多的引进人才能遇到这样的好环境”作为结尾。随即引导读者进入《“外来和尚”如何“念经”》的新闻分析。这一篇新闻分析从“引进效应”、“不是花瓶，是资源”以及“环境再造”3个部分进行议论，论点清晰，论据充分，谋篇布局力求以散文式的笔法来体现，可读性也比较强。

系列二《突破公交困局》从李素平这位普通市民欲和公交车说再见的故事引出了《公交如何优先》的分析；系列三《城市深呼吸》从王金星这位公民的西湖情结故事引出《城市之肺如何激活》的分析；系列四《再造"城市高速"》从邱少煌这位乡镇企业局长在建设数字泉州这个平台上不懈努力的故事，引出了《数字泉州如何提速》的分析，等等。

美国哥伦比亚大学新闻学教授 James W. Carey 说："新闻学是一门经过严格训练的叙述艺术。"假如没有这些新闻故事的叙述，那么，作为新闻事实延伸或评论的新闻分析，就容易陷入概念化、抽象化误区。

三、对新闻现象，重在分析解读

故事只是一个载体，它不只是为了愉悦读者，更要让读者从故事中思考所蕴含的深刻意义。但要提示其深刻意义，则需要从方方面面进行分析，因而对这一新闻现象的分析解读，成为每组文章的重点。

当今现实生活中，新闻不单单是平面地反映一个变动、态势、结果，而且要深入一步，通过系统地提供新闻事实的背景，用客观的形式进行分析、解释，从而扩展和深化报道的内容，给读者更多的启示和教益，这被西方学者称作"任何人都不能抗拒的，一天比一天流行的报道趋向"。1985 年，美国普利策新闻奖评委会开设了"释义性新闻奖"，借以表示："说明和解释复杂的、有时似乎总是深奥莫测的问题是新闻界的重大责任之一。"

比如，在写作《公交如何优先》时，我们发现当地媒体曾有许多报道，而且当时泉州市人大代表、政协委员也有许多议论。如何在新闻分析中力求突破？不能就事论事，于是选择了交警大队的视角，提供了许多数字，让事实说明"别让城市‘趴着’”，“公交优先”的字眼自然浮现出来。之后在“泉州公交困局”这一节中，又把建设部关于优先发展城市交通的目标作为一把尺子，并与其他城市公交事业发展趋势作比较，反映出泉州公交存在的问题。有破还应有立，我们又综合了市民的意见和专家的建议，提出了一些破题方向。从整体上，这一篇分析解决了为什么要公交优先、公交优先面临的问题、如何做到公交优先这几个层面。这种立体化的解读，正是传统媒体面对多媒体竞争而扬长避短、与时俱进的应变之道。

新闻解读不同于舆论监督。这一组系列报道中，每篇新闻分析都指出了泉州在发展中存在的问题。但发展中的问题必须由政府随着经济与社会事业发展进程逐步解决。因而，我们对问题本身或提出疑问，或引用其他地方的较好做法，或以专家的视点提出建议。这种写法达到既提出问题引起政府重视，而又不伤及政府部门积极性的目的。比如，在《城市之肺如何激活》的分析中，对于鲤城区认为要等周边地产开发后再建江南公园一中，并不直接议论，而介绍了上海由政府先投入开辟绿地使地价增值，再弥补绿地建设资金的做法；对于泉州城市群建设态势问题，以专家的视点提出了注意组团之间是生态敏感区，应加强控制，建成楔状绿地的建议。实际上这蕴含着一个深层次的思考：假若泉州没有这种意识，走向“摊大饼”式的城市发展之路，那么生态环境必然会被破坏。

重视分析解读，吸引“眼球”。报纸上越来越多的新闻解读的出现，是读者需求使然，是媒体竞争使然。党报向来以深度报道见长，深入采访，加强策划，重视发挥好新闻解读功能，这是提高新闻关注度的必然选择。

（作者：潘贤强，原载《传媒天地》2004 年第 7 期）

案例二　“魅力·海峡西岸”专题版的策划

这组报道刊发于2004年9月下旬，每天安排一个版面进行刊发，共9天9个版。

专题
3
福州
集群：政府要开明
福州冲刺5000亿靠什么？
福州产业集群发展战略

4
专题
泉州
贵在毫不动摇
郑泽治闯荡国际市场

【策划编辑体会】

策划与包装

——福建日报“魅力·海峡西岸”专题版探索

今年8月初，福建日报编委会交给记者部一个任务，组织9个设区市迎接国庆55周年的专题版。从策划到见报历时一个半月，采编互动，上下配合，领导鼎力，终使《魅力·海峡西岸　迎国庆专题》的成就报道获得了较好的舆论效果，在社内、在各设区市得到了广泛好评。作为本次活动的策划者，我们认为主要是在策划与包装方面下了工夫。

一、策划提前：以观点、深度确立专题版的定位策划是党报的重要功能。策划，可以使有限的新闻资源的价值得到最大限度的利用，使之发挥出可能发挥的宣传功能。成就报道也好，专题报道也好，重点在于策划，难点也在于策划。能得到社内外较好的评价，非常关键的一点是我们没有满足于就事论事，有什么材料就端什么菜，而是在记者深入采访、编辑占有材料的基础上，通过“厨师”的精心“烹饪”进行加工和提炼，使整组报道跳出来，既有针对性，又通过9个“点”来串起整组报道。

观点在于对主题的精心提炼。今年以来，省委提出的建设海峡西岸经济区的战略构想，人们耳熟能详。但各地特别是各设区市在这一战略构想下，根据自身的区位优势，采取了什么举措，或许人们并不十分明了。《魅力·海峡西岸》不仅试图告诉人们9个市抓了些什么，告诉人们当地出现了什么亮点，而且还想告诉人们为什么要这么抓。这就成了9个版面应当精心提炼的主题。

从8月初开始策划到9月下旬见报，上下反复，来回推敲，目的只有一个，在《福建日报》的版面上能够体现各地在贯彻落实海峡西岸经济区战略中提出的新举措、呈现的新亮点。此间，张红副总编召集各站站长对策划进行讨论敲定，9个版面的主题至此露出端倪：南平——谋求“绿色崛起”，泉州——筑高“非公”发展平台，福州——扩大“集群”效应，三明——着眼“生态兴市”，宁德——破解交通瓶颈，龙岩——推进“区域流通”，厦门——续写“港湾”辉煌，漳州——打造“三个基地”，莆田——营建港口城市。

观点的提炼，还为了避免同题宣传，使各个版的特色更为鲜明。同是“生态”，南平以绿色产业为“主线”进行串连，三明则从生态兴市利民富民的角度去组稿；同是说“交通”，宁德以大交通带来大机遇为主轴写变化，龙岩以打开山门建成闽粤赣流通枢纽的见闻来表达……虽然每个市只写“一点”，但握紧的拳头好使劲，确保把这个“点”写深写秀。9个版推出后，“点”串成了“珠”，也成了一个“面”。有读者反映，记者部主办的这几个专题版，“做一个版，像一个版”。这就是对我们最好的评价。

深度在于对言论的精心琢磨。报道新闻和发表评论是报纸最主要的两项功能。“新闻提供事实，评论提供意见”，“评论是报纸的旗帜、灵魂”。所以有人称：新闻性不强、信息量不大，报纸就不成其为新闻传播工具；缺少评论，或者评论弱化，报纸的形象和新闻报道的效果也会受到影响。

我们坚持每个版都配发短评：南平版《绿色：可持续发展的可靠保证》、泉州版《贵在毫不动摇》、福州版《集群：政府要开明》、三明版《生态兴市，利国利民》、宁德版《穷则变，变则通》、龙岩版《最可贵的是精神》、厦门版《突破区划，做强做大》、漳州版《发展是最好的检验》、莆田版《东方大港不是梦》。这些短评既站在省报的高度表明了编辑部的意见和态度，又立足于当地的实际进行分析。

精心琢磨，同样还为了避免同题言论，使各个版的言论具有更强的针对性。《突破区划，做强做大》、《东方大港不是梦》同样是写港口经济的言论，但如同主题侧重点不同一样，言论的着力点也不一样。“厦门经济实力强，港口潜力大，但区域面积小，港口发展遇到了瓶颈。相对厦门湾北岸的厦门港，南岸的漳州开发区岸线资源非常丰富”，“可由于行政区划和管理体制的原因，分割为厦、漳两港，资源浪费、建设重复，双方效益都受影响”，评论说，“在海峡西岸经济区的建设中，行政区划的突破或许将从厦门漳州组合港的成功实践中开始：资源或许不再按照行政命令在各个行政区划中进行分配，而是按照经济发展此消彼长的规律，按照市场的需求在各个行政区划之间进行合理的重新分配”。莆田的湄洲湾，“世界不多，中国少有”，但由于历史的原因，今天“莆田的经济发展和其优越的区位并不相称”。评论说，“昨天的落后，并不意味着永远要落后，当发展中地区的经济发展水平与发达地区存在差距时，这种差距会给发展中地区带来一种客观的‘后发’优势。充分利用自身的优势，实现跨越性的发展”……这样有着客观依据的评论，立足较高，立意也较深，针对性也比较强，能起到新闻评论的应有作用。

二、包装到位：以亮点、解读扩大专题版的影响

关于包装，《南方日报》总编辑杨兴锋在一次评报中指出，“《南方日报》负有对广东发生的重大事情和重大的社会经济现象进行包装的责任”，“包装其实是记者编辑对新闻深化理解并升华到概念层次的结果”。(《高度决定影响力》) 包装是否到位，不仅需要记者深入采访，还需要编辑的精心编排。

包装，需要记者深入采访。对于记者，特别是长期驻站记者来说，写稿轻车熟路，当地的许多情况烂熟于心。但为了做好这次专题版，许多记者不是凭自己的感知而写作，不是把当地的材料拿来一编了事，而是紧扣主题，深入采访。南平站从对接通道、北山南水、田园牧歌、南接北联和绿色的觉醒5个方面，采写了5个故事，以点带面；宁德站两篇县域观察稿件用了整整一个星期，“泡”住在偏僻的柘荣、寿宁，之后，又走进4个高速路的互通口，通过人物采写反映大交通给一些人物、一些企业带来的大变化；三明站则深入大田和明溪，采写两个农民的新闻故事，反映生态兴市之后的“人开颜”、“民致富”；龙岩站的记者在得知需要深入武平、永定等地采访以补充新闻解读时，二话没说，当天晚上就下乡去，两天的采访写就了《潜龙出山写华章——闽西“枢纽情节”解读》……

包装，需要编辑的精心编排。有人说，现代媒体的竞争是编辑间的竞争，此话当然有失偏颇，但在一定程度上说明，编辑对新闻信息的选择、整合、处理方式所产生的影响是很大

的。细心的读者会发现，《魅力·海峡西岸　迎国庆专题》有一个相对固定的格式：头题消息（约800字）、言论（约600字）和一张大照片，加上一个半框，每次都固定在一个相同位置上。这样编排版式的用意在于，一是用大标题、大照片形成视觉冲击，符合读者审美愉悦，吸引读者；二是这一组专题其实就是一组系列报道，要有自身的特色和个性，编辑力求将这种特色和个性内涵呈现在版式中。“人看一张脸，书看一张皮”，相对固定编排的格式，为的是让读者一眼就可以识别出这是一个系列节目。

在把握创新的同时，我们刻意地进行求异。根据来稿，编辑出了“新闻故事”、“新闻集锦”以及“新闻观察”、“新闻报告”等多种新闻集纳，在版面中进行变化编排，使版面统一而不雷同，有变化而不失风格。诸如，新闻亮点看台、走近互通口、放眼厦门湾、聚焦厦门港、来自红土地的报告、来自湄洲湾的最新消息，等等，都是精心编辑的栏目。

包装，还要求采编人员有对新闻本身的分析和整合能力。中国人民大学新闻学院喻国明教授认为：“所谓强势传媒的社会影响力的大小，已经不再是看谁拥有更多勤奋的编辑记者，而是看谁对于资讯的分析整合能力强。”为锻炼这一能力，我们力求在“新闻解读”上下工夫。有6个记者站的记者采写了“新闻解读”，尽管仍在尝试，却也写出了一定的新意。

泉州版的《从“爱拼才会赢”到“创新才会赢”》一文，从“技术创新”、“体制创新”、“管理创新”3个层面剖析了泉州“非公”经济能够跃上新台阶的内在原因。三明版的《“生态兴市”如何推进》一文，则是采用未雨绸缪、提早介入的方式，对三明市在实施“生态兴市”战略中的一些好做法予以肯定，同时对一些出现的问题，以记者的角度进行剖析，并提出了看法。这些凸现新闻亮点，在贴近性上下工夫，把新闻点挑出来的“新闻解读”，不仅让读者知道新闻“是什么”，还让读者知道“为什么”。

在探索中前行，我们取得了一定的成绩，也存在着许多不足和遗憾。我们欣喜地获知，《魅力·海峡西岸 迎国庆专题》在社内月评好稿、好专栏、好版面中，有1个二等好版面，3个三等好版面，1个三等好专栏，2篇三等好稿。

（作者潘贤强、郭增榕，原载《传媒天地》2004年第11期）

案例三 “三坊七巷”系列报道的策划

这组报道分别刊发于2006年9月11日、18日，10月2日、9日。“三坊七巷”系列报道包括《“世遗之父”与三坊七巷》、《触摸都市文脉》、《沿着血脉追思》、《行走在坊巷间》4个专题共8篇人物专访。此报道是《西岸观察》申报中国新闻名专栏的代表作品。

《“世遗之父”与三坊七巷》是这一系列报道的开篇之作，通过专访同济大学教授，保护平遥、周庄、丽江的功臣，“世遗之父”阮仪三，为系列报道选取了一个开阔的视野、较高的站位和与众不同的文化视角，巧妙地把对现实的反思融入对历史的追问中。该文融历史与现实于笔端，在浓浓的文化蕴含中，向人们开启了一扇精英文化的心灵窗户，是一篇难得的人文品位较高的新闻报道。

“世遗之父”与三坊七巷

——沪上专访阮仪三教授

本报记者 林丽明

了解三坊七巷的保护过程，有一个人是绝对无法避开的，那就是同济大学的阮仪三教授，他如同一座高山立在那里，让人仰视……

8月初，一天早上8点20分，比约定的早了10分钟，一位神采奕奕的教授骑着自行车来到同济大学干训楼。他就是著名的“世遗之父”阮仪三教授。

在他的坚持下，满头银发的阮教授推着自行车，与我们一同步行至在同济科技园的同济大学国家历史文化名城研究中心。黑漆的大门，古色古香的铜环扣，无一不透着传统文化的神韵。有人说阮仪三性情耿直，看来不假，即使是对刚见面的我们，说起某地不久前拆除了十多万平方米的老房子，依然火气很大，说到激动处，语速急遽加快，两手在空中上下挥舞。

有人说，阮仪三代表了当代知识分子的良心和勇气。他则说：“我是一名斗士，谁要是破坏历史文化遗产，我就跟谁作斗争。”

作家冯骥才如此评价阮仪三：“那么多历史遗存今日犹在，是他直接奋斗的结果；那么多历史遗存不幸消匿，也曾留下他竭力相争的痕迹。”

面对日渐消亡的古建筑，72岁的他仍在奔走呼告，在一场又一场保卫战中，他始终以一种不妥协的姿态，守护着中华民族宝贵的文化遗产，守护着都市的文脉——平遥古城、丽江、周庄、同里……当然还有福州的三坊七巷。

深深的福州情结

“我有很深的福州情结。”坦率、谦和的阮教授开门见山。阮教授与福州的缘分始于20世纪50年代。“上大学时，班上就有七八个福州同学，有一年我刚好在福州，同济大学开校友会，校友就来了700多个。”

对福州，阮仪三是如数家珍，滔滔不绝：“福州四周群山环抱，左旗右鼓，前五虎后高盖，古城内有三山显（乌山、屏山、于山）、三山藏（罗山、闽山、冶山），还有三山看不见（灵山、钟山、芝山）。福州滨海临江，物产丰富，实为有福之州……”“1961 年，我大学刚毕业，那时我和老师为了写《中国城市建筑史》，全国各地跑了一遍，这其中少不了有 2200 多年历史的古城福州。”

“福州 1986 年获得历史文化名城的桂冠，是实至名归！”阮仪三一直担任历史文化名城委员会委员，1982 年，我国公布了首批 24 个国家历史文化名城名单，1986 年开始接受第二批申请。“在评选第二批历史文化名城中，当时有 170 个城市报名，在承德开会时，就有 80 多名市长闻讯前来‘公关’，专家只好临时转移，结果是评上了 38 个。而福州的综合评分，是所有参评城市中最高的。”

“对外地游客来说，福州是个古迹众多、山川秀丽、物产丰富的旅游胜地；对城市居民来说，它是一个环境优美、生活方便的家；在专业人士眼中，它则是一个历史悠久、文化发达、具有丰富内涵的‘文化名城’。尤其是三坊七巷朱紫坊这一历史文化街区中，保存着古老的街巷，完整的坊里，明清民居形成了古朴传统的街坊风貌。”“福州的城市历史文化特色可归纳为 10 个方面，故有‘十城’之名。这十城是：古城、文化城、帝王城、军事城、海港城、工艺城、温泉城、榕城、丝织城、华侨城。从公元前 200 年建城始，汉建冶城有欧冶城池遗迹，福州有2200 多年的建城历史，是为历史古城；福州历代文化昌盛，人才辈出，是为文化城……”他对福州的了解，远远超出土生土长的福州人，这让作为福州市民的我们汗颜不已。

从 1990 年到 1991 年，阮仪三带了 12 个研究生、30 个本科生，前后花了两年的时间对福州市进行调查，制定福州历史文化名城的保护规划。“福州城内遍植榕树，‘绿荫满城，暑不张盖’。那时候，安泰河水随涨潮，水波上扬，高时达丈余。”阮教授说，最长的一次，他在福州住了 40 多天。一街水巷，巷坊交错，白墙灰瓦，流畅的曲线山墙……这一切让这位出身江南名门世家的教授沉醉不已，让他流连的还有那树下闲聊的老人、灯下的说书人。古榕下，小桥旁，他不仅拍摄了大量的照片，而且将眼前灵动的一幕幕化作了厚厚的一沓写生稿。“福州三坊七巷的明清古民居工艺考究精湛，雕刻细腻，文化沉淀深厚。”

“坊巷格局始于汉代至宋代，很多地方都拆了，只剩下名称，而三坊七巷保存有大量明清古建筑和众多深宅大院、名人故居。坊口有高大的券门，坊门立有石碑，上刻有坊规，在巷头、巷尾立有土地菩萨壁龛、古树、古井，保持着完整的历史风貌。我对学生说，要看坊巷格局，全中国只有福州独一处！”

越说越兴奋，阮仪三从书桌上拿出了《历史文化名城保护理论与规划》一书，这是高等院校城市规划专业教材，阮仪三教授将福州作为历史文化名城中一个典型的个案写入了书中。

书中有3张大幅的表格，包括福州历史文化名城传统特色构成的要素、含义、结构。规划完成后，他专门开了3场座谈会，广泛征求意见，其中一场座谈会是在福州市政协召开的。“当时由于条件所限，这3张表格我是一个字一个字地抄在3张大纸上。”座谈会反响十分热烈，现场的许多老同志写了许多建议和意见。事隔多年，阮仪三还是感慨万千：“福州的百姓真是热爱自己的城市！”

可惜，这个规划虽然通过了省建设厅组织的专家评审——专家组负责人是东南大学的院士齐康教授，但并未获当地政府批准。

“阮教授的战斗”

1993年，在福州大规模的房地产开发潮中，一港商看中了三坊七巷这块地，聘请了香港的设计师来作改建规划。“这个规划把已确定的要保护的明清民居全划出来完整地保留，而把其他民宅全部拆除。规划在坊巷的四周盖一圈38层的高层住宅，小区中央设计一幢巨大的中央商场，其他是绿化用地。这个方案把整个三坊七巷的格局全都破坏了，留下只是孤零零的一幢幢文保单位。”

阮教授说，一个历史文化遗存是连同其环境一同存在的，不仅要保护其自身，还要保护其周围的整体环境，这样才能体现出历史的风貌，这是因为历史街区连片的建筑群体保存的是某个特定历史阶段的生活区域格局，它显示着城市发展过程的历史信息，最能反映城市的特色和风貌；还因为街区至今有人进行着各种各样的生活，街区才能作为具有生命力的城市的一个组成部分。“民居类的古建筑失去环境，就失去了保护意义。”

香港著名建筑师陈藉刚先生是港商的首席顾问，阮仪三教授与他交换了意见，并把董鉴泓先生与之合著的《名城鉴赏与保护》一书让他看。过了一天，陈先生登门拜访。他对阮教授表示，这个方案确实有问题，是不了解福州的历史，不了解历史名城的保护。阮教授告诉他：“这是福州的历史精华，谁来开发，谁就要负破坏历史遗存的责任。”陈藉刚先生很快退出了设计，而后他却与阮仪三教授结成了知己，并努力为中国的城市历史保护提供帮助。“陈先生很有水平，心中有一份很深的爱国情结。”阮教授对陈藉刚先生竖起了大拇指。

2000年4月，中央电视台《实话实说》节目组请阮仪三做现场直播节目，标题就叫《阮教授的战斗》。主持人崔永元问阮教授，你说你在保护古城上屡战屡败，你在平遥古城和周庄古镇上都打了胜仗，而败仗是哪些呢？阮仪三教授就举了福州三坊七巷的例子，并且说道三坊七巷可能保不住了。节目播出后，6月1日，建设部打电话给阮仪三教授，请他到北京参加一个重要会议。原来是建设部部长专门请福州市和福建省建设厅、文化厅的领导具体商谈三坊七巷的保护问题。

面对地方官员提出的三坊七巷居民居住条件太差，改建是为了改善居民的生活，等等，阮仪三的态度十分坚决——

“三坊七巷是福州的也是全国的宝贵遗产，这样完整的历史街巷在国内实属珍稀，应该重新研究三坊七巷的保护与更新的具体措施！”

“三坊七巷是福州文化之根！”

针对一些官员提出的“老建筑年久失修，人民生活在‘水深火热’之中”，阮教授认为，政府要为保护出大力，这是因为——

那里的房子基本上是木结构，需经常维修。日本的神社每30年就会落架全部重修，我们的不少老建筑从20世纪四五十年代后就没修缮过。

产权变了，很多成了公房。房子产权关系不明晰，修缮就无从谈起。而国外马克思的房子住的是他的孙女，托尔斯泰故居住的是他的孙子，莎士比亚故居住的是他的七世孙。

不合理利用。以前多是祖孙三世、四世同堂，家家有厅堂、书房、天井、花厅，现在是超负荷运转，甚至是一个厅放了5个煤气灶，违章搭盖比比皆是，怪不得老百姓怨声载道。

“盖楼花5个亿，修马路要2个亿，因为这是建设，而修老房子连5万元都拿不出来，我们这一代是要被后代子孙骂的。”阮教授再一次提高了声调。

这一役不胜不败

阮仪三教授曾经说过，在保护三坊七巷一役中，他打了败仗。福州市日前出台了新的《“三坊七巷”历史文化街区保护规划》，他又如何重新看待这一战役的胜负？

阮仪三教授说：“在这一役，我是不胜不败。不胜，是因为有部分地区已被拆掉，拆掉的部分永远无法复原；不败，则是大部分格局仍保留了下来。新的保护规划出台后，既有总体规划，又进行了分类保护，符合福州历史文化名城规划，我个人比较满意。”

他认为，对三坊七巷内的建筑可分为几类：文物建筑、保护建筑、历史风貌建筑、改造建筑、新建建筑。对于文物和保护建筑进行修缮，应保持其原真性，做到原貌保护；对于历史建筑进行维修改善，应遵循文物建筑“修旧如旧”的原则，力求做到科学修复；对于一般建筑中与历史风貌相冲突的建筑，可对其进行改造，或拆了重建；违章建筑要坚决拆建。“在保护历史文化遗产上，福州要向上海学习。”2003 年，上海市公布了《上海历史文化风貌区和优秀历史建筑保护条例》，这是全国第一部有关保护历史街区和建筑的法规。上海的建筑保护走在全国前列，设了 12 个历史风貌保护区，做了认真的保护规划。“但还是太少，只有 632 处，英国伦敦有 18 000 多处。”

阮仪三教授认为，在对街巷古建筑进行保护的同时要进行修缮，完善基础设施配套，一些花园、街巷、宅第都可以进行合理的利用，发展旅游、休闲等有文化内涵、高品质的第三产业，使其成为具有独特文化景观的活力地带。“要原样翻修，不修假古董，重现它们的历史风貌。”

保护也是发展

“不应该把历史看成是现代化的障碍！发展经济并不都要去办企业、填河开路，我们也可以发展旅游，比如周庄不但完整地保持了原有的历史风貌，而且成了旅游热点，一年收入达 5 个亿。”

“保护与发展并不对立，保护也是发展。”阮教授说，现在上海市区老房子的价值是新房子的 5 倍，每平方米 6 万元以上。苏州保下来了，苏州古城14.4平方公里，城内建筑限高24米，没有一幢超过6层以上的高层建筑，这并没有阻碍当地经济的腾飞。

“建筑是优秀的民族文化，是看得见摸得着的、与人民生活息息相关的最形象、最密切相关的一种艺术形式，是文化的记忆，是城市的记忆，是历史的记忆。”阮教授动情地说，上海12个文化风貌保护区中，有一个是在他的强烈呼吁下保存下来的，那就是虹口区提篮桥犹太人历史风貌保护区。那里曾住过3万多名犹太人。那一带本来划为北外滩地区，拟进行大规模房地产开发。去年底，上海举办了一个犹太人在上海的纪念活动，美国卡特政府时期的国家银行行长已经92岁了，他来到当年在上海的家，不用别人指路，就认出了自己家的原址。他还告诉别人：“当年我们在这里很苦，瞧这间房是我们家的，爸爸妈妈睡大床，这边是姐姐的床，那边是我的小床。”说着说着，眼泪就掉了下来，“我真的感谢上海，在我们犹太人被全世界赶尽杀绝时，这里收留了我们。”这种表达，一个带感恩的情绪油然而生。后来，有至少五六家犹太人公司，主动表示想到这里投资保护。

“这就是城市的记忆，生动地记载着中国和世界人民的珍贵友情。”前些年，不少城市一味追求所谓的“现代化”，许多珍贵的历史遗存在推土机的轰鸣声中被无情地摧毁。“现在，百城一面，万屋一貌，富有特色风貌的建筑被无情地改变、淹没。”阮教授毫不客气地指出，“这种建筑的粗劣化和趋同化，无疑是文化的堕落！我们要做的是，在城市正常发展的同时，要注意保护好那些有价值的城市遗产，使优秀的城市特色得以留存，借以传承城市历史文脉，从中滋养出新的有中国特色的建筑和城市。”

知我者谓我心忧，不知我者谓我何求。“不要以为我是老保守，我想保的只是祖国艺术文化的遗产，想守的只是中华流传千年的传统!”老人的声音铿锵有力。

采访手记——俯视的高度

一个夏日雨后的傍晚，斜阳脉脉。登上位于福州闹市区的东百大楼19层，喧闹声渐渐遁去，向东南方向俯瞰，只见——

巷陌深深，庭院毗连，逶迤的封火墙如波浪般起伏。它的四周，是逼仄的高楼形成的包围圈。现代与古朴形成的巨大反差，那一瞬，撞击着神经的，是震撼、是惋惜、是庆幸……

从来没有在这样的高度俯视三坊七巷的经历。

三坊七巷，是目前全国中心城区现存的最大的古街区，它起始于西晋，形成于晚唐五代，兴盛于南宋，中兴于明清，延续于近现代，是一个以士大夫阶层、文化人为主要居民的街区，最鼎盛时期，各类宅院数以千计，现存明清古建筑200多座，被中外建筑界誉为“江南古建筑的瑰宝”、“明清古建筑博物馆”，是研究我国城坊历史的活化石。

上天是如此的眷顾这一方水土。

三坊七巷，人杰地灵，出将入相。历代众多著名的政治家、军事家、文学家、文化巨人聚居于此，形成历史文化名人层出不穷、共存共荣的文化生态。近代而言，就有中国“开眼看世界第一人”林则徐，中国资产阶级启蒙思想家、现代思想与学术开山之祖严复，中国船政文化的创始人沈葆桢，文学大师冰心，硕学大儒、末代皇帝溥仪的老师陈宝琛……从三坊七巷走出的历史文化名人照亮了中国近现代史的天空。

近年来，随着三坊七巷的声名日隆，其保护与开发牵动着各界各方。最大的一条喜讯，莫过于在今年6月10日，我国第一个“文化遗产日”，福州市政府举行“三坊七巷和朱紫坊建筑群”全国重点文物保护单位揭碑仪式，同时宣布，计划投入30亿元全面修复、保护三坊七巷历史文化街区内的159

处遗迹。三坊七巷的居民奔走相告："保护三坊七巷的春天到了！"

一日，在公共汽车上，正埋头翻阅一本三坊七巷的资料，身旁一位打扮入时的女子凑了过来，我讶然："你也感兴趣?""是啊，这是福州的名片，能不关注?"不想，背后又传来另一个热切的声音："能不能让我也看看?"

两位年轻时髦的女子，也许不一定清楚，三坊七巷里有过多少故事，曾怎样影响了中国近现代史的进程，不了解有多少人为留住这一处城市的文脉所做出的种种努力和抗争，但有一点毋庸置疑，她们深深地热爱脚下的这片土地，渴望了解三坊七巷的前世和今生……

如此的关注和渴望，催生了关于"三坊七巷"的系列报道。我们试图从全新的视角观照三坊七巷，带着我们一同游历的是世遗专家、作家、电视编导、文史专家，还有三坊七巷的名人后裔。

西岸观察 5

『世遗之父』与三坊七巷

西岸观察 5

触摸都市文脉

凝刻在坊巷间的记忆

与历史的一次对话

【策划采编体会】

独特＋独家＋权威＝影响力

——《三坊七巷》系列报道采写体会

《福建日报》能拿出四个整版的篇幅，来做一个无关乎政治宣传的文化题材的报道，这样的阵势是不多见的。“三坊七巷”系列见报后，社内外产生了较好的社会反响，一些权威的文史专家对这组报道也给予了充分肯定。福州市委宣传部主要领导在系列之一《“世遗专家”与三坊七巷》见报当天作出批示，并以专报的形式送市委书记、市长参阅，同时还立即与报社联系，详细了解下一步报道的有关情况。

一、出奇制胜

这个选题的完成，凝聚着记者部领导、责任编辑的智慧和心血，同时也得到了来自报社方方面面的支持。而编辑部的策划便是其中的核心与灵魂。正如一位媒体老总所言：“在报社对新闻信息的选择、处理上，有自己的高度，有自己的独特见解，发出自己权威的声音，才能对社会舆论产生引导和主导作用，才能产生更大的影响力。”

近年来，三坊七巷因在国内外拥有高度关注而吸引了无数眼球，在出版界，北北的《城市守望》、《三坊七巷》在新华图书城屡屡脱销；在央视《探索·发现》播出的《三坊七巷》获中国电视纪录片十优，其欧美地区版权也被买断。而在同城的媒体中，三坊七巷则已经被连篇累牍地炒作过。

在这种情形下，作为省级党报，如何另辟蹊径，用独特的视角观察三坊七巷，这对编辑的策划能力来说，无疑是一个巨大的挑战。任君翔副主任、郭增榕编辑与记者几度共同采访，几经商讨，最终定下从世遗专家、作家、电视编导、名人后裔的角度来重新审视三坊七巷。因为有了深度的开掘和对高度的追求，加上版式风格的统一与版面语言的丰富，使得这一组报道显得大气磅礴而富于灵动。

二、攻坚克难

三坊七巷，是南后街两旁从南到北依次排列的十条坊巷的总称。历史上的辉煌与如今的颓败形成的巨大反差，对生活在这个城市里的普通人来说，它既熟悉又陌生。因为港商李嘉诚的介入开发，作为福州城市孤本，三坊七巷一下子成为海内外关注的焦点；而多年来福州三坊七巷保护领导小组的负责人则对此三缄其口，直至今年6月份，福州市的一位重要领导甚至在一个公共场合对记者说，“三坊七巷不要报道！你们不要再添乱了！”福州市属媒体因刊发了三坊七巷的有关新闻而受到市领导的训斥。这些都在传达着一个信息，通过宣传部门联系的路子最好就别走了。巷陌深深，许多名人故居不是大门紧闭，就是人去楼空。有的钥匙在私人手中，有的由省级单位保管，除了少数文史专家，普通人难得一睹真容。即便到了实地，对其建筑精华也只能是一知半解。与记者有过一面之缘的三坊七巷民俗专家周民泉，自然成为这一专题采访的突破口和着力点。

周民泉工作十分繁忙，加上探访古建筑需要预约，只能耐心等待，这样前前后后就花了几个月的时间。

周民泉的官方职务是鼓楼区文管办副主任，人称三坊七巷的“活地图”。几乎所有的重要领导人视察三坊七巷，他都要到场，同时他也是媒体追逐的热点人物。处在他这个敏感的位置上，是很需要中国人特有的生存智慧的。在未接到上级指示的情况下，对媒体的采访点到为止，也算给了面子。但他这种不得罪却也有保留的行事风格，对想了解三坊七巷全貌的记者来说，仍远远不够。

一趟趟地上门请教，我的诚意渐渐地打动了他，最后，周老先生很仗义地把如今还未付梓的《三坊七巷》书稿拿了一份给我。而当《“世遗之父”与三坊七巷》见报后，他竟然破天荒地主动给我打电话：“有分量，我特地收藏了一份。”至此，所有的采访要求，他总是有求必应！

三、感动萦怀

2000 年 4 月，当“世遗之父”阮仪三教授出现在中央电视台《实话实说》中，将三坊七巷作为自己的滑铁卢之役大白于天下的时候，他不可能料到，这一席肺腑之言，成为三坊七巷进程中的一个重要转折点。

编辑部坚持，一定要采访到阮仪三这位重量级专家。我们精心地准备了采访提纲，他的谦逊与平和，他对历史遗产保护的执著与热情，都让我们感动不已。

三坊七巷系列的开篇《“世遗之父”与三坊七巷》被称为较有分量的一篇稿件，主要在于，专访展示的是围绕三坊七巷的保护开发所经历的十多年风风雨雨，揭示的是三坊七巷多年来一直未得到有效保护的根源，借其口，说的是福建省、福州市的专家们不便说出的观点，“民居类的古建筑，失去环境，就失去了意义”，“保护也是发展”。

编辑以大手笔编发了这个版面，几个小标题的写作也是围绕着“世遗之父”与三坊七巷展开，回答了读者心中的疑惑——5年过去了，他对三坊七巷的评价如何？他对新的规划方案怎么看？他对三坊七巷的保护有何建议？这一系列问题的提出和回答，构成了本篇稿件成为权威的独家专访的要件。福州市社科院历史所的一位专家在自己新近的论文中，直接将记者专访中的内容加以引用。此外，在对作家北北、李美忱、周民泉的专访中，我们力争做到对主题进行多角度的挖掘和创新。对这些专访的对象而言，我们可能不是第一家媒体，但由于有了独特的视角，同时在占有资料的广度和深度上努力，从而在同类题材中实现独家观点、独家报道，凸显出党报的权威性和影响力。

（作者：林丽明，原载福建日报《阅评快报》第139期）

表达一个柔性的诉求

三坊七巷系列报道，酝酿了10个月。几位编辑开玩笑："就算怀个孩子，也该生下了。"

去年底，我在其他媒体上看到一则短消息，得知福州将对三坊七巷有所动作，便把情况告诉福州记者站的林丽明，请她留心。这时，我们并没有一个明确的思路，只是隐约觉得，三坊七巷十多年改造未果，媒体对三坊七巷的报道始终谨慎有加，应该值得关注。

林丽明对三坊七巷题材相当感兴趣。原来，2004年10月黄金周期间，鼓楼区旅游局推出"三坊七巷名人故居游线路"，林丽明沿线走了一趟，有感而发就三坊七巷的保护与开发问题写了一篇报道《但愿遗憾少一点》。版面编辑郭增榕对福州风物颇有研究，他极力主张，把"三坊七巷"列入题库，并且认为这会是一个重量级的题材。

可以说，我们对三坊七巷的最初认识只是建立在直觉上，而不是建立在深刻的认知上。在这种情况下，根本就没有更多的想法。老郭、林丽明、我约定：把三坊七巷当成一门"功课"来学，先充分掌握素材，吃透了再确定主题、角度与篇幅，而不是先给自己一个框框……

我们三人和摄影记者关建东"集体参观"三坊七巷就有四五趟，一逛至少半天，每一次都由鼓楼区文物管理委员会的办公室副主任、人称三坊七巷"活地图"的周民泉带着我们走坊穿巷。尽管只是匆匆浏览，这里残存的精美建筑已让我们唏嘘不已，而从这里走出的众多历史风云人物更让我们感慨万千。

实地感受后，又消化了大约十多斤重的材料（林丽明展开前期的外围采访，不断地把搜罗的资料带回来），我们有了一个共同的感受：这里是我们城市精神的发祥地，这里留存着我们城市近现代文明的底气。

策划思路渐渐明晰起来。我们想，若单刀直入涉及现实的保护题材，肯定会半途夭折，因为这里的保护与开发搁置了十多年，埋下了众多纷扰，我们未必知晓，但它们一定都是不可触及的“高压线”；若直接体现这里的建筑与人文特色，有照搬文史资料之嫌，违背新闻纸的本性，况且，一系列的书籍和电视纪录片已经走在前面了；不妨用一种讨巧的办法，站在前人的肩膀上，顺着前人的视线进行再观察，这也许会是一个新视角。

于是，主题明确了——从人文关怀的角度，通过寻找都市的精神家园，以柔性批判的态度对三坊七巷的保护发出无声的诉求；形式明确了——以系列文化访谈的方式，通过访问与三坊七巷有过某种特殊关联的人物，透过他们的眼睛、穿越他们的心灵、分享他们从三坊七巷中获得的审美感知和文化力量，由此告诉读者：三坊七巷，承载着我们的精神，承载着一座城市的恢弘历史，如今却岌岌可危，在一场又一场的风雨中等待着自己的未来命运……

（作者：任君翔，原载福建日报《阅评快报》第139期）

案例四　“亲历打工”体验式报道的策划

这组报道分别刊发于2006年5月4日、8日。共5篇：《黑色“普罗米修斯”》（记者谢振华）、《泉州扫街记》（记者黄建林）、《别把我的菜端凉!》（记者陈梦捷）、《我的卖报歌》（记者何金）、《“新鲜的芦笋！便宜卖啦!》（记者雷光美）。

- 西岸视窗——体验（上）

——献给“五一”国际劳动节、“五四”青年节

编者按：又到“五一”国际劳动节、“五四”青年节，我们年轻的驻站记者，今年选择以一种特殊的方式迎接劳动者的节日、年轻人的节日，同时以一种特殊的方式向最普通的劳动者致敬。

在日常采访中，媒体从业者一直保持着对普通劳动者生存状态的关注，这次，他们不是停留在以往静止的观察和记录状态，而是选择真正走进他们的生活，走进他们的工作，体验他们所扮演的社会角色。煤矿井下工人、环卫工人、小吃店服务员、卖报人……短短时间的角色转换，虽然只能浅尝他们的生活滋味，但终归是一次真正的亲切触摸。这些处在社会最基层、又是人们须臾不可或缺的社会角色，他们的生存现状如何？本版将分上下篇进行报道，我们的记者将述说他们在一天的角色体验中的别样感受以及别样收获。我们期待通过记者的讲述，与读者共同品味普通劳动者的百味生活，共同在情感上真正走近他们。

4 个多小时里，我在地下 360 米深的矿井里体验一回——

黑色“普罗米修斯”

本报记者　谢振华　（体验角色：煤矿井下工人）

黑暗和未知充满惧怕，也同样饱含诱惑。

出于惧怕，下井几天前我就在网上找出《煤矿工人安全知识五十条》之类的文章反复研读，以备不测。临行前，我慎重地把银行卡从贴身的钱包取出放在没上锁的办公桌抽屉，再慎重发了条短信把密码告诉朋友。冒顶、瓦斯爆炸、透水……意外毕竟存在。

这些顾虑只存乎一念间，想得更多的是来自地下几百米另一种世界的诱惑。地表以下是怎样一个世界呢？没有了阳光，矿工如何作业？对这些未知的想象令我兴奋，以至下井的前一天晚上辗转难眠。黑，是我所能想到的一切，被称为“乌金”的煤，同样乌黑的矿工，当然还有社会新闻中的黑心矿主，也都在我的想象中。一位曾做过挖煤工的房地产老总，对井下生活有一段诗意的描述：“黑色的呼吸，黑色的汗珠，黑色的梦，黑色的笑……”

4月24日，永安煤业公司丰海煤矿230主平峒。一辆构造简单但结实的“人车”把这些想象带到了我眼前。“人车”沿着斜井通道急剧地向地核方向的黑暗驶去，矿上管这叫“人行上山”。耳边风声呼呼作响，未知的黑暗被头上的矿灯一一划破。

当井下的一切变得可见可感之后，先前的一点惧怕被我自嘲了一番。其实犯不着害怕，坐在我前面的是永安煤业的党办主任张龙昆，魁梧的他已经在矿山生活、工作了近半个世纪，还有着7年的救护经验；坐在我一旁的是丰海煤矿党委书记石回春，同样井下经验丰富；坐在我后面的是采煤六队队长杨达素。

走在巷道里，才发现井下的确黑，矿灯灯柱之外，没有一点光线。井下巷道交错，我顶着头上的一柱光明，亦步亦趋地跟着他们。

在307采区穿行那个90多米倾斜煤层时，半途我几欲放弃，但发现夹在中间已经退无可退，走到宽敞的巷道才发觉手已在撑地前行的过程中被划破。

井下距地面垂高180米分为一个水平，一个水平再分为几个采区，一个采区再分为几个工作面。采煤六队在307采区+15C2工作面作业。“打完眼后，就要装药、放炮，煤炭就顺着溜槽溜到出口处，由下面的装车人员装进矿车，运往地面，然后回收人员把支柱回收过来支护好，就可以进行下一个班的作业了。”石回春简单地介绍了采煤队的工作流程。六队有26人，两人做后勤，其余人3班倒，井下24小时都有人工作，拿计件工资。一个队每天能挖煤120～150吨，一吨能领到15元的工钱。

在井下工作，除了突发事故外，对矿工身体的威胁还来自煤尘和一些有毒气体。放炮之后一刻多钟，采煤工作面还是灰尘弥漫，飞扬的煤尘直往鼻孔里钻。大家都得眯着眼，闭着嘴，用三角耙挖着煤。一挖，激起更多煤尘。脸上汗水和着煤灰往下流，留下一道清晰的痕迹。

工人们早上5点多起床，匆匆吃了早饭，来到矿上。换上下井的工作服，7点与上夜班的工友交接班，下午3点才交班，再洗澡换衣。午饭就在井下凑合，一天要在矿上呆十多个小时。

队长杨达素来自重庆，1991年，19岁的他来到丰海煤矿。十多年过去了，他从合同工做到了队长，还在永安买了房子。“现在每年拿到五六万元没有问题，和老家相比，已经非常好了。但我到现在都还不敢理直气壮地跟外人讲，我是个煤矿工。”

“采煤工真正是社会最底层的劳动者，环境差，社会地位低。”张龙昆说，“能源是我们社会的动力，采煤工是我们这个社会这台大车的轮心轴，没有他们，社会的正常运转是难以想象的。”

早上8点一刻左右下井，中午12点40多分出井，我在地下360米深的矿井里穿行了5.2公里。

“傻、粗、黑”曾一度成为煤矿工人的代名词，然而正是这些“傻、粗、黑”的煤矿工人延续了“普罗米修斯”的神话。他们从数百米的井下“盗取”了太阳的种子，燃烧着自己的生命，奉献火热的光和温暖，成为当代黑色的“普罗米修斯”。

图片报道——井下蒙太奇

图①新矿工。下井前，石回春帮我这个“新矿工”固定好矿灯，系紧安全帽，然后豪爽一笑：“有点儿煤矿工人的模样了。”工作服是纯棉的，因为化纤衣服易摩擦产生静电火花；毛巾功能有二，一是用来擦汗，二是如遇突发事故，可浸湿做个简易防毒面罩。

图②坐“人车”下井。通道倾斜20多度，“人车”借着这斜度下滑，停止则靠地面上的绞车控制。手中厚实的塑料袋里包着相机，井下水多，煤尘弥漫，塑料袋比相机包更好用。

图③艰苦穿行。我平时自诩身手敏捷，但在这狭小的空间移动，确实困难。稍一抬头，便碰到顶板。我们四脚朝天，屁股挨地，小心滑动。看准前面一根立柱，手一用力，身体前进一点，脚赶忙撑住立柱，如此缓慢而行。几步一停，偶有失足，则心悸不已。如是前行数十米，便感吃力。斜下方，矿灯所及，是望不尽的黑。没多久我便频频询问，还要多久才能走完。穿行已是如此困难，而矿工们还要在这里打柱、打钻眼、出煤、回柱放顶，其艰辛程度，可想而知。

图④打钻。我和来自四川的阿伯合作打钻炮眼。煤电钻机不重，但要使钻头刺入坚硬的石层，需要费劲地向前顶。煤电钻的抖动通过手臂传回身体，使我感觉到力量：机械的力量和来自石层的反作用力。有师傅的帮忙，打完一个深两米多的炮眼，我的手掌和手臂都已微酸。放下电钻，我的手还在不自觉地抖动。这个四川阿伯的班组有5个人，他们一天要打30多个炮眼。

图⑤放炮啦。打完眼后，要装药、放炮。矿工们要躲到另外一条巷道。几声沉闷的响声过后，还要等上一刻多钟，等硫烟、煤尘等爆炸激起的烟尘通过回风巷排掉大部分后，才能返回工作面出煤。这也是一段难得的休息时间，虽不能吸烟，但喝喝水、聊聊天、想想家，很快就过去了。

图⑥出煤。炸出来的煤，部分会顺着溜槽溜到出煤口，由下面的装车人员装进矿车。还有部分残余，则要用三角耙来解决。这工作看似简单，实则有很多讲究。比如，挖煤要从上而下，还要当心从头上顶板坠落的石头和煤块。一般要打好柱后才能接着挖。

图⑦回柱放顶。即把单体液压支柱拆下来，再拿到需要挖煤的地点支护好。这个活有一定的技术含量和危险系数。

图⑧午餐。十一点多，早已饥肠辘辘。不顾卫生，拿了饼干就往嘴里送，然后大口灌水，体验一回传说中矿工“大块吃肉、大碗喝酒”的生活。

图⑨掘进队。吃过“饭”，我们从一条相对宽敞的运输巷步行来到一个掘进工作面。进入掘进碛头，只听见风锤轰鸣。穿过爬岩机，看到碛头上两位师傅手把着风锤，钢钎在高压风流的推动下，飞快地旋转着往岩石里钻。其他工友手拿撮箕、掏锄，清理巷道中的煤渣、矸石。

图⑩出井。从黑暗走进光明，最受不了的是眼睛。几个小时的井下生活，我已从一个“白面书生”变为“黑脸包公”。

（图片摄影　张龙昆　谢振华）

西岸观察

体验(上)

黑色“普罗米修斯”

泉州扫街记

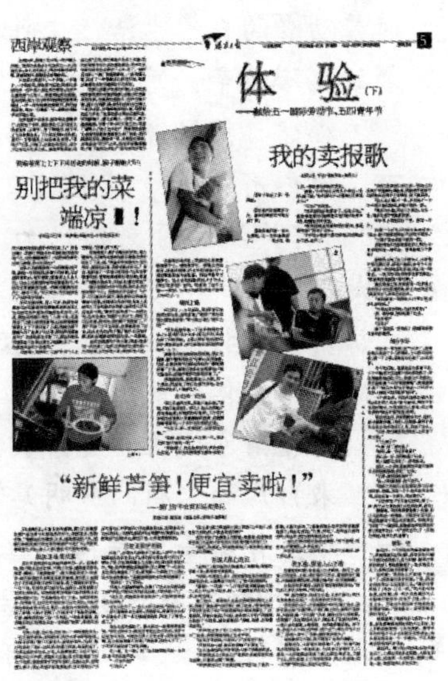

西岸观察

体验(下)

我的卖报歌

别把我的菜端凉！

“新鲜芦笋！便宜卖啦！”

【策划体会】

感动，来自亲历

一、精心策划，突破传统报道模式

普通劳动者的生存状态一直是媒体从业者关注的一个焦点。可在日常的采访中，记者往往只停留在一种对普通劳动者生存状态静止的观察和记录。

每逢“五一”国际劳动节，都会推出一些系列报道，但多是一些类似劳模先进事迹的典型报道。这种宣传模式年复一年，几乎成了一种惯例。同样是反映普通劳动者的生存状态，能否摆脱老套？今年“五一”期间，《福建日报·西岸观察》策划的“体验”主题版，在选题策划、报道主体上作了一些新的尝试。我们期待通过策划，实现记者与普通劳动者的角色转换，让记者由原来的记录者转变为被采访对象，亲身体验普通劳动者的日常生活、工作状态，从而在体验中品味普通劳动者的生活艰辛，写出他们的真情实感。

福建日报记者部有一群年轻、富有朝气、刚下站的驻站记者，他们有热情，肯吃苦。我们将策划主题定为“亲历打工”，将关注的对象锁定为打工者——这一处在社会最基层、又是人们须臾不可离的社会角色。我们设想让年轻的驻站记者认认真真地打上一天工，通过一天的角色体验，真正走进打工者的生活，体验他们所扮演的社会角色。

二、角色体验，真情实感打动人心

来自广西农村的三明站记者谢振华很快报了选题，联系了一份艰巨并有一定危险的工作。报题的那天，小谢很激动地说：“我已经联系好了，去当煤矿井下工人，我想这份工作应该很有意思的。”采访前，我们出于安全考虑，特地打电话交代他要注意安全。之后，看了小谢发回来的稿件才知道，矿井下的黑暗和未知对他而言，“充满惧怕也同样饱含诱惑”。

漳州站的陈梦婕，作为一名女生，“长到24岁，领了生平头一件伺候人的活儿”，到小吃店里当了一天的服务员，一直到半夜小店打烊才回去。

南平站的黄建林，4月中旬被抽调去支援晋江经济报。原先要去建瓯当一名烧炭工的他，来到晋江后，人生地不熟，一个星期了也没找到合适的工作。泉州站的何金为他联系了做鞋的工作，可人家没敢收，那是项技术活儿，没经过培训做不了。后来，又为他联系到环卫工人的工作，打工终于成行。

厦门站的雷光美，前几天已经到一个农场里扛了一天锄头，之后也被抽调去支援晋江经济报，变成了“昼伏夜出”的夜班“动物”，根本腾不出时间来写稿，时间一长，打工的感受找不到了。为了重新拾回感觉，完成采写任务，他利用难得的“五一”3天放假时间，又重新在厦门寻找机会。为了得到卖菜这一差事，那几天，他天天到农贸市场转悠，掏钱把杨大妈菜摊上卖不完的菜全买了下来，这才感动了杨大妈，同意帮她卖菜。几天下来，买下的菜足够吃上5天。

这次打工收获“最大”的也许该算是泉州记者站的何金。同样借调到晋江经济报的他，在一天里“过得很充实”，不仅成了《晋江经济报》“零售第一人”，大学里所学的经济专业也派上了用场，充分运用“销售策略”卖了60份报纸。随行摄影记者张永定，用镜头记录了何金卖出第一张报纸的兴奋、遭遇白眼的“失落”……

通过体验，记者们对处于社会最底层的劳动者的生活艰辛深有感触，并通过文字传达给读者。从井下回到地面，重见光明的谢振华说：“太累了，身上的黑迹洗了两天还没洗干净。”跟着全国劳动模范李锦榕从凌晨5点工作到傍晚6点，扫了一天大街的黄建林，回去后躺在床上不想起身，“扫大街也不容易，浑身都要散架了”。雷光美起了个大早，结果一天批发的菜，扣除各种成本，才赚了5元，连中饭钱都没赚足。在小吃店里当服务员的陈梦婕，虽然体会不到忙碌，却体会了无奈与焦虑。然而，这样的日子对于打工者们而言，是日复一日的。

深入了，稿件就生动。记者们发回来的稿件和图片，深深地打动了我们。我们临时追加一个版面，用两个版面来刊登这批稿件，并充分保持记者的写作风格，保留作品的原汁原味。在版面设计上，我们也动了一番脑筋，图片在两期“体验”版中占据了重要地位。第一期版面，《井下蒙太奇》用图片记录下记者在地下360米深的矿井里穿行了5.2公里的4个小时的经历，从整装待发、坐“人车”下井，到井下打钻、放炮、出煤、回柱放顶、午餐、出井的全过程。我们还将版面设计成黑色矿道的“剖面图”。

三、新闻创新，来自于“三贴近”

近三个月的酝酿、策划、实践，两期“体验”主题版终于顺利出炉。煤矿井下工人、环卫工人、小吃店服务员、卖报人、菜贩子……虽然只是短短一天时间的角色转换，但终归是记者对社会之基的一次真正的亲切触摸。回顾这次特别策划，收获有二：

——新闻改革中，创新意识不可或缺。如何摆脱形式老套陈旧的面孔？从采编环节来看，需要编辑、记者转变观念，转换思维方式。新闻编辑需要挣脱习惯性思维的羁绊，转变思维定式，探索运用新的报道模式、新的版面语言等，尽可能地呈现新闻的多角度观照，以及媒体的思考和声音，把与读者之间的距离拉近些，再拉近些。

——在“三贴近”中磨炼记者作风。新闻记者，不仅要富有职业激情，而且要深入基层，投入真情。在采访上，记者的作风要深入，用第一手材料说话。深入到采访对象的情感世界中，深入到群众的生活、工作环境中，感受他们的人生悲欢和经历，才能找到最能打动人的细节，用生动的情节和细节说话，写出具有感召力的新闻作品。参与“体验”主题版采写的几位年轻记者做到了，因为亲历，所以有了更深一层的感动，并将普通劳动者的生活艰辛传递给了读者。

（作者：钟真，原载《传媒天地》2006 年第 7 期）

案例五　防抗台风“圣帕”报道的策划

每年都有多个台风正面登陆福建。台风登陆，给炎炎夏日降温，但也可能带来重大的自然灾害。2005 年“龙王”台风，2006 年“桑美”台风，让人记忆犹新。2007 年的“圣帕”台风，《福建日报》加强报道策划，取得了较好的效果。中宣部《新闻阅评》认为，8 月 19 日，“版面安排也别具一格，分别以突出字体报道了‘封’（封闭高速公路）、‘停’（停止学校集体活动）、‘转’（转移群众到安全地带）、‘预’（预防灾害发生）、‘管’（管住那些掉以轻心的群众）等相关内容。为使报道更为鲜活，还派记者深入各地抗风第一线，搞现场报道。《圣帕来袭，我们在路上》就是一篇现场性很强的报道”。这一战役性报道从 8 月 16 日起一直持续至 8 月 23 日。

福建日报

胡锦涛结束访问回到北京

八闽一心　全力以赴　抗击“圣帕”

——来自抗击台风第一线的报道

三道指令转移群众五十四万

预

管

转

封

停

“圣帕”来袭，我们在路上

【策划日志】

防抗“圣帕”的采编流程

防抗“圣帕”的报道组织，较过去有所提前，其运作过程对制定防台报道预案应会有所启示。在此作简要记录。

8月16日。省防指发出第9号台风“圣帕”将严重影响福建的预警，省主要领导作出重要批示。当晚，要闻部联系防指的记者发回消息，一版重要位置刊登，同时组织一组基层防范准备的报道。

8月17日。“圣帕”汹汹而来，猛于“桑美”，将于18日夜间登陆福建，正好是星期六。下午下稿会，蔡小伟社长要求全社取消双休，集团和各部门领导都要在岗待命，并加强与省防指、九设区市防指联络掌握情况。当晚，省领导对防抗“圣帕”进行部署，随行记者发回消息，放一版头条；同时，组织9个记者站发回各地做好防御工作的综合报道，挂“八闽一心　全力以赴　防抗圣帕”的大刊头。

8月18日。社领导检查各部门到位和在岗情况，召集编委领导和要闻部、记者部领导了解各地台风信息，所有报道统一组织和指挥。主要有：第一，台风正面袭击福建，当晚必须用第一和第二两个整版报道抗台风；第二，抗台风报道按省领导要求进行组织，突出“转、停、封、预、管”五个字，分别由要闻部记者（负责省防指、高速公路、教育系统等条条的情况）、记者站记者（负责福州港、厦门机场以及各地的现场报道）、摄影记者（由总部派出到可能的登陆点莆田泉州一线）提供有现场的稿件和图片；第三，报道在突出反映干部群众防台抗台的同时，要体现本报记者在抗台第一线，要求各地记者作全天候记录，为当晚形成“本报记者追风记”提供素材，稿件署名要把本报记者亮出来；第四，要闻记者全天候守在省防指，人员增加为两人，采写来自防指的现场报道，同时，与气象台、海洋渔业指挥中心、地质灾害预防部门加强联系，采写报道；第五，屏山记者站全员待命，以备省领导出动时随时跟进。同时，增加夜班编辑和值班主任。

8月18日晚。夜班按既定部署提前上班，严密监视台风动向，随时调整、增加报道内容。台风可能在凌晨2至3点登陆，把截稿时间定在3点，要求登陆点的辖区记者站发回现场报道。

8月19日。台风凌晨登陆惠安，减为热带气压还在福建省境内。编委会领导确定继续用两个整版报道抗灾救灾，并向要闻部和记者部两名副主任下达任务，立即进行组织：第一，各站发一条体现台风登陆后的简要情况和党政领导行踪的动态稿，受灾较重的福州和宁德等采写抢险救灾报道；第二，台风造成的损失包括伤亡报道由联系省防指的记者负责；第三，记者部组织各地抗灾一线的主题通讯，要闻部组织一组灾后社会、生活、生产迅速恢复的报道，等等。

……

（作者：报社领导，署名：官童，原载福建日报《阅评快报》第148期）

【采编心得】

记者出“镜”　报道出彩

对记者来说，每年的抗台风报道可谓是家常便饭了。然而，这次抗击“圣帕”台风的报道，不仅受到省委领导的表扬，受到普通读者的欢迎，而且让驻站记者心存感动。

就以《“圣帕”来袭，我们在路上》为例，最大的变化在于，标题突出驻站记者——“我们在路上”，稿件以“本报记者某某发自某某地”的形式，让记者出“镜”，引导读者了解台风袭来时各个点上的情况，反映台风可能正面袭击的沿海五市全力防抗的感人场景，同时，又很好地体现了突发事件面前驻站记者的“我在现场”意识。

现场新闻是记者把亲眼所见写成的新闻，能使受众身临其境，因而也就更具“征服性的力量”。新闻的奇妙之处在于它用真实、客观的描述，快速传递重大突发事件信息，并将一个个瞬间变为永恒。这是记者的职业魅力所在，也是记者的职业受人尊重的原因之一。

让记者出现于“镜头”中，这在当今的电视新闻中已不是新鲜事，但在纸质媒体特别是综合新闻中还鲜为见到。这次防抗“圣帕”台风报道采用了这一方式，对报纸而言，是一次版面语言的创新，一次报道效果的出彩；对读者而言，增强其身临其境的感受是不言而喻的；对记者而言，从舆论效果上增强了记者的“我在现场”意识，从队伍建设上也逼着记者一定要深入现场；对编辑而言，则意味着编辑方针从文本进一步转向人本，不仅见到风和雨，还见到风雨中的人，也见到奔赴一线的、把观察和感受告诉给读者的另一个人——记者。

灾害性、突发性事件报道，对记者采访而言，意味着异常艰苦、充满危险。让记者“出镜”，把记者从幕后推向前台，读者不只是看到风灾的危害，而且见到了记者奔赴在风口浪尖上的职业本色。阮锡桂在报道中写道“19 日 1 时 15 分，得到消息，台风可能在惠安登陆，记者从泉港再返惠安，一路上风雨时大时小，路边不时看到行道树被连根拔起”，林丽明在报道中写道“此时风逾刮逾大，强风冷雨扑面袭来，几乎无法站稳，记者一下子全身都湿透了”，等等，这本身是对记者职业崇高性的充分彰显，是对记者形象的大力弘扬。

这组报道之所以能够取得成功，不仅因为记者快速奔赴一线，不仅因为编辑突出人本观念，背后更凝聚着领导靠前坐镇指挥的心血，他们坚守在岗位上，密切关注台风动向，发出指令。17 日 17 时下稿会，蔡小伟社长亲自部署了防抗台风的报道要求；当晚近 24 时，总编办主任吴家声打电话给记者部，转达了社长对驻站记者全力投入到防抗台风报道战役的要求。18 日 9 时，梁建平副总编亲自给各站打电话了解情况，11 时召集记者部和要闻部同志讨论细化报道方案；16 时，蔡小伟社长、梁建平、翁庆华副总编又召集要闻部、记者部等部门同志开会，进一步落实报道方案，要求驻站记者发回一组“追风”稿件，以记者在路上的形式记录下某个时间段的某个地方场景，力求使报道更加鲜活。在报社领导靠前坐镇指挥下，记者站更加明确了报道要素，记者部加强了与驻站记者的前后方联系，要闻部在稿件整合上进行了精心编排。

当然，该篇报道中，有的时间点表述不够精确，笼统说“风雨中”、“上午”、“下午”、“晚上”，这是一个遗憾。但不管怎么说，这次报道的策划运作为今后我们如何应对突发事件，特别是如何防抗风灾水灾，提供了一个可供借鉴的范本，因此值得进一步总结、完善、提高。

（作者：潘贤强，原载福建日报《阅评快报》第 148 期）

后　记

5 月，似乎很有缘。

去年“五一”长假，我带着这本书的写作提纲，请老郭到办公室，一边品铁观音，一边谈论写作提纲。显然，这个提纲吸引了老郭的眼球。他说他的眼睛一亮，这个提纲与其他书的写作框架不一样，而且有着比较好的内在逻辑关系。当然，我不只是希望吸引他的眼球，还期望这个提纲有点磁场效应。

这个效应，就是他应邀参加了本书的编写。经过一年的艰辛努力，书稿终于完成了。而恰巧这个时候，又是到处阳光明媚、充满暖意的 5 月。

2002 年的 5 月，报社进行第五轮聘任，我转岗到记者部任副主任。老郭也于 7 月份到记者部担任主任编辑。6 年间，我们一起下基层采访过，一起编辑过版面，一起策划过专题。当然，在品茶与聊天中，也有着更多的思想碰撞。他说，对于一些探讨，我们常常会想到一块去，真有不少共鸣。

老郭是复旦新闻系科班出身，在报社经历过相当多的工作岗位。他的最大特点是，新闻理论知识熟悉，新闻实践经验丰富，新闻敏感性很强。

2005 年 5 月，我忙于带队组织“5 · 18”（海峡两岸经贸交易会）采访报道。闭幕次日，我就飞到北京，在中宣部新闻局度过了难忘的一年。“导向”、“质量”、“新闻规律”、“宣传规律”，这些词总在耳边响起。我忙里偷闲，脑袋中又冒出 3 个关键词，那就是后来成为本书框架的“讲故事”、“深解读”、“精策划”。

这一年间，我想着总得写点东西吧。学兄袁勇麟君，挂友殷俊君，还有身边的不少同事朋友都给了我鼓励。我萌发了写一本通俗点的专业书的愿望。

因而，这本书从构想到完成实际上已历时两年半。这也是为了逼自己能有所思考，使自己业务水平能不断地提高。我是学中文的，喜欢在实践中充电，在实践中补课，在实践中增进对新闻理论的认知。多一些思考，这些年，我坚持这么做。

当然，要驾驭这样一部书，的确感到有些力不从心。但是，有一段经历，至今想来仍感获益匪浅。1988 年，我大学毕业考上古代文学专业研究生，导师齐裕焜先生正带着助手编著《中国古代小说演变史》，很幸运的是，我“负责资料和书稿的誊写工作”。该书获首届教育部人文科学优秀成果二等奖，吴小如先生评价它“从体例上突破了《中国小说史略》的框架，却又未背离撰写一般通史的原则”。20 世纪五六十年代，导师求学燕园九年，是吴组缃和吴小如先生的研究生。他采取一对一的开放式教学法，注重开拓视野与逻辑思维能力的培养。感谢齐老师！

我们非常感谢复旦大学校务委员会委员、新闻学院博士生导师黄芝晓教授。他担任福建日报社副总编辑 11 年多，为许多编辑、记者修改稿件、发评论，画版时把编辑叫到一块儿，这是一种很好的师傅带徒弟的培养方式。我在《福建日报·屏山时评》上发表的第一篇评论文章就是他修改后上版的。20 世纪 80 年代初，芝晓带领一班人开展《福建日报》二版“试验田”改革，老郭也是成员之一，对老领导的这种带队伍作风，老郭感同身受。今天，芝晓老总欣然应允为这本书稿作序，并提出了宝贵的指导意见，让我们再次感动。

本书相当多的案例来自于我们的同事，特别是记者部和记者站的同事，这是一个团结和谐的团队，我们对他们表示感谢。同时，我们也借用了一些业界朋友的案例，吸收了一些大学学者的研究成果，参考了一些业界专家的论著，包括国外一些业界专家的书籍，对此我们都注明了出处，特此说明，并致以衷心的感谢。我们还感谢中国市场出版社对本书出版的支持，感谢责任编辑胡蓓对本书的精心编辑。

这些生动的实践成果影响着我们的思维，并激励着我们把这本书写了出来。我们设想，假如没有这些具体的实践，这本书恐怕将是另外一个样子了。

我们也深深地感到，对这些案例的理解，将有益于我们今后的新闻实践。写作中，我们也实现了一次比较有意识的学习与借鉴。

当我们把这部书稿呈献在读者面前时，感到既兴奋又不安。书毕竟是出版了，劳动成果能够奉献社会而没有束之高阁，这令人喜悦；感到惴惴不安，那是因为我们虽然希冀写出一部对新闻实践工作有一定启发的书，然而，一些规律性问题并没有阐述透彻，一些论述还仅及皮毛，一些材料在运用上也存有漏洞。我们诚恳地希望专家和读者给予指教。

我们的目标是，让这本书能够尽量地将新闻学的“怎么做”和“为什么这样做”结合起来，但最终的裁判是读者，是实践。

潘贤强

2008 年 5 月于福州